한국 분단 보고서 (1)

American Military Government in Korea :
War Policy and the First Year of Occupation

한국 분단 보고서 (1)

초판 1쇄 발행 2023년 6월 25일

저 자 | 레너드 호그(C. Leonard Hoag)
역 주 | 신복룡 · 김원덕
발행인 | 윤관백
발행처 | 선인
등 록 | 제5-77호(1998.11.4)
주 소 | 서울시 양천구 남부순환로 48길 1(신월동 163-1) 1층
전 화 | 02) 718-6252 / 6257
팩 스 | 02) 718-6253
E-mail | sunin72@chol.com

정가 40,000원
ISBN 979-11-6068-824-5 94910
979-11-6068-823-8 (세트)

한국 분단 보고서 (1)

American Military Government in Korea :
War Policy and the First Year of Occupation

레너드 호그(C. Leonard Hoag) 지음
신복룡 · 김원덕 역주

선인

American Military Government in Korea,

War Policy and the First Year of Occupation : 1941~1946

by

C. Leonard Hoag

Office of the Chief of Military History,

Department of the Army,

1970

2023년판
역자 서문

1. 자료를 혼자만 보는 한국 사학계의 유산

나는 역사학을 공부한 지 50년이 넘은 지금까지도, 역사학은 “발품”이라는 생각을 품고 살았다. 지리를 모르는 역사학은 추상화이다. 『전봉준 평전』을 쓰고 돌아보니 5천 km를 달렸다. 그런 뒤로 역사학에는, 플라톤(Platon)이나 헤로도토스(Herodotus)의 교훈처럼, 건각(健脚)이 생명이라는 생각을 더욱 굳히게 되었다.

역사학도는 왜 그렇게 부지런하게 쫓아다녀야 하는가? 진부한 질문에 진부한 대답이지만, 역사학은 결국 자료의 발굴이기 때문이다. 물론 역사학에서는 이미 발굴한 자료를 재해석하여 학문에 기여하는 바도 있겠지만, 그것은 저만치 앞서간 선학이나 대가들의 노년 이야기이고, 중진 이전의 역사학도는 자료발굴자여야 한다.

여기까지야 누구나가 할 수 있는 말이다. 그러나 자료를 발굴한 다음에 어쩔 것인가? 물론 발굴자 스스로 열심히 공부하고 고민하며 해석해야 한다. 그 다음에는? 학계에 공개해야 한다. 그런데 한국의 사학계는 그렇지 못하다. 자기가 발굴한 자료는 자기의 것이라는 이상한 허욕에 사로잡혀 있다. 그리고 자기만 아는 소리를 한다. 그 자료의 지적 재산권이야 발굴자의 것이겠지만 그 자료는 학계의 공물(公物)로 공개해야 한다.

자료를 혼자 보는 한국 사학계의 풍토는 몇 가지 점에서 위험한 폐습이며, 저자는 네 가지 점에서 실수할 수 있다.

(1) 그가 자료를 본의 아니게 오역했을 수 있다. 그것은 남들만이 잡아낼 수 있다.

(2) 그가 자기만 알고 있는 자료를 의도적으로 왜곡할 수 있다.

(3) 그가 자료를 자기 구미에 맞게 선택적으로 인용하거나 은폐하거나 누락할 수 있다.

(4) 그가 자료를 멸실했을 때 그 손실을 감당할 수 없다. 『이종일(李鐘一)회고록』 분실 사건의 경우가 그렇다.

(5) 자료의 은닉은 그자체로서 학문의 기여를 포기하는 것으로서 반(反)학문적이다.

나는 비록 짧은 기간이었지만 미국국립보관소에서 공부할 때 1만 5천 쪽의 사료를 복사했다. 물론 그 가운데에는 일부 무더기로 도서관에 복사를 의뢰한 것도 있다. 40년 전, 내가 직접 복사하던 시절에는 매 쪽마다 25센트 동전을 복사기에 넣어야 했다. 아침에 출근할 때는 2~3kg의 동전을 가져가 복사기에 넣어야 했다.

물론 내가 남보다 먼저 처음 본 자료, 나만 가지고 있고, 그래서 나만 알고 있는 자료가 많았다. 그러나 저작권에 문제가 없는 한 나는 그 자료를 학계에 모두 무료로 공개했다. 그 댓가로 출판사로부터 영인본 3질만 받았다. 나에게도 돈을 벌고 복사비 원가를 보충할 기회가 있었다. 그러나 나는 그렇게 하지 않았다. 그것은 내가 사는 방법이 아니었기 때문이었다. 그들 가운데 몇몇이 여기에 수록된 보고서들이다.

2. 미시사학(微視史學)과 거시사학(巨視史學)의 균형 발전

한국 언론계 중진으로 김택곤(金宅坤) 교수가 있다. 그도 1950년생이니 예전 같으면 노경(老境)이다. 전주MBC 사장과 전주JTBC 사장을 지냈으니 열심히 사신 분이다. 퇴직을 한 그가 최근에 책 한 권을 보내 주었다. 제목은 『들꽃은 꺾이고 별은 지다』(전주 : 신아출판사, 2020)였다. 제목이 낯설다 싶었는데, 알고 보니 "내 자식들이 사는 세대에 우리의 터전에는 들꽃이 만발하고 하늘엔 별이 총총한 풍경이 펴지길 바라는 소망"에서 책을 쓰고 싶었으나, 현실은 그렇지 못한 비감함을 가슴에 담고 이름을 그렇게 지었다고 했다.

처음 내가 이 책을 받았을 때, 좀 실례되는 표현으로, 기자들이 휑하니 미국국립문서보관소에 다녀와서 저널리즘으로 쓴 책이려니 생각하고 읽었다. 그런데 다 읽고 나니 한국현대사의 안 보이던 부분이 많이 보여 신기하게 여기면서, "기자의 눈과 강단 사학의 눈이 많이 다르구나." 하는 생각을 했다.

그러고 잊고 있었는데, 1년이 지나자 김택곤 선생으로부터 750쪽 짜리의 대작이 왔다. 아마 첫 번째 책이 마음에 흡족하지 않았던 것 같다. 책 이름은 『미국 비밀 문서로 읽는 한국 현대사 : 1945~1950』(서울 : 맥스교육, 2021)인데 부제는 「우리가 몰랐던 해방 · 미군정 · 정부 수립 · 한국전쟁의 기록」이었다. 우선 그 방대함이 가위를 누르는 듯했다.

책을 다 읽고 나서 나는 좀 의아했다. 내가 40년 전에 간 곳을 그가 20년 전에 갔으며, 내가 본 것과 그가 본 것도 같은데, 왜 이리 한국 현대사의 "그림"이 다를까 하는 점이었다. 그의 글이 좀 센티멘털하고 로맨틱하며, 민초들의 삶에 초점을 맞춘 것도 알겠고, 그가 본디 저널리스트라는 것을 감안해도, 나의 글과 그의 글이 너무 달랐다.

결국 내가 얻어낸 답인즉, 김택곤 교수와 나의 차이는 미시사학(微視史學)과 거시사학(巨視史學)의 차이였다. 우리의 강단 사학이 그동안 너무 거대 담론에 매몰되어 있는 동안 보지 못했던 것을 김택곤 교수는 본 것이다. 나도 한국의 미시사학에 대해서는 읽을 만큼 읽었고, 볼 만큼 보았다고 생각했고, 그래서 나온 것이 『해방 정국의 풍경』(2017)인데, 나는 김택곤 교수에 미치지 못했다.

물론 한국현대사에서 거시 담론은 중요하다. 식민지 시대, 해방, 군정, 냉전, 분단, 한국전쟁, 그리고 그 치유 과정이라는 큰 그림은 중요하고 알아야 한다. 그러나 거시사학이 중요하다고 해서 미시사학이 "소소한 이야기"로 여겨지는 것은 위험한 일이다.

어쩌면 그런 시각이 『펠로폰네소스 전쟁사』의 거대한 모습을 그린 투키디데스(Thucydides)보다, 율리우스 카에사르(Julius Caesar)의 사소한 삶의 버릇을 기록한 『플루타르코스 영웅전』이 역사에서 더 소중한 주목을 받게 만들었을 수도 있고, 더 많은 삶의 지혜를 배울 수 있다.

김택곤 교수는 한국전쟁에 참전하여 겪은 포로 생활과 귀환하는 과정에서 18년의 고통을 겪은 한국계 2세 에녹 리(Enoch Lee) 일병의 생애를 통하여 전쟁이 우리 "개인"을 어떻게 파괴했는가를 연민의 눈길로 그리는 것으로 결론에 대신하고 있다. 나는 언제인가 한국의 현대사학계가 그의 자료를 볼 수 있는 날이 오기를 바란다. 아마도 한국현대사 연구의 좋은 미답(未踏)의 오솔길이 될 것이다.

3. 150년에 걸친 미국과 한국의 은원(恩怨)

내가 청년 시절이던 1966년에 미국의 존슨(L. B. Johnson) 대통령이 한국을 방문했다. 시청 앞에 환영대를 만들고 150kg의 거구가 단상으로 올라갈 때 서울의 어느 여자 대학 학생들이 발걸음마다 국화 송이를 뿌렸다. 나는 그것을 보며 속이 메스꺼웠다. 그가 신축한 워커힐에서 잔다고 김현옥(金玄玉) 서울시장은 한양대학교 앞에서부터 워커힐까지 날밤을 새워가며 비포장도로를 포장하느라고 건국대학교는 많은 불편을 겪었지만 큰 덕을 보았다. 그러나 존슨 대통령은 용산 미8군 숙소에서 잤다. 건국대학교에는 투덜거리는 사람 절반, 희죽거리는 사람이 절반이었다.

언제인가는 미국에서 높은 사람이 온다고 동대문운동장에서 환영대회를 열었는데, 잔디를 깔지 않았던 그 시절에 어느 여대생들이 한복을 차려 입고 맨바닥에서 큰절을 올린 적이 있었다. 나는 그때도 속이 많이 부글거렸다.

그러다가 1979년에 카터(J. Carter) 대통령이 왔다. 들리는 소문에 따르면, 카터가 듣거나 말거나 박정희(朴正熙) 대통령은 핵 무장의 의지를 밝혔고, 카터는 미군 철수로 응수했다. 그 소식이 알려지자 열혈한 반공 청년들이 미국 대사관 담벼락에 올라가 "철군 반대"라 혈서로 쓴 플래카드를 흔들면서 시위한 적이 있었다. 그 시절에는 그것이 애국인 줄 알았다.

그러던 것이 1982년 3월의 소위 부산 미국문화원 방화 사건을 계기로 미국은 한국인의 마음속의 응어리로부터 구체적 미움의 대상으로 우리 앞에 다가오기 시작했다. 이제 한국의 청년 지식인들은 한국전쟁에서 한국이 미국에 진 채무와 미국의 도덕적 하자를 별개의 것으로 파악하기 시작했고, 한국 현대사에서의 미국의 실책과 악의를 적시(摘示)하기 시작했는데 그때부터 미국을 바라보는 시각이 바뀌었다.

결국 이와 같은 시각의 변화에 따라 수정주의니 전통주의니 하는 현대사의 논쟁도 미국을 정죄(定罪)하느냐 묵인하느냐의 문제로 압축되었다. 이러한 현상은 부분적으로는 한국 현대사의 이데올로기의 미성숙 때문이기도 하지만, 한국사에서의 미국이라는 변인(變因)이 얼마나 뿌리 깊이 작용하고 있는가를 보여주는 대목이기도 하다. 한국 사회에서는 미국을 어떻게 보느냐에 따라서 좌우익이 결정되는데, 이를테면 친미주의자는 우파이고 반미주의자는 좌파로 분류된다.

어디에도 그 근거가 없는 이 분류법은 암울했던 우익의 시대에 실정법에 우선하는 준거였으며, 반미는 곧 반국가적이요, 따라서 국가보안법의 저촉 사항이 되었기 때문에 어떠한 이유로도 미국을 비난할 수 없음은 물론이고 미국인이 미국을 비난하는 수위(水位) 정도로 미국을 비난하는 것조차도 금기로 되었다. 자기의 조국에 대해 어떤 시각을 가졌느냐의 문제는 미국을 어떻게 생각하느냐의 문제보다 중요하지 않았다. 이것은 참으로 어이없는 스펙트럼이었다.

자, 그러면 우리가 가야 할 길은 어디인가? 한국의 역사를 관통하는 중화(中華) 질서는 지금도 여전히 막강하다. 그러니 무역이나 해양 주권을 포함하는 통일 문제에서 중국은 부동의 변수이다. 중국은 한국을 통일하는 데 힘이 될 수는 있으나 통일할 의지가 없다. 미국은 한반도의 통일을 바라고 있지만 통일할 여력이 없다.

그러나 통일이 그렇게 중요하다고 해서 이제 우리가 노론(老論) 시대의 모화(慕華)로 돌아갈 수는 없다. 우리의 호오(好惡)나 선택 의지와 관계없이 우리의 운명은 친미적일 수밖에 없다. 미국에 가서 느끼는 혐한 감정(Korea hate)은 중국에 가서 느끼는 모욕감에 못지않다. 미국에서의 한국인의 지위는 흑인이나 히스패닉보다 아래이다.

그러나 미국인의 가슴에는 최소한의 청교도(Puritanism)의 양심이 살아 있어, 중국처럼 동태에 납을 넣어 무게를 늘려 팔거나 톱밥을 염색하여 고춧가루로 우리에게 팔지는 않는다. 대중무역고가 아무리 높다 해도 언제까지 이렇게 살 수는 없지 않은가?

그래서 어쩔 수 없이 "너는 엄마를 더 사랑해, 아빠를 더 사랑해?" 하는 이 유치한 게임에서 "둘 다 사랑해." 하는 아이의 곤혹스러운 대답과는 달리, 미국으로 돌아설 수밖에 없다 하더라도 우리가 총명을 잃지 않고 기억해두어야 할 명제가 있다.

그것은 다름이 아니라, 한국현대사에서는 "미국은 우리에게 누구인가?"라는 질문은 의미가 없으며, "한국은 미국에 누구인가?"라는 질문에 대한 답변에 따라 한미 관계가 결정된다고 하는 사실이다. 이제까지 한미 관계가 방황한 것은 이를 잘못 판단했기 때문이다.

4. 우리는 현대사를 너무 소홀히 다루었다

"역사는 어차피 현대사이다."라고 크로체(B. Croce)가 말한 것에 고개가 끄덕여지는 것은 사실이지만, 그것은 현실(Sein)이 그렇다는 뜻이었지, 마땅히 그래야(Sollen) 한다는 뜻은 아닐 것이다. 인간은 가까운 영광과 가까운 상처를 더 많이 기억하게 되고, 그래서 자신이 사는 시대가 역사에서 가장 격동기였다는 착시(錯視) 속에 산다. 아마도 이것은 기억의 오류와 한계 때문일 것이다.

본받을 일은 아니지만, 북한의 『조선전사』는 모두 33권인데, 1~15권까지가 김일성(金日成)의 전사(前史)이고, 16~30권이 김일성의 치적이고, 31~33권이 김일성 이후의 역사이다. 역사가 이토록 현대사를 주목하는 것은 전적으로 정치적 수요(需要) 때문이다. 자신의 통치 행위를 합리화하고 선전하는 도구로서는 역사적 사실을 인용하는 것보다 더 효과적인 방법이 없다. 여기에서 역사의 우상화 작업이 터를 잡는다.

역사학도들에게도 현대사 연구는 매력적이고 유혹적이다. 우선 사료 처리에서 어학의 어려움이 없다. 고대사를 전공하는 이들에게 부여되는 라틴어나 한자에 대한 부담으로부터 자유롭다. 이런 점에서 현대사 연구는 꾀를 부리기가 쉽다. 두 나라 사이의 전쟁사를 한 나라의 자료만 보고 쓴 저술이 허다하다.

역사학은 일차적으로 어학을 도구로 하여 단단한 무장을 요구한다. 청일전쟁(淸日戰爭)을 전공한 고(故) 문희수(文熙洙) 교수는 한국어 · 영어 · 프랑스어 · 독일어 · 일본어 · 중국어를 이해한 세계 유일의 학자였으나 러시아어를 모르고서는 청일전쟁을 입체적으로 이해할 수 없다고 생각하여 러시아어를 공부하다 원고를 탈고하지 못하고 세상을 떠났다. 그의 노력과 자세에 견주면 나는 아직 멀었다.

현대사 연구를 유혹하는 또 다른 진원지는 정치권이다. 곧 역사학은 진영의 논리로부터의 유혹을 뿌리치기 어렵다. 집권 세력은 돈으로 유혹할 수 있고, 삶이 고달픈 역사학자는 그 유혹을 거절하기 어렵다. 정권이 바뀌면 중고등학교 역사 교재가 바뀌는 이 허망한 나라에서 돈과 권력의 유혹으로부터 지조를 지키는 데에는 때로는 검투사와 같은 용기가 필요하다.

자연과학은 권력으로부터 위협을 받아 진실을 왜곡하기가 쉽지 않지만, 역사학은 그 가운데에서도 사회과학사는 권력 앞에서 가장 취약한 학문이다. 그래서 역사학계에는 영혼의 노숙자(spiritual homeless)가 흔히 있다. 어느 특정 진영의 교사 비율이 18.2%에 지나지 않지만, 그 진영의 교재가 98%를 넘는 것은 이념의 경도나 충성심이 아니라 저작권료와 채택료 때문과 같은 생계의 문제가 달려 있기 때문이다.

역사가 그 시대의 이념을 초극(超克)하는 일이 쉽지야 않겠지만, 저작권료나 채택료의 유혹과 정치권에서 제시하는 진영의 논리에서 제시하는 학예직 기관장을 미끼로 하는 유혹에서 벗어나지 않는 한(限), 한국 역사학의 미래는 암울하다.

그러므로 한국 역사학이 바로 서려면, 정치권이 손을 떼야 하고, 역사학자가 그들에게 권력의 지분으로 학예직 기관장 하나 달라고 징징거리지 말아야 한다. "한 명의 내 쪽 교육감을 만들기 위해 소쩍새는 봄부터 그리 울었나 보다." 그 울음은 우리 세대에 끝나야 하지만 그럴 가능성은 희박하다. 그래서 이 서문은 우울한 글이 되고 말았다.

2023년 한국전쟁 기념일에
옮긴이를 대신하여
신 복 룡 씀

2023년판
역자 서문

해제(解題)를 겸하여

흔히들 해방전후사(解放前後史)라고 말하는 한국현대사를 공부하다 보면 우리는 두 가지의 질문에 부딪히게 된다. 첫째는 우리에게 분단은 어떠한 의미를 갖느냐는 질문이다. 오늘날 한국 사회의 중견을 이루고 있는 사람들 누구나가 체험했듯이, 우리는 참으로 어려운 격동의 시대를 살아왔으며, 그동안 겪은 반세기는 태평성대의 500년 동안 겪은 것보다도 더 다사다난했다. 이 비극의 시발은 분단이었다.

우리는 이제 이 분단이 주는 의미를 곱씹어 보아야 한다. 역사적으로 볼 때 지금 한반도 전체에서 벌어지고 있는 모든 불행과 악(惡)의 원인은 그것이 정치적이든, 경제적이든, 사회적이든, 문화적이든 간에 분단에서부터 비롯되었기 때문에 우리는 이 분단이 주는 의미를 소홀히 할 수 없다.

분단의 의미를 추구하다 보면 우리는 끝내 통일이 주는 의미가 무엇인가 하는 질문으로의 연장이 불가피하게 된다. 통일은 단순히 영토의 확장이나 국력의 신장 이상의 의미를 갖는다. 그리고 그것은 우리가 감상적이거나 낭만적으로 되뇌는 이산(離散)의 아픔을 극복하는 이상의 것이다. 우리에게 통일의 진정한 의미는 망실(亡失)된 역사와 민족적 문화 유산의 원상 회복이라는 의미가 있다.

한국현대사를 공부하는 과정에서 부딪치는 두 번째 질문은 우리에게 미국(美國)은 어떤 나라인가 하는 점이다. 한미수호통상조약(1882)이 체결된 지 110년이 지나는 동안의 한미관계사는, 선린(善隣)이니 혈맹(血盟)의 우방이니 하는 단순 명제로 설명될 수 있는, 그렇게 간단한 사건이 아니었다.

개항 초기의 관계가 다르고, 태프트-가츠라 밀약(Taft-桂太郎密約)으로부터 대한제국이 멸망하기까지의 10년에 걸친 역사가 다르고, 해방 정국이 다르고, 한국전쟁이 다르고, 1980년대의 미문화원(美文化院) 방화 사건과 농산물 수입 개방에 관한 압력이 가중된 이후의 상황이 각기 다른 의미를 가지고 있다.

예컨대 반공과 친미의 우파적 목소리가 이 사회를 지배하고 그 그늘에서 좌파가 숨죽이며 살아야 했던 1980년대 이전의 한미 관계가 아름다움만으로 점철된 것은 아니었다. 한국인들에게는 미국인이 스스로 미국을 비판하는 정도로 미국을 비판하는 것조차도 허락되지 않았다. 미국을 비판하는 것 자체가 반공법과 국가보안법에 위반되던 암울한 시대가 우리에게는 의외로 길게 지속되었었다.

그 뒤 세월이 흘러 해방 이후 세대와 조금 뒤의 한국전쟁 이후의 세대가 이 사회의 주역으로 자리를 잡게 됨에 따라서 기존의 대미(對美) 인식(認識)은 많은 변모를 보이기 시작했다. "미국에 빚진 사실이 없는" 이 세대들은 미국에 관한 기성세대의 예종(隷從)을 받아들이려 하지 않았다.

그들에게는 이제 선린이니 혈맹의 우방이니 하는 용어들이 더 이상 설득력도 갖지 못했다. 그들이 이와 같은 인식을 갖기 시작한 것은 한국현대사에 나타난 대부분의 비극이 미국의 탓이라고 판단했기 때문이었다.

여기에 미국의 무역 개방 정책은 역기능적으로 상승효과(相乘效果)를 불러일으켰다. 부분적으로 미국을 적성으로 규정한 무리가 없었던 것은 아니지만, 많은 청년 좌파들은 미국이 더 이상 우리의 우방만은 아니라는 사실에 공감하고 있었다.

한국의 청년 좌파들은 이와 같은 자신의 입장을 옹변(擁辨)하는 논거(論據)로서 한국현대사의 못 다한 말과 묻혔던 사실들을 탐구하기 시작했다. 미국의 보수주의적 역사학자와 정치학자들이 한국현대사의 비극을 "원인론"(原因論)의 입장에서 탐구하려 했던 것과는 달리 한국의 청년 지식인들은 원인론보다는 "책임론"(責任論)의 입장에서 한국현대사에 접근하기 시작했다.

한국의 청년지식인들은 분단의 책임, 미군정의 역사적 의미, 한국전쟁의 개전 이유 등에 관해서 미국의 책임을 추궁하기 시작했는데, 학계에서는 원인론을 보수주의(保守主義)라고 부르는 것에 대비하여 후자를 수정주의(修正主義)라고 부른다.

그러나 이러한 이론적 갈등은 1980년대 후반에 들어오면서 다소 그 노선의 일탈 현상을 보여 주기 시작했다. 곧 냉전이니 이데올로기니 하는 변수의 대롱 시각[管見]을 통하여 자신의 책임을 변명하려는 보수주의적 우파나 수정주의적 좌파의 시각과는 달리 한국현대사의 비극의 원인을 자신의 내재적 모순에서 찾으려는 자성(自省)의 목소리들이 나타나기 시작했고, 이들은 자신들이 재수정주의자(再修正主義者)임을 자처했다.

이 세 가지의 입장들은 각기 장점과 단점을 함께 가지고 있다. 한국의 분단이 당시 국제 정치의 상황(냉전 체제)으로 볼 때 불가피했다는 보수주의의 입장은 강대국들이 자신의 책임을 회피하고 있다는 점에서 비겁하며, 미국(또는 강대국)의 책임을 주장하는 수정주의자들은 자기의 책임을 남에게 돌리려는 뻔뻔스러움이 있고, 책임의 상당 부분이 결국은 우리의 잘못이었다는 재수정주의자의 논조는 자조적(自嘲的)이면서 외재적 요인을 간과하는 경향이 있다.

이상과 같이 한국현대사에 관한 연구가 고조되어 가고 있는 이유는 여러 가지를 지적할 수 있겠지만, 그중의 하나로서는 미국의 "정보자유법"(Freedom of Information Act : FOIA, 1975)이 통과됨으로써 미국의 공문서에 대한 접근이 쉬워졌다는 점을 빼놓을 수 없다. 미국의 기밀문서들(Confidential, Secret, Top Secret)은 통상 사후(事後) 25년에 공개하도록 되어 있다.

한국전쟁의 극비 문서들, 이를테면 세균전 등에 관한 문제를 제외하고는 대부분의 문서가 공개되었고, 중요도나 우선 순위 또는 일손의 부족 등으로 공개되지 않은 것이 있다 하더라도 FOIA에 따라서 학자들에게는 불편 없이 공개됨으로써 한국의 분단사 연구에 중요한 계기를 마련해 주었다.

상식적으로 생각한다면 한 나라의 역사를 기록하는 데 인용되는 자료는 당사국에 가장 많이 소장되어 있는 것으로 여겨질 수 있다. 그러나 인류의 역사에 전개되었던 침략과 약탈의 과정을 겪으면서 귀중한 문화재는 물론 사료까지도 수난을 당해 이제는 피침략국의 역사 연구는 침략 당사국의 협조 없이는 불가능하게 되었다.

이를테면 이집트의 역사를 연구하려면 당연히 이집트를 찾아가야 할 것 같지만 그들의 귀중한 자료들은 전쟁을 거쳐 대영박물관(大英博物館)과 파리 루브르박물관에 더 많이 소장되어 있으며, 중국 돈황(敦煌)의 자료도 파리 루브르박물관과 일본에 더 많이 소장되어 있다. 그와 마찬가지로 한국현대사, 특히 한국분단사와 한국전쟁사에 관한 사료도 한국보다는 미국에 더 많이 소장되어 있다는 아이러니가 지금의 현실이다.

한국현대사에 관한 미국 측 자료는 여러 곳에 분산되어 있다. 가장 귀중한 자료를 가장 많이 소장하고 있는 곳은 우선 미국 국립문서보관소(National Archives, Washington, D. C.)로서 약 400상자가 그곳에 있다. 상자마다 분량이 다르지만 많은 것은 1천 장에서부터 적은 것은 300장짜리도 있다.

이 국립문서보관소가 협소하게 되자 연방정부에서는 이 건물의 한 층을 복층으로 만들어 7층 건물을 13층으로 만들었으나 자료는 다시 폭증하였다. 이에 미국 정부는 워싱턴 근교 수틀랜드(Suitland, Maryland)로 문서를 다량 이월시켰는데, 여기에는 주로 군정청(軍政廳) 문서 약 60만 페이지와 한국전쟁 당시 북한군으로부터 노획한 문서(Captured Documents)가 1천 상자에 이른다. 그 정확한 숫자는 아무도 장담할 수 없지만, 위의 두 곳에 소장된 한국현대사(1940~1953년 휴전까지)의 문서는 어림잡아 200만 페이지는 넘을 것으로 추산하고 있다.

그러나 이것으로써 한국현대사를 풀 수 있는 것은 아니다. 그 외에도 중요한 것은 국가안전보장회의(NSA, Fort Meade, Md), 육군정보처(US Army Intelligence and Security, Fort Meade, Md), 중앙정보부(CIA, McLean, Va), 국방성전사편찬실(Office of the Chief of Military History : OCMH, Department of Defense, Washington, D. C.), 국무성자료실(Library of the Department of State), 맥아더기념박물관(MacArthur Memorial Museum, Norfolk, Va), 트루먼기념도서관(Truman Memorial Library, Mi), 국립문서보관소 캔사스시티분소(National Archives/Kansas

City Branch, Mi) 등이 있으며, 한국전쟁의 휴전에 관한 문서는 주로 미국육군사연구소(US Army Military History Institute, Barracks, Pa)에 소장되어 있다. 여기에 소장된 자료를 대충 살펴보려고 해도 한 사람의 한평생으로는 어림도 없는 일이다.

이상의 자료들은 미국대학출판물상사(University Publications of America, Inc., Washington, D. C.)에 의해서 마이크로필름으로 일부 보급되었고, 부분적으로는 일본 국회도서관이 의해 복사했으며, 한국의 학자로는 미국 하워드대학(Haword University, Md.)의 방선주(方善柱) 교수가 초인적으로 복사하여 한림대학교(翰林大學校)에서 출간함으로써 한국 분단사 연구에 새로운 전기를 마련해 줄 수 있게 되었다.

역사학은 기본적으로 자료의 수집과 그 해석으로 나눠지는데 그 우선 순위에서 자료의 발굴이 더 중요하다고 한다면 앞서 지적한 미국의 문서는 물론 소련 · 영국 · 일본, 그리고 가능하다면 중국의 문서가 공개될 때 분단의 원인이 입체적으로 규명될 수 있을 것이다.

이 책, 『한국 분단 보고서』는 그것이 한국의 분단에 관한 관변(官邊) 측의 입장을 나타내고 있다는 점에서 일단은 보수주의적 우파의 시각에서 쓰인 것이라고 말할 수 있다. 그럼에도 불구하고 이 보고서는 제2차 세계 대전 종전 무렵의 미국의 점령 정책, 분단의 결정 과정, 군정의 통치 목표와 통치 구조, 그리고 신탁통치와 미소공위에 관한 미국의 공식 입장이 어떠했던가를 비교적 객관적으로 보여주고 있다.

필자인 호그 박사(C. Leonard Hoag)가 미들버리대학(Middlebury College)의 교수로서 민간인 신분이기는 하지만, 이 글은 육군성 전사편찬실의 위촉으로 쓴 정책보고서(OCMH Monograph, No. 138P)

이기 때문에 이것이 미국의 공식 입장이라고 보아도 무리가 없을 것이며, 위에서 제기된 두 가지의 질문에 관한 해답을 얻는 데 도움을 줄 것이다. 이 문서는 국방성도서실(Pentagon Library, Washington, D. C.)의 소장 자료로서 1985~86년 사이에 내가 그곳에서 공부하는 동안 미국의회도서관(Library of Congress) 한국과에 계신 양기백 선생님의 도움으로 수득(收得)한 것이다.

한 권의 책을 낸다는 것은 늘 두렵고 가슴 설레는 일이며, 또 기쁘다. 그러나 이것은 나에게 일종의 멍에일 수도 있고 낙인이 될 수도 있다. 왜냐하면 나는 이 글의 원의(原義)를 전달하면서 오역을 최소화해야 했음에도 불구하고 만에 하나 잘못이 있을 수도 있기 때문이다. 이 점에 관해서는 강호의 선학 · 동학들이 너그러운 마음으로 질정(叱正)해 주기 바라며, 이 일련의 작업이 한국현대사의 많은 의문점을 푸는 데 도움이 된다면 더 이상 바랄 것이 없다.

끝으로, 어려운 문장과 약어 · 암호의 해독을 도와주신 건국대학교 영문학과의 시갈(Paul C. Segall) 교수님께 감사드리며, 바쁜 중에도 원고 교정의 어려움을 맡아 준 건국대학교 출판부의 신채호(辛采鎬) 주임, 조덕현(曺德鉉) 씨, 그리고 색인 작업을 맡아 준 김시월 · 유영란 양과 이윤행 군, 원고 정리의 수고로움을 맡아 준 건국대학교 정치외교학과의 김정은 · 송미애 · 서정화 · 유태하 · 채종구 · 장성호 학제(學弟)와 아들 나라에게 고마움을 적는다.

2023년 한국전쟁 기념일에
옮긴이를 대신하여 고쳐 씀
신 복 룡

미국, 그리고 방선주(方善柱) 교수에 관한 추억

미국 매릴랜드주 수틀랜드(Suitland)의 워싱턴 국립문서보관소(Washington National Record Center : NARA)에 처음 도착했을 때, 나는 적이 실망했다. 휑한 잔디밭 위의 작은 2층 건물, 그곳에 백 년 전 누구네 할아버지의 결혼 신고서는 물론 김일성(金日成)의 맹장 수술 기록까지 보관되어 있다는 것을 나는 도무지 믿을 수가 없었다.

사무실에 들어가 워싱턴 여사(Mrs. Washington)에게서 출입증(clearance)을 받을 때까지만 해도 한 달이면 내가 원하는 자료들을 대충은 볼 수 있으려니 생각했었다. 한국전쟁 문서를 보고 싶다고 했더니 워싱턴 여사는 뭐가 잘못된 사람을 만난 듯한 표정을 지으며 루이스(William Lewis) 씨를 소개해 주었다.

아……, 그 알아들을 수 없는 영어여! 나는 자지러들었다. 나중에 들은 얘기지만 루이스 씨의 영어는 미국인끼리도 잘 알아듣지 못한다고 한다. 내 쪽의 영어를 그가 알아들었다는 것은 그나마 다행한 일이었다. 나는 우선 한국전쟁 휴전 당시의 비밀 협상에 관한 문서들과 특히 1951년에 미8군의 주선으로 휴전을 교섭하고자 평양에 밀파되었던 최익환(崔益煥) 선생에 관한 기록을 찾고 싶다는 얘기를 한 다음, 그분이 나의 장인(丈人)이라고 말했다. 그러자 우선 정보보고서(*G-2 Report*)를 읽어 보라고 했다. 그러나 1주일을 뒤적거렸음에도 불구하고 실마리조차 잡히지 않았다. 얼마가 지나 자료를 찾을 수 없노라고 루이스 씨에게 고충을 말했더니 그는 그 분야의 권위자인 방 교수(Professor Pang)를 만나 보라고 말했다.

"Where can I see him?" (그분은 어디 있죠?)
"Over there." (저기요.)

그가 가리키는 쪽을 바라보니 한 동양인이 문서를 열심히 복사하고 있었다. 한국현대사를 연구하는 학자들에게 전설처럼 알려진 방선주(方善柱) 교수를 처음 보는 순간 나는 기이(奇異)한 느낌을 받았다. 단소(短小)한 체구, 도수 높은 안경, 초라한 옷차림, 흐트러진 머리칼 - 복사하는 모습이 얼마나 진지했던지 나는 그의 작업을 방해할 수가 없었다.

점심시간 무렵이 되어 방 교수가 서류를 정리하기 시작했다. 나는 그분에게 다가가 정중하게 인사 겸 자기소개를 한 다음 자료 탐색의 어려움과 도움을 주면 고맙겠다고 말했다.

"여기 저기 찾아보세요."

그리고는 쳐다보는 시늉도 없이 나가 버렸다. 무안함, 모독감, 그리고 허망함 같은 것이 머리를 스치고 지나갔다. 다시 며칠 동안 모래바닥에서 바늘을 찾는 실정으로 자료를 섭렵했다. 1주일인가 지나 다시 방 교수를 스칠 기회가 있었다.

“잘 되어 가십니까?”

“잘 안 돼 갑니다.”

“그런데 신 선생은 엉뚱한 자료를 보고 있습디다.”

“그렇다면 어느 자료를 보아야 합니까?”

“여기저기 찾아보세요.”

무심한 듯했던 그는 실은 이제까지 내가 무슨 자료를 보고 있는지 주시하고 있었음이 틀림없다. 나는 그에게서 “헛수고하고 있다”는 충고를 듣는 데만 3주가 걸린 셈이었다. 나는 날을 거르지 않고 수틀랜드에서 자료를 찾았다. 방 교수는 아예 휴대용 복사기를 붙박이로 설치해 놓고 오가는 사람도 몰라보며 자료를 복사하고 있었다. 그리고 다시 몇 주일이 지났다.

“신 선생, 점심은 어떻게 해결하세요?”

나는 구내매점에서 빵과 우유로 점심을 때우고 있었다.(이 매점에서 돈을 받는 사람이 장님이었다는 것은 나에게 깊은 인상으로 남아 있다.)

“그것 가지고 식사가 되겠어요? 이곳은 식사가 불편한 곳입니다. 나갑시다. 내가 점심을 살게요…….”

밖으로 나와 그의 차를 탔다. 가다가 곧 설 것만 같은 그의 소형차에 오르니 차 안은 온통 복사물 천지였다. 우리는 문서 보관소를 벗어나 가까운 마을의 어느 사천성(四川省) 요릿집으로 갔다. 그와 마주 앉은 나는 장자방(張子房)이 황석공(黃石公)을 만나고자 세 번이나 꼭두새벽에 그 나무 밑을 찾아갔다는 고사(故事)를 문득 생각했다.

"한국 사람들 나빠요."

그의 첫마디는 몹시 쓸쓸하고도 자조적(自嘲的)이었다.

"나는 이곳에서 7년째 복사를 하고 있어요. 이제까지 10만 페이지쯤 복사를 했는데, 아직도 왜 한국전쟁이 일어났는지, 1945년 전후 미국의 대한정책의 실체가 무엇이었는지를 알 수가 없어요. 아마도 그 답을 얻으려면 60만 페이지는 복사를 해야 할 것 같아요. 내 일생에 그 작업을 마칠 수야 없지만, 어떡합니까? 한국의 학자들이 하지 않으니 나라도 해야지요……."

나는 학문·지리·역사, 그리고 조국에 관한 그의 의지에서 어떤 외경(畏敬) 같은 것을 느꼈다.

"그런데 한국의 학자들은 참 겁도 없더군요. 나는 7년을 복사하고도 모르는 게 많아 논문 한 편 쓰기가 두려운데, 한국에서 온 학자들은 이곳에 와서 마구잡이로 한 카트(cart) 복사해 가서 며칠 있다가는 박사가 됩니다. 그 이○○ 교순가? 그 사람도 그랬어요. 그 다음 카트에는 엉뚱한 내용이 담겨 있는데 그것은 볼 생각도 하지 않고……. 한국의 학자들은 나빠요."

그는 이 국립문서보관소의 지하 서고가 서울운동장의 15배가량 되며, 여기에 한국 관계 자료가 도무지 얼마나 되는지에 관해서는 누구도 정확히 알 수 없다는 얘기를 들려주면서, 일본에서는 정부가 역사학자와 제록스(Xerox) 기술자 5명을 몇 년째 상주시켜 자료를 체계적으로 복사하고 있는데 한국 정부는 뭘 하고 있는지 모르겠다고 개탄했다.

식사를 마치고 나서야 그는 나의 관심사를 묻고 어떤 어떤 자료를 보아야 하고, 누구를 만나면 도움이 될 것이라는 얘기를 들려주었다. 그로부터 그 말을 듣기까지에는 2개월의 기다림이 필요했다. 내 나이 당시 40대 중반, 긴 인생은 아니었으나 세상 고생도 많이 했고 많은 사람을 만났지만, 방 교수와 같은 기인(奇人)은 그리 흔치 않았다. 훗날, 방 교수를 잘 아는 분들을 만나 그분께 점심 대접받은 얘기를 했더니 의아하게 여기며 고개를 갸웃했다.

중국에서 태어나 한국에서 자란 다음 미국에 정착한 풍상(風霜) 탓인지 그의 나이를 어림할 수는 없지만, 초로(初老)임에는 틀림이 없었다. 일생 동안에 완수하리라는 기약도 없이 복사에 몰두하는 모습을 보면서 나는 우공(愚公)을 생각했다. 도대체 조국이 무엇이고, 학문이 무엇이고, 역사가 무엇이기에 방 교수는 이 이역만리에서 이 고생을 하고 있는 것일까? 조국은 이분에게 어떤 보답을 해주었는가?

나는 미국 의회도서관 한국과에서 조국을 위해 한국의 학자들을 각별히 도와주는 노신사 양기백(Key B. Yang) 박사를 만났을 때도 그런 자문(自問)을 해보았다. 물론 그분들이 조국으로부터 어떤 보상을 받으리라고 기대하면서 한 일은 아니지만, 한국 안에 있는 사람들에 못지않게 조국을 사랑하며 살아가는 이 두 분을 볼 때마다 조국은 그분들을 너무 홀대(忽待)했다는 야속함이 늘 뇌리를 떠나지 않는다.

그 뒤 나는 한국에 돌아와서 어떻게 하면 워싱턴의 국립문서보관소나 수틀랜드의 워싱턴 국립문서보관소(Washington National Record

Center)에 있는 한국현대사 자료를 체계적으로 수집할 수 있을까에 관해서 고심해 보았다. 지금 한국에서는 국사편찬위원회와 전쟁기념사업회, 그리고 국가보훈처에서 각기 이 일을 추진하고 있는 것으로 알고 있고 방 교수의 높은 뜻을 이해한 한림대학교(翰林大學校)가 방 교수의 자료를 인수하여 영인본을 출간하고 있는 것으로 알고 있다.

그러나 이 작업은 이런 식으로 될 일이 아니다. 정부가 나서야 한다. 산발적인 자료 수집을 일원화(一元化)하고, 몇 주일 동안 휭하니 다녀오는 식이 아니라 적어도 10년을 작정하고 작업에 착수해야 한다. 이 작업에는 국방부가 크게 기여할 수 있다. 왜냐하면 석사 장교나 고급 두뇌의 사병을 파견 복무 형식으로 수틀랜드에 상주시켜 체계적으로 복사하면 인건비가 그렇게 부담스러울 것도 없다. 사명감과 실력 있는 책임자만 잘 선발하면 장교와 사병이 교체되어도 작업에는 지장이 없을 것이며, 그렇게만 된다면 방 교수도 헌신적으로 도와주리라고 믿는다.

방 교수로부터 편지나 크리스마스카드를 받을 때면 나는 언제나 종아리를 맞는 것처럼 따갑게 가슴이 찔린다. 10만 페이지를 복사하고서도 "모르겠다"고 겸손해 하던 그분 앞에서 겨우 1만5천 페이지를 복사한 내가 『자료집』이랍시고 이 책을 내니 부끄럽고 송구스럽다. 그분을 한국에서 만날 때는 물론이고, 인편으로 "신 교수, 요즈음도 공부 열심히 하세요?"라는 안부를 들을 때마다 나는 다시금 마음의 자세를 가다듬는다. 그리고 내 인생을 낭비하거나 게으름에 빠지지 않고자 노력하면서 열심히 살아가고 있다.

1992년 4월 15일

신 복 룡

1992년판 감사의 글

역사가가 역사학에 기여할 수 있는 길이 있다면 첫째는 새로운 사실(史實)을 발견하는 일이요, 둘째는 기왕에 밝혀진 사실을 재해석(再解釋)하는 일인데, 그 두 가지의 측면에서 본다면 이 자료집은 전적으로 앞의 것에 해당한다. 여기에 수록된 자료들은 내가 1985~86년 사이에 미국 조지타운대학의 객원 교수로 머물면서 주로 미국의 연방문서보관소(National Archives in Washington D. C. & Washington National Record Center in Suitland)에서 채록한 관문서를 번역한 것이다.

자료의 수집이란 결국 부지런함에 있는 것이겠지만 1년 동안에 채록한 1만5천 매의 자료는 결코 나 혼자 이룬 것이 아니라 주변에 계신 여러분의 도움 덕분이었다. 나는 그분들에 관한 고마움을 잊을 수 없으며, 여기에 그 이름을 적어 감사에 대신하고자 한다.

미국이라고 하는 광활한 나라에서 자료를 찾는 일이란 그리 수월한 것이 아니었다. 어려움이 있을 때마다 자료의 소재와 관련 인사들을 소개해준 조지타운대학의 와이텍(John W. Witek) 교수와 맥도날드(Donald MacDonald) 교수에게 먼저 감사한다. 자료를 찾는 데 하워드대학의 방선주(方善柱) 교수와 미국의회도서관의 양기백 박사님, 그리고 조지타운대학 도서관의 이계원 여사에게 많은 빚을 졌다. 연방문서보관소에서 자료를 찾는 동안에는, 지금쯤은 은퇴하였을지도 모를 노신사 테일러 씨(John Taylor)와 루이스 씨(William Lewis)에게 많은 도움을 받았다.

독신자에게 미국의 주말과 밤은 참으로 괴로웠다. 나는 내 책상 앞 벽에 "우리의 선각자(先覺者) 누구에게나 잠 못 이루는 망명(亡命)의 밤은 있었다"라고 써 붙여 놓고 외로움을 달래기도 했고, 일제 치하에서 14년 동안 감옥 생활을 한 빙부(聘父)를 생각하면서 참으려고 했지만 두고 온 처자와 고국에 대한 그리움을 떨칠 수가 없었다. 가까이에 있는 워싱턴 대성당의 닫힌 철책을 잡고 기도할 때면 나도 모르게 눈물이 흐르곤 했다.

이 무렵 워싱턴 한인성공회의 여러 교포가 나에게 베풀어 준 온정은 혈육의 그것보다 진하게 나를 감싸 주곤 했다. 기이하게도 나보다 11시간 늦게 태어난 이대용 신부님은 영육 간에 나에게 큰 힘이 되어 주었으며, 귀국 무렵에는 연방문서보관소에 함께 출근하여 복사를 해주었다. 김홍철 · 이정옥 씨 부부는 지극 정성으로 나의 외로움을 달래 주었으며, 콜롬비아에 있는 그들의 집은 내게 늘 아늑했다.

매주 토요일 저녁 워싱턴 한인회를 대상으로 "한국사 강의"를 마치면 나는 으레 알렉산드리아의 이필재 · 김희정 씨 부부 집에 가서 잤다. 그들이 내게 베풀어 준 우정을 나는 영원히 갚을 길이 없다. 워싱턴을 떠나며 그와 작별하고 돌아서서 나는 많이 울었다. 조병선 박사와 강혜숙 여사 내외분은 나의 생일을 잊지 않고 챙겨 줄 정도로 자상했다. 문서보관소의 자료를 복사하느라고 빌린 그분들의 휴대용 복사기 덮개를 낡게 하여 부러뜨린 것이 지금까지도 미안하다. 워싱턴 한인성공회 회장인 이유완·고희경 씨 부부는 틈틈이 나와 이(李) 신부님을 불러 손칼국수를 만들어 주었다. 한국에서 이민 갈 때 가져갔다는 홍두깨가 참으로 인상적이었다. 오세인·오세실 쌍둥이 자매도 잊을 수 없다. 전우일 씨도 보고 싶다.

워싱턴의 낯선 살림을 도와 준 주미 대사관의 조영숙(趙英淑) 여사의 인정을 나는 오래도록 기억할 것이다. 그는 이 못난 스승을 위해 교통 사고로 다친 다리를 절름거리면서 나의 생활을 보살펴 주었다. 그의 친구 모린(Maureen MacManus, 지금은 Mrs. Dollard)은 서구인 같지 않게 인정스러웠으며, 상형근 군에게도 많은 빚을 졌다. 대사관의 김영선·홍혜선 씨 부부의 자상함도 잊을 수 없다.

건국대학교 워싱턴 동문회장 임현찬 씨 내외분과 여러 동문은 연휴와 연말의 적적함을 달래 주려고자 각별히 신경을 써 주었다. 펜프레스 카피센터(Penn Press Copy Center)의 이완수 사장님은 나뿐만이 아니라 교포 유학생들의 복사 일을 성심으로 도와주었다. 임현수 교수(배재대학)와 김정희 여사 부부는 참으로 인정스러운 분들이었다.

함께 공부하던 한국일보사의 윤국병 부장 내외분과 나에게 도서관의 캐럴(carrell)을 빌려 준 박태호 교수(대외경제정책연구원)는 지금 같은 서울 하늘 밑에 살면서도 그때의 빚을 갚지 못하고 있는 것이 늘 죄스럽다. 워싱턴 한인회장 신필영 씨도 내게 큰 위로와 도움을 주었다.

워싱턴 생활 중에 못난 나 때문에 고생한 제자들에게도 늘 미안하다. 박면수 학제(學弟)는 이부자리와 취사 도구를 싣고 뉴욕에서 워싱턴을 다녀갔으며, 한경애 여사(Mrs. Crerar)는 늘 나에게 위로의 전화를 해주었다. "한국사 강의"를 통해서 친숙해진 이광학 박사님 내외분, 구정서 씨, 문일용 변호사 부부, 이용식 · 유희경 씨 부부도 보고 싶다.

귀국 무렵 우리 부부를 케네디센터의 강동석 연주회에 초대해 준 노의일 목사님 내외분의 기도는 내게 큰 힘이 되었다. 그때 노 목사님 내외분은 C석에 앉고 우리 부부는 A석에 자리를 잡아 주셨었다. 오랜만에 만난 우리 부부의 애정에 방해가 되지 않고자 자리를 따로 잡았노라고 목사님께서는 말씀하셨지만, 나는 안다, 입장료가 너무 비쌌기 때문에 그랬던 것을. 강의를 마치던 날의 종강 파티에서 "통일의 노래"와 "고향의 봄"을 부르며 내가 왜 울어야 했던가를 그분은 아실 것이다.

지금은 어엿한 청년 변호사가 되어 언젠가 조국을 위해 일해 보겠다던 김종한 군의 야망 찬 모습을 볼 때면 나는 나의 아들을 생각하곤 했다. 케네디공항을 떠나던 날 나를 비행장까지 태워 주고 돌아서던 원호덕(Simon Won) 씨의 이슬 젖은 눈빛을 잊을 수가 없다. 불법 체류자의 몸으로서 오도 가도 못 하는 그는 우리 부부의 귀국 모습을 보면서 얼마나 애절했을까?

나는 1985년 10월의 마지막 주말에 어머니께서 별세하셨다는 소식을 들었다. 나는 울음도 나오지 않았다. 시골 한 촌부(村婦)로서의 80 평생은 인고(忍苦)의 세월이었다. 그는 당신이 그토록 사랑했던 아들의 임종도 보지 못한 채 세상을 떠났다. 나는 귀국하지 않았다. 주말이어서 비행기 편도 없으려니와, 어차피 장례식에 참석하지 못할 바에야 독하게 마음먹고 한 자라도 더 읽는 것이 내가 사는 방식이었기 때문이었다. 내가 울음을 터뜨린 것은 내 어린 자식이 상주 노릇을 하는 장례식의 사진을 받아본 순간이었다.

상주 없는 초상을 치르면서 자식 노릇을 대신해준 건국대학교의 유동원(劉東元) 학우와 동료들, 김택호(金澤鎬) 학제, 그리고 행당동 천주교회의 여러 교우에게 마음 깊이 감사하며 살고 있다. 출산을 앞둔 아내와 연락이 끊겨 잠 못 이루던 나의 룸메이트인 아벨(Denjil Abel, 버마)은 지금 어떻게 지내고 있을까?

이제는 워싱턴이 그립다. 30만 년 전에는 바다였다던 네바다의 소금 사막 위에 서서 인생이 고작 70년인 것을 내가 왜 이리 아옹다옹 살았는가를 후회해 보기도 했다. 타살되어 가는 인디언 보호구역의 할머니 등에 업힌 어린 아이를 보며 나는 1950년대의 나의 어린 시절을 보는 것만 같았다. 그토록 몸 저리게 외롭던 워싱턴이 그리운 것은 이제 나도 나이가 먹은 탓일까? 『부초』(浮草, 韓水山 作)의 석이 엄마의 넋두리처럼 사라진 것은 아름답기 때문일까? 아니면 카와바타 야스나리(川端康成)의 말처럼 "슬픈 그리움" 때문일까?

1992년 5월 10일

신 복 룡

차례

제3부 군정(軍政) / 225

약어 및 암호표

A

AA : Anti-Aircraft

AAA : Anti-Aircraft Armament

AAAA : Army Anti-Aircraft Armament

AAF : Army Air Forces

ABC File : American-British Conversation File, NA

A/C/A : Assistant Chief of Army

A/C/S : Assistant Chief of Staff

AF : Allied Forces

AF : Admiral of the Fleet

AFPAC : Allied Forces, Pacific Area Command

AFPAC : Air Forces, Pacific

AG File : Adjutant General's File

AGWD = TAG

ARGONAUT : Yalta Conference

ASCOM : Army Service Command

B

BGS MS : Brig. Gen. Svenson's Unpublished Manuscript

BLACKLIST : 일본 점령 계획

C

CAC : Coast Artillery Corps

CAD : Civil Affairs Division, DW

CAMPUS : 일본 점령 계획

CASA : Civil Affairs Staging Area(민정 요원 보충대)

CBI : China-Burma-India Theater

CCRRI : Central Council for the Rapid Realization of Independence (獨促中央會)

CCS : Combined Chiefs of Staff, UN

C(omm) G : Commanding General

CG : Coast Guard

Chief of S&P : Chief of Strategy and Planners

CIC : Counter Intelligence Corps

CIC : Combined Intelligence Committee

C-in-C : Commander in Chief

CINCAFPAC : Commander in Chief, Army [Air] Forces, Pacific

CINCPAC : Commander in Chief, Pacific

CINCSWPA : Commander in Chief, Southwest Pacific Area

CM : Cable Message

Col : Colonel

[Conf] : Confidential

CORONET : 일본 도쿄 평야 침공 계획

CP : Command(ing) Post

CPKI : Committee for Preparation of Korean Independence(建準)

C/S : Civil Service

CsofS : Chiefs of Staff

CTO : Corps Tactical Operation

D

DA : Department of Army

DAFR : Documents on American Foreign Relations

Doc : Document

DS : Department of State

DSB : Department of State *Bulletin*

DSM : Distinguished Service Medal

DSM : Department of State Meeting

dtd : dated

DW : Department of War

E

EUREKA : Teheran Conference

F

FO : Field Order

FR(US) : Foreign Relations(of the United States)

G

GHq. : General Headquarter

GI : Government Issue

GO(#1) : General Order No. 1

GPO : Government Printing Office

G/S : General Staff

H

H(ist.)USAFIK : *History of United States Armed Forces in Korea*

HR : House of Representative

HRM : Senate Hearings on the Relief of MacArthur

I

I&H JI : Information and Historical Journal

I&I : Intelligence and Information

Inf Div[Regt] : Infantry Division [Regiment]

J

JANIS : Joint Army-Navy Intelligence Service

JCAC : Joint Civil Affairs Committee

JCS : Joint Chiefs of Staff

jg : Junior Grade

JIS : Joint Intelligence Staff [Service]

JLC : Joint Logistics Committee

JODK : 경성방송국 호출 부호

JPS : Joint Planners Staff

JSC : Joint Staff Committee, DW

JSP : Joint Staff Planners

JWPC : Joint War Plans Committee

K

KAMG = USAMGIK

KIG : Korean Interim Government(남조선 과도 정부)

KMG : USAMGIK

KPG : Korean Provisional Government(중경 임시 정부)

KRAI : Korean Relations and Information Section

L

LST : Landing Ship for Tanks

Lt : Lieutenant

Ltr : Letter

M

MG = USAMGIK

MILEPOST : Reserve Stocks Operation in Siberia

Min : Minutes(회의록)

MR : MacArthur Report

MS : Manuscript(미간행 정책 보고서)

Ms(g) : Message

Mtgs : Meetings

N

NA : National Archives, Washington, D. C.

NIS : National Intelligence Survey

NKC : New Korean Company(新韓公社)

NSC : National Security Council

NSRRIK : National Society for the Rapid Realization of Independence in Korea(獨促)

O

OAS : Occupied Areas Section, Department of Navy

OCMH : Office of the Chief of Military History, Department of Defense

OCTAGON : Quebec Conference(1944)

OLYMPIC : 일본 큐슈(九州) 침공 계획

OMG : Order of Military Government

OO : Operation Order

OPD : Operation Division, Department of War

OPO : Office of Public Opinion

OSS : Office of Strategic Service

P

PCAU : Philippine Civil Administration Unit

POLAD : Political Advisor

POW : Prisoner of War

Q

QUADRAN : Quebec Conference(1942)

R

[R] : Reference(참고 부속 문서)

ret : retired

RG : Record Group, NA & WNRC

Rpt : Representative

R&A : Review and Assistance

S

[S] : Secret

SANACC : State-Army-Navy-Air Force Coordinating Committee

S&P : Strategy and Policy Group

SCAP : Supreme Commander, Allied Powers

SEA : Southeast Asia

Sec : Secretary

SEXTAN : Cairo Conference

SFE : Section of Far East, Department of State

SFE : Subcommittee on the Far East, DS

SKIG : South Korea Interim Government(남조선 과도 정부)

SWNCC : State-War-Navy Coordinating Committee

SWPA : Southwest Pacific Area

T

T/A : Territorial Army

TAG : The Adjutant General(국방성 군무국장)

TERMINAL : Potsdam Conference

TFGCG : Telegram from Geizo, Commanding General

TFGBI : ?

T/O&E : Table of Organization and Equipment

[TS] : Top Secret

U

UNO : United Nations Organization

UNRRA : United Nations Relief and Rehabilitation Administration

UNTCOK : United Nations Temporary Commission on Korea

USAFIK : United States Armed Forces in Korea

USAMGIK : United States Army Military Government in Korea

USAMGOK : United States Army Military Government of Korea

USNR : United States Naval Reserve

V

V-J Day : Victory over Japan Day

VLR Attack : Very Long Range Attack

VOCG : Verbal Order, Commanding General

W

WARCOS : Department of War, Chief of Staff

WD = DW

WDGS : War Department, General Staff

WDSCA : 전쟁성 민사처(Department of War : Section of Civil Affairs)

WNRC : Washington National Record Center, Suitland, Md.

WPD : War Plan Division

제1부

정책과 계획(1941~1945)

제1장

한국에 관한 전쟁 초기의 계획

제2차 세계 대전 때 미국은 한국에 대하여 많은 관심을 기울이지 않았고, 기껏해야 1943년 카이로회담 때에 "적절한 절차를 거쳐서"(in due course) 한국을 독립시킨다는 식의 애매모호한 계획들뿐이었다는 것이 일반적인 생각이다. 사실상 미국 정부는 태평양전쟁이 시작될 무렵에야 한국에 관한 여러 가지 문제에 관심을 갖기 시작했다.

한국 문제에 관한 미국의 관심을 평가할 때 부딪히는 어려움은 정책 결정이 이루어지는 일반적 환경을 이해하는 데 실패하기 때문에 나타난다. 우선 유럽에서의 전쟁이 가장 우선이었다는 것을 우리는 알아야 한다. 그 문제가 해결될 때까지 많은 관심이 유럽에 집중되어야만 했다. 태평양전쟁은 일본 패망을 목표로 한 군사전략의 우선이 필요했다.

유럽에서처럼 정책은 루즈벨트(F. D. Roosevelt) 대통령이 우선하여 결정해야 하는 것들이었다. 대통령게 보내는 건의서는 국제문제로 복잡하게 얽혀있기 때문에 응답이 없거나, 읽지도 않게 되거나, 때로는 그 유용성이 사라질 때까지 미결인 채로 그대로 두

기도 했다. 전쟁을 승리로 이끌 때까지 대통령의 정책은 결정을 미룬 채, 이러한 문제들을 해결하고자 상호 협조를 통한 개인적 외교를 신임하는 경향이 있었다. 태평양의 해방된 지역을 점령하기 위한 정책뿐만 아니라, 의견 교환을 위한 국무성과 국방성 사이의 적절한 연락 체계를 조성하는 일이 연기되기도 했다.

끝으로 중요한 것은 세 강대국, 곧 소련 · 영국 · 중국과 함께 일하는 데 어려움이 있었다는 것이다. 역사적으로 아시아에 관심을 쏟고 있는 소련은 1945년 8월의 마지막 순간까지 태평양전쟁의 적극적인 동맹국이 아니었다. 영국은 제국적(帝國的) 관계의 유지에 관심을 쏟는 식민지주의적 강대국이므로 자국의 이익이 침해될 만한 시도를 미심쩍게 여겼다.

중국은 소련과 공산주의에 대해 굉장한 두려움을 가지고 있었다. 그들은 내부적으로 정치적 갈등을 겪고 있었을 뿐만 아니라 전시(戰時)나 전후의 군사적 · 정치적 전략에서 동등한 동반자로 취급받지 못할 것이라는 의심에 빠져 있었다.

이러한 것들이 미국 정부 안에서 한국에 관한 토의가 일어났던 배경들이며, 아울러 한국이 일본의 속박에서 풀려나고 실질적인 국제 지원이 필요하게 될 날을 대비하여 구체적인 계획들을 수립하지 못하게 된 이유를 부분적으로나마 설명해 준다.

1. 외교 대상으로서의 한국 : 1941~1944

미국이 일본에게 선전 포고를 함에 따라 지금까지 일본에 정복된 채 독립을 열망하던 여러 나라와의 관계에 관한 문제가 즉각 대두되었다. 한국과는 세 가지 점에서 직접 관련이 있다. 즉,

(1) 한국의 독립에 관해 어떠한 언약을 해야 하는가?

(2) 대일(對日) 전쟁에서 한국인은 어느 정도의 효용성이 있는가?

(3) 당시 중국에 있던 한국의 망명 정부를 인정해 주는 것이 한국의 독립이라는 대의(大義)와 전쟁 노력에 도움이 될 것인가?

위의 세 가지 질문 가운데 마지막 문제는 여러 면에서 다른 문제들보다 핵심적인 것이다. 어떤 특정한 정부를 인정한다는 것은 상호 지원이 교환되는 공적인 경로를 개설한다는 의미일 뿐만 아니라 독립을 위한 지원을 보장한다는 의미이기도 하다. 더욱이 이것은 미국이 일단의 망명객들에게 전후 한국에 세워질 새 정부의 잠재적 지도자임을 약속하는 것과 같은 것이었다.

1919년 3월 1일에 3·1운동이 실패한 뒤 망명한 한국인들을 중심으로 상해에 임시정부가 수립되었다. 망명 애국지사인 이승만(李承晩)이 대통령이 되고 김구(金九)는 국무총리가 되었다. 이승만은 하와이에서 주로 활동하면서, 1919년 8월 워싱턴에 준(準)대사관 기능을 하는 한국위원회(Korean Commission)의 구성을 추진하고 있었다. 이 기구는 1921년경부터 1923년 사이에는 매우 활동적이었고, 1932년에 다시 활성화되었다.

이승만은 1939년에 다시 주도권을 잡게 되었는데, 이때는 그 기구가 한국사절단(Korean Mission)으로 널리 알려지기 시작한 때이다. 따라서 이승만은 미국으로부터 자신과 임시정부가 한국민의 유일하고 진실한 대표자라는 공식 승인을 받고자 모든 수단과 방법을 동원하여 노력하기 시작했다.[1)]

---

1) 이승만에 관한 두 개의 주요한 전기를 참고할 것. R. C. Allen, *Syngman Rhee : An Unauthorized Portrait*(Tokyo : Charles E. Tuttle Co., 1960)과 Robert T. Oliver, *Syngman Rhee : The Man behind the Myth*(New York : Dodd, Mead and Co., 1954). 뒤의 책은 이승만의 절친한 친구이자 조언자가 쓴 것이다.

임시정부는 1921~30년 사이에는 단지 서류상으로만 존재했었다. 그 뒤 임시정부는 중국의 국민당 정부와 연계하기 시작했으며, 중국과 만주에서의 항일 유격전 활동을 지원하였고, 국민당 정부와 함께 중경(重慶)으로 이동하였다. 그곳에서 그들은 1940년 광복군(光復軍)을 조직하여 대일 선전 포고를 하였다.

1942~43년에 공산주의자라고 불리기도 하는 좌익 세력이 선거를 통해 국민의회(National Assembly)와 국무회의(National Council)에 참여했다. 1944년 김구가 임시정부의 대통령이 되었고, 김규식(金奎植)이 부통령이 되었다.[2] 1920년에는 상해에서 공산당이 창당되었는데, 이로 말미암아 그 뒤 25년간 민족주의 운동의 좌·우 분열이 시작되었다.[3]

진주만 기습 직후 미국 국무성은 중경에 있는 미국 대사를 통하여 임시정부에 관한 정보를 수집했다.[4] 이와 때를 같이하여 임시정부의 지도자들은 미국과 중국의 승인을 얻고자 노력했다. 그들이 한국의 독립운동가들에게 군사적·재정적 도움을 주는 것은 실질적인 승인을 의미하는 것이기 때문이었다. 그러나 이 지도자들은 미국과 중국 모두에게 거부되었다.

1942년 후반에 국무성 동아시아국장인 혼벡(Stanley K. Hornbeck)

2) 가장 최근의 한국 민족주의 운동에 관한 책들 가운데 하나는 Chong-sik Lee, *The Politics of Korean Nationalism*(Berkeley and Los Angeles : University of California Press, 1963)이다.

3) 한국 공산주의에 관해 상세하게 설명한 책들 가운데 영어로 쓴 최초의 것은 Dae-Sook Suh, *The Korean Communist Movement,* 1918~48(Berkeley : University of California Press, 1967). 서대숙은 임시정부에 관한 확실한 연구서가 아직은 없다고 주장한다. 이정식과 서대숙 두 저자는 중국과 한국의 공산주의가 한국의 독립운동에 미친 영향에 관해 의견을 달리한다.

4) U. S. Department of States, *Foreign Relations of the United States, Diplomatic Papers,* 1942(Washington, 1960), I, pp. 858~881에 있는 메시지 참조. 이후로는 이 책을 *FR*로 표기함.

은 이승만이 "한국 내부를 전혀 모르고", 임시정부는 "일단의 제한된 망명객들을 구성원으로 하여 스스로 조직된 모임에 지나지 않는다"는 것을 주장하는 보고를 받았다. 1943년 2~3월의 어느 날 이승만은 전쟁정보실장(The Office of War Information Chief) 비나케(Harold Vinacke)를 방문했을 때 "당신은 한국민이 이승만이 누구인지 알기나 할 거라고 생각합니까?"라는 냉담한 질문을 받았다.[5]

1943년 4월과 5월에 그 문제는 다시 제기되었으나 어떤 해결책이 없었다. 이승만은 계속해서 소련이 한국에 소비에트식의 공화국을 세우고자 한국의 분열을 이용할 것이라는 두려움을 토로하면서 소위 "가장 오래된 망명 정부"라고 주장하는 임시정부에 관한 승인을 요청했다.[6]

1944년 5월, 국무성은 임시정부 지도자들에게 그들이 "정부를 대표하는 것이 아니라 독립 운동을 하고 있을 뿐"이라는 것을 환기하고, 중국에 관해서는 미국과의 사전 협의 없이 말미암아 주지 말 것을 충고하는 것이 바람직하다고 판단했다.[7] 그해 8월, 국무성은 전후(戰後) 한국의 주요 문제에 관한 질문서 초안을 준비하였고, 중국이나 영국 정부와 양자 사이의 비공식 검토 기구를 설치할 것을 고려했다. 11월에 중국 정부는 의견을 교환할 준비가 되었음을 나타냈고, 또한 한국의 임시정부를 "동정적으로 지지한다"(sympathetically inclined)고 하였다.[8]

한국과 중국의 지도자들은 1941년 전쟁이 시작된 이래 미국이 한국의 독립을 지원한다는 약속을 받으려고 노력했다.[9] 그러나 1943

5) Oliver, *op. cit.*, pp. 182, 184.

6) *FR*, *1943*, Ⅲ, p. 1093 ff.

7) 이 교환에 관해서는 *FR*, *1944*, V, p. 1290 ff.

8) *Ibid.*, pp. 1297~1298.

년까지 미국 정부는 "행동을 통해 독립을 쟁취할 가치가 있음을 보여주고, 또 그 준비를 하는 모든 사람의 독립"을 지지한다[10]는 식으로 일반적인 지지를 표명했을 뿐이다. 이승만을 비롯한 그 밖의 임시정부 지도자들은 한국이 중국이나 그 밖의 다른 지역에서 전쟁에 참가할 수 있는 재정적 · 군사적 지원을 전쟁 초기부터 요청했었다.

비록 중국 정부는 임시정부를 지원해 줌으로써 중일전쟁(中日戰爭)에서 한국의 도움을 활용하였지만, 그들의 힘이 "효과적으로 사용되기에는" 너무 파벌과 경쟁심으로 분열하였다고 인식했다.[11] 그러나 이러한 인식에도 불구하고 임시정부 지도자들은 1943~44년에 북중국 · 만주 · 미국 등지에서 활동하던 미국 병사들의 전투 노력에 대한 지원 약속과 지하 활동을 위한 청사진을 계속 제공하였다.

예를 들면 1943년 11월에 이승만은 약 500~1,000명의 한국인들을 훈련하고 장비를 갖추어 실전에 투입하자고 제안했고, 50만 달러 상당의 세분화된 장비의 목록을 제출했다.[12] 합동참모본부(JCS)와 전략국(OSS)은 이승만의 제안을 검토했다.[13]

어느 대일본(對日本) 정보 전문가는 미국이 이승만 세력에 의지할 것이 아니라 더 많은 한국인을 활용할 계획을 세워야 한다고 제안했다. 만약 미국이 한국위원회를 활용한다면 미국 정부가 이

9) *FR, 1942*, I, p. 862 ff : Welles to Gauss, 20, 25 Mar ; Roosevelt to Hull, 8, Apr ; Gauss to Sec State, 16 Sep.

10) *Ibid.*, pp. 879~880, referring to the Secretary of State's Speech. of 23 Apr 42.

11) *Ibid.*, p. 878 : Gauss to Sec State, 17 Jun 42.

12) Ltr, Rhee to General Marshall, 8 Nov 43 ; Ltr, Rhee to Lend Lease Administrator, Mr. Lee T. Crowley, 29 Sep 43 ; Ltr and Tel to President Roosevelt, 9 and 17 Dec 43 ; Memo for Deputy C/S, Sub : Plan to Train, Equip, and Put Into Action a Unit of Koreans in Free China for Strategic Service, 12 Nov 43 ; *OPD* 381 CTO. Sec Ⅳ.

13) 전략국(OSS)은 합참의 감독하에 작전을 수행하고자 1942년 6월 13일자의 군령에 따라 설치되었다.

승만이나 그 집단을 인정하는 것으로 해석되거나 이용될 우려가 있다면서 전략국장은 이승만의 제의를 쌀쌀하게 거부했다.[14)]

이때 미국이 승인을 거부한 것은 잘못된 일이었을까? 몇몇 한국인 학자들은 달리 생각한다. 한국 민족주의의 분야에 유명한 어느 학자는 누가 가장 진실하게 한국을 대표하는가를 결정할 근거는 없다고 주장한다. 더욱이 그는 한국이 설령 전쟁의 결과에 따라서 분단되지 않았다 하더라도, 중국에서의 정치적 상황에 비추어 볼 때 한국의 임시정부 지도자들이 서로를 파멸시키지 않고 함께 일해 나갈 수 있음을 입증할 수 있는 증거는 없다고 주장한다.[15)]

그러나 미국 점령기에 미국 관리들은 한국을 자치 정부 수립의 방향으로 이끌고 가야 할 문제에 직면했을 때, 결국 이승만의 지도력과 지원을 요청하는 것이 바람직하다는 것을 알게 되었다.

전후(戰後) 한국의 독립에 관한 미국의 공식적 약속은 1943년까지 나타나지 않았다. 이때 루즈벨트(F. D. Roosevelt) 대통령은 과거 식민지 국가들을 일종의 국제적인 신탁통치와 같은 기구 아래에 둔다는 생각을 구체화하기 시작했다.[16)] 그는 1943년 3월 27일 영국 외상 이든(Anthony Eden)이 백악관을 방문했을 때 그와 함께 이러한 구상을 논의했다.

루즈벨트 대통령은 한국에서 중국과 미국, 그리고 하나 혹은 둘

---

14) 많은 제공자의 요약에 관해서는 ; OSS, Ltr from Donovan to JCS, 29 Jul 44 ; War Dept Memo for Record, 4 Aug 44 ; and Memo, War Dept, 6 Aug 45 ; *OPD 336 Korea.*

15) Lee, *The Politics of Korean Nationalism*, p. 231.

16) "신탁통치"에 관한 생각은 새로운 것이 아니다. 국무성은 아메리카 대륙에서의 독일과 이탈리아의 군사적 시도를 견제하기 위한 수단으로 1940년 "범(汎)아메리카 신탁통치계획"(Pan-American Trusteeship Scheme)을 제안한 적이 있다. Stetson Conn and Byron Fairchild, *United States Army in World War Ⅱ, The Frame Work of Hemisphere Defense*, OCMH, Department of the Army, Washington, D. C., 1960, p. 48.

정도의 다른 국가가 신탁통치를 실시해야 한다고 제안했다.17) 영국 외상은 연방과의 관계를 유지하는 것을 선호(選好)함으로써 자국 식민지의 완전한 독립에는 계속해서 반대하면서도, 영국과 중국은 미국 대통령의 제안에 우호적인 것으로 보였다.18)

그러나 세 국가(미국 · 영국 · 중국)의 원수들이 1943년 11~12월 카이로회담에서 만났을 때, 한국의 독립에 관해서는 모호한 성명서만 발표했을 뿐, 신탁통치에 관한 어떠한 공식적 언급도 회피했다. 회담 말미에 발표된 카이로선언에는 간단히 다음과 같이 언급되어 있다.

> 위의 세 강대국은 한국민의 노예 상태에 유념해서 적절한 절차를 거쳐(indue course) 한국이 자유롭고 독립된 국가가 되도록 할 것임을 결의한다.19)

이 성명서는 유명한 국제적 실수로 기록될 만큼 너무 막연한 것임이 입증되었다. 해방 뒤 한국이 독립을 이루었다고 정확히 말할 수 있는 사람은 아무도 없었다.

카이로선언에 관한 한국인들의 반응은 다가올 일의 약속이라도 받아 놓은 듯한 자세였다. "적절한 절차를 거쳐"(in due course)라는 문구는 한국어로 "곧"(shortly), 혹은 "며칠 안에"(in a few days)를 의미하는 것으로 해석되었고, 국민은 기쁨에 들떴다.20) 한국어에

17) Herbert Feis, *Churchill-Roosevelt-Stalin : The War They Waged and the Peace They Sought*(Princeton University Press, 1957), p. 124.

18) *FR*, *1943 : China*(Washington, 1957) : Memo Under Sec State Summer Welles to Sec" State, 29 Mar 43, p. 845.

19) *FR*, *Conference at Cairo and Teheran*, 1943(Washington, 1951), p. 449 ; 이 본문에 관해서는 pp. 399~404, 408~409 참조.

20) Allen, *Syngman Rhee*, p. 64 : Louise Yim, *My Forty Year Fight for Korea*(New York, A. A. Wynn, 1951), p. 223에서 인용.

는 그 문구와 딱 맞아 떨어지는 어휘가 없으며 중국어에서 번역된 것은 다른 의미를 나타내 주고 있었다.

어쨌든 한국인들 사이에는 즉각적인 독립과 해방 뒤 자치 정부의 수립을 약속 받았다는 믿음이 형성되었다.[21] 미국 점령군은 1945년 한반도에 진주한 뒤 이러한 사실을 발견하고 놀랐으며, 그로 말미암아 문제는 더욱 복잡해졌다는 것을 알았다.

스탈린(J. Stalin)이 테헤란에서 루즈벨트를 만날 때까지도 스탈린의 의중은 확인되지 않았었다. 루즈벨트에 따르면 스탈린은 한국이 "40년 동안의 보호 통치(tutelage)를 받아야 한다"는 데 비공식적으로 동의했다고 한다.[22] 대일전(對日戰)을 수행할 준비를 할 때까지는 소련으로부터 어떠한 공식적 언질도 없었다.

따라서 1944년이 되어서야 미국 정부는 한국 문제에 연루되기 시작했는데, 그것은 자유를 찾는 모든 식민지 국민의 상태라는 고통스러운 문제의 한 부분으로서 미국과 중국에서 활동하는 망명 지도자들과 정부에 관한 승인 요구와, 자유를 가져다 줄 전쟁에 참가하고자 노력하는 다양한 한국인 집단들의 열망과 관련된 문제들이었다. 이러한 문제들에 관한 명확한 답이 제시되지 않았는데, 그것은 한국이 외견상으로 볼 때 광범위한 세계적 군사 전략 문제와 전후 세계 계획의 한 부분에 지나지 않으며 주변적인 것에

21) 1946년 2월 4일 『뉴욕타임즈』(*NYT*)의 크레인(Burton Crane)에 따르면 그 표현이 중국에 있는 한국인 애국자들에게 "며칠 안에"(in a few days)로 바뀌어 전달되었다고 한다. 한국에 있는 미군 사령관인 하지 중장은 그의 한국인 통역관으로부터 한국인들이 그 문구에 대해 슬퍼하지 않는다고 들었다. *Information and Historical Journal, Staff Conference,* 12 Sep 45 : *Historical Files*(이후 *I&H Jl Hist Files*로 표기).

22) *FR, Conference at Cairo and Teheran,* p. 869. 1944년 1월 12일 태평양전쟁협의회에 제출된 루즈벨트 대통령의 보고서. 태평양전쟁협의회에는 태평양에서 싸우던 국제연합선언 조인국들이 포함되었다.

불과했기 때문이었다.

대부분의 문제는 전쟁의 추이와 주요 동맹국들의 협력에 따라서 좌우되었다. 미국 정부는 4대 강국의 협동의 결과에 따른 일반적 세계 문제의 해결만을 계획했을 뿐이며, 신탁통치와 같은 방법을 통해 과거 식민지 국민의 궁극적 자유와 독립을 보장할 수 있다는 새로운 국제주의적 맥락에서 그러한 문제들을 계획했다.

2. 민정을 위한 계획 : 1941~1944

한국은 미군정의 보호·감독을 받게 되었고, 민정(民政) 분야의 실험장이 될 운명이었다. 그럴 가능성이 짙어지자 전쟁 초기에는 없었던 절차와 기구들의 구성이 필요하게 되었다. 공적이고 활동적인 기반 위에서는 합동 군사 전략과 외교 정책의 수립을 위한 기구의 출현이 느리게 진행되었다. 합동 군사 전략 기획 그 자체에 관한 절차는 군정이 느린 준비를 하는 동안 진행되어야 했다.[23)]

군정의 중요성과 특별히 훈련된 요원이 필요하다는 것을 인식한 육군은 1941년 12월에 민정 업무와 섭외 업무에 필요한 관리들을 훈련할 것을 결정하였다.[24)] 군정에 필요한 장교들을 훈련하는

23) 민정의 조직과 계획에 관한 이야기는 Ray S. Cline, *United States in World War II : Washington Command Post : The Operation Division*(Washington, 1951), 저자는 1943년 3월 형성된 합동참모(Joint Staff) 체계의 재조직을 논의했다. 한편 합동 참모 체계의 재조직으로 합동전쟁기획위원회(Joint War Plans Committee : JWPC)가 설치되었다.

24) 좀더 완전한 사실에 관해서는 OCMH에 있는 미간행 원고, "History of the Civil Affairs Division, War Department, Special Staff, World War II to March, 1946"(이후로는 CAD *History*로 표기)를 참조할 것.

임무는 1942년 1월 헌병 사령관(Provost Marshal General)에게 부여되었다. 첫 군정 학교는 샤럿스빌(Charlottesville, Va)의 버지니아대학에 설립되어, 그해 5월에 활동을 시작하였다.

더 많은 장교가 필요하게 되어 여섯 개의 다른 대학에서도 그 훈련을 담당하였다. 그 대학들은 시카고대학·예일대학·하버드대학·미시간대학·노스웨스턴대학, 그리고 스탠포드대학 등이다. 이러한 군사 학교들은 해군에 있는 학교들을 포함해 6~7천 명의 장교들을 훈련시켰는데, 그들 가운데 많은 사람이 일본에 관한 지식과 일본어에 관한 교육을 받았다.

그들 가운데 몇몇 장교들은 일본을 경유해서 한국으로 발령받았다. 이 학교에서는 한국에 관한 지식이나 언어에 관해서 공식적 교육이 전혀 실행되지 않았다. 그러나 1945년 8월에 한국의 점령에 관한 계획이 정해지자 졸업반 학생들에 관해서 최소한의 그러한 교육을 시행하려는 시도들이 있었다.[25)]

한편 1942년 3월 육군은 전쟁계획국(War Plan Division : WPD)을 작전국(Operations Division : OPD)으로 대체했는데, 이 국은 전략기획의 "사령탑"(Command Post)이 되었다. 그 당시 북아프리카 침공에 따른 급격한 요구에 부응하여 민정국(Civil Affairs Division : CAD)이 전쟁성 참모장 아래의 특별 참모단으로 1943년 3월 1일 조직되었다.

그 뒤에 민정국은 민정과 군정에 관한 전쟁성의 정책 수립을 주

25) 한 학자는 "워싱턴의 고위 정책 지시에 따르면 육군 학교에서는 한국에 관한 연구를 계속해서 금지시켰다"고 주장한다. Carl J. FriedriCh. and Associates, *American Experience in Military Government*(New York : W. Sloane Associates, 1948), p. 356. Friedrich의 책과 Hajo Holborn, *American Military Government : Its Organization and Policies*(Washington : Infantry Journal Press, 1949)은 군정에 관한 개척자적인 연구서이다. H. Holborn은 전략국(OSS)의 참모로 근무했었다

로 책임지게 되었다. 민정국과 야전 사령관들 사이의 교신(交信)은 모두 작전국의 전략 · 정책반(Strategy and Policy Group : S&P)의 정책과(Policy Section)를 통해서 해결되었다. 이때 작전국은 민정국에 장교 1명을 파견하여 근무시켰다.

그 장교가 하스켈(John H. Haskell) 대령이었다. 그는 민정국의 국장 서리(Acting Directory)를 맡게 되었고, 그 뒤 힐드링(John H. Hilldring) 소장이 1943년 4월 민정국장(Director of Civil Affairs)으로 부임하자 부국장(Deputy Chief)에 임명되었다.[26]

애당초 육군은 필요한 정보를 전략국(OSS)에 주로 의존했었으나 점차 그 자신의 조직을 갖추었다. 1943년 가을에 설립된 민정연구위원회(Civil Affairs Studies Committee)는 약 148개의 민정 지침서와 소책자들, 그리고 그 외의 특별 연구서들을 출판하였다. 1943년 1월, 해군에도 민정국과 같은 임무를 수행하는 국이 설치되었다.

그 뒤에 점령지역과(Occupied Areas Section : OAS)로 명명된 이 부서는 민정국과 연락하면서 인력(人力)을 공급하는 임무를 맡았다. 점령 지역과 민정국 사이의 협조는 긴밀하게 잘 이루어졌다. 작전국은 사무실을 펜타곤으로 옮겨 민정국과 인접하게 되었다. 결국 이것은 육 · 해군합동민정계획처(Joint Army-Navy Civil Affairs Planning Agency)로 활동하였다.[27]

---

26) Cline, *Washington Command Post*, p. 321.

27) (1) Ltr, Vice Chief of Naval Operations to Officer-in-Charge, OAS, 5 Feb 45, Sub : Duties of Occupied Areas Section : CAD 321(1-1-43). 이것은 육군 준장(BG) H. F. Svenson의 미간행 원고인 "The Military Occupation of Japan : The First Year's Planning, Policy Formulation ard Reforms"(April, 1960)(이후 BGS MS로 표기)의 p. 7에 포함되어 있다.
(2) 민정국의 화헤이(Daniel C. Fahey)는 뒤에 법률상의 통일은 없었지만, 실질적인 통일은 확실히 있었다고 언급하면서 "가깝고, 우호적이고, 유익한 관계"에 관해 말했다. CAD History, p. 3.

태평양 지역에서 군사 점령지의 민정 관리(管理)를 민간인이 해야 하느냐, 아니면 군대가 해야 하느냐 하는 문제가 대두되었다. 민정국과 합동참모본부(JCS)는 1944년 5월 13일 다음과 같은 합의에 이르렀다. 곧 "민정은 군사적 차원에서 행해져야 하며, 한국에서의 민정 처리 계획은 다른 국가들의 이해 관계가 결정될 때까지는 주로 미국이 책임을 진다"는 것이다.

이것은 유럽에서 실패한 뒤에 야기된 혼동과 같은 것을 피하는데 중요한 것으로 인식되었다. 또한 민정의 결과가 이 지역에서의 미국의 위신과 공약에 적지 않은 영향을 미치기 때문에 이 문제는 중요한 것으로 인식되었다.[28]

이 당시 현지에서의 민정 계획은 별로 없었다. 태평양에는 2개의 사령부가 있었고, 궁극적으로는 이들이 일본에서의 민정을 관리해야 할 입장이었으나, 당시에는 전쟁 그 자체에 너무 신경을 썼기 때문에 그와 같은 미래의 일을 고려할 수 없었다.

그러나 1943년 8월 육군성의 문의에 대해 중국·버마·인도 전구(China-Burma-India Theater : CBI)는 일본의 민정에는 약 3천 명의 장교와 9천 명의 병사들이 필요하다고 대답했다.[29] 이 평가는 그 당시에 실시되고 있던 민정에 관한 개념이 바뀌고 있다는 징조를 보여 준다. 그들은 당초 태평양에서 전투를 치르느라고 민정에 큰 관심을 보이지 않았었고 군정에 관해서도 관심이 전혀 없었다.

---

28) 정부는 1944년 5월 14일에 이를 승인을 했고, 맥아더 장군은 그렇게 통고를 받았다. JCS 819/2, 13 May 44, Sub : Assumptions for Planning, United States Civil Affairs in Pacific Ocean Area, SWPAC, CBI, and SEA : Japan 014, Sec 18-A ; 또한 *FR, 1944*, V, p. 1262 참조.

29) BGS MS, p. 20 : Ltr, CBI to AGWD, 28 Aug 43, Sub : Organization and Plans for the Conduct of Civil Affairs in the China-Burma-India Theater of Operations : *CAD 321 CAD*(12-21-42), Sec 2 of 2.

합참은 소규모의 섬에 관한 군정은 해군의 책임 아래 두되, 대륙은 육군의 책임 아래 둔다는 1943년의 규정을 제시했다. 남태평양이나 남서태평양 지역에서는 미군정의 필요성이 제기되지 않았다. 왜냐하면 그곳의 섬들은 영국 · 뉴질랜드 · 오스트레일리아 · 프랑스 · 네덜란드 등과 같은 다른 연합국에 소속해 있었기 때문이다. 솔로몬군도 · 뉴기니아 등 그 외의 지역에서 미국인들이 발견한 원주민들의 복지와 통제 문제는 그 국가들의 민간 관리들의 책임 아래 두었다.[30]

군정 기구에 관한 요구들이 좀더 공식적으로 등장하기 시작한 것은 1944년부터이다. 이때부터 군정의 개념과 활동이 파악되기 시작했다.

3. 민정국과 국무성의 초기 계획

한국에 관한 계획은 정부 안의 3개 주요 기관에서 연합으로 수립되기 시작했으나, 때로는 상호 비교되거나 아니면 독립적으로 추진되기도 했다. 이 세 기관은 백악관(주로 대통령) · 국무성(특히 극동 문제 고문들) · 전쟁성(실질적으로 대부분의 주요 장교들)이었다.

한국에 관한 문제는 1944년 1월부터 표면화되기 시작했다. 소규모 도서 지역과 일본(한국을 포함한), 그리고 대만에 관한 민정 문제와 관련하여 전략국과 민정국 사이의 의견 교환을 통해 논의가 시작되었다. 민정국은 한국과 만주의 민정에 미국이 참여할 것인지에 대해 국무성으로부터 정보를 탐색하고 있다고 밝혔다.[31]

30) Holborn, *American Miltary Government,* p. 7.

2월에는 비슷한 문제가 전략국으로부터 민정국으로 전달되었다. 국무성과 비공식적으로 논의한 뒤, 2월 18일 민정국과 전략국은 일본 본토와 일본의 지배를 받고 있는 섬과 국가들에 관한 민정을 위한 계획 · 훈련 · 조직 등에 대해 국무성의 자문과 조언을 공식적으로 요청했다. 모든 지역에 적용될 수 있는 기본적 문제들이 제기되었다.[32] 이 문제들을 요약하면 다음과 같다.

(1) 어떤 지역을 민정국 아래에 두어야 하는가?

(2) 민정은 연합국에서 실시할 것인가, 아니면 미국이 독자적으로 실시할 것인가?

(3) 민정이 강압적이어야 하는가, 온건해야 하는가, 아니면 주로 보상만을 담당해야 하는가?

(4) 미국 정부는 군사 작전의 마지막 단계와 군사 점령 초기의 전후를 대비하여 곧 수립하게 될 민정에 영향을 미칠 수 있는 장기 계획을 가지고 있는가?

한국에 관한 특수한 문제들은 다음과 같다.

(1) 한국은 궁극적으로 독립이 될 것이라는 카이로선언에 비추어 어떤 과도 정부가 세워질 것인가?

31) Ltr, Memo, 10 Jan 44, Captain H. L. Pence, OAS, to Director, CAD, Sub : Civil Affairs Planning for the Pacific Area ; Memo, Maj Gen Hilldring, CAD, to Chief, Naval Affairs for Occupied Areas, 25 Jan 44 : *CAD 321 CAD*(12-21-42), Sec 4.

32) 이 문제들은 다음의 것들에서 축어적으로 채택한 것이다. 곧 Ltr, Maj Gen Hilldring and Captain Pence to the Director of the Office of European Affairs(Dunn), 18 Feb 44. 그리고 전쟁성과 해군성에서 준비한 메모인 "Preliminary Political and Policy Question Bearing on Civil Affairs Planning for the Far East and Pacific Areas :" *FR, 1944*, V, The Near East, South Asia, and Africa, the Far East(Wash., D. C., 1965) ; Ltr, p. 1190 ; Memo, pp. 1191, 1194 참조. 또한 CAD 321 CAD(12-21-42), Sec 4 참조.

(2) 미국의 육군과 해군은 민정 업무에 어느 정도까지 행정적 책임을 지게 될 것인가?

(3) 영국이나 중국, 혹은 소련(그들이 극동 전쟁에 참여할 경우)과 함께 민정에 관한 책임을 질 것인가?

(4) 민간인 구호의 문제에 관해서는 어떤 정책을 집행하고 책임을 부과할 것인가?

(5) 잔류하게 되는 일본인 기술자들에게는 어떤 정책이 따를 것인가?

국무성은 당초 1944년 4월 4일에 29장의 문서로 이에 관한 답변을 했다가 그 뒤 그해 5월 15일에는 24장의 공식 승인 문서를 회신했다.[33] 이 문서들은 매우 뛰어난 능력을 지닌 극동에 관한 국간(局間) 위원회(Inter-Division Committee on the Far East)가 준비한 것이다. 각 문서에 관한 책임이 부여되었고, 어떤 요원들은 거의 모든 최종 보고서에 참여하였다.

각 비망록은 결론에 이르게 된 이유가 되는 "기본 요소"를 글머리에 상세히 언급하고 참여한 사람들의 목록을 작성했다. 계속 이어서 작성된 이 문서들은 승인의 시간을 정확히 나타내 주는 다양한 날짜들을 수록하고 있다. 이 문서들 가운데 3개가 한국에 관련되어 있다.[34]

이와 같은 이른바 정책 문서들은 지침서에 불과했다. "타당한"

---

33) 1944년 4월 4일 특별보좌관(Spec Asst) 라부제(Henry R. Labouisse, Jr)가 국무성의 유럽과 과장(Director, Office of European Affairs)인 힐드링(Hilldring) 소장에게 보낸 서한으로 제출된 문서. *CAD 321 CAD*(12-21-42) Sec 5. 최종적인 형태의 문서는 던(James C. Dunn)이 1944년 5월 15일 힐드링 소장에게 편지로 보냈다. *FR, 1944*, V, pp. 1262~1263.

34) Korea : Occupation and Military Government : Composition of Forces, 29 Mar 44, pp. 1224~1228 ; Korea : Japanese Technical Personnel, 29 Mar 44, pp. 1228~1230 ; Korea : Political Problems : Provisional Government, 4 May 44, pp. 1239~1242 : 위는 모두 *FR, 1944,* V에 있음.

(advisable) 혹은 "~해야 한다"(should be)라고 고려되는 문제가 있다는 것은 미국이 고정적이고 공적인 정책을 마련하기에 앞서 해결을 필요로 하는 막대한 양의 미결된 문제들을 가지고 있음을 암시하는 것이었다. 그러나 자세히 살펴보면 많은 주요한 일들 가운데 어떤 입장이 드러나게 되는데, 그 입장은 사실상 세부 사실들을 확대하는 것을 제외하고는 몇 달을 계속해서 변화가 거의 없음을 알 수 있다.

외교적 교섭을 통해서 해결해야 할 불확실한 문제를 제외하고는, 어떤 식으로 한국의 정치가 전개될 것인가?, 육군은 어떠한 책임을 지게 될 것인가?라는 의문이 제기되었다. 그 대답은 다음과 같이 요약될 수 있다.

A. 한국

(1) 독립 이전에 4대 강국이 참여한 4단계의 진전 : 곧 미국 · 영국 · 소련 · 중국에 의한 전투 작전 · 군사 점령 · 군사 정부, 그리고 민간 행정.

(2) 마지막 단계에서 신탁통치, 혹은 다른 종류의 국제적 권위를 통한 4대 강국의 감독.

(3) 군정 기간에 한국의 요원들을 점진적으로 훈련시키고 활용한다.

B. 미국의 책임

(1) 한국 발전의 모든 단계에 관한 미국의 개입은 "효율적"임을 보장할 수 있을 만큼 적절한 정도로 "실질적"이어야 한다.

(2) 상당한 기간에 미국은 군정에 참여한다.

(3) 미국이 한국에 대해 "적절한 절차를 거쳐" 한국의 독립을 약속했고, 태평양 지역에서의 미국의 안보 이익 때문에 미국의 책임은 군정 기간에 상관없이 연장될 것이다. 그리고 "한국에 대한 국제적 감시 회의가 설치되지 않는다 하더라도 그 책임은 계속된다."

이러한 결론들은 다음과 같은 중요한 생각에 기반을 두고 있다. 곧,

첫째로, 비록 초기의 군사 작전에는 지역적인 전투 작전이나 군사 정부와 같은 것들이 포함될지라도, 한국의 "점령"은 "중앙정부식 행정의 원칙에 따라 수행되어야만 한다." 이것은 군사 정부의 "획일성"(uniformity)을 확보하고, 한국의 독립을 준비하는 데 필요한 것이다.

둘째로, 어떤 형태이든 "과도적인 감독 기구"(interim supervisory organization)가 필요하다. 왜냐하면 1905년 이전의 한국인들은 "지배 계급의 이익을 위해 착취당했었고, 한국 정부는 효율성과 능력 면에서 의심스럽기" 때문이다. 일본의 식민 통치 아래에서 한국인들은 "정치적으로 무능해졌고 ……국가를 통치하는 데 필요한 일들을 경험할 수 없었다."

한편, "초기에 있었던 한국 내부의 혁명 가능성들"은 먼 일처럼 느껴진다. 대다수의 국민은 해외에 망명한 독립 운동 세력의 적극적 지도자들을 알지 못한다. 국내에 있는 많은 독립 운동 지도자들은 투옥되었다. 그와는 달리 그 외의 잠재적 지도자들은 일본 식민지 정부의 요직을 준다는 약속에 회유되었다.

셋째로, 미국은 어떠한 "한국의 행정권"에도 "적극적으로 참여하는" 데 관심을 가질 것이다. 왜냐하면 "북태평양의 안보가 미국에 관계되고 한국 정치 상황의 전개가 이 안보에 영향을 줄 것"이기 때문이다.

넷째로, 한국에 대한 단일 국가의 신탁통치는 "곤란한 문제"를 야기할 것이다. 정책 문서가 언급하고 있는 바와 같이 "미국이 한국의 신탁통치를 강조하고 싶은지의 여부는 의문스러우나 어떠한 경우에도 미국만에 의한 신탁통치는 없을 것이다."(방점은 원문의 밑

줄임) 중국은 한 국가를 관리하기에는 내부의 재건에 너무 바쁘다.

그리고 "과도 기간에 소련만에 의한 신탁통치는 중대한 정치적 문제들을 야기한다." "중국은 한국이 소비에트화되지 않을까 두려워할 것이고, 미국은 그렇게 되는 것이 미래의 태평양 안보에 대해 위협이 될 것으로 여긴다."

미국의 군정 정책의 윤곽은 대체로 위와 같은 것이었다. 군정의 임무는 광범위하고, 무한정한 기간에 연장된다. 해야 할 일들이 많았다. 그러나 당장 그것을 할 수가 없었다. 그 이유는 간단하다. 일본에 대해 최종 공습을 감행할 전략적 계획들이 아직은 최종적으로 결정되지 않았기 때문이다.

맥아더 장군은 1944년 10월까지는 필리핀에 돌아가지 않을 것이다. 그와는 달리 이오지마(琉黃島)와 오키나와 상륙 작전은 1945년 2월에서 4월에 시작될 것이다. 따라서 이 당시는 자세한 민정 계획을 서둘러 세울 필요가 없었다. 일본이 갑자기 항복할 가능성은 요원한 일에 불과했었다.

더욱이 군사적 견지에서 엄밀히 판단할 때 민정 계획은 특별 침공 작전 계획에 부수되는 것이었다. 그 형식과 내용은 관계되는 군사 행동의 내용에 따라 좌우된다. 따라서 한국 점령 계획과 민정 계획은 미결인 채로 그대로 두게 되었다.

제2장

1945년의 전략 계획에서의 한국

1945년 초가 되자 한국에 대하여 정치적인 정책 지침을 마련해야 할 군사적 필요성은 더욱 급박해졌다. 한국에 적용할 민정과 군정에 관하여 더욱 직접적인 관심이 쏠렸다. 따라서 전쟁성은 2월 얄타(Yalta)에서 소련과 한국에 대한 국제적 신탁통치를 구두로 합의한 약속을 이행할 책임 때문에 더 많은 특별 지침들이 필요했다.

과정은 그리 중요하지 않았다. 일련의 연구들이 진행되는 동안 군부는 자신들의 방향을 설정하도록 지침을 달라는 요청을 반복적으로 할 수 있었을 뿐이었다. 그들의 주요 관심은 일본을 패망시키는 문제로 쏠렸으며, 한국 문제는 일본 패망과 태평양 지역에서의 전후 미국의 안보 상황을 위한 전략적 계획과 얽혀지게 되었다.

1. 3성조정위원회(SWNCC)

기획을 위한 군사 조직에서 다음으로 중요한 단계는 정부 안에 군사·외교 정책 문제의 조정을 개선하는 기구의 창설이었다. 이것을 국무성 · 전쟁성 · 해군성 조정위원회(State-War-Navy Coordinating Committee), 혹은 SWNCC(swink)라고 부른다. 1944년 1월 독일의 패망이 좀더 확실해짐에 따라 독일의 항복과 점령에 대비한 계획을 세우면서 아이젠하워(D. Eisenhauer) 장군을 지원하도록 좀더 시의적절한 정책 방향을 제공할 수 있는 기구를 설치하는 것이 바람직하다고 여겨졌다.

국무장관 스테티니어스(Edward R. Stettinius)의 주도로 3성(省)은 위원회를 조직하였는데, 국무성이 의장직을 맡아 정치적 · 군사적 성격을 가진 모든 문제를 다루며 3성의 의견을 조정하였다. 전쟁성 장관 스팀슨(Henry L. Stimson)과 해군성 장관 훠레스탈(James V. Forrestal)은 1944년 12월 1일의 공동 서한에서 이 의견을 승낙했다. 그리고 전쟁성의 차관보(Assistant Secretary)인 맥클로이(John J. McCloy)를 전쟁성의 대표로, 해군성 공군 차관보인 게이츠(Artemus Gates)를 해군 대표로 각각 임명하였다.[1)]

3성조정위원회의 전반적 기능은 다음과 같다.

> 공동 관심사에 대해 국무성 · 전쟁성 · 해군성의 의견을 조정한다. 국무성의 주관 아래 전쟁성과 해군성은 이첩되어 온 정치 · 군사 문제에 관한 정책을 수립한다. …… 위원회는 국무성 · 전쟁성 · 해군성의 정책을 결정하여 대통령의 승인을 받는다.

위원회와 그 요원(secretariat)들은 3성에서 온 전문가들의 도움을 받았다. 합참과의 밀접한 관계는 요원들과 분과위원회에서 일하

1) Harold W. Moseley, Colonel Charles W. McCarthy, and Commander Alvin F. Richardson, "The State-War-Navy Coordinating Committee," Department of State *Bulletin*, XIII, Pub. No. 2424, Ⅱ Nov 1945 : pp. 745~747. 기능에 관해서는 SWNCC 12/4, 26 Oct 45, Sub : Functions of the State-War-Navy Coordinating Committee : *CAD Files* 참조.

는 사람들을 통해서 이루어졌다. 3성조정위원회의 모든 문서는 영국의 전시 내각이나 합참에서 사용된 것과 유사하게 군사적인 형식을 갖추었다.

보고서들은 5개의 제목 곧 문제, 문제와 관계있는 사실, 토의, 결론, 그리고 권고로 분류되었다. 3성조정위원회와 전쟁성과의 중요한 관계에 관해서 일본 문제에 관한 위원회의 활동을 연구하는 한 연구자는 다음과 같이 간결하게 요약하고 있다.

> …… 3성조정위원회는 군사적 성격을 담고 있는 정치적 문제에 대해 합참을 무시하도록 의도된 기구가 아니다. 상호 공동 관심사가 되는 문제가 제기될 때 합참과 3성조정위원회라는 두 기구의 활동을 조절하도록 효율적이고 상호 동의할 수 있는 절차들이 빠르게 형성되었다. …… 3성조정위원회는 전쟁이라고 하는 순수하게 군사적인 측면과는 전혀 관계가 없었다. 합참은 언제나 3성조정위원회의 문서들의 군사적 의미에 대해 논평을 요청받았고, 그 견해는 일반적으로 수용되었다.[2)]

3성조정위원회의 조직은 군사 점령의 임무를 위한 계획을 발전시켰다. 보통 봉사적 차원에서 해결될 수 있는 것을 제외한 모든 문제가 3성조정위원회에 넘겨져 해결을 보게 되었다. 따라서 공식적이고, 협조적이며, 일관되고, 직접적인 행위가 가능하게 되었다. 3성조정위원회는 한국에 관한 정책 형성에 좀더 빨리 주도적 역할을 담당할 수 있도록 다양한 분과위원회를 두었다.

극동분과위원회(Subcommittee on the Far East : SFE)가 1945년 1월 13일 조직되어 새로운 문제에 관한 자문에 대응하고자 각 성에서 전문가들이 차출되었다. 이 분과위원회는 이 지역에서 3성조정

2) *BGS MS*, pp. 51~53.

위원회가 이룬 업적의 상당 부분에 기여했다.[3)]

극동분과위원회는 3성조정위원회의 활동에 관한 정책 지침서를 제공하는 책임을 졌다. 이 기구는 일반적인 성격의 중요한 정책 지침서를 작성하지만, 일반적으로 각 성에 제출하는 초고를 작성하는 임무를 맡아 이것을 재검토한 뒤 3성조정위원회에 제출한다. 극동분과위원회는 때때로 합동참모위원회(Joint Staff Committee)와 협력하여 문서를 작성한다.

비군사적 성격의 문제에 관한 지침을 얻고자 분과위원회 요원들은 그 이전에 국무성이 작성한 권고를 이용한다. 이 문서들과 다른 요원들이 이미 만든 것들을 가지고 극동분과위원회는 활동하기 시작했다. 첫 회합에서 극동분과위원회는 정치적 문제와는 다른 군사적 문제들을 처리하는 방법을 대략 다음과 같이 밝혔다.

> 어떤 문제가 성격상 주로 군사적인데 비군사적인 정부 관리가 준비한 임시 정책들이 있을 경우, 그 임시 정책의 어떤 차이점들로 말미암아 군사적 목적을 성취하는 데 실질적으로 손상을 입힐 수도 있을 때에는 합참의 작전을 위한 군사적 필요성이 그 정책에 우선하여 지배할 것이다.
>
> 정치적 문제가 등장하여 어떤 정책이 이 위원회에서 논의될 경우, 정책 그 자체가 군사적 목적을 조절하는 기능을 하지 않는 한, 그 정책에는 변화가 없을 것이다. 그럴 경우에는 공개적인 논쟁이 벌어진다. 그렇지 않으면 입안된 정책은 그대로 실행된다.[4)]

---

3) 그 위원회의 초기 요원들은 두맨(Eugene H. Dooman, 위원장 ; 국무성), 슬레이든(F. W. Sladen) 중령(육군성, CAD 소속), 트레인(Harold C. Train) 해군 소장(해군성)으로 구성되었다. CAD 의장인 힐드링 장군은 일본이 항복하기에 앞서 요원으로, 혹은 교대 요원으로 근무했다.

4) 이 절차적 진술은 1945년 2월 5일 극동분과위원회(SFE)의 첫 번째 회합 의사록에서 발췌한 것이다. SFE Minutes : *CAD Files.* 토의와 결론의 요약이 포함된 SFE와

더욱이 극동분과위원회와 3성조정위원회의 육군성 요원들은 전지(戰地) 사령관들이 민정 업무 지역에서의 정치적 책임에 관해 주의깊은 충고를 들어야 할 것이라고 생각했다. 1945년 5월 극동분과위원회의 초기 회합에서 스트롱(George V. Strong) 소장은 이 점에 대해 다음과 같이 강조했다.

> …… 국무성의 정책이 군사령관의 판단에 따라 수행할 수 없는 것이라면, 초기의 그의 행동은 적어도 군사 작전에 필요한 정도까지만 민정을 구성하고 법과 질서의 유지에 제한되어야 한다는 것을 알아야 한다. 또한 사령관은 장기적이고 정치적 의미를 갖는 일들을 회피하도록 지시받아야 한다.[5)]

2. 얄타회담과 그 이후

루즈벨트 대통령과 스탈린 원수, 그리고 처칠(W. Churchill) 수상은 3성조정위원회가 그 계획을 시작할 때인 1945년 2월 4일에서 11일까지 크리미아의 얄타에서 만났다. 얄타회담은 서방 동맹국들이 라인강을 넘는 대공격을 준비할 때 소집되었다. 그들의 마음은 유럽 문제로 가득 차 있었다. 그러나 또 다른 성가신 문제가 등장했는데 그것은 언제, 그리고 어떻게 소련이 태평양전쟁에 참여할 것이며 그 참전이 전쟁과 그 뒤의 평화에 어떠한 영향을 미칠 것인가 하는 것이었다.

SWNCC 의사록의 기록은 전쟁성 기록에서 찾을 수 있다. SFE는 1945년 9월 1일까지 38회의 회의를 열었다. SWNCC는 1945년 8월 31일까지 22번의 회의를 했다.

5) SFE Minutes, 25 May 45 : *CAD Files*. 스트롱(G. V. Strong) 장군은 JWPC의 육군고위대표였다.

국무성은 예상되는 논의에 대비해서 전후 한국의 상황에 관한 『요약 보고서』(*Briefing Book*)를 작성했다.[6] 이 문서에서 국무성은 한국 문제가 국무성과 영국 외무성 및 중국의 외교부에서 의견 교환이 진행되고 있다고 언급했다. 그 논의는 계속적인 의견 교환을 할 목적으로 그 전 해의 8월에 질문서를 통해 이루어졌다.[7] 따라서 국무성은 1944년 11월과 12월 사이에 한국 문제에 관한 상당한 연구 문서들을 준비했었다. 아마도 이것들이 요약 보고서의 일부 근간이 되었을 것이다.[8]

요약 보고서에 담긴 국무성의 입장은 1944년 5월 민정국에 개괄적으로 설명된 바와 대체로 같으며 그 주요 요약은 다음과 같다.

> 영국과 중국 정부, 그리고 상황 전개에 따라서는 소련 정부와도 다음과 같은 문제에 관한 합의를 보는 것이 바람직하다.
>
> (1) 한국의 군사적 점령에 어떤 국가들이 참여할 것이며,
>
> (2) 만약 한국에 관한 임시적 · 국제적 관리나 신탁통치를 실시하도록 결정된다면 그 기구에 어떤 나라들이 참여할 것인가?

6) Post-War Status of Korea : Inter-Allied Consultation Regarding Korea : U. S. Department of State, *FR.*, *Conferences of Yalta and Malta, 1945*(Washington, 1955) : pp. 358~361.

7) *Ibid.*, p. 5에 있는 이러한 초기의 고려들에 관한 참고문 참조.

8) 이 연구 문서들 가운데 폭넓은 주제를 망라한 일련의 "H"(예비)문서들이 있다. 여기에서 기본적인 문제들의 골격과 가능한 대안들이 제기되었다. 이 가운데 한국의 안보 문제(전략적 기초, 기술적 · 군사적 원조와 무장) ; 한국의 독립 능력(문학과 교육, 정부에의 한국인의 참여, 적절한 조화의 가능성) ; 한국의 정치적 문제(국제 감독 기구의 필요성 ; 한국 밖의 한국인들 ; 해방과 한국 독립 사이의 시기를 결정하는 요인들) 등이 있다. 이러한 "H"와 다른 연구 문서들에 관한 최초의 문헌은 *FR, 1945*, Ⅵ, p. 1023, footnote 14에 있다. 각 제목은 Records of the Committee Secretariat Branch of the Excutive Secretariat, Lot 52-D 478에 있는 이 문서들을 조사해서 붙인 것이다.

국무성은 "한국의 군사적 점령에 어떤 나라들이 참여해야 하는가 하는 문제"는 "신중한 고려"가 요구되는 "우선적으로 중요한 것"(immediate importance)으로 인식했다. 왜냐하면,

> (1) 영국 외무성의 요청에 따라 한국의 군사 점령 문제는 국무성과 영국 외무성 및 중국 외교부에서 지금 연구되고 있는 문제들 속에 포함되지 않았기 때문이다.
>
> (2) 소련의 대일(對日) 전쟁에의 참전은 소련군이 한국에 등장하는 결과를 낳게 되는데, 이는 점령군을 구성하는 데 중요한 요소가 될 것이기 때문이다.
>
> (3) 소련이 한국에 대해 갖는 전통적 이해 관계 때문에 비록 소련이 태평양전쟁에 참여하지 않더라도 한국의 군사적 점령에 참여하고 싶어 할 가능성이 제기되기 때문이다.

국무성은 아직 "한국에 대해 임시적인 국제적 감독 기구의 정확한 구조와 한국이 독립을 쟁취할 수 있는 시기"에 대하여 건의할 수는 없었지만, "근간에 …… 점령 기간의 연장 가능성을 피하고, 한국 독립의 불필요한 지연을 막도록, 이해를 가진 주요 강대국들"이 그러한 국제적 기구의 문제에 합의를 보아야 할 것이라는 "견해"를 피력했다.[9]

대통령의 손을 거칠 것인가의 문제로는, 그가 한국에 관한 요약 보고서를 읽었는지의 여부에 관한 문제들이 있었다.[10] 그것은 몰타(Malta)회담과 얄타회담을 위해 준비된 방대한 양의 비망록들 이

9) Briefing Book Paper on "Later Allied Consultation Regarding Korea," in *FR, 1945, Conference at Malta and Yalta,* pp. 358~361.

10) James F. Byrnes, *Speaking Frankly*(New York and London : Harper and Brothers, 1947), pp. 22~23.

외에 30개나 되는 그러한 문서 가운데 하나에 불과했다. 대통령은 많은 관심을 필요로 하는 소련 · 일본 · 중국 등의 주요 문제들에 대하여 국무성을 제치고 매우 심한 정도로 개인 외교로 처리했다.

루즈벨트는 2월 8일 스탈린과의 회담에서 한국 문제를 제기했다. 이 두 사람은 한국에 대한 신탁통치에 관하여 신속히 구두로 합의를 보았다. 그들은 한국의 신탁통치가 여러 강대국에 의한 통치이어야 하며, 한국에 항구적으로 주둔하는 외국 군대는 없어야 한다는 데 합의를 보았다.

루즈벨트가 신탁통치의 기간을 20~30년으로 할 것을 제안하였지만, 스탈린은 "그 기간은 짧을수록 좋다"[11]고 대답했다. 이때 스탈린이 신탁통치 주장에 얼마나 우호적이었느냐 하는 문제는 확실하지 않다. 주소(駐蘇) 미국 대사였던 해리만(Averill Harriman)에 따르면 스탈린은 이에 대해 다소 "냉담"(cool)했다고 한다. 그는 만약 한국인들이 만족할 만한 정부를 수립하는 데 신탁통치의 필요성이 있을 것인지에 대해 스탈린이 물었다고 언급하면서, 이때 스탈린이 말하는 정부란 바로 "공산주의" 정부를 의미하는 것이라고 결론지었다.[12]

얄타에서는 국무성이 계획했던 것보다 훨씬 적게 성취되었다. 실질적으로 루즈벨트와 스탈린 사이에는 구두 합의만이 있었을 뿐이다. 카이로협정은 아직도 스탈린의 공식적인 지지를 받아야 했다. 그래서 1945년 5월 국무성은 카이로선언에 관한 소련 정부의 "명백한"(unequivocal) 지지를 얻고자 행동했다.

아울러 한국이 해방되었을 때 "즉시"(immediately) 4대 강국에 의

---

11) *FR, 1945, Conference at Yalta and Malta*, p. 770. 극동 문제는 2월 8일과 10일에 검토되었다.

12) Walter Millie(ed.), *The Forrestal Diaries*(New York : The Viking Press, 1951), p. 36.

한 신탁통치를 실시할 것이며, 4대 강국 신탁통치의 집행국은 "한국의 과도 정부 선출을 위한 단 하나의 기구"를 구성하는 데 합의할 것을 국무성은 열망했다.[13)]

홉킨스(Harry Hopkins)는 그 즉시 모스크바로 가서 루즈벨트 대통령의 정책들이 신임 트루먼(H. Truman) 행정부에서도 계속될 것임을 소련에게 약속하였고, 또 그 협정을 수행하고자 스탈린을 설득했다. 홉킨스가 한국 문제를 거론한 것은 5월 28일 스탈린과의 세 번째 회합에서였다. 그 논의는 간략한데, 다음과 같이 기록되어 있다.

> 홉킨스 : …… 신중한 연구를 거쳐 미국 정부는 한국에 (4대 강국에 의한) 신탁통치를 실시하는 것이 바람직하다는 결론에 이르렀습니다. …… 신탁통치 기간은 결정되지 않았습니다. 25년이 될지도 모르며 더 짧을 수도 있습니다. 그러나 5~10년은 확실합니다.
>
> 스탈린 : 한국에 대한 4대 강국의 신탁통치가 바람직하다는 사실에 전적으로 동의합니다.[14)]

한국에 대한 신탁통치 정책의 공동 합의의 구두 확인은 이렇게 해서 얻어진 것이다. 미국 측의 기록에는 이러한 신탁통치가 실시될 한국의 "임시" 정부에 관한 소련의 입장을 보여 주는 증거가 없다. 또한 얼마나 오랫동안 군정이나 신탁통치가 지속될 것인지에

---

13) 1945년 5월 12일과 21일 전쟁성 장관이 국무성 장관 서리 그류(J. C. Grew)에게 보낸 비망록 참고. Joseph C. Grew, *Turbulent Era : A Diplomatic Record of Forty Years, 1904~45,* Walter Johnson(ed.)(London : Hammond, Hammond and Company, Ltd., 1953), Vol. Ⅱ, pp. 1455~1459에서 인용.

14) Memo by Ass't to Sec'y State(Bohlen)(Moscow), 28 May 45 ; Memo of 3d Conversation of Kremlin, 6 p. M., May 28 Dec 26 : *FR, The Conference of Berlin(Potsdam Conference)* (Washington, 1960), I, p. 47(이후 *Conf Berlin*으로 표기).

관한 소련의 입장을 보여 주는 증거도 없다.

스탈린은 중국의 외교부장(송자문, 宋子文)이 1945년 7월 크렘린을 방문했을 때 그에게 더 구체적으로 구두 확인을 한 적이 있다. 이때 스탈린은 "한국에 외국 주둔군이나 군대 주둔을 위한 외교 정책은 없어야 한다"[15]고 언급했다. 소련의 입장은 소련이 아직까지 일본과 전쟁을 하고 있지 않았기 때문에 비밀에 싸여 있었다.

소련은 포츠담선언을 지지할 때까지도 카이로선언의 공식적인 당사자가 되지 못했다. 얄타에서의 군사적 결정도 그와 유사하게 제한적이었다. 한국을 누가 처음 점령할 것이며 전쟁의 어느 시점에서 점령할 것인지에 관한 문제는 미결인 채로 두었다.

얄타회담이 진행되는 동안 3성조정위원회는 일본과 한국에 관한 정책 조사의 기초를 다지기 시작했다. 그 과정은 해군성 장관 특별보좌관인 케인(R. Keith Kane)이 3성조정위원회에 제출한 일련의 정치적·군사적 성격의 문제들을 고찰하는 것으로 시작되었다.[16] 그 주제들은 일반적으로 그 앞서 민정국과 전략국이 요청해서 국무성으로부터 지침을 받았을 때의 것들이다.

그 문제들에는 한국이 독립하기에 앞서 임시적인 국제 감독을 받는 것과 같은 문제도 포함되어 있었다.[17] 이 주제들의 목록은 극동분과위원회가 분류하였고, 3성조정위원회가 재검토하여 승인

15) *Memoirs* by Harry S. Truman, Vol. Ⅰ : *Year of Decisions*(Garden City, Doubleday and Co., 1955), pp. 316~317.

16) SWNCC 16, 13 Jan 45, Sub : Politico-Military Problems in the Pacific : *ABC 014 Japan*(13 Apr 44), Sec 18-A. 7개의 문제 가운데 첫 번째의 것은 특별히 한국에 관해 언급하지 않았다.

17) SWNCC 16/2, Summary of Decisions, I, Sub : Special Problems Concerning Korea : Consideration of the Establishment of a Temproary Supervisory Authority Pending Korean Independence, and the Relationship of the Military Government Therewith. 한국에 관한 주제의 특별 목록은 SWNCC 16/2로 1945년 2월 19일 제출되었다.

한 다음에 전쟁 상황으로 변동을 거듭하는 우선 순위에 따라 연구하고 보고서를 만들기 시작했다. 상황 경과에 관한 보고서는 매달 작성되어 3성조정위원회에 제출되었고, 이 연구서들은 한국에 관한 정책을 결정하게 될 3성조정위원회의 최종 문서가 되었다.

1945년 3월 14일에 극동분과위원회는 극동에 관한 문서 작성을 위한 우선 순위의 기록을 제출하라는 명령을 받았다. 그 문서는 그 뒤 28쪽으로 작성되었다. 극동분과위원회는 특히 카이로협정에 따른 미군정의 책임에 관심을 기울였다. 따라서 위원회는 한국에 미군정이 실시되는 것과 비교해서 연합국의 군정이 실시될 때의 상대적 장점과 미국뿐 아니라 다른 국가들이 군사 점령과 군정에서 차지하는 부담을 조사하게 될 연구를 준비하도록 지시했다.[18)]

그러나 한국의 군정 문제가 최우선 순위를 차지하고 9월을 최종 시한으로 한 것은 8월이 되어서였다. 한국에 관한 국제적 감독기구의 연구는 여전히 1945년 8월 20일 현재 두 번째의 우선 순위였다.

3. 일본에 대한 무력 공격 계획

민정국과 국무성이 한국에 관한 연구에 몰두해 있을 때 군부는 일본을 패배시키려는 전략 계획의 수립에 몰두했다. 이 계획으로 1945년 8월 최종적인 일본(과 한국)의 점령 계획(BLACKLIST)이 완

18) 이 주제는 SWNCC 79, Sub : Composition of Forces to Occupy Korea, 19 Mar 45 : SWNCC Summary of Actions, I으로 승인되었다.

성되었다. 태평양에서의 전략적 상황 때문에 전쟁이 끝날 때까지 유지되어야만 하는 전략적 원칙으로서 일본 본토의 직접 공격을 고려하지 않을 수 없었다.

이러한 모든 계획은 당시 생산 중이던 원자폭탄의 효과나 사용 여부를 고려하지 않은 채 만들어진 것이다.[19] 계획 초기 단계에 두 개의 기본적 선택안이 고려되었다. 하나는 중국 해안과 한국을 통한 작전에 앞서 예비적으로 일본을 바다와 하늘에서 봉쇄하는 것이었다. 다른 하나는 일본을 직접적으로 공격하는 것이었다. 후자는 맥아더 장군이 더 선호하여 채택한 것이다.[20]

"다운휠"(DOWNFALL)이라는 암호는 일본에 대한 군사적 공격을 감행하고자 1945년 3월 5일 명명된 것이다. 여기에는 두 개의 작전이 포함되어 있었는데, 하나는 "올림픽"(OLYMPIC)으로서 큐슈(九州)의 남쪽 섬을 예비적으로 공격하는 작전이고, 다른 하나는 "코러닛"(CORONET) 인데, 그 후속 작전으로 혼슈(本州)의 간토평야(關東平野)에 상륙하는 것이었다. 맥아더 장군은 "다운휠" 작전 지휘의 최고 책임을 맡았다.[21]

---

19) Cline, *Washington Command Post*, p. 347.

20) 맥아더(Douglas MacArthur) 장군은 1941년에 등장했다. 이때 그는 필리핀 정부의 군사 고문으로서 육군 원수로 근무하는 퇴역한 미군 장성이었다. 그는 1941년 7월 26일 미 육군 현역으로 복귀하여 극동군(USAFE)사령관직을 맡았다. 이 부대는 필리핀 방위를 조직하는 임무를 맡았다. 그는 1942년 4월 18일 남서태평양지역(SWPA) 사령관직을 맡았다. 그는 일본에 관한 작전 준비를 지시하고 있을 때 1945년 4월 6일자로 태평양 육군 총사령관(CINCAFPAC)으로 임명되었다. 최종적으로 8월 14일 연합국 최고사령관(SCAP : Supreme Commander of the Allied Powers)에 임명되어 일본의 항복과 점령을 맡았다.

21) 이 상황 전개에 관한 더 자세한 내용은 *Reports of General MacArthur*, Vol. Ⅰ : *The Campaigns of MacArthur in the Pacific*, prepared by his General Staff(Washington, GPO, 1966), pp. 395, 423(이후 *MR*로 표기).

4. 평화적 진주와 점령 계획

일본 본토를 직접 공격을 하기에 앞서 일본이 항복할지도 모른다는 징조들이 보이기 시작했다. 이로 말미암아 일본과 한국에 대한 평화적 진주와 점령 계획을 세울 필요가 생겼다. 패망한 일본에 평화적으로 진주할 가능성은 일찍이 1944년 8월부터 미국 정부의 관심을 끌었었다. 그러한 만일의 경우에 대비하여 계획이 진행되었지만, 1945년 봄까지 구체적인 계획은 하나도 세워지지 않았었다.

2월 초, 합동전쟁기획위원회(Joint War Plans Committee : JWPC)는 그러한 계획이 없는 것을 알고 그를 준비하였다. 일본 정부는 그러한 비상 사태에서의 평화 교섭을 향한 단계로서 만주와 한국을 해방할지도 모른다는 분석도 있었다.[22] 그러나 이 당시에는 어떠한 비상사태도 감지되지 않아 이 문제는 점차 고려되지 않게 되었다.[23]

그럼에도 불구하고 1945년 5~8월 사이 한국을 일본의 다른 지역과 마찬가지로 전략 지역으로 인식하는 일련의 연구 계획서들이 나타났다. 이 문서들은 일본이 철수하거나 항복하거나, 혹은 붕괴할 경우 잠재적인 연합국의 점령지를 조사하고, 임시적으로 분할하고자 작성된 것이었다.[24] 이들 가운데 정보 연구서, 포츠담회담

---

22) Memo, Col Robert J. Wood, for Chief of S&P, OPD, 11 Feb 45, Sub : Collapse of Japanese Government on or about V-E Day : JWPC 264/D : *ABC 384.1 Japan*(22 Aug 44), 7월 8일 방첩대(CIC)가 "일본은 자신들이 지배하고 있는 영토에서 철수하려고 할지도 모르며, 더욱이 무조건 항복과 외국 점령이나 외국군에 의한 천황 체포를 모면하고자 한국의 독립까지지도 동의할지도 모른다"고 보고했을 때 그 생각은 뒤에 다시 등장했다. *FR, 1945, Conf Berlin,* Ⅱ, Footnote 5, pp. 36~37.

23) Cline, *Washington Command Post,* p. 342.

에 대비한 군사 정책 개요 등이 있고, 한반도의 남부 지역을 미국이 첫 번째로 점령해야 할 지역으로 선정한 몇몇 문서들도 있다.[25)]

한국에서 예상 점령 지역으로 선정된 지역들은 일본에게 요구를 강조할 때 연합국의 즉각적인 행동을 보장해 주는 데 아주 중요한 곳들이며, 필요한 영토를 효과적으로 확보할 수 있고, 평화를 보장해 줄 수 있는 곳들이다. 특정 지역을 최종적으로 선택하는 것은 아직 결정되지 않은 정치적 고려에 달려 있다고 생각되었다.

곧, 점령에는 여러 국가가 참여할 것인가, 아니면 두 나라만 참여할 것인가, 그리고 그럴 경우 미국의 참여 정도와 한국이 독립을 달성할 수 있는지의 여부 등이 변수가 될 것이다. 정책 입안자들은 정책이 보다 큰 어떤 원칙들에 따라 규정된다고 인식하고 있었다.

그와 같은 큰 원칙들을 사례로 든다면, 4대 강국의 연합 행동의 필요성, 전후의 평화와 안보의 유지, 조직의 필요성, 그리고 1943년 모스크바선언의 원칙, 특히 그 선언에 나타난 목적과, 공동 협의를 한 경우만을 제외하고는 미국이 다른 국가의 영토 내에서 군대를 사용하지 못하도록 한 모스크바선언의 원칙 등이 있다.[26)]

24) 합동참모기획국(JPS)과 합동전쟁기획위원회(JWPC)이 이를 작성했다. JPS는 공동으로 전략적 견해를 제출한다. 그리고 JWPC는 JPS 하에서 장래 작전을 위한 합동기획을 작성하고 발전시킨다. 이러한 계획 기구가 어떻게 구체화되었는가에 관한 좀더 상세한 토의는 Cline, *Washington Comamand Post* 참조.

25) JIS, 144/3, 8 May 45, Sub : Occupation of Strategic Positions upon Japanese Withdrawal, Collapse of Surrender ; JWPC 375/2, 28 Jun 45, Sub : Occupation of Japan and Japanese-held Territories after Collapse or Defeat of Japan(U.S. Military Policies) : *ABC 014 Japan*, Sec 16-A ; JWPC 264/10, 10 Jul 45, Sub : Plan for U. S. Occupation of Strategic Positions in the Far East in Event of Japanese Collapse or Surrender Prior to OLYMPIC or CORONET : *ABC 381 Japan*(22 Aug 44) ; JWP(390/1, 30 Jul 45, Sub : Planning for Initial Japanese Occupation Period : *ABC 014 Japan*(13 Apr 44) ; Sec 18-A.

이 문서들 가운데 하나인 첫 번째 것만 기획의 목적을 위해 선택되었다. 이 『합동정보조사』(*Joint Intelligence Survey*)에 따르면 군사적 우선 순위라는 관점에서 한반도를 세 개의 주요 지역으로 나누었다.[27] 첫 번째 우선 순위가 적용되어, 우선 점령 지역으로 뽑힌 지역은 남부 지역에 있는 한국의 주요 해군 기지가 있는 부산(釜山)과 진해(鎭海)의 두 항구와 수도인 서울, 그리고 서해안에 있는 주요 기지인 인천(仁川)이 있고, 그 외에 한국과 만주의 접경 지역인 북동 지역에 있는 청진(淸津)과 나진(羅津) 두 도시이다.

그 보고서에서 두 번째 점령 지역으로 뽑힌 곳은 북쪽 지방의 평양(平壤) 부근 지역이며, 세 번째 지역은 남서 지역이다. 그 우선 지역은 소련의 참전과 일본의 갑작스러운 항복으로 말미암아 변동되었다. 그럼에도 불구하고 맥아더 장군은 그의 계획 속에 기본 입장을 견지했다. 그리고 이 연구의 자료는 5월 16일의 계획 문서에서 그가 평화적인 일본 점령에 대비해 계획을 세우도록 내린 작전 명령에 반영되었다.[28]

이 계획 연구서들이 검토되는 동안 전략과장(Chief of the Strategy Section)인 존슨(Max S. Johnson) 대령이 작전국에 있는 전략기획단장(Chief of the Strategy and Plans Group, OPD)에게 비망록을 보냈

26) 1943년 11월 1일자 모스크바의 4국 선언에는 "공동의 적에 대하여 전쟁 서명국들은 그 적의 항복과 무장 해제와 관련된 모든 문제에 대해 함께 행동한다"고 언급되어 있다. *FR. 1944,* V, p. 1279.

27) 그러한 우선 순위의 성격이 1945년 5월 16일 JWPC 264/1에서 논의되었다. 첫째 우선 순위 지역은 군사적 · 경제적 · 정치적 지배를 행사하고 획득하고자 최소한의 필요로서 즉시 점령되어야만 하는 지역이다. 두 번째 지역은 첫째 우선 순위 지역을 확실히 확보하려거나 혹은 중요성의 정도가 낮은 지역이기 때문에 필요한 부수적 지역이다. 세 번째는 첫째 둘째 순위 뒤에 이용할 군대가 있을 때 점령할 수 있는 덜 중요한 지역이다.

28) 맥아더 장군에게 보내는 지령에 관해서는 JWPC 264/1, 16 May 45, Sub : Strategic Positions Selected for Occupation upon Japanese Withdrawal, Collapse or Surrender 참조.

다. 이 비망록에서 그는 일본이 지배하고 있는 영토들이 그 계획서에는 강조되어 있지 않음을 지적했다. 그리고 일본이 주요 목표가 되어야 하지만, 그렇다고 "우리의 힘을 일본에만 모두 쏟아서는 안 될 것인데, 그 이유는 우리 동맹국들이 소규모 무력만으로도 그 외의 전략적으로 가치가 있는 지역들을 확보할 수 있기 때문"이라고 언급했다.[29]

그 뒤에 합동전쟁기획위원회가 (일본 이외의 전략적 지역을 점령하는 데 필요한 미군을 평가할 예비 계획을) 논의할 때는 서명(署名) 없는 논평이 문서에 기록되었다. 그것은 동일한 주제를 강조하여 언급한 것이었다.

> …… 주된 요점은 우리가 도착하기에 앞서 어떤 지역들이 우리 동맹국들에게 점령될 것이라는 가능성을 고려하지 않고 있다는 것이다. 이것은 우선 순위와 직접적인 관련이 있다. (몽고메리의 군대가 소련군에 앞서 슐레스비히(Schleswig)와 홀슈타인(Holstein)에 진입한 것과 유사하다!)
>
> 이것을 할 수 있는 여부가 시간의 문제이든 아니면 기왕의 결정(문제)에 따라 야기되는 문제이든 간에, 이러한 측면을 지적함으로써 사람들이 이 문제를 고려하기 시작했을 때, 점령의 문제란 다른 국가는 주도할 가능성이 없는, 전적인 우리의 문제라고 잘못 생각하는 것을 막아야 한다는 점이 중요하다.[30]

따라서 일본에 대한 직접적인 공격 대신에 평화적인 진주 계획을 세웠다. 여기에는 한국의 일부분을 점령하는 계획도 포함되었다. 이 작전은 "블랙리스트"(BLACKLIST)라는 암호명을 받았으며, 동시에 "다운훨"(DOWNFALL)로 전개되었다.[31] 이 작전은 7월 17일까

---

29) Memo for Chief, S&P Group, OPD 23 May 45 : *ABC 384.1 Japan.*
30) *Ibid.*

지도 완성되지 않았었다. 그러는 동안 맥아더 장군은 "유리한 상황을 즉각 이용할 수 있도록 하려면 …… 일본을 점령하고자 진주하는 데 영향을 미칠 수 있는"[32] 계획을 세우도록 지시를 받았다.

5월 초와 6월 말, 일본제국과 극동의 다른 지역에서 군정을 수립·유지하는 것이 득책이라고 하는 데 관심이 집중되었다.[33] 극동분과위원회가 작성한 최종 보고서는 국무성의 조언을 수용했다. 국무성은 이때 군사 활동에서 흔히 일어나듯이, 군정이 미군 사령관에 의해 수립되었는지의 여부에 상관없이 미국의 참전의 효율성을 손상시키지 않는 한, 다른 국가와 함께 한국을 공동 점령하고 군정을 실시해야 한다고 조언했다.

임시 감독 기관이 설치되든가, 아니면 한국이 독립될 때까지는 군정이 유지되어야 한다. 그러나 만약 연합국의 실질적 숫자의 군대가 한국을 점령하기에 앞서 소련 군대가 한국을 점령해 버린다면, 그 점령에 미국이 참여하는 문제는 재고되어야 한다는 결론에 이르렀다.

문서의 "토의" 부분이 언급한 이 결론들은 "정치적" 요인을 신중히 고려해야 한다고 그 중요성을 강조했다. 한국도 이러한 요인들을 내포하고 있었는데 카이로선언, 소련과 인접해 있는 한국의 지정학적 위치, 4개국 모두 한국의 미래에 관해서 고려하고 있는 깊

31) 맥아더 장군 사령부는 모스크바 주재 미국 대사관을 통해 일본의 평화 조짐을 알았다. 1945년 5월 4일, 그는 일본에 평화적인 참전을 하고자 계획을 준비하고 있다고 보고했다. *MR*, Supp I, p. 2.

32) Msg, JCS for General MacArthur, General Arnold and Admiral Nimitz, 14 Jun 45, CM-Out 17064 ; CAD 014 Sec 3. 이것은 JWPC 264/9, 13 Aug 45에 따라 JCS 1331/4 of 8 Jun 45에 응답한 것이다. *ABC 014 Japan,* Sec 18-A.

33) SWNCC 87/1, report by Asst, Sec State, 24 May 45, Sub : Politico-Military Problems in the Far East : The Military Occupation of the Japanese Empire and Other Areas : Areas to be Occupied, *ABC 014 Japan*, Sec 18-A.

은 이해 관계 등이 그러한 요인이었다.[34)]

7월에 작성된 다른 한국 관계 문서들은 상황이 급진전했기 때문에 전선에 하달되지 않았다. 그러나 38°선에 관한 최종적 결정이 나기 적어도 2주 전에 한국의 북쪽 지역은 소련의 영토 및 만주와 인접해 있고, 현재의 정책이 한국에서 합동 연합 군사 작전과 군정을 상정하고 있다는 사실을 고려하여 초기의 미군 점령을 한국의 남쪽에 한정시킨다는 의견들이 워싱턴 기획단 안에 존재했었음이 문서에 나타나 있다.[35)]

아울러 일본군의 항복을 접수하는 미국의 권역(圈域)은 북위 40°선이 좋겠다는 주장들도 있었다.[36)] 이 문서들은 전반적으로 정책 결정자들이 한국에서 여러 강대국의 점령 책임을 지체하지 말고 해결해 줄 것을 다급히 요청하고 있었다. 결국 이 문서들은 포츠담회담을 군사적으로 신중히 고려한 뒤에 나온 것이기는 하지만 좀더 심도 있는 기획 문서들은 일본이 "가까운 장래에"(in the near future) 항복할 것 같으므로, 지체 없이 두 개의 중요한 문제를 해

34) SWNCC 87/2, same title, 16 Jun 45, *Ibid.*

35) JWPC 264/6, 19 Jul 45. 이 문서는 밖으로 보내지지 않고 계속 검토되었다. "초기 점령"은 다음과 같이 정의되었다.

"한 지역에 관한 초기의 군사 지배와 확보이며, 그 뒤 정부 간에 이루어지는 최종 점령지, 그리고 최종 점령 기간의 군대 구성과 국적과 군대 위치 등의 할당에 관한 통치 협정을 결코 저해시키지 않는 것"

한국의 "초기 점령"에 미군이 관련된 최우선 지역은 부산·진해 지역과 서울·인천 지역 두 개이다. 그 계획은 일본의 저항과 붕괴는 1945년 8월 15일이나 1946년 1월 15일쯤 일어나며, 소련은 전쟁에 8월 15일쯤 참전할 것이라는 가정에 바탕을 두고 있다.

8월 3일, JPS는 그 문서에 주석을 알았다. 그리고 BLACKLIST 작전이 상정하고 있는 행위들을 고려하여 "명령이 필요한 것과 같은 행위를 위해" 이 문서는 JWPC로 회송되었다.

36) JWPC 264/9, 13 Aug 45 : Sub : Further Action as to Immediate Occupation of Japan and Japanese-held Territory, *ABC 014 Japan*, Sec 18-A.

결해야 한다는 비망록을 대통령에게 보낼 것을 권고했는데, 첫째는 극동자문위원회(Far Eastern Advisory Commission)를 구성하는 것이고, 둘째는 4대 강국의 점령 책임을 결정하는 문제였다.[37)]

더 나아가 미국은 "국제적인 반대가 없다면" 초기에 한국의 남쪽 부분을 점령할 의도를 영국과 중국 정부에게 알리고 "소련이 참전할 경우에" 소련 정부에게도 알릴 필요가 있었다. 결국 소련이 참전한다면, 남부 사할린(Karafuto), 쿠릴열도(Kuriles), 그리고 한국의 북쪽 지역을 소련이 책임지게 될 것임을 대통령이 스탈린 원수에게 제안해야 한다는 권고가 있었다. 최소한의 미국 군대를 가지고 한국의 남쪽 지역을 점령하라는 통신문을 전선의 사령관들에게 보낼 준비가 되었다.

미군에게 부과된 전반적인 우선 위는 일본 본토, 한반도 남부, 중국 남쪽 해안의 항구, 적군이 지배하고 있는 중부 태평양의 섬들, 그리고 대만(臺灣)의 순위이다. 이것은 "초기에 빠르게" 점령되어야 한다는 것이다. 반면에 최종적인 점령군의 국적과 구성, 그리고 무력의 문제와 최종적인 연합군의 통제 기구를 설치하는 문제는 극동자문위원회를 통해 해결될 수 있었다.[38)]

연합군통제협의회(Allied Control Council)를 통해 한국을 통치한

37) 트루먼 대통령은 이 위원회 설립에 관한 문서를 승인했다. SWNCC 65/2, on 5 Jun 45. 이는 일본이 항복할 경우, 동맹국 정부들이 극동 문제에 관해 협의를 요청했을 때 토의에 대비해 준비한 문서이다. *FR, 1945,* V1, pp. 606~607. For SWNCC 65/2, as reported on 30 Apr, 45, *Ibid.*, pp. 529~535. 첫 회의에 초청한 것과 관련해서는 Tel, Sec Byrnes to Amb Winant in London, 9 Oct 45, p. 738.

38) JWPC 390/1, 30 Jul 45, Sub : Planning for Initial Japanese Occupation Period, *ABC 014 Japan*(13 Apr 44), Sec 18-A. 로버츠(Thomas D. Roberts) 대령은 이것이 "일본의 항복과 점령에 관한 많은 갑작스러운 조치들, 그리고 다른 기구들에 의한 경계선 작업 등으로 말미암아 작성된 …… 훌륭한 기획 문서라는 점이 …… 이 상황에서 …… 언급되어야 한다"고 지적했다.

다는 구상은 8월 16일과 21일의 최종 기획 문서에서 제기되었다. 그러나 이 구상은 8월 28일 미국과 소련 군대에 의한 지역 점령의 결정과 한국 행정에 관한 불확실한 계획 때문에 포기했다.[39)]

8월 16일의 기본적인 기획 문서는 블랙리스트나 그로 말미암은 상황 진전과는 실질적으로 전혀 다르다. 그 계획은 일본과 한국에 대한 연합국의 통제 기구와, 최종적으로 요구되는 점령군의 구성·위치·병력 등에 관한 "미국의 최적 요구"(optimum desires)를 나타낸 것을 의미한다. 점령은 세 단계를 거치면서 진행될 것이다.

첫째 단계는 일본의 점령과 일본군의 무장 해제이다. 이것은 약 3개월 동안 지속될 것이다. 미군은 서울로 진입한 뒤, 부산·군산과 같은 남부 지역의 전략적 요충지를 점령할 것이다. 소련은 태평양의 미군 사령관들에게 하달한 지령에서처럼, 북쪽 지역을 우선 점령할 것으로 예상되었다.

승인된 지령에 따라 한국 남쪽에 진입하게 될 미군은 2개 사단과 그 외의 기지창(service troops), 5개의 육군비행단(AAF), 2개의 해군 비행중대(Navy Air Squadrons), 그리고 약 4천 명의 해군 육상 기지 요원 등을 포함해서 총 9만 명의 병사로 구성되었다. 1단계 기간에 한국은 남쪽과 북쪽에서 각각 군사령관들의 지배를 받을 것이다. 한반도 남쪽에서는 미국으로부터, 북쪽에서는 소련으로부터 명령을 받음으로써 두 지역은 서로 다른 명령권(命令圈)으로 분리되었다.

2단계에는 대략 9개월 동안 연합군의 점령이 지속되는데, 이 기

39) 기획 문서를 참조. JWPC 385/1, 16 Aug 45, Sub : Ultimate Occupation of Japan and Japanese Territory ; Memo, JWPC for JSP, 21 Aug 45, Same Subject, Signed by George A. Lincoln, Army Planner : JWPC 385/3, 28 Aug 45, Same Subject ; 그리고 JSP가 수정을 하고자 JWPC에게 그 문서를 되돌려 보내기로 동의했던 JWPC, 12 Sep 45에 관한 메모, 이 모두는 *ABC 014 Japan*, Sec 16-A에 있다.

간에 일본군과 민간 보조 부대는 무장 해제를 당하고 일본으로 귀환하는 것이었다. 한국 국민은 협조적일 것으로 기대했기 때문에 단지 어떤 전략적 위치만을 점령해야 하는 것으로 평가되었다.

이 시기에 미국과 소련은 영국과 중국의 점령군이 진주하도록 도와줄 수도 있었다. 그러므로 점령은 성격상 진실로 연합적이었을 것이다. 서울이 미국과 소련의 공동 점령 아래 있게 됨에 따라, 소련은 청진 · 나진 · 원산 지역을 점령하고, 미국은 서울 · 인천 말고도 부산을 점령하고, 영국과 중국은 서해안을 점령하도록 되어 있었다.

한국에 관한 연합군통제협의회(Allied Control Council for Korea : 일본에 관한 협의회와는 분리되었음)가 통치하게 되었던 3단계는 기간이 불확실하다. 다만 국제연합이나 또는 이를 대행하는 주요 동맹국들이 그러한 통제는 더 이상 필요 없다고 합의할 때 그 기간을 결정하도록 되어 있었다. 이 3단계 동안 한국인들은 자신들의 정부에 점점 더 많이 참여하게 될 것이다.

따라서 질서 유지를 위해서 동맹국들의 형식적인 병력만이 요구될 것이다. 주요 4개 동맹국으로부터 각각 연대급의 기동 부대와 2개의 항공 비행 대대 정도의 무력만 차출한다면 아마도 충분할 것으로 평가되었다. "한국이 자치 정부를 가질 능력을 갖추고, 카이로선언에서 약속했던 자유 · 독립된 한국의 위치를 찾을 때까지는" 정부 차원에서 곧 합의하게 될 협정을 통해서 어디서인가 경계선을 따라 한국은 여러 국가가 참가한 신탁통치를 받게 될 것으로 예상했다.[40)]

육군성을 대표한 기획자인 링컨(George A. Lincoln) 준장은 2단

40) JWPC 385/1, *Ibid*, 이 보고서에는 OSS의 R&A가 작성한 아름답게 디자인한 최초의 지도들이 충분하게 수록되어 있다. 그 지도들은 전략 지역, 인구, 정치적 분단, 산업 집중 지역, 철로 식량 공급지 등에 관한 것들이다.

계의 명령과 통제에 관한 더 많은 토의를 거친 뒤, 그 문서는 수정을 위해 합동전쟁기획위원회로 되돌려 보내야 한다고 충고했다. 또 그는 그 문서가 연합군통제협의회의 구성을 제안했지만, 이 개념은 사방에 흩어져 있는 전략 지역을 여러 나라가 점령한다는 개념과 조화시키는 데 실패했음을 지적했다.[41]

더 많은 수정을 거친 8월 28일자의 합동전쟁기획위원회 문서(JWPC 385)는 위의 조치들이 계속해서 연기되어야 한다고 했는데, 그 이유는 (1) 한국에서의 민정의 집중화 방법과, (2) 한국에서 4국 신탁통치의 수립과 기능 등에 관해서 "아직 결정되지 않은 명령과 지배 기구의 꾸준한 변동" 때문이라는 것이었다.

그 문서는 "38°선을 따라서 미국과 소련으로 분리되는 것보다는 한국에 관한 4대 강국 점령 계획이 더욱 근거 없다"고 결론지었다. 따라서 그 문서는 이러한 두 개의 점령군을 바탕으로 하여 계획되어야 한다고 주장했다. 마침내 9월 12일 합동기획참모국(JPS)은 그 문서를 수정하도록 합동전쟁기획위원회에 되돌려 보냈다. 사실이 계획을 앞질렀던 것이다.

6월 초, 포츠담회담에 앞서 일본에 대한 직접 공격에서 한국을 제외하기로 결정한 백악관 회의에서 마셜(G. Marshall) 장군은 한국의 점령이 일본 점령보다 더 어렵고 값비싼 대가를 치러야 하며, 더욱이 한국의 점령은 필요성이 없다는 합참의 견해를 제시했다.

마셜 장군과 킹(E. J. King) 제독 모두 미국의 목표는 만주에 있는 일본군과, 필요하다면 한국에 있는 일본군까지도 소련이 처리하도록 하는 것이어야 한다는 데 동의했고, 트루먼 대통령도 이에 동의

41) Memo. JWPC for JSP, 21 Aug 45, Sub : Ultimate Occupation of Japan and Japanese-held Territory, Signed G. A. Lincoln, Army Planner.

했다. 이처럼 이 시기에 미국의 주요 전쟁 지도자들은 한국 전역을 소련이 점령할 가능성에 대해 특별한 관심을 기울이지도 않았고, 적어도 그러한 결과에 특별히 대비할 만한 관심도 없었다.[42)]

7월 민정국은 미국이 한국의 모든 지역을 지배하는 것이 필요하지도 않을 뿐더러 바람직하지도 않다는 견해를 표명했다. 한국의 장기적인 상황은 미국이나 영국보다 중국이나 소련에게 더욱 중요하다고 평가되었다. 모든 노력은 카이로선언에 준거해서 행해져야 하지만, 그것을 실행하고자 미국이 무력을 사용하는 데는 명백한 제약이 있었다.

국무성의 입장과는 대조적으로 이 보고서는 미국의 책임을 "뛰어넘지 않게"(less than predominant) 하기보다는 "명목적인 것 이상"(more than nominal)으로 하게 될, 이를테면 단지 명목상의 무력에 의한 오스트리아식의 기초적 지역 행정을 선호했다. 토착적인 권위가 없는 상황에서는 한국을 감독하는 것이 필요한 것으로 인식되지만, 미국이 참여할 국제적인 감독 기구가 설치되고 난 뒤 미군의 철군은 이미 예상하고 있었다.[43)]

5. 포츠담의 외교

1945년 7월 17일에서 8월 2일까지 열린 포츠담회담은 공식적으로 "터미널"(TERMINAL)로 알려졌다. 이 회담은 "다양한 수준과 배

---

42) White House Conference of 13 Jun 45 : *FR, 1945, Conf Berlin,* I. pp. 903~910.

43) Memo, Col W. G. Chandler, Actg Dir, CAD to General Lincoln, 6 Jul 45, Sub : Post-Defeat Control of Japan and Japanese Territory : *OPD 014.1,* Sec Ⅲ, 이 메모는 OPD의 S&P 의장인 링컨 장군의 요청에 응한 것이다.

합을 이루면서 미국 · 영국 · 소련, 그리고 폴란드 공무원들이 참여한 공식적 · 비공식적, 양자 · 3자 · 4자 회담"으로 구성되었다.[44] 한국에 관한 회의는 태평양전쟁을 종결하고자 맥아더 장군 사령부와 워싱턴이 입안했던 계획들과 유사하다.

회담 뒤 일본의 갑작스러운 항복으로 3국 사이의 빠른 조정이 필요하게 되었다. 그 과정에서 공식적으로 채택된 계획들이 군정이나 4대 강국에 의한 신탁통치의 문제로 귀결되기 앞서 한국을 점령할 필요가 생겼다. 기록에 따르면 포츠담회담에서 비록 국무성은 소련이 카이로선언을 공식적으로 지지해 주기를 희망했었지만, 한국 문제는 절차적인 측면에서 작은 의미가 있었을 뿐이다.

소련의 동의를 받아 냄으로써 얻을 수 있는 주요 잇점은 "소련이 만주에서 영토를 획득할 야심을 보이지 않는다는 실질적인 맹세"라는 국무성의 결론에서 한국의 상대적인 중요성을 알 수 있다.[45]

회담에 앞서 작성된 정책 문서를 보면 소련이 한반도의 전부 혹은 부분을 점령하리라는 예상은 이미 나타나 있었다. 아울러 소련이 중국 공산당과 연합하여 만주와 북중국, 그리고 한국에서 정부를 세울 가능성도 지적되어 있다. 소련의 이러한 "일방적 수순(手順)"(unilateral course)은 "미국이 가장 강력히 견지하고 있는 정책 가운데 하나인 중국의 영토적 · 행정적 통합 유지를 저해하는 것"[46]으로 인식되었다.

---

44) According to the Department of State : *FR, 1945, Conf Berlin*, Ⅱ, p. xiii

45) *FR, 1945, Conf Berlin*, Vol. 1, Doc 606, Briefing Book Paper, Sub : Soviet Support of the Cairo Declration, p. 927.

46) 그 문서의 제목은 "An Estimate of Conditions in Asia and the Pacific at the Close of the War in the Far East and the Objectives and Polices of the United States"이며, 1945년 6월 22일 기록, 스팀슨 장관의 요청에 따라서 준비되었다. *FR, 1945*, V1, pp. 556~580, p. 579.

회담의 공식 안건에는 20개의 의제 가운데 한국에 관해서는 단 하나의 의제가 있었을 뿐이다. 더욱이 이 의제가 수석 고문(Chief Adviser)의 요약보고서에서는 삭제되었다.47) 그럼에도 불구하고 대통령은 카이로선언, 스탈린 · 루즈벨트 회담, 스탈린 · 홉킨스 회담, 그리고 장래의 한국 정부에 관한 문서에 관계된 모든 기록을 제공받았다.

신탁통치 문제는 중요한 관심을 끌지 못했다. 미래의 한국 정치질서에 관한 두 개의 문서는 지난날과 똑같은 입장을 견지하고 있었다. 이 문서들에서 더욱 중요한 것은 국무성이 신탁통치를 적극적으로 지지하지 않았다는 사실이다. 신탁통치를 철저히 지지한 가장 최근의 태도는 신탁통치만이 소련의 지배를 막을 수 있는 유일한 방법이리라고 예상했던 한 부록48)에 나타나 있다.

해리만 대사와 대통령의 수석 참모인 리하이(William D, Leahy) 제독은 한국에 대한 신탁통치에 관심을 가지고 있었다. 해리만 대사는 모스크바에서 그 문제에 관해 "좀더 상세히 논의할" 것을 충고하는 특별 전문을 보낸 것과는 달리 리하이 제독은 한국이 "자유 · 독립된 민주적 국가로서 스스로 통치할 수 있는 능력을 보여주는 것이 필요하고, 또 그것을 보여줄 수 있을 때까지는"49) 신탁

---

47) *FR, 1945, Conf Berlin,* I, Doc 177, Memorandum of the Secretary of State ad Interim (Joseph Grew) to the President, Sub : Memorandum for the President(Washington) 30 Jun 45, p. 201, Footnote 7.

48) *Ibid.*, Doc 252, Briefing Book Paper, Sub : Interim Administration for Korea and Possible Soviet Attitute : Need for Joint Action, Appendix Ⅲ : Position of the Soviet Union, 4 Jul 45, p. 313. 한국에 관한 다른 요약 보고서들은 Doc 253, Post-War Government of Korea, 4 Jul 45, p. 314.

49) (1) *Ibid.*, Doc 203, Tel : The Ambassador in the Soviet Union(Harriman) to the President and the Secretary of State, Moscow 9(8) Jul 45, p. 234.
(2) Doc 254 : Note by the President's Chief of Staff(Leahy), Sub : Korea, p. 314. 날짜 미상의 서명 없는 타이프라이터로 친 서류의 부본.

통치를 실시해야 한다고 주장했다.

스팀슨(H. Stimson) 장관은 신탁통치의 토의를 촉구하는 비공식 문서를 대통령에게 보내 신탁통치 기간에 적어도 명목적이나마 미군 병사와 해병대원들을 배치할 것을 주장했다.[50] 이러한 주장에도 불구하고, 기록에 따르면 회담의 공식 토의에서 대통령은 한국에 대하여 별로 관심이 없었음을 알 수 있다.

이때 소련이 무엇을 원했었는지는 정확히 알 수 없지만, 해리만 대사는 소련이 한국에 "즉각적인 신탁통치"의 실시를 촉구하고 있을 뿐, 영국과 프랑스는 홍콩과 인도차이나에 관한 신탁통치의 고려를 반대하고 있다고 스팀슨 장관에게 말했다. 이에 관해서 스팀슨은 "만약 이런 식으로 사태가 계속된다면 아마도 소련은 한국에 대한 신탁통치의 제안을 철회하고, 한국에 대한 단독 지배를 요청할 것으로 나는 예견한다"고 응답했다.

그런 일이 있은 뒤에 해리만 대사는 "신탁통치에 관한 스탈린의 동의에도 불구하고 소련은 한국을 지배하기 원할 것"이라는 인상을 보이고 있기 때문에 자신은 "한국에 약간의 어려움이 있을 것"을 예견했다고 말했다. 그는 "소련이 극동에서 자신들의 일방적인 목적을 최대한 달성하고자 우리와 공동 보조를 취하는 척한다"[51]고 말했다. 소련은 포츠담선언에 서명함으로써 "카이로선언 내용의 이행"에 공식적으로 동의했다.[52]

전쟁성은 포츠담회담에 참가하는 미국 대표들을 위한 군사 정

50) *Ibid.*, Ⅱ, Doc 723, Sub : Possible Trusteeship for Italian Colonial Territories and Korea, the Secretary of War(Stimson) to the President(Babelsberg), 16 Jul 45, p. 631.

51) (1) Secretary Stimson's Diary entry of 23 Jul 45 : *FR, 1945 Conf Berlin*, Ⅱ, footnote 51, p. 260 ;
(2) Tel., Harriman to Sec State, 23 Aug 45, *FR, 1945*, VI, pp. 689~690.

52) *FR, 1945, Conf Berlin*, Ⅱ, p. 1276, and footnote(1), p. 1474.

책에 관한 보고 문서를 작성했다.[53] 한국이 지난날 일본제국에 흡수되었기 때문에 미국의 점령이 필요한데, 이는 일본에 관한 적절한 통제와 광범위한 태평양 지역에 대한 전후 통제, 그리고 전후 시기에 미국의 지배적 역할의 유지 등을 확보하려는 것이라고 그 보고서는 언급하였다.

회담에서 토의할 때 필요한 기초로 제언(提言)된 "결론"에는 동맹국들 사이의 점령 책임에 관한 기존의 합의가 없는 상황에서 군사적 차원의 회담과 토의는 폭넓게 진행되어야 하며, 군사적 관점에서 적을 패배시키고자 하는 작전의 연장으로 인식될 수 있는 점령 초기의 문제에 국한시켜야 한다고 지적하고 있다. 점령군의 배치에 관한 문제는 …… 정부 차원을 유보한 채 군사적 수준에서 논의될 필요도 없고 논의되어서도 안 된다. 그리고 "점령군과 군정에 최종적으로 국제적인 참여를 하기 위한 조정(調停)은 뒤에 정부 차원의 협정에 따라 결정한다"고 다른 곳에는 언급되어 있다.[54]

그런데 이러한 협정이 이 회담에서 체결되어야 한다고 전쟁성은 촉구하였다. 미국의 초기 점령 책임 지역은 일본 본토 · 한국 · 대만 · 남사군도(南沙群島) · 남양군도(南洋群島), 그리고 일본 점령 지역 등으로 윤곽이 잡혀 있었다. 그리고 소련이 "전쟁에 참가한다면" 만주 · 남부사할린(Karafuto) · 쿠릴열도, 그리고 가능하다면 북중국을 점령하기로 되어 있었다.

포츠담회담에서의 한국에 관한 군사적 논의는 간략했다. 소련은 미국의 육 · 해 · 공 합동군이 소련군과 협조하여 한국 해안에서

53) JWPC 375/2, 28 Jun 45.

54) OPD는 1945년 7월 12일에 "작전 사실 · 군사 원리 · 기획 의견"의 요약을 표현한 "Compilation of Subjects for Discussion at Terminal"을 준비했다. Cline, *Washington Command Post*, p. 345.

공격 작전을 전개할 용의가 있는지를 물었다. 마셜 장군은 "한국에서의 육·해·공군의 합동 작전은 고려하지 않았으며", 특히 "가까운 장래"에는 더욱 그렇다고 응답하면서 그 이유로는 공격 함정(艦艇)의 부족과 일본의 자살 공격의 위험을 들었다.[55)]

마셜은 일본이 패망한 뒤에는 큐슈에 설치될 비행장으로써도 한국을 통제할 수 있다고 생각했다. 다음날 마셜 장군은 "일본, 한반도 및 요동반도를 목표로 해·공군에 의한 공격은 계속 증가할 것"이라고 안토노프(A. Antonov) 장군에게 말했다.[56)] 한반도 부근에서 미국과 소련의 해·공군 사이의 협력에 관한 논의도 있었는데, 그 작전 경계선이 합의했다.[57)]

그 뒤 10월에 3성조정위원회는 38°선에 관한 결정들이 분명히 이 회의에서 시작되었다는 견해를 피력했는데, 그 내용은 다음과 같다.

> …… 한반도를 두 개의 지역으로 나누어 미국과 소련이 지배하도록 만든 북위 38°선으로의 분단은 미국과 소련의 참모장 간에 이루어진 각각의 군대의 작전선에 관한 결정의 결과이다.[58)]

그러나 베를린회담의 기록들은 바다와 공중의 작전 경계선에 관해서만 언급하고 있다. 소련이 일본에 대한 군사 작전을 시작함에

---

55) Joint Chiefs of Staff Minutes, Tripartite Military Meeting, Tuesday, 25 Jul 45, 2 : 30 p. M. : *FR, 1945, Conf Berlin*, II, pp. 351~352.

56) *Ibid.*, p. 415.

57) *Ibid.*, Doc 1279, pp. 1327~1328 ; pp. 410~411. 맥아더 장군은 이 경계선을 "변경될 수 있는 것"(subject to change)으로 1945년 8월 6일 통고받았다. WAR 44767, Exec OPD, Gen Hull to CINCPAC, Manila : Outgoing Messages(Aug 45-31 Aug 45) : *Hist Files*.

58) SWNCC 79/1 : *FR, 1945,* VI, p. 1095 참조.

따라 이 회합에서는 극동에서 미국과 소련의 사령관 사이에 연락단을 설치하기로 결정되었다.[59] 공식적인 회합이 아닌 자리에서 마셜 장군은 한반도로의 군대 이동에 관한 기존 계획들을 대통령에게 보고했다.[60]

대통령에게 보고된 바에 따르면, 일본이 항복한 뒤 (실질적으로?) 미군이 한국으로 진주하기까지는 60일이 되겠지만, 도쿄(東京) 평야에 미군이 상륙한 직후 1개 사단 이상의 미군이 우선 순위에 따라 한국으로 이동할 정치적 필요가 있으며, 맥아더 장군은 단시일 안에 부산에 1개 사단을 상륙시킬 수 있으며, 아울러 서울과 청진은 한국에서 또 다른 전략적 요충지이며, 맥아더 장군은 바로 그 전 주(週)에 그의 계획에 한국을 포함하라는 지시를 받았으며, 합참은 한국에 관한 정책과 계획에 관한 지침을 요청했다는 것이다.

한편 헐(C. Hull) 장군은 일본과 한국 점령의 우선 순위에 관한 맥아더 장군의 견해를 요청하여 그 대답을 들었다.[61] 그 뒤 헐 장군과 그의 참모들은 미군이 일본군의 항복을 접수할 수 있는 군사경계선으로 38°선을 따라 임시선을 그었는데, 이는 부산과 인천을 미국의 관할권 아래 두고자 함이었다.[62]

비록 순전히 우연의 일치이기는 하지만, 그 뒤에 나타난 바와

---

59) *FR, 1945, Conf Berlin,* Ⅱ, p. 412.

60) Memorandum for the President by CIS, Gen of the Army Marshall. 이것은 1945년 7월 25일 포츠담에서 대통령에게 전달되었는데, 부제는 Study of the Problem Presented by Japanese Capitulation in the Future이다. C/S에 관한 메모는 "Occupation Forces and the Control of Japan and Korea"란 제목으로 첨부되었다. 정치적 지침을 위한 JCS의 요청 : *ABC 014 Japan*(13 Apr 44), Sec 1-A ; 혹은 Case17/8, *OPD 390.9.*

61) BLACKLIST 준비의 토의는 주 64) 참조.

62) 헐 장군의 행위에 관해서는 Roy F. Appleman, U.S. *Army in the Korean War, South to the Naktong, North to the Yalu*(Washington, GPO, 1961), pp. 2~3 참조.

같이 이 선은 나중에 워싱턴에서 결정한 최종적 분계선이 되었다. 포츠담의 군사 고문단들의 관점에서 보면 이는 순전히 임시적 결정이었을 뿐이었다. 일본과 한국에서 일본의 항복을 접수하고자 맥아더 장군에게 명령을 내릴 시간이 다가오자 워싱턴에서 최종적 결정을 내렸다.

6. 38°선에서의 군사 항복

"38선"으로 널리 알려진 북위 38°선은 한국에서 미군과 소련군이 "일본군의 항복을 접수하기에 편리한 책임 할당을 제공하고자 만들어진 것"이 확실하다.[63] 그것은 애당초 일본의 갑작스러운 항복에 따라 야기된 비상 상황에서 작성되었다. 맥아더 장군에게 보내는 지시에서도 비상 상황에서 항복 지역을 구체적으로 명시할 것을 요구하고 있다.

일본군의 항복을 접수하는 미군의 지역을 작성하는 일은 전쟁성 작전국의 전략 · 정책단(Strategy and Policy Group)의 정책과(Policy Section)에게 할당되었다.[64] 이 과의 과장인 본스틸(Charles H. Bonesteel) 대령은 8월 10일 늦은 밤, 이 지역에 관계된 "일반명령 제1호"의 문장을 작성하는 데 30분을 배정받았다.

63) H. S. Truman, *Year of Decisions*, p. 445. 표현되었듯이 유익한 참고가 될 수 있는 공적인 메모에 관해서는 Pamphlet, *The Record on Korean Unification* 1943~60 : *Narrative Summary with Principal Documents*, Dept. State Pub 7084, *FE Series* 101, released Oct 1960(Washington, D. C.), pp. 44~45 참조.

64) 이 이야기는 OCMH에 있는 미간행 원고에서 발췌한 것임. Lt. Col James F. Schnabel, U.S. *Army in the Korean War : Policy and Direction : The First Year*(Jun 1950~Jul 1951) ; 그리고 lst Lt. Paul A. McGrath, "U.S. Army in the Korean Conflict," Vol. I, Part I.

제일 우선하여 고려해야 할 것은 소련이 수용할 수 있는 한 최대한 북쪽으로 항복선을 설정하는 것이었다. 가장 가까운 미군은 600마일 떨어진 오키나와에 있었고, 소련은 이미 한반도 동북 지역에서 수륙 양용의 상륙 작전을 전개했기 때문에 문제는 가능한 한 빨리 소련이 수용할 수 있는 항복 계획을 수립하는 것이고 동시에 소련이 한반도 전부를 점령하는 것을 방지하는 것이었다.

본스틸 대령은 기존의 정치적 경계선을 침해하지 않도록 지역의 경계선을 따라 항복을 권고하고 싶었다. 그러나 이때는 거의 한밤중이었고 그의 사무실 벽에는 작은 극동 지도가 걸려 있었을 뿐이다. 38°선이 서울과 인근의 미국인 포로수용소를 미국의 손에 들어오게 할 수 있다고 그는 판단했다.

더욱이 그것은 4개국에 의한 통치가 필요할 경우, 영국과 중국에게도 할당할 충분한 땅을 남겨두는 것이기도 했다. 그래서 그는 일본군이 항복할 두 개의 지역 사이의 "가상"의 선으로 38°선을 그 명령 속에 집어넣기로 결정했다.

이 초안이 전쟁 기획자들에게 도착했을 때 해군 기획자인 가드너(M. Gardner) 제독은 그 선을 39°선으로 옮길 것을 주장했다. 이 안(案)은 대련항(大連港)을 미국의 권역(圈域)에 두고자 한 것이었다.[65] 해군장관 훠레스털도 이를 지지한 것으로 보인다.

65) 대련항은 광동반도(*sic*)의 끝에 있다. 얄타에서 3대 강국은 이 항구가 소련이 보호하고 소련이 "현저한 이해 관계"(preeminent interests)를 가진 국제 항구가 되어야 한다고 합의했었다. *FR, 1945, Conf at Malta and Yalta*, "Agreement Regarding Entry of the Soviet Union into the War Against Japan," p. 984. 그러나 해리만 대사는 트루먼 대통령에게 해저 전신을 통해 건의서를 보냈다. 여기서 그는 소련이 "비타협적 자세"이므로 우리는 "소련의 군사 활동 구역 선을 존중해 줄 어떠한 의무가 없다"고 했다. 한편 폴리(E. Pauley) 대사는 소련과 효과 없는 배상 논의를 하고 있었는데, 그는 "우리 군대는 할 수 있는 한 한국과 만주의 산업 지역을 신속히 많이 점령해야 한다"고 제안했다. Truman, *Year of Decisions*, pp. 433~434.

링컨(G. Lincoln) 장군은 소련이 자기들의 대련항 진주를 방해하는 그 선을 수용하지 않을 것이며, 또 미국이 소련보다 먼저 만주의 항구에 도착하는 데는 큰 어려움이 있다는 이유로 39°선을 반대했고, 국무성 차관보인 던(James C. Dunn)도 이에 동의했다. 던은 미국에게는 대련(大連)보다 한국이 더욱 중요한 것으로 믿었다. 그리고 그것이 번즈(J. F. Byrnes) 장관의 견해인 것으로 생각했다. 결국 38°선은 초안대로 3성조정위원회로 보내졌다.

1950년 7월 12일의 비망록에 기록된 전 국무장관 러스크(Dean Rusk)의 보고도 이 견해에 일반적으로 일치한다. 그의 회고에 따르면 3성조정위원회는 펜타곤에 있는 전쟁성 차관보인 맥클로이(J. J. McCloy)의 사무실에서 회합을 가졌는데, 이 회의는 일본의 항복을 접수할 준비를 하고자 8월 10일과 11일 사이에 "밤새도록" (throughout most of the night) 진행되었다고 한다.

또 번스 장관은 "가능한 한 북쪽에서" 일본의 항복을 확보하기를 바랐으며, "군사적인 견지에서도 만약 우리의 제안이 …… 우리의 군사력을 지나치게 초과한다면, 소련이 수용할 가능성이 적어진다"면서 "신속성이 문제의 본질"이라고 말했다. 러스크는 다음과 같이 결론지었다.

> 맥클로이는 본스틸 대령과 나(당시 전쟁성 참모였으며 대령이었다)에게, 옆방으로 가서 미군이 가능한 한 북쪽에서 일본군의 항복을 접수하려고 하는 정치적 열망과 미군의 능력의 한계를 조화시킬 수 있는 방안을 만들 것을 요청했다. 우리는 만약 소련이 동의하지 않을 경우, 38°선이 미국이 현실적으로 도달할 수 있는 것보다 훨씬 북쪽이라는 것을 알았지만 38°선을 추진하기로 했는데, 이는 미국의 책임 지역에 한국의 수도를 포함하는 것이 중요하다고 느꼈기 때문이었다.
>
> 38°선은 육군성이 국무성에 보낸 건의의 하나가 되었으며 결과적으로

국제 사회의 공인을 받았다. 당시 나는 이 지역에서의 우리의 군사적 상황에 비추어 소련은 좀더 남쪽의 분할선을 고집할지도 모른다고 생각했었기 때문에 소련이 38°선을 수락했을 때 다소 놀랐었다.[66)]

합동참모기획국(Joint Staff Planners)에 따라서 작성된 의견서와 함께 추천서가 3성조정위원회로 발송되었다. 여기에는 38°선이 미군에게 서울과 인천을 포함한 한국의 충분한 지역을 제공하는 선이기 때문에 채택되었으며, 또한 이 선은 4대 강국 통치의 경우 중국과 영국에게 일부를 할양(割讓)할 수도 있기 때문에 채택되었다고 설명하고 있다. 그리고 이것은 한국에서 점령 책임을 맡게 될 사령관에게 도움을 줄 수 있도록 "적절한 정부 기구"(appropriate governmental authorities)가 적절한 지침을 제공할 수 있도록 즉각적으로 조처해야 한다고 촉구했다.[67)]

3성조정위원회와 합참이 숙고하는 동안 소련이 만주에 진주함에 따라 대련을 미국의 지역에 포함할 가능성은 사라졌다. 결정에 관한 압력이 증가하자 38°선 경계선이 포함된 "일반명령 제1호"의 초안이 대통령에게 발송되었다. 즉각 시행에 들어가야 한다는 폴리(E. W. Pauley)와 해리만(A. Harriman)의 충고가 있었고, 미군을 좀더 북쪽으로 진주시키는 데 따르는 병참 문제의 불확실성을 인식한 대통령은 그 명령서에 서명하고 이를 맥아더 장군에게 보냈다.

이와 같은 모든 상황은 며칠 안에 일어났다. 전쟁성 초안은 8월 11일 국무성에 보내졌고, 12일과 13일 3성조정위원회가 검토하고, 14일에 합참과 3성조정위원회에서 재검토한 뒤 승인되었고, 15일

66) *FR, 1945*, Ⅵ, p. 1039.
67) JIS 1467/1, 13 Aug 45 : *FR, 1945*, Ⅵ, p. 658.

대통령의 서명을 받은 뒤 합참이 당일 맥아더 장군에게 전송했다. 9월 2일 맥아더가 공식적으로 발표한 "일반명령 제1호"는 다음과 같다.68)

> 만주와 한국의 북위 38°선 이북과 남사할린의 일본 고위 지휘관들과 육 · 해 · 공 · 지원군 모두가 극동의 소련군 총사령관에게 항복해야 한다. 그리고 일본 본토와 인접 도서들, 북위 38°선 이남의 한반도와 필리핀에 있는 일본제국 대본영(The Imperial General Headquarters)과 고위 지휘관, 그리고 육 · 해 · 공 · 지원군 모두는 태평양의 미군 총사령관에게 항복해야 한다.

38°선을 경계선으로 채택한 결정은 정부 내의 적절하고 책임 있는 모든 기구가 집합(集合的)으로 승인한 것이었다. 이것은 바로 미국의 결정이었다.

---

68) *The Record on Korean Unification,* pp. 44~45에서 발췌한 시간표. GO #1의 초안에는 항복 책임을 맡고자 특별히 영토적인 분단을 보여 준 것은 없었다. GO #1은 1944년 12월 28일 합동전후계획위원회(Joint Post-War Committee)에 따라서 일본의 무조건적 항복을 위한 계획의 일부로 작성된 것이며, 1945년 2월 7일 SWNCC 21에서 구체화되었다. SWNCC 21/7 수정안은 8월 14일 대통령에게 제출되었다. 일반명령 제1호(GO #1)는 그 뒤 수정되어 1945년 8월 17일의 SWNCC 21/8에 포함되어 있는 JCS와 지령을 완수하고자 그 책임을 한국의 미원정대 사령관으로부터 태평양 미육군 총사령관에게 이전하였다. *FR, 1945,* Ⅵ, pp. 636, 645, 657~659, 1094~1095.

제2부

한국의 군사 점령

제3장

한국의 군사 점령에 관한 최종 계획

한국과 일본에 평화적으로 진주하여 점령하려는 전략적 계획인 "블랙리스트(BLACKLIST)"는 일본이 항복하기 6일 전인 8월 8일에 최종판으로 공표되었다. 그러나 마지막 순간까지도 이것은 단지 직접 공격에 관한 대안이었다.[1] 한국에 관한 계획은 대일본(對日本) 계획을 본뜬 것이었지만 다소 어설픈 것이었다. 서울과 부산처럼 점령 계획에서 최우선을 차지하는 지역들이 포함된 한국의 전략 지점에 대한 직접 지배의 필요가 아무리 다급하다고 하더라도, 그것은 계획을 세우기 이전보다는 계획을 세운 뒤에야 가능했다.

"블랙리스트"의 3판과 최종판은 태평양의 육군 고위 사령관들과 참모들에게 "기획과 준비에 필요한 지침"으로 하달되었다. 이것을

---

1) 그 이전에 두 번의 판을 내었다. 7월 16일의 첫 번째 판은 작전국 대표들이 마닐라에서 검토했다. 7월 25일의 두 번째 판은 검토를 위해 워싱턴으로 보내졌다.
 (1) Cline, *Washington Command Post,* p. 348 ;
 (2) Ltr, AG 385(28 Jul 45). Lt. Gen R. Sutherland, C/S, GHQ, AFPAC, Sub : Blacklist Plan : *ABC 014 Japan*, Sec 18-A.

읽은 사람들은 그 계획이 "전쟁의 종료가 임박했다는 사실무근한 유언(流言)"의 근거가 되지 않게 하도록 하라는 주의를 받았다. 비록 그러한 상황은 "어느 때라도" 일어날 수도 있지만, 그 계획은 결코 "적대 행위의 중지가 임박했다"는 확신을 반영하지는 않았다.2)

그동안 워싱턴에서는 항복과 점령을 위한 최종적 계획들이 검토되고 있었다. 합동기획참모국(JPS)과 합동전쟁기획위원회(JWPC)가 연구 · 검토한 뒤 합동전쟁기획위원회는 "블랙리스트"를 채택하라는 장문의 건의서를 만들었다.

그 주요 강조점을 보면 정치적 · 군사적인 점을 고려할 때 일본을 점령한 뒤 한국은 첫 번째 우선 순위를 차지해야 하며, 한국에서는 서울을 최우선 지역으로 선정했는데, 그것은 서울이 한국의 수도이며 통신과 철도의 중심지이기 때문이었다. 그 다음의 우선 지역으로는 부산과 남쪽의 지역들을 들었다.

한국에 연합군이 진주하는 것은 그 뒤 후속 지령에 따라서 전개된다. 만약 한국에서 일본군을 항복시키는 데 연합군의 무력을 사용할 필요가 있더라도 그러한 목적을 위해 일본 점령에 할당된 무력을 전환할 필요는 없었다. 한국에서 무장 해제해야 할 일본군의 총수는 아마도 27만 명의 병력과, 약 3만 5천 명의 시민 방위군이 있는 것으로 추산되었고, 어느 정도 한국 주민들의 협조를 받을 것으로 예상되었다.3)

합참은 그 보고서를 승인하고, 8월 11일에는 일본의 항복에 따

2) BLACKLIST, Letter of Submission ; C. J. Marshall, Maj Gen. Dep C/S for C-in-C, 8 Aug 45, *ABC 014 Japan*, Sec 18-A.

3) JWPC 264/8, 10 Aug 45, Sub : Examination of Plans for the Occupation of Japan, Copy No.5 : *ABC 014 Japan*, Sec 18-A. 이것은 지령에 관계된 다섯 개의 부록과 참조문이 들어 있는 장문의 보고서이다.

르는 후속적인 지령들에 따라 활성화될 일본과 한국의 점령을 위한 공식 지령을 발표했다.

평화로운 진주를 위한 역할 분담도 가능한 한 실질적인 침공 계획을 모방했다. 첫 번째 우선 순위는 즉각적인 일본 점령이며, 두 번째는 서울 주변 지역의 점령, 그리고 세 번째는 대만과 중국 해안 지역에서의 작전이었다.

맥아더 장군은 일본과 한국에 무력으로 진주할 책임을 맡았다. 그는 다른 연합국들의 소규모 기동 부대들이 일본군을 항복시키는 데 참여할 것 같다는 보고를 받았다.[4] 동시에 태평양공군사령부(Commander in Chief, Air Forces, Pacific ; CINCAFPAC)와 태평양사령부(Commander in Chief, Pacific ; CINCPAC)는 만약 대련(大連)이나 한국의 일부 항구들이 이미 소련군에게 점령되지 않았다면 "일본의 즉각적 항복을 촉구할 수 있는 그런 항구들의 점령에 도움이 되는 전진 배치"를 대통령이 바란다는 사실을 보고받았다.[5]

그들은 한국에서 중국군을 활용하는 문제에 관해서도 고려했

4) *MR*, p. 444 : Based on JCS Rad No. WAR 47945 to CINCAPFAC, CINCPAC, CG China, 11 Aug 45.

5) WARX 48004, 11 Aug 45, as Enclosure "B" to JCS 1331/7(Msg of ll Aug 45 : War 47845) : JWPC 264/9. 8월 14일의 JCS의 메모에는 "예비적 계획"이 소련보다 먼저 미군이 도착할 경우, 서울과 대련으로 진주할 것을 지시했다고 언급되어 있다. *FR, 1945*, VI, p. 657. 맥아더 장군은 8월 15일 한국의 항구와 대련, 그리고 중국 항구의 점령과 소련이 이것들을 점령할 경우, 다른 항구들의 점령을 위한 최상의 시기를 제시할 것을 요청받았다. JCS to MacArthur for Action, WARX 50181 : *Hist Files*. JCS는 라디오를 통해 맥아더와 니미츠, 웨드마이어에게 정치적 관점에서 볼 때 소련의 작전 지역에 명확히 들어 있지 않은 본토(중국)의 다른 항구들도 또한 점령하는 것이 현명한 것으로 고려된다고 보고했다. WAR 49334 : *Hist Files*. 이것은 *ABC Japan 014*, Sec 3에 따라 리하이 제독이 마셜 장군에게 보내는 충고에 의한 것이다. 미군은 소련 지역 남쪽에 있는 중국 해안 지역을 점령했다. 그래서 8월 18일 JCS는 맥아더에게 대련 점령 계획은 소련이 요동반도로 진주하는 것을 고려하여 취소되었다고 보고했다. WARX 51842 : *Hist Files*.

다. 8월 10일 웨드마이어(A. C. Wedemeyer) 장군은 일본과 한국의 점령 초기에 적어도 명목적이나마 중국군이 참여한다는 것을 기초로 하여 계획과 준비를 하라는 지시를 받았다.[6)]

1. 한국에 관한 공수(空輸) 계획

공군은 한국의 점령에 관한 기존 계획들을 검토한 뒤, 작전을 원활히 하고자 항공 수송기의 활용을 검토하지 않았다는 데 대하여 관심을 표명했다. 그에 따라서 구체적인 공군 참모에 의한 연구가 준비되어 "블랙리스트"(BLACKLIST)의 최종판이 발표되기 1주일 앞서 8월 1일 링컨 장군에게 제출되었다.

이 연구서는 기존의 수송기와 전방의 태평양 기지를 활용하여 (최종적으로 인천에 미군이 상륙하기 약 3주 전인) 8월 15일 한국에 3만 명의 군병력을 공수할 수 있으며, 10월 1일까지는 두 배나 되는 병력과 군수품을 수송할 수 있으리라는 것을 구체적인 자료와 계산으로써 보여주고 있다.[7)]

전쟁성은 오키나와 같은 전방 지역에 병력을 배치하고, 중폭격기와 군수송기를 사용하여 일본·중국·한국·대만과 같은 전략적 점령 지역에 호위 병력이 도착할 때까지 적어도 3개 사단을 배치해야 한다고 맥아더 장군에게 의견을 제시했다.[8)]

---

6) WARX 47513, 10 Aug 45, JCS to Wedemeyer for Action : *Hist Files*. Memo for Chief, Liaison Section, CCS, 31 Aug 45 : CCS 901/11를 참조.

7) Ltr, Col. Walter G. Bryte, Actg Army Air Force Planner, to Brig Gen G. A. Lincoln, Admiral M. B. Gardner, and Captain Collin Campbell, U.S.N., Sub : A Plan for the U.S. Occupation of Strategic Positions in the Far East in the Event of Japanese Collapse or Surrender Prior to OLYMPIC or CORONET, 1 Aug 45 : *ABC 014 Japan*(13 Apr 44), Sec 18-A.

8월 4일 태평양공군사령부는 미전략공군(US Strategic Air Force), 극동공군(Far East Air Force), 그리고 항공수송사령부(Air Transport Command)의 항공 수송 능력을 완전히 활용할 수 있는 방안을 강구하라는 지시를 받았다.[9] 그러나 결국 병참의 기술적인 문제들이 합동전쟁기획위원회, 합동병참위원회(Joint Logistics Committee), 합동정보참모(Joint Intelligence Staff) 등에서 검토된 뒤, 합참은 기존의 수송 능력으로는 동시적인 점령이 불가능하지만, 도쿄 · 대련 · 서울에 지상군을 우선 진주시킨 뒤, 30일 이내인 8월 31일까지는 추가 병력을 배치하는 것이 가능하다는 결론을 내렸다.

8월 12일, 소련은 성명을 통해서 소련군을 대련의 500공로(空路) 마일(air mile) 안에, 그리고 서울의 400공로 마일 안에 배치한다고 발표하였다. 따라서 소련군은 미군이 도착하기에 앞서 그 지역에 진주할 가능성이 완전해졌다. 만약 그들이 진주한다면 부산을 점령하도록 노력해야만 한다. 따라서 맥아더 장군은 대련 · 서울, 그리고 상황에 따라서는 중국 본토의 다른 항구에도 병력을 진주시키고자 유연성을 갖지 않을 수 없다는 권고를 받았다. 이를 위해 대통령에게 비망록을 보냈다.[10]

한편 마셜 장군은 태평양의 유익한 섬들을 소유하지 못하면서까

---

8) WARX 42869, 2 Aug 45, AC/AS, Plans Combined and Jt Staff Div to CINCAFPAC : Outgoing Messages : *Hist Files*.

9) JWPC 390/2d, Sub : Basic Policies Required for Coordination of Planning in Relation to Occupation. 두 메시지에 관해서는 *ABC 014 Japan*, Sec 18-A 참조.

10) JWPC 264/10, and 264/11, 14 Aug 45, Sub : Examination of the Practicability of Concurrent Occupation of Tokyo, Dairen, Keijo(Seoul), and Early Occupation of a North China Port. JWPC 264/10에서는 함대와 공격선들이 8월 10일까지 모이라는 명령을 받았고, 함대의 평균 하역 시간을 5일로 잡아 필리핀에서 출발한 1개 사단이 서울에 8월 31일에 상륙할 수 있고, 두 번째는 9월 28일에 상륙할 수 있다고 언급했다.(항구를 지정하지는 않았다.) JWPC 264/11은 6개의 추가적인 해상 함대를 보유해서, 9월 셋째 주 동안은 어디서든 활용할 준비가 되어야만 한다고 결론지었다.

지 한국과 일본에 군대와 선박들을 파견하지 말 것을 대통령에게 이미 건의했었다.[11] 이와 같이 하여 고위 군사 요원들은 그 결정을 맥아더 장군에게 일임하도록 결정했다고 보고서는 암시하고 있다. 결국 그 뒤의 조치로 미루어 볼 때 그는 공중 수송에 의존하기보다는 "블랙리스트"(BLACKLIST)에 따라 활동하기로 결정했음을 알 수 있다.

2. "블랙리스트" 계획

맥아더의 참모들은 "블랙리스트"야말로 "극도의 효율성이 있으며, 전투적이며, 응집력 있는 참모 본부의 산물로서 완벽하고 광범위한 계획"이라고 생각했다.[12] 물론 대체로 말해서 이것은 특히 일본에 적용된 계획을 언급하고 있다. 오키나와에 있으면서 그 계획을 한국에 적용해야 하는 사람들은 다른 생각을 하고 있었다.

그들은 그 계획의 이러한 부분들이 "개괄적이고 암시적인 것"이라고 인식했다.[13] "블랙리스트"는 "올림픽"에 앞서 일본이 항복하리라고 상정했다. 작전 개시일(D-Day)은 합참의 지시에 따라서 태평양공군사령부에서 결정했는데, "아마도 대일승전일(V-J Day)보다 앞설 수도 있었다".[14]

11) 이것은 마셜 장군이 7월 25일 대통령에게 보내는 메모이다. 본서 pp. 95~96에서 인용되었다.

12) *MR*, I, Supp, p. 12 footnote 30.

13) MS, "History of the United States Army Forces in Korea, Sep 1945~20 Jun 1946," Pt. I, Ch. I, pp. 6~7(이후 *Hist USAFIK*로 표기).

14) Basic Outline Plan for "Blacklist" Operations to Occupy Japan Proper and Korea after Surrender or Collapse, GHQ, U.S. Army Forces, Pacific, ed. 3, 8 Aug 45, Copy 26, pp. 1~24 ; *MacArthur Files*. Appendix for Summary 참조.

한국에 관한 작전 계획은 "점령 기간"만을 취급했다. 그 기간 가운데 3단계에 걸쳐 서울·부산, 그리고 군산·전주 지역을 미 제10군(Tenth Army)이 정해진 시간표에 따라 점령하게 되어 있었다. 이 지역들은 각각 "베이커 40"(Baker Forty), "베어커 41"(Baker Forty-One), "베이커 42"(Baker Forty-Two)로 지정되었다.

이 지역은 한국 인구의 39%, 산업 시설의 18%, 식량 생산의 44%를 차지하는 지역으로 평가되었다. 그 계획은 연합군이 점령에 참여한다는 사실에 근거하여 작성되었고, 38°선 결정 이전에 준비되었기 때문에 미군이 상륙해서 지배할 수 있는 최우선 순위의 지역만 언급되었다. 일본군이 27만 명이라는 병력 평가는 "합동전쟁기획위원회 비망록 264/8호"(JWPC 246/8)에 근거하여 산출한 것이었다.15)

"블랙리스트"의 주된 관련 지령에는 "군대와 민간인들에 대한 지배"의 확립, "지시된 항복 조건"의 강요, "전후 일본의 본토 및 한국 정부와 점령군의 수립을 위한 준비" 등의 "일반 임무"가 있었고, "특별 임무"에는 "군사 정부의 수립", 그리고 "전후의 점령 정부와 군사 기구들이 설치되었을 때 권한 이양을 준비하는 동안 주민들이 준수해야 할 법과 질서를 확립하는 것" 등이 있었다. 한국점령 사령관은 다음의 문제들을 그의 첫 성명에 포함하도록 지시했다.

(1) 사령관(C-in-C)은 한국 내에서 입법·행정·사법권을 책임진다.

15) 이 당시 다양한 무력 평가들이 있었다. 1945년 8월 현재 SWPA의 평가에 따르면 한국에 있는 적 지상군의 수는 36만5천 명이었다. 일본의 평가에 따르면 육군 27만4,200명, 해군 2만9,531명, 민간인 71만2,583명이었다. 일본 육군의 수에는 육군에 부속된 민간인들까지 포함된 것임, *MR*, I. Chart, p. 459. 연합정보위원회(Combined Intelligence Committee)의 보고에 따르면 1945년 여름 지상군은 22만5천 명이었고, 전투기는 550대였다. McGrath Ms, *op. cit.*의 TERMINAL(포츠담회담)에서 인용한 수치임.

(2) 모든 시민과 군인은 지시가 있을 때까지 현재의 직위에 남아 이 기구 아래에서 계속 평상적인 공무와 기능을 수행해야 한다.

(3) 모든 경찰은 정상적인 업무를 수행하고 각자의 힘에 따라 법과 질서의 유지를 개인적으로 책임져야 할 것이다. …… 공공 기관에 근무하는 모든 사람은 직위에 그대로 남아 태평양사령관(C-in-C, Pacific)의 직권에 의한 별도의 지시가 없을, 경우 자신의 임무를 계속 수행해야 한다.[16]

"블랙리스트"는 유일한 기본 개요서이다. 이것은 오키나와에 있는 기획자들이 임무 수행에 필요한 작전 명령(Operations Order)의 작성에 직면했을 때 겪게 되는 많은 중요한 문제들에 관해서는 언급하지 않았다. 그러한 문제들로서는 소련과 어떤 형태의 군사적 상호 협조가 예상되며 그것이 어디에서 일어날 것인가, 연합 점령군의 규모와 성격은 무엇인가, 군정은 어떤 형태를 취하며, 얼마나 오랫동안 지속될 것인가, 끝으로 한국인에 관해서는 어떻게 할 것인가, 그들을 어떻게 처리할 것인가, 최근 여러 달 동안 일본과 한국의 관계와 상황에 관해서는 무엇이 알려졌는가 등이 있었다.

이러한 것들은 미국의 점령을 시작하는 데 대답이 요구되는 시급한 몇몇 문제들에 불과했다. 시간은 모자라고 정보는 부족했다. 다음에 예시되는 연표는 일본의 갑작스러운 항복과 "블랙리스트" 작전을 즉각 수행하는 등의 사건들이 급박하게 전개되었음을 보여준다.

《1945》

7월 27일 : 연합군이 일본군에게 최후 통첩.

8월 6일 : 히로시마(廣島)에 첫 원폭 투하.

---

16) BLACKLIST, *op. cit.*

8월 8일 : 소련의 대일전(對日戰) 선포.
8월 9일 : 소련의 대일전 참전.
나가사키(長岐)에 두 번째 원폭 투하.
8월 10일 : 일본이 조건부 항복 제시.
8월 13일 : 미국은 일본에 최종 공습 감행.
8월 14일 : 일본이 공식적 항복 제의.
8월 15일 : 트루먼 대통령은 태평양전쟁의 종료를 선언.
일본 천황이 항복 조칙(詔勅 : Imperial Surrender Rescript)을 공포, 맥아더 장군이 연합군최고사령관(SCAP)에 임명됨.
8월 16일 : 일본 천황이 전투 중지를 일본군에게 명령했음을 맥아더 장군에게 통고.

3. "블랙리스트" 작전

8월 10일 저녁, 일본이 포츠담선언을 고려하겠다고 제의했다는 소식이 오키나와에 도착했는데, 그때 미군은 일본 본토의 공격을 준비하고 있었다. 한 전사가(戰史家)는 그것을 수신할 당시의 긴장된 분위기를 다음과 같이 전하고 있다.

> 약 21 : 00쯤, 소식이 알려지자 병사들은 흥분에 싸였다. 삽시간에 그 얘기는 오키나와의 모든 막사에 퍼져나갔다. 기지창(service troops) 지역과 해군 지역에서 벌어진 시위는 격렬하고 호화로웠다. 15분 동안 섬 상공은 구경 50mm 예광탄, 로케트, 그리고 조명탄으로 불타올랐다. 적색 경보 상황을 발표하고 나서야 사령관은 겨우 광란을 중지할 수 있었다. 전쟁 종료의 가능성에 관한 축하는 밤늦게 다른 방법으로 계속되었다.[17]

17) *Tenth Army Historian's Journal*, 10-11 Aug 45 : *Hist USAFIK,* I, Ch. 1, p. 1.

다음 날 저녁 제10군은 "블랙리스트"에 따라 한국을 점령하라는 통고를 받았다.[18] 태평양사령부 산하의 제10군은 스틸웰(Joseph H. Stilwell) 장군이 지휘하고 있었다. 여기에 소속된 주요 예하 부대는 24군단 · 제7, 27 보병사단, 그리고 "빙산"(Iceberg)으로 알려진 육군제1기지창(Army Service Command : ASCOM I)이었다. 이 부대는 일본 침공을 위해 재편(再編) 중이었다.

8월 12일과 13일 저녁 오키나와는 두 번의 공습 경보를 겪었고 버크너만(Buckner Bay)에 정박하고 있던 전함 펜실바니아호는 어뢰의 공격을 받았다. 그 보복으로 극동 공군은 일본에 대해 공습을 감행했다.

한편 그때 미국과 영국의 항공모함들이 도쿄 지역의 목표물을 맹렬히 폭격하고 있었다. 비록 항복 선언이 있은 직후일지라도 적대 행위가 있을지 모르므로 태평양함대는 경계심을 늦추지 말라는 경고를 받았다.[19] 8월 14일 맥아더 장군은 "가능한 가장 빠른 시간 안에" 적대 행위의 중지를 위해 준비하라는 지시를 받았다. 모든 연합군 지휘관들과 합참도 같은 통고를 받았다.[20]

트루먼 대통령은 8월 15일, 일본이 항복 조건에 관한 연합군의 반대 제안을 수락했다고 발표했다. 동시에 맥아더 장군은 연합군 총사령관(SCAP)에 임명되어 항복 조건을 이행하라는 지시를 받았다. 그러자 그는 즉시 "올림픽" 작전을 취소하는 지령을 내리고, "블랙리스트" 작전의 첫 단계를 시작했다.

동시에 맥아더는 일본 천황에게 적대 행위의 중지를 위한 조치

---

18) 일본의 조건부 항복 제의에 따라 맥아더 장군은 BLACKLIST 작전 준비를 위해서 제8군, 10군, 24군단의 사령관들을 경질했다. *MR*, I, Supp. p. 12.

19) *MR*, I, p. 442.

20) Rad, 14 Aug 45, CPD to FPAC, POA, CT, USSASTAF, IB, USSR : *OPD 014.1.*

를 하도록 명령했고, 마닐라와 도쿄 사이의 무선 통신망을 개설했으며,[21] 태평양사령부의 모든 병력을 재편했다. 그때 24군단은 미 제10군의 통제하에 있다가 태평양사령부로 소속이 바뀌었는데, 이는 독자적인 한국 점령 작전을 준비하기 위해서였다.

일본과 한국의 점령에 이용될 수 있는 병력은 모두 70만7,104명으로 추산되었다. 이 가운데 24군단에는 9만1,800명의 전투원과 기지창 부대가 있었다.[22] 경계는 여전히 필요했다. 8월 15일 저녁, 적의 비행기가 폭격을 하여 여러 명의 미군에게 부상을 입힌 뒤 이오지마(琉黃島)의 작은 섬에 추락했다.[23]

다른 일본의 가미카제(神風)들이 일본 본토 주위를 순항하는 제3함대의 전함들을 공격했다. 태평양 사령부는 공중 정찰을 계속하고 안전 수단을 강구하라는 지시를 내렸다. 8월 16일이 되어서 태평양사령부는 적대 행위가 중지되었음을 라디오로 방송하였다.[24]

4. 미 제10군의 준비와 24군단의 인계

비록 임시적인 근거에 따라 필요한 것이었지만, 한국의 점령에 관한 조처들을 해야 했다. 스틸웰 장군은 8월 13일, 맥아더 장군과 협의하고자 마닐라로 갔다. 동시에 그는 태평양사령부에서 과거 한국에 대해 경험을 가진 장교들을 찾으려고 노력했다.[25]

---

21) *MR*, I, Supp. p. 12 : Rad WARX-49042, WARCOS to CINCAPAC.

22) *Ibid.*, p. 15~16.

23) "Blacklist Forty" Estimate of the Enemy Situation, p. 1 : *Hist Files*.

24) *Hist USAFIK*, Pt. I, Ch. I, p. 24.

제10군 참모장인 메릴(Frank D. Merrill) 소장은 그의 참모들에게 계획에는 여전히 불확실한 점들이 있다고 말했다. 그는 소련이 한반도로 남하함에 따라, 미군이 점령할 지역이 아마도 없을지도 모른다고 얘기했다. 미국의 고위 정치권이 토의한 점령의 전반적 문제점들에 따르면 미군은 결국 한국에 진주하지 못할지도 모른다는 우려도 있었다.[26)]

최종적으로 계획이 변경되어 한국 점령의 임무가 미 제10군에서 24군단으로 교체되었다.[27)] 8월 15일, 작전 지시 제14호로 특별지시가 24군단에 하달되었다. 이 지시는 처음으로 미국의 점령지가 "북위 38°선 남쪽"이라는 것을 밝혔고, 24군단에게 작전에 필요한 구체적인 조정 계획의 개요를 제출하도록 명령했다.[28)]

24군단은 일본이 지배하고 있는 섬들에 관한 수륙 양용 작전을 수행하고자 1944년 태평양에서 조직되었다. "호전적인"(battlewise) 부대로 알려진 24군단은 팔라우섬(Palau Is.)의 전투에서부터 시작하여 필리핀의 레이테(Leyte) 침공에 이르기까지 일련의 치열한 전투에 참가했다. 1945년 2월, 레이테 전투를 끝낸 뒤 24군단은 오키

25) Historical Record Index Card, No. 5 : AF Records, AFPAC : *Hist Files*. 뒤에 제10군의 24명의 장교들이 24군단에 참여하길 자원했다. Staff Conference, 16 Aug 45 : *I&H Jl*.

26) *I&H Jl*, Staff Mtgs : 12, 14 Aug 45.

27) Rad, CINCAFPAC to CominGenTen, 121327/Z(Copies to 6th and 8th Armies), 1945년 8월 12일 이 변화를 통고했다. 그러나 그것을 8월 13일 오키나와에 도착하도록 했던 전달은 연기되었다. Rad, CM-In-12626, USAFPAC to WARCOS informing them of Change : *Hist Files*에 있는 산만한 메시지. CINCPAC은 8월 12일 제5수륙양용군단이 대련과 서울 점령에 활용되어야 한다고 제안했다. 맥아더 장군은 수륙양용 부대가 일본 점령에 필요하며, 변경을 하게 되면 혼돈을 야기한다는 이유로 반대했다. OPD는 이에 동의했고, 24군단은 한국 점령에 배속되었다. Plans for the Occupation of Japan and Korea, 16 Aug 45 : *OPD 014.1*.

28) Operations Instruction #14, rev, 15 Aug 45 : GHQ, AFPAC : *Hist Files*.

나와의 침공을 위해 재편되었다. 1945년 4월 1일, 이 섬에 상륙하여 6월 말에 섬을 장악할 때까지 그들은 격렬한 전투를 벌였다.

24군단은 하지(John R. Hodge) 중장이 지휘하였다. 하지 중장은 "군인 가운데 군인"(soldier's soldier)이라는 명성을 가지고 있었다. 그는 육군사관학교(West Point) 출신이 아니다. 1917년 일리노이대학 재학 중에 보병예비대(Infantry Reserve)의 소위로 임관되었다. 그는 1917년 10월 26일 같은 계급으로 정식 육군에 편입되었다. 제1차 세계 대전 때에는 세인트 미히드(St. Mihid)와 뮤즈 아르곤(Meuse-Argonne) 공격에 보병 장교로 참전하였다. 제1차 세계 대전과 제2차 세계 대전 사이에 그는 4년 동안 전쟁성의 일반 참모로 근무했다.

하지는 육군대학(Army War College), 지휘 및 일반 참모학교(Command and General Staff School), 보병학교, 화학전학교(Chemical Warfare School) 등을 졸업했다. 그는 항공 참관인의 자격으로 항공전술학교(Air Corps Tactical School)를 졸업한 몇 안 되는 지상군 장교 가운데 하나이다.

제2차 세계 대전 중인 1942년 11월과 12월, 과달카날(Guadalcanal)에서 일본군을 물리칠 때 하지 장군은 25사단의 부사단장으로 복무했다. 그는 솔로몬군도(Solomon Is.)의 보겐빌(Bougainville) 작전에서 아메리컬사단(Americal Dv.)*을 지휘했다. 그리고 솔로몬군도의 뉴 조지아(New Georgia) 전투에 참가할 때는 43사단의 임시 사

* 아메리칸사단(*American* Division)으로 흔히 오용되고 있는 아메리컬사단(Americal Division)의 명칭은 이 미국 사단이 제2차 세계 대전 중에 뉴 칼레도니아(New *Cal*edonia)에서 창설된 데에서 유래한 것이다. 태평양전쟁의 밀림 전투에서 용맹을 떨친 이 사단은 종전과 더불어 해체되었다가 월남전쟁 때 부활하여 보병23사단으로 불렸다. 이들이 미라이 학살(My Lai Massacre)의 주역이다.(옮긴이 주)

단장을 지냈다. 그는 이 부대를 전투 단위로 조직하여 자신의 개인적인 모범과 영감에 대한 칭찬을 받음으로써 군인으로서의 모범적인 기록을 수립했다.

솔로몬군도에서의 공격적인 지도력으로 하지는 훈공장(勳功章 : Legion of Merit)과 전시공로훈장(Distinguised Service Medal)을 받았다. 그는 1944년 4월 1일에 24군단으로 발령받았다. 전쟁성의 기록에 따르면 그는 "자신의 부대에 관한 직접적인 접근 방법과 간결한 비망록"으로 유명하며, 정글전의 권위자로 인정받았다.[29)]

하지 장군은 맥아더 장군과 협의하고자 마닐라로 갔다가 돌아올 때 그의 새로운 본부를 설치하기 시작했고, 8월 27일 지휘를 맡았다. 하지 장군에게 새로운 지휘권을 통지한 연합군 최고사령부의 전문(電文)은 8월 19일에 발송되었다. 그 전문은 하지가 주한미군(USAFIK)의 사령관으로 임명되었으며, 한국의 북위 38°선 남쪽의 고위 일본 지휘관들과 일본의 모든 육 · 해 · 공군, 그리고 예비군의 항복을 접수할 때 태평양사령부를 대신할 것이라고 규정하였다.[30)]

5. 정보의 문제 : 한국

미군이 첫 번째 해야 할 일은 한국의 국토와 국민에 관한 기존

---

29) 육군성의 전사실(戰史室)에 있는 하지 기록철의 등사판 기록물.

30) Msg 00076A 19 Aug 45 : Loose Messages, *Hist Files*. 많은 사람이 하지가 아시아 문제에 경험이나 지식이 없다는 이유로 그의 선발을 비판했다. cf. Oliver, *Syngman Rhee*, p. 202 ; Gregory Henderson, *Korea : The Politics of the Vortex*(Cambridge : Harvard University Press, 1968), p. 123.

의 자료를 수집하는 것이었다. 자신들이 점령해야 할 국가에 관해서 군단 참모들이 알고 있는 것은 거의 없었다. 이용할 수 있는 자료도 부족했다.

주된 근거 자료는 1945년 4월 간행된 "재니스 75"(Janis 75)라고 부르는 한국에 관한 육·해군 합동정보처(Joint Army-Navy Intelligence)의 보고서였다. 그러나 이것은 점령 작전을 위해서라기보다는 전술적 공격을 위해 만들어진 것이어서 정치·경제·사회에 관한 자료는 별로 없었다. 더욱이 그 전문적인 자료들과 지도들은 당시에 계획된 목적에 부합할 만큼 충분히 최신의 것이 아니었다.[31)]

공중 촬영 지도와 포로들의 정보에 관한 조사가 이루어졌다. 군사령부는 그 앞 달에 만들어졌던 한국 영토에 관한 몇 장의 사진을 발견하여, 28정찰대의 도움을 통해 얻은 다른 자료들을 보충했다. 오키나와 전투에서 붙잡힌 한국인 포로들은 별로 도움이 되지 않았다. 그들의 대부분은 교육 수준이 낮았고 모두가 여러 해 동안 한국을 떠나 있는 상태인 데다가 상륙 지점에 대해 거의 알지도 못한다는 것이 밝혀졌다. 한국에 있는 일본군의 전력에 관한 정확한 수치의 파악도 부족했다.

더구나 한국은 위험한 특공대(Special Attack Corps)의 훈련장이 되었다고 그들은 생각했다. 적이 저항할 수 있는 여러 가지의 가능성을 검토한 결과 제국 대본영의 명령에 복종하여 일본의 야전사령관들이 항복을 할 것이라는 가능성을 고려할 때 "저항은 아주 없거나 있어도 거의 없을 것"이라고 예상하였다. 그럼에도 불구하

31) *Hist USAFIK*, Pt. I, Ch. 1, p. 21, JANIS 75, Copy 269. Joint Army-Navy Intelligence Study(including Tshushima and Quelpart), Joint Intelligence Publishing Board, Apr 1945, 1945년 3월 발간된 USAMGIK의 역사 기록철에 보관되어 있는 한국에 관한 5개의 육군전략공작보고서 역시 이용할 수 있다.

고 한 전사가(戰史家)는 “한국에 있는 적군의 전투력은 결코 가볍게 볼 대상이 아니다”라고 기록하고 있다.[32]

단편적인 정치 정보들을 담고 있는 두 개의 자료를 보면, 한국인들의 즉각적이고 완전한 독립에 관한 열망과, 일본의 계승자들에 의한 영구적 통제의 위험보다는 독립된 정부의 있을 법한 비능률을 오히려 선호할 것이라는 점을 강조하고 있다. 외국의 지배를 받게 될 경우에 그들은 차라리 국제기구에 의한 지배를 선호할 것이다. 그리고 한국은 그들의 “준우호국”(semi-friendly)으로 분류될 수 있을 것으로 예상되었다.

마침내 중국 · 미국 · 소련에 있는 “망명” 집단의 존재에 관심이 쏠렸다. 이 가운데에서도 소련은 한국의 토착적인 지하 저항 집단과 약간의 연계가 있는 것으로 드러났다.[33] 그러나 이것이 주의를 필요로 하는 유일한 정보 상황은 아니었으며, 오히려 즉각적으로 필요한 또 다른 문제는 소련인들은 어디에 있으며, 만일 그들과 접촉이 이루어질 경우에 미군은 무엇을 할 것인가? 하는 점이었다.

6. 정보의 문제 : 소련

소련의 남진 소식과 풍문은 오키나와 · 마닐라 · 도쿄 · 서울, 그리고 워싱턴 등지에서 관심을 불러일으켰다. 소련이 인천을 점령

32) *Hist USAFIK,* Pt. I, Ch. 1, pp. 21~24.

33) (1) CIC Area Study-Korea, Aug 45, Compiled by 310th, 224th, 7th, 497th, 964th, Counter Intelligence Corps Detachments, Mimeograph, 42 pages : Box 20, Hist Files ; (2) Annex “F” to “Estimate of the Enemy Situation,” Tenth Army, Office of the A/C/S, G-2, 15 Aug 45, in “Baker Forty” of BLACKLIST.

했고, 이미 해군을 서울로 보냈으며, 8월 16일에 서울 정부를 세울 계획이라는 등의 보고가 들려왔다. 소련의 진공은 과장된 것이었다. 그들은 8월 25일이 지나서야 38°선보다 조금 남쪽이며 서울 북쪽 40마일 떨어진 송도(松都)에 도착했다. 어떠한 소련군 부대도 서울에 들어온 적이 없었다.[34]

한국인들은 반관(半官) 신문인 『경성일보』(京城日報) 8월 25일자를 통해서 한국에 대해 미·소가 공동 점령할 것이라는 첫 번째 소식을 들었다.[35] 그 하루 앞서 합참(合參)은 맥아더 장군에게 소련군이 미군을 만날 때까지 한반도에서 남진을 계속하지 않으리라고 확신할 수 없다고 보고했다. 그리고 그 보고서에는 소련이 38°선 남쪽으로 진주할 계획을 세우고 있다는 미확인 정보도 담고 있었다.[36]

한국에서의 소련의 남진에 관한 관심이 높아지자 대통령은 24군단이 오키나와를 최초로 출발하기로 예정된 날짜인 9월 7일을 9월 3일로 서둘러 앞당기도록 명령하였다.[37] 출발 시간이 되어서야 하지 장군은 소련군이 한반도의 남쪽에 공식적으로 진주하지 않았다는 것을 알게 되었다.

그러는 동안 소련군과의 접촉이 이루어졌을 때 무엇을 해야 하는지를 분류할 필요가 생겼다. 프레스코트(Brainerd E. Prescott) 대령이 마닐라에서 한국의 군정 문제에 관한 지침을 찾고 있을 때,

---

34) Cho, *Korea in World Politics*, p. 63에 따르면 약 12만5천 명의 소련군이 일본이 항복하기에 앞서 북한으로 진주해 들어왔다고 한다.

35) 일반적인 토의에 관해서는 *Hist USAFIK*, Pt. I, Ch. 1, p. 8. Ch. 3, pp. 1~10, 36, 34 참조. 『경성일보』, 45년 8월 10~14일자까지의 번역은 *Hist Files*, 참조.

36) Msg, JCS to CINCAPAC, 24 Aug 45 : loose messages, *Hist Files*.

37) Rad, CINCFPAC to COMGEN XXIV Corps, 30 Aug, for Hodge from Chamberlin : Hist. Rec. Index Card, No.11, GHQ, SWPA : *Hist Files*.

그는 소련에 대해 알고자 했고, 그 과정에서 소련군 극동사령관인 바실레프스키(A. M. Vasilevsky) 원수에게 군사 사절을 파견하는 문제를 고려하는 정도까지 연락 업무가 논의되었다는 것을 발견했다.

그러나 그 문제는 더 진전을 보지 못한 채 중지되었다. 하지 장군이 소련과의 연락 체계 문제에 관해서 맥아더 장군에게 보낸 "정보"와 "지시"를 요구하는 질의서는 그에 관한 대답을 얻고자 다시 워싱턴으로 보내졌다. 점령은 "4국"을 기초로 하여 이루어져야 한다고 가상한 맥아더 장군은 연합국, 특히 소련과 접하거나 중복되는 지역에서 점령군 사령관들 사이의 직접적인 접촉에 따라 맺어진 협정에 관한 정보를 워싱턴에 요청하는 한편, 아울러 한국에 관한 관련 지시들도 요청했다.[38]

이 요청은 즉시 3성조정위원회와 합참을 통해 처리되었다. 국무성은 "3강대국"의 얄타협정이 "한국에 관한 잠정적인 국제적 신탁통치"가 수립되어야 한다는 "구두 이해"였음을 하지 장군도 들어서 알고 있었을 것이라고 언급하는 것으로써 응답했다. 또한 그 협정은 한국에 관계된 유일한 국제적인 협정이며, "한국 점령 기간 뒤의 상황과 기간"에 관계가 있다고 언급했다. 다만 합참의 정보에 관하여 국무성은 다음과 같이 그 입장을 명확히 밝혔다.

> (한국의 민정 업무에 대해 합의된 미국의 견해는 없지만, 다음과 같이 생각된다.) …… 일본의 항복이 완료된 직후부터 한국의 민정 업무는 두

38) Rad, CG XXIV Corps to CINCAFPAC, 20 Aug ; Memo for SWNCC from Secy JCS, 22 Aug 45. 맥아더 장군으로부터 "급박한 문제에" 대답을 하기 위한 기초로서 SWNCC가 JCS에게 필요한 정보를 제공해 줄 것을 요청한 내용이 담긴 통신문 사본이 이 메모에 동봉되었다. *ABC 014 Japan*, Sec 18-A.

지역의 각 사령관이 책임을 맡게 될 때까지 잘 조화를 이루어 전체 한국이 중앙집권화된 행정권을 구성하는 것이 정치적으로 바람직하다. 민정은 한국의 점령에 참가한 미국 · 소련, 그리고 다른 국가들의 사령관들로 구성되는 협의회의 통제를 받게 될 것이다.

이어서 국무성은 "현재의 잠정적 계획들"이 "가능한 한 빨리 발효되려면" 잠정적인 국제적 신탁통치의 수립이 필요하다고 언급했다.[39] 전쟁성은 이 대답이 점령의 작전 측면에 필요한 지침을 요구하는 것이라고 믿기에는 적절치 않다고 생각했다.

전쟁성은 영국군이 얄타협정에 관하여 전혀 아는 바가 없었고, 당시 한국의 군사 점령에 참가할 의도도 없다는 것을 이미 알고 있었다.[40] 3성조정위원회는 특별 문서를 작성하여 합참을 거쳐 8월 24일 맥아더 장군에게 보냈다. 이 문서에는 여러 국가에 의한 신탁통치에 관해 얄타에서 구두로 합의가 있었지만, 이것이 반드시 여러 국가의 점령을 의미하는 것은 아니라고 언급되어 있다.

국무성은 국제적 조정의 문제를 "중요하게 고려"하고 있었다. 그러는 동안에 영국 · 중국, 혹은 다른 국제연합 국가들이 자신의 의지를 천명하지 않았기 때문에, 초기 점령은 (점령 당시 미국과 소

39) Draft Memorandum to the JCS(176 SWNCC Series), undated : *FR, 1945*, VI, pp. 1037~1038. 이것은 국무성 차관보인 던(James C. Dunn)이 준비하여 8월 22일 SWNCC가 배포했다.

40) *FR, 1945*, VI, p. 1038, Footnote 49, 전쟁성 차관보(맥클로이)의 날짜 미상의 메모에서 발췌. 영국과의 의사 소통을 위한 정보 교환은 WARX 50692, 17 Aug 45, Gen Marshall to Gen MacArthur와 CCS 901/11, 39 Aug 45 참조. *Hist Files.* Tel, Actg Sec State(Acheson) to Ambassador in United Kingdom(Winant), 13 Sep 45, 참조. 이 문서는 "영국 정부가 한국에서의 신탁통치 계획을 통고받지 못한 것은 명백해졌으며, 우리는 영국이 들은 것으로 추정했었다"고 언급했다. *FR, 1945*, VI, pp. 1046~1047. 1945년 10월 20일 승인된 SWNCC 79/1의 진술, 곧 "1945년 9월에 국무성의 관리들은 영국 대사관에 우리의 4개국 신탁통치 계획을 구두로 통고했다" 참조, App. "A", par. 4, *FR, 1945*, VI, p. 1095.

련의 구역을 설정한) "일반명령 제1호"에 따라 미국과 소련이 따라 수행했다.[41)]

따라서 맥아더 장군은 하지 장군에게 소련군이 이미 서울에 진주해 있다 하더라도 그곳에 진주해서 일본군의 항복을 접수할 권한이 있다고 지시했다. 소련군이 이미 진주해 있을 경우, 하지 장군은 "상륙하기에 앞서" 소련군과 이 문제를 조정하려고 했다.

그러나 만약 국제적인 어려움을 야기하지 않고서는 문제의 해결이 불가능하다고 여겨질 경우에 하지는 맥아더 장군에게 또 다른 지시를 요청할 작정이었다. 하지 장군은 또한 포츠담협정에 따라 "4대 강국 점령"이 있을 것이지만, "점령할 지역의 정확한 경계선이 맥아더 장군에게 전달되지 않았다"는 통고를 받았다.[42)]

전쟁성은 맥아더 장군이 그 순간에 그러한 제한된 지침만을 받을 수 있다는 사실이 염려되어 "한국에 들어갔을 때 정치적 · 경제적으로 그가 무엇을 해야 하며 한국 문제에 관해 소련과 어떤 관계를 유지해야 하는가에 관한 지시를 연합군사령부에 통고하는 것이 최우선의 문제"라고 3성조정위원회에 촉구했다. 그리고 38° 선을 통한 분단은 "자연스러운 지리적 · 경제적 · 정치적 분할이 아니라"고 그 보고서는 결론지었다.[43)]

---

41) JCS 1483, 24 Aug 45, Sec 17(a), 여기에 첫 문구인 "선언된 의지가 없기 때문에 …"를 JCS가 추가했다. *ABC 014 Japan*(13 Apr 44), SWNCC Memo of 24 Aug 45는 이 메시지를 축어적으로 요약했다. 이것에 관해서는 *FR, 1945,* VI, p. 1040 참조.

42) Ltr, CINCAFPAC to CG XXIV Corps, 29 Aug 45, Sub : Occupation of Korea : *Hist USAFIK*, Pt. I, Ch. I, pp. 60~61.

43) Memo for Record, Sub : International Agreements as to Occupation of Korea(SWNCC 176 Series), T.N.D., 24 Aug 45. 1945년 8월 24일의 SWNCC Memo는 SWNCC의 극동분과위원회가 그러한 지령을 준비하라는 요청을 받았다고 언급하고 있다. *FR, 1945,* VI, p. 1040. 이 연구는 한국에 관한 민정을 집행하기 위한 지령으로 발전하였다. 한편 마닐라 총영사인 슈타인토프(Steintoff)는 8월 26일 한국에 관한 JCS나 다른 지령들을 받지 못했다고 국무성에 통고했다. *FR, 1945,* VI, p. 1041.

7. 군정을 위한 계획

"블랙리스트"는 미군에게 한국의 군정을 수립하는 임무를 부여하였다. 그러나 이 목적에 필요한 부속 서류가 만들어지지 않았고, 지침에 필요한 어떤 특별한 지시도 없었기 때문에 군정 계획을 수립할 필요가 있었다.

군정 조직을 구성하는 첫 번째 일은 킬릴래(Walter Killilae) 중령이 이끄는 미 제10군의 군정계(軍政係 : Small Military Government Section)가 맡았다. 비록 이들은 자신의 임무에 관한 배경이나 경험이 없었고, 한국에 관해서도 아는 것이 별로 없었지만, 즉시 그 일에 착수했다.[44)]

8월 13일, 군정계장(Section Executive)인 에스테즈(Wayne Estes) 소령은 장문의 질의서를 제출했는데, 그 가운데에는 다음과 같은 기본적인 것들이 있다. 곧 :

(1) 어떤 형태의 군정 조직이 가장 바람직한가?
(2) 그 구조는 중앙과 지방의 행정에 모두 적합하도록 설치되어야 하는가?
(3) 일본 주민과 한국 주민과의 관계는 어떠해야 하는가?
(4) 군정 요원과 장비를 어떻게 확보할 수 있는가?
(5) 국무성과의 접촉은 어떤 형태가 되어야 하는가?

동시에 에스테즈 소령은 자신이 가능한 모든 문헌들을 볼 수 있도록 해달라고 요청했다.

육군과 해군이 작성한 『군정과 민정에 관한 소책자』(*Military*

44) 다른 곳에 언급되지 않았다면, 이 배경은 *Hist USAFIK*, Pt. I, Ch. 1.에서 발췌한 것이다.

Government and Civil Affairs)를 이용하여 기획자들은 한국의 상황에 적용될 수 있는 4가지 형태의 정부를 상정했다.[45)]

(1) 오키나와를 모델로 한 것으로서, 엄격한 조직이거나 전투 형태의 조직이다.

(2) 요원 통합 계획인데, 이에 따르면 민정 전문가들이 육군 요원들과 통합하고, 전투 부대들이 현장에서 군정 활동을 수행하는 기관이 된다.

(3) 최근 전쟁성이 설치한 군정 중대들을 활용하는 것으로서, 군정 업무를 위해 육군 참모에 배속된 특별 참모반을 예하에 둔 단일한 군정 책임자가 자신의 지휘 아래 군정을 실시하는 것이다.

(4) 전문화된 군정 단체들을 활용하면서도 군사적 구조와는 독립된 채 한국의 기존 관료 통치의 하부 조직을 이용하는, 이를테면 완전히 미국의 영토에 준하는 준주(準州)의 제도이다.

문제는 위의 네 가지 계획 가운데 어느 것이 한국에 가장 적합한 것이냐? 하는 것이다. 기획자들이 보기에는 전투 형태의 조직이란 점령 초기에 필요한 것임이 명백했다. 군사적 상황으로 볼 때 전문 요원들이 도착할 때까지는 전투 병력이 군사 정부의 임무를 수행하면서 일본인들에 대한 완전한 전투 경계 태세를 갖춰야만 했다. 그러므로 상황이 변함에 따라 점차 준주(準州)의 형식으로 변해 가는 계획이 채택되었다.

행정 문제는 육군의 다른 부문도 지배했다. 한국과 같은 넓이의 지역은 많은 군정 참모들을 두어야 하기 때문에 실질적으로 독립된 지휘가 요구되는 곳으로 인식했다. 이것은 인원과 군수품을 관

45) 이것은 FM 27-5, rev. ed. 1943이다. 이 출판물은 1940년 7월 30일 처음으로 간행되었고, 아프리카와 시실리, 그리고 남이탈리아에서 미군의 경험을 반영하고자 개정되었다. 이것은 2차 대전 중에 간행된 군정에 관한 첫 공식 언급이다.

리할 자체의 관리군을 필요로 했다. 조직이 몇 주 안에 완성되어야 했기 때문에 미 제10군은 이미 존재하고 있는 사령부를 활용하기로 결정했다.

사령부는 경험도 있고 완전한 조직을 갖추고 있었다. 이 부대는 사령부와 본부 포대, 그리고 미 제10군 대공포대로 구성되어 있다. 이 부대는 1945년 2월에 조직되어 오키나와 전투에 참가하였던 해리스(Charles S. Harris) 준장이 지휘하였다.

24군단이 점령 책임을 맡게 되었을 때, 제10군 대공 포대는 8월 15일, 효과적인 작전 통제를 위해 24군단에 배속되었다. 행정의 핵심으로서는 완전한 군정 조직인 주한미군사령부(US Armed Forces in Korea : USAFIK)가 그 주변에 구성되었다.[46]

점령 책임이 24군단으로 옮겨갔을 때 이러한 모든 계획은 이미 형성 단계에 있었다. 하지 장군은 미 제10군 인사참모(G-1)에서 프레스코트 대령과 에스테즈 소령을 차출하여 이들에게 군정 조직을 완성하는 임무를 주었다. 프레스코트 대령은 뒤에 미군정청(USAFIK, MG)의 민정장관(Civil Administrator)이 되었다. 그 뒤 프레스코트 대령은 마닐라의 태평양사령부에 있는 크리스트(William E. Crist) 준장에게 지체 없이 보고서를 제출하라는 지시를 상부로부터 받았다.

크리스트 장군은 태평양총사령부(AFPAC, GHQ)에 새로 조직된 군정반을 이끌고 일본과 한국에 관한 계획을 세우는 책임을 부여받았다. 그가 임명되었을 때 그는 그 계획을 위해 6개월의 시간 여

46) 이것은 USAFIK의 일부 비판자들이 완전히 오해한 것이었다. 그린(A. Wigfall Green)은 *Epic of Korea*(Washington : Public Affairs Press, 1950), p. 55에서 "군정의 장교 훈련이 상대적으로 부족했기 때문에" 이 부대에서의 군정 요원의 실질적 행정 배치는 기이한 상황이었다고 언급했다.

유가 있을 것으로 예상했으나 결과적으로는 한국에 관해서 별로 한 것이 없었다.

프레스코트 대령은 마닐라에 도착했을 때 한국에 관하여 이용할 만한 구체적인 계획이 없다는 것을 알고서 그는 한국 문제에 관한 배려가 부족하다는 결론을 내렸다. 지침을 찾고자 노력함에 따라 그는 자신의 현명한 지휘에 의존할 수밖에 없다는 것이 점차 명확해졌다. 다음의 질문과 대답은 하지 장군이 그에게 요청해서 받은 것들이다.

(1) 우리는 일본의 최고 인물을 체포할 것인가?
대답은 "예"이다.
(2) 우리와 소련과의 관계는 어떠한가?
이것은 전혀 만족스런 대답이 없었다.
(3) 한국인들은 "해방된 국민"으로 취급되어야 하는가?
대답은 "예"이다. 그러나 자신의 정부를 운영할 능력이 없으므로 변화는 점진적이어야 한다.
(4) 24군단에 필요한 국무성 고문을 확보할 수 있는가?
한 사람을 찾고 있다.
(5) 일본 경찰의 책임자는 어떻게 처리해야 하는가?
이것은 군단의 판단에 맡겨야 한다.
(6) 일본과 한국인들의 무장 해제는 어떻게 해야 하는가?
이것 역시 군단의 판단에 맡겨야 한다. 일반적으로 상황과 상식에 따라 군대와 경찰 문제는 지도 · 관리되어야 한다.[47]

하지 장군은 8월 18일 블랙리스트 작전의 국제적인 복잡성을 고려하여 연락 업무의 지원을 태평양사령관에게 요청했다. 프레스코

47) *I&H Jl* : Interview with Col Prescott, 10 Dec 45.

트 대령이 강력하게 요청한 결과 국무성 해외협력국(Foreign Service Office)의 베닝호프(H. Merrill Benninghoff)가 8월 31일 오키나와에 도착하기로 했다. 그는 일본 쪽으로 "제쳐 놓은 인물"(shunted off)이라는 언론의 오보(誤報)와는 달리, 9월 3일에야 한국에 도착했다. 따라서 하지 장군은 점령 개시일의 며칠 동안에는 어떤 자문도 받지 못했다.[48)]

한국의 군정 문제에 관한 특별 지침도 또한 필요했다.[49)] 이때까지 태평양사령부는 자기 나름으로의 군정에 관한 부속 서류들을 개발했다. 프레스코트 대령은 이 서류들을 오키나와로 가져갔다. 이것은 순전히 일본에 관해서만 기록된 것이고, 당시 그 서류에 담겨 있는 정책들이 어떻게 한국에 적용될 수 있는지에 관한 지시는 없었다.

태평양사령부는 일본에서 군정을 실시하지 않고, 기존의 일본 정부 기구를 통해 활동해 나가기로 결정했다. 그리고 8월 29일의 지령에서는 항복 조건의 실행을 위해서라면 일본 정부와 모든 이용 가능한 공공 기관을 최대한 활용하도록 하지 장군에게 통지했다. 군단 전사가(戰史家)에 따르면 이 지령 때문에 군단이 일본 관리들을 많이 보유하여 활용할 수 있는 근거가 강화되었다고 한다.

---

48) 베닝호프는 3급 외무관리(Class Ⅲ Foreign Service Officer)였다. 그의 아버지가 30년을 살았던 일본에서 살았기 때문에 그는 극동에 관해서 잘 알았다. 더욱이 그는 1934년과 1940년 사이, 만주와 중국에서 근무했으며, 그 이후로 그는 국무성의 극동국에서 근무했다.
(1) 하지 장군의 초기 요청에 관해서는 CG XXIV Corps to CINCAFPAC, TFXAG 344, 18 Aug 45 : *Hist Files* 참조.
(2) CINCAFPAC 메시지에 관해서는 *ABC Japan 014*(13 Apr 44), Sec 18-A, Box 787 참조. 나머지에 관해서는 *Hist USAFIK*, Pt. I, Ch. I 와 *I&H Jl* 참조.

49) 마닐라 총영사 슈타인토프는 8월 26일 보고에서, "한국에 관하여 합참이나 다른 부서의 지령들이 아직 없고, 초기에는 한국에 일본 지령을 준용해서 적용할 계획이었음이 분명하다. 곧, 미국 군정장관의 지령하에 총독부와 그의 참모들을 활용할 계획이었다……"고 언급했다. FR, 1945, Ⅵ, p. 1041.

24군단의 몇몇 참모들은 한국의 점령도 일본 점령과 같은 범주에서 수행해야 하는 것으로 생각했다. 8월 24일 참모회의는 "우리가 점령지로 들어가면 가능한 한 일본의 기구와 관리들을 활용하게 될 것"이라고 강조한 최근의 태평양사령부의 지시를 주목했다. 한 참모는 "인간성을 향상시키는 것은 그 뒤의 일"이라고 말한 것으로 알려졌다. 그러나 처음부터 현지에 내려진 명령에는 한국인들이 "해방" 될 것이라는 점을 분명히 하였다.[50] 프레스코트 대령이 오키나와로 돌아감에 따라, 그와 그의 참모는 군사적 부속 서류를 "군단 야전명령 제55호"(Corps Field Order No. 55)에 첨가하여 9월 1일 발표하였다.[51]

이 부속 서류는 연합군 최고사령부의 부속 서류에서 많은 것을 채택했다. 이것은 초기 한국 정책에 주된 지침이 되는 것으로서, 다음과 같은 중요 규정들이 관심을 끈다.

1. 한국의 군사 점령 : 개략

(1) 관리와 주둔군들은 한국인들이 연합국과 그 대표들을 신뢰할 수 있고 군사 점령에 협동심을 북돋울 수 있도록 주민들을 상대해야 한다. 그러한 통제는 마찰과 오해와 불미스러운 사건들을 방지하는 데 필요한 것으로서 주민들과 협조하는 과정에서 행사될 것이다.

2. 목적

(1) 군사 점령의 목적은 항복을 접수할 수 있는 기구를 설치하고 연합국의 전후(戰後) 목적을 진척시키는 것이다. 카이로선언과 포츠담선언의 원칙이 준수될 것이다.

---

50) *I&H Jl*, Staff Mtg, 24 Aug 45. 하지 장군의 태도에 관해서는 Tentative FO(subsequently FO 55), XXIV Corps, Sec 3 : Mission to all Troops, Aug 45 : *Hist Files*.

51) Field Order No. 55, Annex 7(처음에는 8), Military Government, 29 Aug 45 : XXIV Corps, Field Orders, 224-3. 9, 1945 : 49289 Master, *Hist Files*.

3. 목표

(1) 직접적인 목적은 …… 군국주의를 폐지하고, 전쟁 범죄자를 즉시 체포해서 처벌하고, 인종 · 국적 · 종족 혹은 정치적 신념으로 말미암은 차별을 철폐하고, 정치 · 경제 · 사회적으로 자유주의를 고양하고, 국내 문제를 관리할 수 있고, 다른 국가들이나 연합국과의 평화적 관계를 유지할 수 있는, 책임 있는 한국 정부를 수립하는 것이다.

4. 정부 행정

(1) 군사 정부의 점령군은 한국의 행정에서 기능이 계속 수행될 수 없는 정부 기구들을 제외하고는 공인된 요원들이나 조직 재편 등을 통해 기존의 정부 기구를 활용할 것이다. 후속적인 지시들이 하달될 것이다.

(2) 필수적인 행정 기능의 수행과 군사 정부의 지령과 정책 이행을 위한 최대의 책임은 각급의 정부 관리들과 행정 기관에 부과될 것이다.

(3) 일본의 군국주의적 민족주의와 침략에 열성적으로 호응했던 사람들이나(유명 단체의) 활동에 영향을 끼친 사람들은 누구든 공직이나 여타 책임 있는 지위에 임명되지 못할 것이며, 공 · 사기업에 영향력을 행사하지 못한다. …… 해고를 해도 현 정부의 통제와 조직의 효율성을 떨어뜨리지 않는 곳에서는 현직의 정책 결정권이 있는 관리들을 해고한다.

(4) 종교의 자유는 보장된다. 언론 · 표현 · 집회의 자유, 그리고 대의 정부는 군사 점령의 안전과 그 목적의 달성을 저해하지 않는 정도에서 장려할 것이다. 일본의 군국주의적 · 신도주의적(神道主義的) · 극단민족주의적 이데올로기는 어떤 형태든 금지한다.

(5) 정당 · 조직 · 사회 단체는 통제를 받는다. 그 행위가 군정의 필요와 목적에 부합하는 것은 장려할 것이며, 그 행위가 군정의 목적과 필요에 부합하지 않는 것들은 폐지될 것이다.

(6) 법과 질서의 유지에 필요한 현재의 경찰 조직과 요원들을 유지한다. 그리고 일본인을 한국인으로 대체하는 데에 후속 명령을 기다려야 할 경우를 제외하고서는 일본 경찰 요원들은 가능한 한 빨리 한국인들로 대체할 조처를 강구한다.[52)]

군정청은 8월 28일 주한 미군의 핵심 부분으로 설치되었다. 해리스(Charles Harris) 장군은 군정의 대표로 임명되어 군대가 상륙할 때까지 고위 민정관(民政官)으로 남아 있었다. 이 자격으로 그는 모든 민간 활동의 작전을 책임지고 모든 군정 부대를 지휘했다. 사령부와 본부 중대, 제10군 대공포대(AAA)는 군정의 임무를 부여받았고, 24군단은 주한미군의 참모로서 기능하게 되었다.[53)]

8. 인사 문제

기획자들이 직면한 급박한 문제 가운데 하나는 점령을 수행하도록 훈련된 민정 요원들을 확보하는 것이었다. 마닐라에 있는 동안 프레스코트 대령은 그 이전에 크리스트 장군의 추천을 받아, 1945년 7월 22일, 전쟁성이 수립한 새로운 군정팀의 편제 · 장비표(T/O&E)를 맡았다.[54)]

이 조직에는 군정 본부와 본부 지대(Headquarters Detachment Group), 그리고 중대가 있다. 지대는 고급 군정 장교인 대령이 지휘하는데, 13명의 장교와 26명의 사병으로 구성되어 도(道)와 같은 주요 정치 구역을 운영한다. 육군 중령의 지휘 아래 12명의 장교

52) 이 규정들은 야전명령 제55호에서 축어적으로 인용된 것이다. 원저자가 이 순서대로 배열하였다. FO No. 55의 모든 규정은 8월 29일에 계획된 목적을 위해 채택되었다. 일본 경찰을 한국인과 대체하는 데 관한 예외인 (f)항은 9월 1일 실행되었다가 9월 16일 철회되었다. *WDSCA CAD 014 Korea*, Sec 1.

53) USAFIK GO No.2, 28 Aug 45 ; GO No. 3, 29 Aug 45 ; MG, GO No.1, 29 Aug 45 ; *History of the U.S. Military Government in Korea : Sep 1945 to 30 Jun 1946*, Pt. Ⅲ, Ch. 1, pp. 16~17, 이후 *Hist USAMGK*로 표기.

54) *Hist USAMGIK*, Pt. Ⅲ, Ch. 1, p. 2 : T/O&E, 20-52-T, and 20-56-T.

와 60명의 병사로 구성되어 있는 중대는 군(郡) · 구(區)와 같은 정부의 하부 조직을 운영한다.

그러한 많은 중대는 과거 필리핀 민정부대(Philippine Civil Administration Units : PCAU)의 요원들로 필리핀에서 구성되었다. 첫 번째 조(組)는 군정 훈련을 전혀 받지 않았거나 거의 받지 않았었다. 다른 조들은 민정훈련학교를 졸업한 장교들을 보유했었다. 그리고 캘리포니아의 몬테레이(Monterey)에 있는 민정요원보충대(Civil Affairs Staging Area : CASA)를 통해 배치되었다.

단지 30개의 필리핀 민정 부대만이 필리핀에서 종군한 바 있었기 때문에 그들은 어디든지 이동이 가능했다. 태평양사령부는 24군단에게 당시 루존도(Luzon)에 있던 3개의 중대를 보내도록 허락했다. 그리고 며칠 뒤 한국에 빠른 해상 수송으로 2개의 지대와 8개의 중대를 추가로 보낼 것을 민정 요원 보충대에 요청했다.

조직표나 계획을 가지고 있다는 것과 "사람"과 "조직"을 바로 가까이에 가지고 있다는 것은 별개의 문제이다. 이러한 전문가들이 도착하는 사이에 장교들이 가능한 한 도처에서 소집되었다.

그때 연합군최고사령부가 인정한 요원들이 도착하기까지는 약간의 시간이 걸린다는 것을 발견한 24군단은 약 10명의 장교와 30명의 병사로 각각 구성되어 있는 3개의 임시적인 조를 구성했다. 첫 번째 조는 7사단에 배속되었고, 두 번째 조는 24 기지창(基地廠 : Army Service Command 24 : ASCOM 24)과 함께 인천에 있게 되었고, 세 번째 조는 서울에서 시정(市政)을 운영하였다. 장교들은 주로 오키나와와 군정청에서 차출되어 왔고 병력은 해안 포대에서 차출되었다.[55)]

---

55) *Hist USAMGIK*, Pt. Ⅲ, Ch. 1, pp. 13~15.

훈련된 요원은 터무니없이 부족했다. 적합한 참모를 확보하는 어려움은 한국 군정의 전 기간에 걸쳐 겪어야 했던 문제였다. 초창기부터 그러한 요원이 부족하다는 사실은 한국에서 군정이 처음 조직되어 활동할 때 파생되는 가장 심각한 어려움 가운데 하나였다. 문제의 본질은 통계를 통해서 알 수 있다.[56]

곧 첫 번째의 완전한 편제를 갖춘 부대가 상륙했을 때인 3월 10일의 군정의 병력 수는 총 247명이었는데, 이 가운데 장교가 87명이었고 병사가 160명이었다. 계획된 군사 정부 중대들의 만족스러운 수는 한 달 정도 뒤까지도 충족되지 않았다. 이것은 하지 장군이 처음부터 상대적으로 군정 훈련이 부족한 기간병(基幹兵)만 거느리고, 일본인들이 추방된 상태에서 한국인은 아직 참여할 준비가 되어 있지 않은 복잡한 정부를 운영해야 한다는 것을 의미했다.

『타임』(*Time*)지의 특파원인 워커(John Walker)는 이러한 상황을 다음과 같이 개괄하였다.

> 점령은 급하게 수행되어야 했다. 하지 중장과 군정장관인 아놀드(Archibald V. Arnold) 소장은 자신들과 마찬가지로, 영사관원이 아니라 전투 장교인 사람을 요원으로 충원해야만 했다. 그들은 서툴렀다. 이미 전투를 경험한 (그리고 고향이 그리운) 사람들이 하루에 15시간 이상을 혹사당하면서 2,500만 명의 국민이 있는 국가를 다시 소생시키려 하고 있다. 업무가 시작되기에 앞서 전문가가 필요했다.[57]

56) *Ibid.*, pp. 21~23.

57) *Time*, 8 Oct 45. 38°선 남쪽에 거주하는 한국의 인구는 실제 약 1,600만 명으로 추산되었다. McCune. *Korea Today*, p. 53

9. 병력의 훈련

점령 임무의 중심이 되는 것은 한국인을 이해하고 그들과 함께 생활하고 일해 나갈 미군을 모으는 일이었다. 이미 지적한 것처럼 오키나와에는 한국에 관한 정보가 부족했다. 그러나 군단은 기존의 정보만이라도 최대한 활용해 나갔다.

수석 정보 장교인 니스트(Cecil W. Nist) 대령은 참모들을 위한 특별보고서에서 몇 가지 문제점들을 대략 살펴보고자 노력했다. 거기에서 한국인들이 지난 30년 동안 자기 나라를 운영하면서 공유했던 작은 부분을 기술한 뒤 다음과 같은 점들을 지적하였다.

> 전체적으로 한국 정부의 성공적인 변화에 저해가 되는 커다란 요소는 고질적인 것이다. 현재의 한국은 정치적 분파주의의 경향과 집단 협동의 부족으로 고통을 겪고 있다. 그러나 한편으로 한국은 언어 · 문화 · 전통에서 동질적이다. 한국민은 전체적으로 국가의 독립을 강렬하게 열망한다. 그러나 이 열망은 인내심과 지혜로써 진정되고 있다. 한국민은 임시적인 외국 점령군에게 친절하고 침착하게 복종할 것으로 믿어진다. 많은 한국 사람은 만약 자기 나라가 임시 군사 정부에 점령되어야만 한다면 미군에게 점령되는 것이 좋을 것 같다고 말한다. 한국에서는 이러한 느낌이 일반적인 것으로 생각된다. ……[58]

하지 장군은 이미 주요 부대장들에게 보낸 특별 편지에서 한국인들과 접촉할 때 일어날 그들의 예상 행동에 관해서 교육시키고 있었다. 여기에서 그는 한국의 주민들에게 확고하지만 공정한 태

58) "The Korean Government," 31 Aug 45, 5 pages *mimeo* by G-2, XXIV Corps, Cecil W. Nist, A/C/S, G-2 : Folder 224. 20 : *Hist Files*.

도를 견지할 필요성을 강조했다. 그는 병사들이 무례하게 행동하여 존경심을 잃지 않기를 바랐고, 또한 "우리가 동양의 여성들이나 모든 사유 재산을 충분히 존중해 주도록" 법으로 지시했다. 그리고 "규범은 법이 잘 운용되고 있는 미국 사회에서 적용되는 것과 꼭 같이 엄격해야 한다"고 주장했다. 그는 다음과 같이 계속하고 있다.

> 원주민들은 …… 실제로 "해방된 국민"들인 만큼, 일본인들처럼 인식되거나 취급받아서는 안 된다. 그러나 이 지역에는 약 몇 십만 명의 일본인들이 거주하고 있으므로 항상 안전 문제에 관한 조처를 취하는 데 게을리 하지 말아야 할 것이다. 요행을 바라지 말고 동양인의 호의에 조심해야 한다. 그리고 그들의 이중적인 면종복배(面從腹背 ; double cross)를 경계해야 한다. 더욱이 언행에 조심하라. 이 지역에는 공개적으로, 혹은 지하 조직으로 여러 개의 정치적 분파들이 있다. 그들은 저마다 다른 조직을 희생시켜서라도 자신의 목적을 달성하기에 "급급하고"(on the make) 있다.[59]

이용할 만한 지침들이 없었으므로 미 제10군이 작업을 시작하였다. 그들은 1만 장의 사본을 준비하여 군단의 첫 부대가 상륙할 때 배포했으며, 여기에는 한국의 미군(GI)들이 연루될 수 있는 정치 문제에 관한 특별 경고도 포함하고 있다.

> 한국인들은 자유를 환영한다. 그러나 그들의 땅에 우리가 주둔하는 것이 그 자유를 얻기 위한 최선의 길이라고 그들 모두가 인식하는 것은 아니다. …… 그러므로 우리가 피해야 할 첫 번째 문제는 정치적인 것이다.

---

59) Ltr, CG XXIV Corps to all Commanders of Units, 25 Aug 45 : "Indoctrination," *Hist Files.*

여러분은 단지 그것에 관해 …… 어느 것이 명확한 진실인지 모른다고만 대답하면 된다. 그리고 논쟁의 어느 편에도 끼지 말아야 한다.[60]

이와 같이 일본의 항복은 한국의 점령을 위한 미군의 초기 계획의 완성으로 절정에 이르렀다. 그 임무는 막대한 것이었다. 2주의 시간 안에 군정 계획의 구도가 잡혔고 점령군이 선발되었다. 다음으로 해야 할 우선 순위는 한국에 있는 일본인에게 연락하여 그들의 항복을 용이하게 하고 한국민에게 미군의 점령이 임박했음을 알리는 것이었다.

60) *A Pocket Guide to Korea,* Ist Info. and Hist. Service, Tenth Army Korea, p. 14 : *Hist Files.*

제4장

일본인 · 한국인과의 접촉

일본제국 전역에 있는 일본군은 일본어로 방송되는 3개의 문서를 통해서 일본의 항복을 공식적으로 알았다. 그 3개의 문서는 일본 천황의 성명, 항복 문서, 그리고 연합군 최고사령관의 일반명령 제1호였다.[1)]

첫 번째 문서는 모든 일본인에게 무기를 버리고 항복 조건을 이행하라고 지시했다.

두 번째 문서는 무조건 항복을 선포했다. 곧, 모든 일본인에게 적대 행위를 중지하고, 무조건 항복하여 연합군의 명령을 이행하라고 지시했다. 또한 그 문서들은 모든 일본 관리들에게 자신의 위치를 지키며 해임될 때까지 비전투적 임무를 수행하라고 지시했다.

세 번째 문서는 앞의 두 문서의 이행 방법을 구체적으로 지시했다. 한국에 관해서는 "북위 38°선 이남"의 한국에 있는 일본군은

1) 이 문서들의 본문은 8월 18일, 태평양의 주요 지휘관들에게 발송되었다. 무선 전보에 관해서는 Rad, 190908/I, Aug 45 : *Hist USAFIK*, Pt. I, Ch. 1, and Details 참조.

태평양 미육군 총사령관이나 그의 대리인에게 항복할 것을 규정했다.

1. 일본인과의 무선 접촉

하지 장군에게 당시의 한국 상황이 처음 알려진 것은 태평양사령부가 8월 29일 서울에 있는 일본인이 법과 질서를 지키도록 하려면 도움이 필요하다는 무선 통신을 보냈을 때였다. 이와 관련하여 맥아더 장군은 "이 문제에 대해 미래의 결과가 정당화될 수 있는 조치를 취하라"[2]고 하지 장군에게 명령했다. 이러한 상황은 이전의 초기의 군정 부속 문서와 상승 효과(相乘效果)를 불러일으킴으로써 당분간 일본 관리들이 자신의 위치에 그대로 있게 하는 것이 필요하다는 생각을 굳혀 주었다.

같은 날인 8월 29일, 연합군 최고사령관은 도쿄(東京)를 통해 자신의 첫 특별 명령을 조선 총독에게 하달하였는데, 상륙일은 9월 7일이며 일본 사령관은 8월 31일 동경 시간 18 : 00에 오키나와에 있는 24군단과 무선으로 접촉할 것 등이 통지되었다.

경찰과 비무장 문관들을 제외한 모든 일본군은 인천 접경 2마일 밖으로 물러나라는 명령을 받았다. 총독부와 군대의 대표들이 부두에서 하지 장군을 영접하고 일본군 사령관은 무선 통신을 통해 수신되는 하지 장군의 후속 명령을 따르라는 지시를 받았다.[3]

한편 24군단은 서울과 직접 무선 통신을 하고자 가능한 모든 주

2) Rad, SCAP to CG, XXIV Corps, 292325/I, Aug 45 : *Hist Files*.

3) *Hist USAFIK*, p. 55 : Rad, SCAP to Jap Government(2646), 291617/2, Aug 45.

파수와 모을 수 있는 모든 호출 부호를 사용하며 노력했다. 마침내 이틀 뒤 분명하지는 않지만 해독할 수 있는 목소리로 "여기는 경성"(京城 : Keijo)이라는 응답이 있었다. 일본은 통용될 수 있는 영어로 송신할 수 있는 교환원을 찾느라고 좀더 시간이 걸렸다.

9월 1일이 되어서야 24군단은 경성방송국으로 "추정되는" 곳과 "자신이 최고사령관이라고 하는 사람"과 통신했음을 태평양사령부에 알렸다. 그 사람은 1945년 4월에 발령을 받은 제17지역 육군사령관 고츠키 요시오(上月良夫) 중장이었다.[4)]

일단 접촉이 되자 통지문들이 빈번히 교환되었다. 그들은 항복준비와 한국에서의 일, 그곳 국민의 태도 등에 관하여 준비했다. 일본 사령관은 무선 통신을 통하여 "이 상황을 이용하여 이곳의 질서와 평화를 방해하려고 음모하는 공산주의자들과 독립운동가들이 있다"고 주장했다.

특히 인천항에 있는 약 300명의 인부들이 터무니없는 급료와 식량을 요구하고 있으며, 파업에 돌입할 수 있다고 우려하면서 그렇게 되면 미국이 상륙할 때 그들을 지원 임무에 활용하지 못하게 될지도 모른다고 그는 걱정했다.[5)]

---

4) *Hist USAFIK*, pp. 57~58.

5) Rad, CG Jap 17th Army Area to CG XXIV Corps, No. Army 11, 3 Sep 45 : folder 224-0, 12, "Messages" Sep 45, in *Hist Files* 참조. 이 메시지의 완전한 목록이라고 생각되는 것은 모두 목록에서 직접 복사했으며, 한국 문서는 영어로 번역했다. 북한의 소련군은 총독부의 모든 기관을 인계받고자 한국 "집행위원회"(Excutive Committees)를 활용한다는 것과 같은 일본 보고서의 군사 정보들도 여기에 들어 있었다. G/S No. 1243, 30 Aug 45, GHQ, U.S. Army Forces Pacific, Military Intelligence Section : G-3 *Jl File*, 30 Aug, GHQ, SWPA, Manila.

2. 한국인에 대한 메시지

한국에서 이러한 상황이 나타남에 따라 참모들로서는 점령 계획에 관하여 한국인들에게 직접 지시하는 것의 중요성과, 계획된 상륙과 항복을 받으려면 한국에 있는 일본인들과 초기에 직접적인 사전 조정을 하는 것이 중요하게 보였다.

한국인들과 의사 소통을 하는 수단으로 24군단 정보 참모(G-2)는 두 개의 간단한 인쇄물을 준비했다. 이 인쇄물은 영어와 한글로 쓰인 것인데, 첫 번째 것은 일본어로 번역되어 있었다. 첫 번째 인쇄물에는 미군의 도착이 임박했음을 알리며, 무질서를 삼가고 그 힘을 미래의 국가 건설에 쏟을 것을 촉구하는 하지 장군의 통지문이 담겨있다.

두 번째 것은 미군이 "좀더 민주적인 질서를 지키며 운영하게 될" 한국의 정부 수립을 준비하고 질서를 유지하고자 진주하고 있음을 강조했다. 이 통지문은 한국인들에게 시위의 자제를 요청하는 한편, 기존의 한국 정부를 통해 최고사령관의 지시를 받게 될 것이라고 언급했다.[6]

제380폭격단(380th Bomb Group)의 폭격기-24(B-24)가 9월 1일 첫 번째 인쇄물 3만5천 부를 부산에, 7만 부를 서울에, 그리고 4만5천 부를 인천에 살포하였다. 수많은 민간인이 이 삐라를 읽고 비행기에 손을 흔드는 것이 목격되었다. 눈에 띌 만한 일본 측의 방해는 없었다. 두 번째 인쇄물은 9월 5일 같은 수량으로 살포되었다.[7]

일본인에게는 이 통지문이 빠른 것은 아니었다. 그들은 한국인

6) Leaflets in *Hist Files*.

7) *Hist USAFIK, Ibid.*, pp. 69~70.

들이 폭력과 파업, 군수품의 약탈을 자행한다고 하지 장군에게 보고했다. 하지 장군은 고츠키 요시오 장군에게 지시하여 인천에서 가능한 한 최소한의 일본군으로써 그가 교체될 때까지 정부 기구와 질서를 유지하도록 했다. 그 뒤에 하지 장군은 그 인쇄물이 질서 회복에 도움이 되었다는 것을 알았다.

일본인들은 계엄령에 따라 범법자를 처벌하기를 청원했지만, 미군 사령관은 그 요청을 거절했다. 그러나 그들은 미군이 도착할 때까지는 일본의 지배가 유효하다는 것을 한국인들에게 알릴 수 있도록 허락을 받았다. 이러한 불확실한 상황에서 하지 장군은 한국인들에게 알려줄 포고문이 있어야 한다고 태평양사령부에 건의했다.[8)]

이러한 포고문을 준비하던 중에 그들은 약간의 어려움에 직면하였다. 우선 태평양사령부의 참모들은 일본을 위해 준비된 것을 사용하기보다는 한국에 관한 특별 성명을 만들지 않을 수 없었다. 그런 다음에 그것을 도쿄에서 인쇄하여 오키나와로 공수해야 했다. 마침내 그들은 서울에서 일본 항복의 시기에 살포하고자 전단지를 만들었다.

한국에 관한 포고문은 한국 정부와 국민에 관한 연합군 최고사령부의 통치 기구를 설치한다는 내용과 한국에 있는 미군의 안전에 관한 규정, 그리고 통화 제도 등을 공식적으로 논의하려면 역순(逆順)으로 그것들을 검토해 보는 것이 좋을 것 같다는 내용이 담겨 있었다.

통화에 관한 포고문 제3호는 보조적인 엔A통화(yen "A" currency)

---

8) 교환에 관해서는 Rads, CG XXIV Corps to CG Jap 17th Area Army, 1 Sep and 2 Sep 45와 Rads, CG Jap 17th Area to CG XXIV Corps, 1, 2, and 3 Sep 45 ; *Hist Files* 참조. 하지가 맥아더 장군에게 보낸 서신은 Rad, CG XXIV Corp to CINCAFPAC Adv. 1049910/I, Sep 45 : *Hist USAFIK, Ibid.*, p. 72.

를 법정 화폐로 한다는 초기의 계획을 이행했다. 이 법정 화폐는 일본과 대만은행의 발권(發券)을 제외한 기존의 법정 엔화와 교환할 수 있었다. 이 계획은 뒤에 폐기되었다.

포고문 제2호는 전쟁 상황에서 적용되는 엄격한 모든 규정을 포함하고 있는데, 이는 "해방된" 영토보다는 "정복된" 영토에 적용하는 것이 더 어울리는 것처럼 보였다. 제2호는 특히 다음과 같이 선포하고 있다.

> 다음과 같은 규정을 어기거나 행위를 저지르는 사람은 누구나 군사 점령 법정의 유죄 결정에 따라 사형에 처하거나, 법정이 정하는 형을 받게 된다.
>
> (1) 항복 문서나 포고문의 규정.
>
> (2) 태평양 미육군 총사령관의 권위로 내려진 지시나 명령.
>
> (3) 미군이나 동맹국의 재산이나 사람의 생명이나 안전 및 선량한 질서를 어기는 행위.
>
> (4) 공중의 평화와 질서를 깨는 것으로 인정되는 행위.
>
> (5) 법의 집행을 방해하는 행위.
>
> (6) 연합군에 대한 의도적 적대 행위.

포고문 제1호는 다음과 같이 완전하게 기록되어 있다. 이 가운데 정부의 각 부서에 일본인 관리들을 유임하도록 되어 있는 제2조에 주의를 기울일 필요가 있다.

《한국민에게 알림》

> 나는 태평양 미 육군 최고사령관의 이름으로 다음과 같이 포고한다. 나의 휘하의 전승군(戰勝軍)은 일본 천황과 정부 및 대본영(大本營)을 대신하여 항복 문서의 조항에 따라 오늘 북위 38°선 이남의 한국 지역을 점령한다. 오랫동안 한국민이 노예 상태에 있었던 사실과 적절한 시기에 한국

이 자유 · 독립될 것이라는 결정을 고려하여 점령의 목적이 항복 문서의 실행과 한국민의 인권과 종교적 권리를 보호하는 데에 있다는 것을 한국민은 깊이 인식할 것으로 확신한다.

이와 같은 목적을 수행하고자 한국민의 적극적인 원조와 협력이 요망된다. 본인은 본인에게 부여된 태평양 미 육군의 권한으로써 이에 북위 38° 이남의 한국 지역 내지 그 지역의 주민에 대하여 군정을 실시하며, 점령에 관한 사항을 다음과 같이 포고한다.

제1조 : 북위 38° 이남의 한국 지역과 그 주민들에 관한 모든 행정권은 당분간 본인의 권한으로 행사된다.

제2조 : 모든 정부 · 공공 단체 또는 기타의 명예 직원과 고용인, 공익사업 · 공중 위생을 포함한 공공 사업에 종사하는 유급 · 무급의 직원과 고용인 및 기타 여러 가지 중요한 직업에 종사하는 이는 별도의 명령이 있을 때까지 종래의 직무에 종사하며, 모든 기록과 재산의 보관에 임할 것.

제3조 : 모든 주민은 본인 또는 본인의 권한으로 하달된 명령에 즉시 복종하며, 점령군에 대하여 반대 행동을 하거나 질서와 보안을 교란하는 행위를 하는 이는 용서없이 엄벌에 처한다.

제4조 : 여러분의 소유권은 존중된다. 여러분은 본관의 별도 명령이 있을 때까지 일상의 업무에 종사할 것.

제5조 : 군정 기간에 가운데 영어를 모든 목적에 사용하는 공용어(公用語)로 한다. 영어와 조선어, 또는 일본어 사이에 해석 및 정의가 불분명하거나 틀릴 경우에는 영어를 우선으로 한다.

제6조 : 이후 공포하게 되는 포고 · 법령 · 규약 · 고시 · 지시 및 조례는 본인 또는 본인의 권한으로 발표하며 여러분이 이행해야 할 사항을 명기할 것임.

1945년 9월 7일
미국태평양육군최고사령관,
미국 육군 원수, 더글러스 맥아더,
요코하마에서[9)]

3. 한국으로의 이동

한국에 있는 일본군의 항복을 처리하고, 인천에 상륙할 준비를 점검하고자 24군단은 상륙에 앞서 29명의 장교와 8명의 사병을 선발하여 파견했다. 해리스(Charles S. Harris) 준장이 그 지휘를 맡았다. 이 선발대는 9월 4일 8대의 폭격기-25(B-25)로 오키나와를 출발했으나 나쁜 일기 관계로 2대의 비행기만이 예정대로 서울 근교의 김포 비행장에 착륙했다.

나머지 선발대는 9월 6일 오후에 도착했다.[10] 스트로더스(Kenneth C. Strothers) 대령의 지시를 받는 선발대는 지시가 이행되고 있는데 대해 만족했다. 선발대원은 여러 사람을 만났는데, 그 가운데에서도 서울에 있던 소련 영사와 그 직원들, 그리고 그 근교에 억류되어 있던 연합군 포로들을 만나 대화했다.

불확실한 상황임은 틀림없었지만, 일본인들은 협조적이었고 한국인의 만연된 시위는 허용되지 않았다. 선발대는 일본군과 교섭해야 할 상대자가 필요했는데, 이러한 사실이 한국인들을 언짢게 했다. 그리고 미국인들은 일본 장교들과 부당한 친교를 맺고 있으며, 호텔로 선발대를 방문하러 간 일단의 미국 교육을 받은 한국인들을 냉대했다는 등의 얘기가 유포되었다. 상황은 열광적인 행위를 최소에 그쳐야 한다는 하지 장군의 요청과 일치하였다.

애당초 "블랙리스트"는 한국 점령에 8만3,500명의 군대를 배정했었다. 처음 일진(一陣)의 병력 목록은 9월 1일 이전에 12 차례 수정되었다. 작전이 시작되기 얼마 앞서 9월 1일의 24군단의 주요

9) *Hist Files*에 있는 설명서 사본.

10) 이 설명은 *Hist USAFIK*, Pt. I, Ch. 4와 "1945-The Occupation" : *Hist Files*에 기초한 것임.

전투 병력과 문관 요원들은 다음과 같다.

- 제7보병사단
- 제40보병사단
- 제96보병사단
- 미국 제10군 방공대(防空隊)
- 제137대공포대(對空砲隊)
- 제101신호대대
- 24군단 포병대
- 제71의무(醫務)대대
- 제1140 공병전투부대
- 24기지창(基地廠)[11]

"블랙리스트"의 일반 계획은 제7사단과 제40사단이 한국으로 동시에 이동하는 것이었다. 그래야만 Ⅰ단계가 신속히 Ⅱ단계 작전으로 전환할 수 있었다. 제7사단은 오키나와에서 이동할 예정이었고, 제40사단은 필리핀의 파나이(Panay)에서 직접 이동할 예정이었다. 제96사단에 관한 정보는 부족했지만, 그것은 문제되지 않았는데, 그 이유는 그들이 뒤에 제6사단과 교체되었기 때문이었다.

계획대로 2개 사단을 공수하기에는 수송 능력이 부족하였다. 그래서 8월 23일에 제7사단만 공수하고 제40사단은 뒤에 공수하기로 결정하였다. 바베이(D. D. Barbey) 부제독이 이끄는 제7함대 수륙양용군(The Seventh Fleet Amphibious Force)이 24군단을 한국에 수

11) *Hist USAFIK*, Pt. I, Ch. 1, p. 27 : XXIV Corps Station List, 28 Aug 45, 그리고 1945년 9월 1일의 교정본.

송할 책임을 맡았다.[12)]

제7사단은 24기지창의 증원군이 올 때까지는 인천에 상륙해서 거점을 확보하고, 작전을 전개하면서 동쪽으로 신속히 이동하여 서울·인천 사이의 모든 주요한 군사·민간인 시설들을 확보하기로 되어 있었다. 확보할 지역은 인천과 서울 사이의 도로와 철로 양쪽으로 넓이 5마일 정도가 되고 길이는 약 28마일이나 되는 좁고 긴 형태였는데, 아마 서울의 성벽에서 5마일 정도 더 동쪽으로 간 거리였을 것이다.

책임 구역은 임진강(開城江)의 북쪽선과, 동쪽으로는 한강과 북한강이 만나는 곳까지 확장할 준비를 하였다. 제40사단은 필리핀의 파나이를 출발하여 인천이나 혹은 다른 항구로 이동하여, 인천·서울 사이의 도로와 한강 남쪽 지역의 제7사단을 지원하여 수원 바로 밑의 남쪽으로 이동할 예정이었다.

제96사단은 명령에 따라 30일 이내에 인천·부산·군산 가운데 어느 곳에 상륙하기로 되어 있었다. 군단 포병대인 제20기갑부대와 대공포대는 정상적인 기능을 수행할 수 있도록 준비하라는 지시를 받았다. 24기지창은 애당초 육군 10기지창(ASCOM 10)이었으나 한국의 미 제10군의 병참 작전 기구로 활동하고자 조직되었다.

24군단이 이를 인수한 뒤 이름도 바뀌고 규모도 증가했다. 병참대는 인천항을 통과하여 작전을 전개하면서, 전술적인 것을 제외한 모든 의료 시설들을 작동시키고, 군정과 협조하여 모든 주요 민간 시설들의 활동을 감독하라는 지시를 받았다.

---

12) (1) *Hist USAFIK*, Pt. I, Ch. 1, p. 33 : Rad, Hodge(at GHQ, AFPAC) to XXIV Corps, 230211/2, Aug 45 ;
(2) *Ibid.*, p. 29. 발표한 전체 지령은 Comphibs Pac to Commanders Third, Fifth and Seventh Fleets, 19 Aug 45.

출발 예정일은 여러 번 변경되었다. 분산된 24군단과 필요한 선박을 모으는 데 예상보다 더 많은 시간이 소요되었다. 더 빨리 작전을 개시하라는 대통령의 촉구로 계획이 또 한 번 변경되었다.[13] 결국 태풍으로 말미암아 9월 5일 오후까지 출발이 지연되었다.[14]

이날 한낮 구축함과 항공모함의 호위를 받는 5열의 밀집 종대형의 전함들이 한국으로 출발했다. 일본의 잠수함과 통신할 수가 없었기 때문에 북으로 항해 가운데 완전한 등화 관제를 실시했다. 호위함은 9월 8일 아침 인천항에 들어섰다.

4. 한국의 상황

하지 장군이 한국에 도착하자 조선 총독은 하지 장군이 서울이 다소 혼란스런 상황이라고 인식하도록 유도했기 때문에 하지 장군은 적절한 군사적 경계를 하려고 노력했다. 그러나 상황은 그가 예상할 수 있었던 것보다 훨씬 더 호전되어 있었기 때문에 그는 아무런 대비도 하지 않았다. 그 위기의 기간에 일본인들은 자신들의 인명과 재산을 지키고자 정치적인 조처들을 취했던 것을 하지 장군은 모르고 있었다.

일본인들은 한국인들의 협조가 필요하자 한국인의 수중에 주요 기능을 맡기되, 기존의 정부 구조를 그대로 유지하는 절충안을 만들었다. 그러나 그 뒤 상황이 걷잡을 수 없게 되자 일본인들은 자

13) 본서 p. 116~117 참조.

14) 이러한 계획의 변경에 관해서는 Tenth Army Staff Meetings on 15, 23, 24, and 27 Aug and on 3, and 5 Sep 1945 : *I&H JI*의 기록 참조.

신의 권한을 다시 확보하려 했다. 그동안 몇몇 한국인들은 한국 전체에 대한 관할을 주장하는 "인민공화국"이라는 별개의 정부를 조직하여 미국 점령군의 승인을 기다리고 있었다.[15] 이러한 사건들의 추이는 미국 점령군에게 심각한 정치 문제가 되었다.

일본인들은 전쟁을 하면서 상황이 불리하게 전개되자, 연초에 두 명의 한국 민족주의 지도자인 여운형(呂運亨 : 원래의 발음은 Yo Un-hyong인데 Lyuh Woon Hyung으로 더 알려짐)과 안재홍(安在鴻)을 매수하여 평화와 질서 유지에 도움을 줄 수 있는 친일(親日) 정당을 만들려고 했으나 이러한 시도는 실패했다.[16]

태평양에서 적대 행위를 중지하는 정전 명령이 있기 직전에 총독부는 2명의 다른 한국인에게 접근하여 점령군에게도 만족스러울 일종의 즉흥적인 정부(impromptu government)의 조직을 시도했었다. 한 사람은 유명한 우익 민족주의자인 송진우(宋鎭禹)였는데, 그는 『동아일보』(東亞日報)의 발행인이면서 교육자였다. 다른 한 사람은 김준연(金俊淵)인데, 그는 소위 ML당(Marx-Lenin黨)의 초기 지도자였으며, 송진우와는 그 신문을 통해서 관계를 맺고 있었다. 두 사람 모두 협조를 거부했다.[17]

마침내 자포자기의 심정으로 아베 노부유키(阿部信行) 총독[18]

15) *Hist USAFIK*, Pt. I, Ch. 3 ; "History of Left-Wing Korean Political Parties to 01 Jun 1947." 사료국이 준비한 정교한 계획에 포함된 "History of Korean Political Parties 1919-Jun 1947," AC/S, G-2, USAFIK, 1947년 7월 개정. *Hist Files*,

16) 이 사건을 기록한 여러 자료들은 ;
(1) 하지 장군 개인 정치 보좌관인 버취(Leonard Bertsch) 소위가 *I&H JI*과 관련해서 1946년 8월 16일 육군 역사 기록자에게 보낸 설명.
(2) 1945년 9월 10일, 서울의 명월관(明月館)에서 『코리아타임스』 발행인 이묘묵(李卯默)이 행한 연설. 이 신문은 그가 "양심상 매우 불공평하고 왜곡된" 자료에 근거하고 있다고 주장했다. *Hist Files* 복사 참조.

17) Cho, *Korea in World Politics*, p. 66.

은 8월 15일 이른 아침에 여운형을 다시 방문하여 일본은 곧 항복할 것이므로 법과 질서를 유지하는 데 도움을 줄 수 있는 일종의 단체를 조직할 것을 그에게 요청하였다. 여운형은 주목할 만한 배경을 가지고 있었다. 그는 상해의 한국 임시정부를 처음 세운 사람들 가운데 하나였다. 그는 좌익 민족주의자로서 폭넓게 활동하였고, 1930년에는 일본 당국에 투옥되었다.

뒤에 그는 서울의 한 일간지인 『중앙일보』(中央日報)의 발행인이 되었고, 한국 대중으로부터 민족주의의 우상으로 남아 있었다. 한 보고서에 따르면 그는 이미 1944년에 한국 독립의 기초를 세우고자 비밀 단체인 건국동맹(建國同盟)을 조직했었다고 한다.[19]

여운형은 잠재적인 혁명 세력으로 인식되는 한국의 학생들로부터 대중적 지지를 받고 있었다는 점과 좌익이므로 소련이 점령할 경우에 더 적합하다는 이유로 일본이 더 선호했다. 그는 몇 가지 조건을 붙여 그 제의를 수락하였다. 일본인들이 간섭하지 않는다는 규정 때문에 그 조건은 표면적으로 마치 한국의 정치 단체에게 권력을 포기하는 것처럼 보였다.

그러나 8월 20일자의 『경성일보』(京城日報)가 지적한 것처럼, 일본인들로서는 이것이 평화와 질서를 유지하고자 일본 정부와 "협조하는 위원회"(committee to cooperate)일 뿐이었다. 따라서 그것은 부여받은 권한에도 불구하고 아무것도 아니었다.

여운형이 제시한 조건들은 다음과 같다.

18) 일본 장군이며 1939년 8월부터 1940년 1월 14일까지 일본 수상이었던 아베 노부유키 총독은 1942년 귀족원 의원에 임명되었고, 1944년 7월 23일 조선 총독으로 부임하였다.

19) Cho, *op. cit.*, p. 66.

(1) 3개월 동안의 식량을 보장할 것.
(2) 정치범들을 석방할 것.
(3) 언론과 출판의 자유를 허용할 것.
(4) 근로 조직의 자유를 허용할 것.
(5) 법과 질서의 유지에 도움을 주고자 학생들을 동원할 수 있을 것.
(6) 일본인이 자신의 행동을 간섭하지 않을 것.

일본은 이러한 조건들은 기존의 정부 구조를 와해시키지 않고 일본인의 생명과 재산을 보호한다는 내용과 함께 수락했다.[20)]

엔도 류사쿠(遠藤柳作) 정무총감(政務總監)이 이 조건들에 동의하자 여운형과 그의 동생 여운홍(呂運弘)은 온건하고 보수적인 지도자들을 포함한 임시 조직을 만들었다. 이것은 중경(重慶)에서 돌아올 한국 임시정부를 지지하는 사람들에 반대하여 구성된 것이었다. 그러나 여운형은 다음날 미군이 부산과 목포 지역만 점령할 것이라는 사실을 정무총감으로부터 들었다. 그래서 그는 명단을 수정하여 공산주의자들이나 그 지지자들을 포함시켰는데, 이는 소련군이 용이하게 수락하도록 하기 위함이었다.[21)]

8월 16일에 건국준비위원회(建國準備委員會 : Committee for Preparation of Korean Independence : CPKI)로 알려진 한 단체가 조직되었다. 이것은 뒤에 인민위원회(People's Committee)와 인민공화국(People's Republic)의 핵심이 되는 것으로서 여운형이 그 의장이 되고 안재홍이 부의장을 맡았으며, 많은 좌익이 이 위원회에 협조하였다.

---

20) 조순승은 단지 마지막 5개 조건만을 언급했다. 조건 제1은 *Left-Wing Parties*, p. 9에 수록되어 있다.

21) *Left-Wing Parties*, p. 10.

이 조직은 일본인들이 예상한 것과는 달리 즉시 정부 기능을 맡게 되었다. 한국의 몇몇 청년 조직들이 특별 경찰대로 조직되었다. 많은 지역에서 정규 경찰들이 이 청년들에게 권한을 넘겨주었다. 정치범들은 석방되었다. 서울에 있는 이 조직원의 총수는 1만 명이나 되었다고 한다. 일본 총독은 건준(建準)에 보조금을 대주었는데, 아마도 2천만 엔 정도는 되었다고 한다.*

이 조직은 공공 회합을 개최하고, 언론과 라디오를 사용하고, 공공 건물과 관공서의 설비를 사용하고, 일본의 비행기로 전국에 선전 인쇄물을 살포할 수 있는 권한을 부여받았다. 한국인들은 기업 · 공장 · 철로 및 시가 전차선 등을 인계 받았다.

안재홍의 행위로 말미암아 상황은 더욱 어렵게 되었다. 8월 17일 그는 독자적인 정부 기능을 가지는 정당의 수립을 위한 전반적인 계획을 방송하고 그 당이 곧 최고권을 가질 것을 선언했는데, 그 내용은 다음과 같다.

(1) 정치적 · 경제적으로 자율적이고 독립적인 국가를 수립한다.

(2) 우리 나라에 남아 있는 제국주의와 봉건적 잔재들을 파괴하고, 우리 나라의 정치적 · 경제적 · 사회적 기본 요구를 충족시켜 줄 수 있는 민주주의의 이상과 원칙에 충실한다.

(3) 노동자 · 농민, 그리고 대중들의 생활 수준을 조속히 높인다.

(4) 세계 민주 국가의 일원으로서 협조를 통해 세계 평화를 이룩한다.[22)]

사건의 결과들이 비록 상충적인 보고들로 말미암아 모호해지기

---

* 이 무렵 쌀 10kg은 3원36전이었다. 현재의 쌀 10kg은 평균 2만5천 원이다. 따라서 당시의 2천만 원이면 현재의 구매력으로 약 1,490억 원 정도가 된다.(옮긴이 주)

22) *Ibid.*, p. 12.

는 했지만, 이 상황에서 상당한 폭력이 발생하였음은 명백했다. 신사(神社)가 불탔고, 경찰들은 폭행당했고, 한국인들은 일본인 거주지로 이주하였다. 이것이 무정부 상태나 폭동의 상황은 아니었지만, 건준의 치안대(治安隊 : Peace Preservation Corps)가 일본 병사와 경찰의 지지를 받지 못하는 한 질서를 유지하는 데 그렇게 성공적이지 못하다는 것이 점차 명백해졌다.

결과적으로 많은 일본인이 자신들의 안전을 위해 경계하기 시작했고, 군(軍)과 연합하여 정부에 압력을 행사하여 건준과의 관계를 끊고 권한을 다시 요구하도록 촉구했다. 이 무렵의 일본인들은 소련이 아닌 미국에 따라서 남한이 점령된다는 것을 알게 되었다. 그들은 초기의 항복 소식으로 말미암은 충격에서 헤어남에 따라, 여운형과 건준이 자신들의 명령에 복종할 의사가 전혀 없음을 인식하기 시작했다.

일본인들이 기대했던 것은 여운형의 지지였는데, 정부의 자격으로 통치하려는 건준의 용서할 수 없는 야심 때문에 자신들의 체면이 상실되자 일본인들은 그 위원회의 이름을 "공안위원회"(公安委員會 : Public Safety)로 바꾸었다. 곧 반응이 나타나기 시작하였다. 건준의 지배적 경찰권 행사를 저지하고자 약 3천 명의 병사들이 민정 경찰에 충원되었다.

한 한국의 언론인에 따르면, 일본은 "공포 정치"를 계속하여 공공 회합을 금지하였으며, 더욱이는 "총검으로 일부 한국 학생들과 부녀자들을 찌르기도 했다"[23]고 한다. 총독부는 자신들이 다시 지배하게 되었음을 보여주고자 일단 억압적인 행동을 취한 뒤 자신

23) *Hist USAFIK*, Pt. I, Ch. I, p. 12. 한국인들은 8월 15일~17일 3일 동안만 명백히 통제를 받았다.

들이 지배하기로 결정했음을 엄중히 경고하는 한편, 대중의 여론을 무마시키는 데 진력했다.[24)]

그러나 이러한 상황도 건준의 행동을 중지시키지는 못했다. 그들은 8월 22일, 11개 과(課)와 1개 국(局)을 갖는 조직을 수립하고, 28일에는 성명을 통해 농민을 위한 토지 개혁, 근로자의 임금 인상, 일본에 관한 협력자의 체포 및 몇 가지 개혁과 같은 많은 중요한 변화를 약속했다. 이것은 안재홍에게는 벅찬 것이어서 그는 자신의 직책을 사직하고, 그 대신에 9월 2일 허헌(許憲)이 그 자리에 취임하였다.

일본은 계속해서 통제권을 확보하고자 노력했지만, 상황이 너무 악화되자 이미 언급한 대로 맥아더 장군에게 무전으로 도움을 요청하였다. 그들이 계엄령을 발동하고자 노력하는 것은 그들이 가지고 있는 최종적인 권한을 암시하는 것이기도 하지만 한편으로는 그만큼 그들이 곤경에 처했다는 것을 보여주는 것이기도 했다.

미군이 도착할 때까지 그들의 지배권을 다시 보유하겠다고 한 때부터 정부 기구와 개인들은 할 수 있는 한 그들의 재산을 정리하고 구조하고자 안간힘을 썼다. 그들은 자금을 횡령하고 문서들을 파기했다. 헌병대(憲兵隊)[25)]의 예비 요원들로 재보강된 경찰력은 여전히 강력했다.

그러나 여운형은 꺾이지 않았다. 인천에 미군이 상륙하기 이틀 전인 9월 6일, 그는 13개 도로부터 약 1천 명의(국회) 대의원들을 소집했다. 이 회의는 경기여고(京畿女高)에서 개최되었는데, 여기에서 그들은 연합군이 한국을 점령하게 됨에 따라 그들로부터 행정권을 접수할 자격을 갖추고자 인민공화국을 수립했다. 55명의

---

24) 일본 신문과 성명서에 관해서는 *Ibid.*, pp. 15~19.

25) 헌병대(憲兵隊)는 한국인의 증오의 대상이 된 비밀 경찰이었다.

중앙인민위원회 요원과, 20명의 후보 요원, 그리고 12명의 고문이 선출되었다. 그들은 호선해서 내각을 구성했다.

이 예비 정부의 면면을 보면 공직에 민족주의자와 공산주의자의 공정한 배분을 이루고자 많은 노력을 기울였음을 알 수 있다. 이승만(李承晩)과 여운형은 각각 의장과 부의장에 선출되고, 허헌은 수상에 선출되었다. 김구는 내무장관에, 김규식은 외무장관에 각각 임명되었다. 국내 지도자들뿐만 아니라 임정 지도자들도 포함시켰다. 이승만과 김구는 이를 거부했다.

지금 남아 있는 기록을 조사해 보면 "대부분의 민족주의자들이 기대했던 것보다 좌익의 입김이 더 분명히 강력했지만 인민공화국이 결코 공산주의 정부가 아니었다"[26]는 것이 최근 꾸준히 주장되고 있는 평가이다.

실질적인 정부를 세운 행위로 말미암아 인민공화국은 미국 점령군과 직접적인 갈등을 겪게 되었다. 그 첫 번째 사건은 조선건국준비위원회(Korean Provisional Commission) 소속이라고 자처하는 대표들이 9월 8일 캑터틴(Cactoctin) 선상의 24군단 본부를 방문한 것이다. 그제야 미국은 그 조직이 한국 전역에 산재해 있는 135개의 독립된 위원회로 구성되었고, 한국민을 위한 민주 정부의 조직을 목적으로 한다는 것을 알게 되었다.[27]

여운형은 나중에 "내가 의장으로 있는 건국동맹의 대표 2명을 보냈으며, 하지 장군에게 개인 서한도 보냈다"고 기록했다. 이 편지에서 그는 "한국의 해방에 대해 대단히 기쁘게 생각하며, 한국인

26) Suh, *The Korean Communist Movement*, pp. 289~299 참조. 그리고 전반적인 얘기에 관해서는 Cho, *Korea in World Politics*, p. 69.

27) *Hist USAFIK*, Pt. I, Ch. 1, p. 1. Suh, *op. cit.*, p. 298은 한국 전체 145개 위원회의 모습을 기록했다.

은 미 육군과 협조하기를 희망한다"고 언급했다. 그러나 그의 말에 따르면, 그 편지는 하지 장군의 고문 가운데 한 사람에게 전달되었을 뿐 하지 장군에게는 도달되지 않았다고 한다. 여운형은 "미국이 상륙하기에 앞서 사악한 영향력들 때문에 형세는 나에게 불리했다"고 결론지었다.[28)]

하지 장군은 여운형의 무리와 직접 만나지 말라는 조언을 들었다. 그 이유는 두 가지였는데, 첫째는 이들이 일본인들의 지원을 받는 것으로 추정되었기 때문이었고, 둘째는 어느 한 정치 집단을 선호하는 표시를 조금이라도 보이는 것은 현명치 못한 것으로 인식되었기 때문이었다.[29)]

그는 그러한 상황에 관해서 전혀 준비되어 있지도 않았고, 그 집단에 대하여 아는 바도 없었다. 단지 일본 총독과 문제를 협의하라는 지시와 더불어 38°선 이남의 모든 행정권을 떠맡는 권한을 연합군 최고사령부로부터 위임받았을 뿐이었다.

그러나 여운형의 무리는 단지 군단 참모 요원들과 대화를 했다. 그들은 도움을 받을 수 있는 한국인의 목록과 소위 부일협력자라는 사람들의 명단도 기억하여 들려주었다. 그들은 여러 망명 지도자들에 관한 미국 측의 견해를 물었으며, 자기들이 미국 정부로부터 완전한 승인을 받았다고 참모들에게 장담했다.

뿐만 아니라 그들은 정부와 한국인들 사이의 연락업무를 자신들이 맡을 것을 자원했다. 그리고 그들은 한국의 분단 · 통화 · 통

---

28) 여운형이 김영중(Yeung Jung Kim)에게 1947년 7월 18일 보낸 편지는 그가 저격을 겪은 뒤 그의 집에서 발견되었다.

29) *Hist USAFIK*, Pt. I, Ch. 1, p. 2 : 역사가들은 이것을 1946년 4월 13일 하지 장군과의 인터뷰에 근거한 것으로 여긴다. *I&H Files*. 또한 *Left-Wing Parties*, pp. 13~15 참조. 여기에는 하지의 측근 참모의 건의서를 수록했다.

화 팽창 · 미군 병사들의 규율 · 식량 상황 등에 대해 관심을 표시했고, 한국에서 모든 일본인을 철수시켜야만 하는 필요성을 몹시 강조했다.[30]

미군 점령의 시작과 함께 승인을 받고자 했던 인민공화국의 노력은 이로써 실패로 끝났다. 그러나 이 문제가 결말에 이른 것은 아니었다. 인민위원회는 미군이 영토 점령에 착수하여 한국 정부를 세우려는 시도를 진행함에 따라 정치적으로 경쟁 관계가 이루어지자 점령군과 부딪치게 되었다.[31]

이와 같이 점령의 요소들이 점차 한 곳으로 모아졌다. 한국의 38°선 이남에 대한 미군의 군사적 · 정치적 통제를 위한 공식적인 기반이 확립되었다. 일본은 항복을 준비하였다. 한국인들은 자신들의 지위와 전망에 관한 소식을 들었다. 다음 단계는 한국의 영토를 점령하고 군정을 수립하는 것이었다.

30) *Left-Wing Parties, Ibid.* ; G-2 *Periodic Reports*, 14 Sep 45.

31) 이 발전에 관한 토의는 이후 5장과 8장 참조.

제5장

점령의 수행

처음으로 한국을 군사적으로 점령한 것은 제17, 32, 184 보병연대로 구성된 미군 제7사단이었다. 점령은 2단계를 밟았는데, 첫째 인천과 서울 주변은 즉시 점령할 지역이며, 둘째 대략 반경 50마일 이내에서 북쪽으로 확대하되, 38°선을 넘지 않는다는 것이었다.

1. 인천 상륙

9월 8일, 육군 선도대(先導隊)가 인천에 도착했으며, 다음 날 늦게서야 7사단의 병력과 장비의 하역을 완료했고, 그 뒤 인천 지역은 제17 보병연대에 인계했다. 저항은 없었다. 무장한 많은 일본군 장교들과 병사들이 눈에 띄었다. 부두 주변 도시의 주요 교차로에는 검은 코트를 입은 경찰이 경비를 서고, 일부는 말을 타고 있었다. 그들은 모두 소총으로 무장했으며, 착검하고 있었다. 그들이 그곳에 있었기 때문에 한국인들의 대규모 시위를 방지할 수 있었다.

주요한 첫 사건은 미군이 상륙하기 몇 시간 전에 발생했다. 일단의 한국인들이 환영 시위를 하려고 시도하자 일본 경찰은 이를 해산시키는 과정에서 한국인 몇 명을 죽이거나 상해를 입혔다. 군단의 역사 기록자에 따르면 상륙하기 전 8일 아침에 일본 경찰이 미군 환영 시위를 하던 한국인 2명을 살해했고, 10명에게 부상을 입혔다고 "전해지고" 있다. 똑같은 소식이 『뉴욕 타임』(*New York Times*)와 『크리스천 사이언스 모니터』(*Christian Science Monitor*)에 보도되었다.[1)]

그 뒤 하지 장군을 냉담한 군지휘관으로 묘사하여 직접적으로 그를 비난함으로써 비극은 계속 확대되었다. 올리버(Robert T. Oliver)는 "그 경찰들이 처벌받기는커녕 하지 장군으로부터 칭찬을 받았다. 일본군 장교들은 공식적인 주인 역할을 한 반면에 한국인 환영객들은 길 밖으로 내동댕이쳐졌다"고 지적했다.

이 얘기는 펄 벅(Pearl Buck) 여사의 유명한 책 『갈대는 바람에 시달려도』(*The Living Reed*)에 잘 묘사되어 있다. 그는 공식 자료가 지적하는 것처럼 그렇게 아침 일찍이 아니라 실제 상륙 시기에 그 사건이 일어난 것으로 묘사하였다. 이와 같이 그때의 비극은 문학적으로도 언급되었다.[2)]

2. 남한의 공식적 항복

인천을 점령한 뒤 미군은 9월 9일 아침, 인천에서 약 25마일 떨

---

1) (1) Entry of 8 Sep 45 in *I&H Jl* ;
(2)*New York Times*, AP Report, 9 Sep 45 ; *Christian Science Monitor*, 10 Sep 45.

2) Oliver, *Syngman Rhee*, *op. cit.*, pp. 202~203 ; Pearl Buck, *The Living Reed*(New York : The John Day Company, 1963), p. 161.

어진 한국의 수도 서울로 기차를 타고 이동했다. 미군은 조용한 가운데 도시에 진입했다. 승리의 시가 행진도 없었고 환영하는 군중도 없었다. 일본 경찰이 주요 도로에 서 있었고, 그 주변의 한국인들은 감히 환영한다는 말을 입 밖에 내지 못했다. 그날 종일 미군 비행 편대는 일본인과 한국인들에게 위압감을 줄 무력 시위를 하고자 일정한 간격으로 폭음을 울리며 도시 상공을 비행했다.

38°선 이남의 한반도에 있는 일본군의 공식 항복은 예정대로 9월 9일 오후 서울에 있는 총독부 건물에서 거행되었다. 하지 장군과 제7함대 사령관인 킨케이드(Thomas G. Kincaid) 해군 중장이 이끄는 미국 대표단이 도심의 대로를 지나 식장에 도착하자, 이날 아침 조용히 미군을 맞이한 것과는 대조적으로 몇 천 명의 한국인이 열광적으로 환영했다.[3)]

항복은 과거 일본 천황이 한국을 방문했을 때* 공식 알현실로 사용되던 정교하게 장식된 총독부 제1회의실에서 조인되었다. 의식은 16시 08분에 시작했다. 많은 미국인 · 일본인 · 한국인 기자와 사진사 및 참관인이 참석했다. 일본 대표가 방 안으로 먼저 들어왔다. 그 면면은 아베 노부유키(阿部信行) 총독, 조선군 관구사령관을 의미하는 제17지역 육군사령관인 고츠키 요시오(上月良夫), 진해 경비 사령관인 야마구치 기사부로(山口儀三郎) 중장, 그리고 그 외의 장교들이었다.

북한은 소련군이 점령하였기 때문에 일본군은 38°선 이남의 군대만 대표하였다. 그들은 모두 제복을 입고 있었으나 착검이나 장식은 하지 않았다. 아베 총독이 선두로 들어와 방 한복판에 놓여 있는

3) 이 설명은 *Hist USAFIK*, Pt. I, Ch. 4, pp. 9~12에 근거한다.

* 일본 천황은 조선을 방문한 일이 없다. 아마도 그가 황태자 시절에 방문한 것을 오해한 것 같다.(옮긴이 주)

긴 탁자의 중앙에 앉았고, 두 사령관은 그 양쪽에 앉았다. 일본인들이 들어올 때 아무도 일어서지 않았다. 회담 사진을 보면 하지 장군 뒤에 미국과 한국 국기가 교차해 있었고, 한국 국기는 뒤에도 매달려 있는 것을 볼 수 있었다고 전사가(戰史家)는 기록하고 있다.

미국 대표들이 들어서자 참석한 모든 사람이 일어서서 차려 자세를 취했다. 킨케이드 중장이 상급자로서 선두에 섰지만 하지 장군이 일본인들의 반대편 중앙에 착석했는데, 이는 그가 맥아더 장군을 대신한 책임 서명자였기 때문이다. 이 두 인물 이외에도 미국 대표단에는 7사단 사단장인 아놀드(A. Victor Arnold) 장군이 있었고, 그 외 몇몇 고급 장교들도 하지 장군과 킨케이드 중장의 양옆에 앉아 있었다.

하지 장군이 진행을 맡았다. 민간인 복장을 한 채 아베 총독의 뒤에 서 있던 두 일본인이 그의 말을 통역하여 일본인 세 서명자에게 전달했다. 하지 장군은 자신과 킨케이드 중장을 소개했다. 그리고 자기는 38°선 이남의 모든 일본군의 항복을 접수하고자 한다고 말한 뒤, 항복 문서에 조인할 것을 요청했다.

그때 하지 장군의 부관이 일본인들에게 3개의 문서를 넘겨주었다. 두 개는 영어로, 하나는 일본어로 작성된 것이었다. 3명의 일본 대표는 문서를 읽지도 않은 채 3개의 문서 모두에 서명했다.[4] 그런 다음 그 사본들은 하지 장군과 킨케이드 중장에게 넘겨져 그들이 서명했다. 서명은 완전히 끝날 때까지 10분이 걸렸다.

하지 장군은 방금 끝난 일본의 항복은 일본의 무장 해제를 위한 하나의 단계이며, 전 세계를 통해 평화를 달성하는 데 기여할 것이라

4) 항복 문서는 간결하였으며, 일본 항복 문서의 일반적인 형식을 따랐다. Copy in : JCS 1467/10, 5 Oct 45, Copy 12, in *ABC Japan*(15 Feb 45), Sec 1-6 참조.

고 선언했다. 그와 킨케이드 장군이 방을 나가자 일본인들이 따라나섰다. 일본 총독은 몸이 아프다는 이유로 어떠한 면담도 거절했다.

미국 국기를 게양한 뒤 하지 장군은 기자 회견을 가진 다음 기함(旗艦)으로 돌아갔다. 그 사이에 특별 성명이 한국인들에게 전달되었다. 그 성명서는 당분간 기존의 정부와 관리들이 통치할 필요성이 있다고 언급한 뒤, "(기존의) 문제점들이 …… 단시일 안에 모두 해결될 수 있는 것은 아니므로 …… 인내심을 가질 것을 촉구했다.[5)]* 다음날인 9월 10일 하지 장군은 남한의 모든 미군의 육상 생활을 지휘했다.

다음으로 해야 할 일은 I단계의 2번째 조처로서 북쪽으로의 이동을 완료하는 것이었다. 이 일은 9월 12일에 시작하여 23일에 완료했다. 38°선 주변의 개성(開城)이 12일에 점령되었고, 소련과의 접촉을 주요 임무로 하는 전신 연락 장치가 설치되었다. 이 지역에 대한 점령은 개성 서쪽으로 20마일 떨어진 연안(延安)과 서울 동북쪽으로 50마일 떨어진 춘천(春川)에 통제권을 확대함으로써 완료되었다.[6)]

3. 지방의 조기 점령

"블랙리스트"(BLACKLIST)의 Ⅱ단계인, "베이커 41"(Baker-41)에 따

---

5) 영어와 한국어로 인쇄된 메시지는 9월 9일 USAFIK의 한국 관계 정보반(Korean Relation and Information Section)이 배부했는데, 항복실에서 더 먼저 방송되었다. "The Korean Government," 224-2., I Aug 45 : *Hist Files*

* 이 문서는 일본어로 작성되었다. 한국어로 작성되었다는 필자의 기록은 사실과 다르다.(옮긴이 주)

6) 서울과 인천 점령 얘기는 *Hist USAFIK*, Pt. I, Ch. 4, pp. 7~15에서 인용한 것.

르면 서울이 확보되는 대로 부산(釜山)을 점령하도록 되어 있었고, 40사단이 이 작전을 맡았다. 이것은 미국 점령의 초기 목표 가운데 하나였다.[7] 부산은 미국의 점령 지역에서 두 번째로 큰 도시로서 전략적으로 매우 큰 가치가 있었다. 부산은 일본과는 불과 120마일밖에 떨어지지 않은 큰 항구인 동시에 부산·봉천(奉天) 간 철도의 종착지이기도 했다.

따라서 부산은 일본과 대륙 사이의 모든 철로 수송의 관문이었으며 서울에서 시작되는 전천후 도로의 종착지이기도 했다. 아울러 부산의 서쪽으로 약 20마일쯤에는 한국에서 가장 큰 해군 기지인 진해(鎭海)에 근접해 있어서 그 가치는 더욱 높다. 더욱이 부산은 일본인이 떠나고 수많은 한국인이 귀환하는 항구이므로 철수와 송환 작전을 통제할 필요도 있었다.

아무리 부산의 점령이 급하다고 하더라도, 적절한 선박이 부족하였기 때문에 이를 약간 연기하지 않을 수 없었다. 40사단은 8월 24일이 되어서야 24군단에게 부과된 새 임무를 통고받았다. 그 뒤에 그들은 한국에서의 임무를 위해 교육을 받아야 했고, 9월 12일과 23일 사이에는 일련의 편성에 따라서 인천항으로 진주해야만 했다.

40사단은 일본이 항복했다는 소식이 전해졌을 무렵, 11월로 예정되던 일본 공격을 준비하면서 파나이섬(Panay Is.) 섬에 주둔해 있었다. 새로운 임무를 하달받자마자 사단장인 마이어즈(Donald J. Myers) 준장은 자신들이 맡은 점령 임무를 수행하고자 병사들에게 훈련할 특별 계획을 즉시 수립했다.

군정에 관한 것뿐만 아니라, 한국과 한국인에 관한 강의가 있었

7) 이 부분의 얘기는 *Hist USAFIK*, Pt. I, Ch. 6에서 인용한 것.

다. 군정 팀들은 가능한 한 그들의 민·군 경험에 근거하여 선발되었다. 각 팀은 5명의 장교와 15명의 병사로 구성되었는데, 이들은 지휘 책임을 맡게 될 부대 지휘관들에게 군정 문제에 대해 자문해 줄 책임을 맡았다.

40사단은 제108, 제160, 제185 보병연대로 구성되었으며, 1만2,623명의 사병과 777명의 장교가 있었다. 한국에서의 임무를 준비하고 있는 동안 9월 21일자의 야전명령 제56호에 따라 40사단의 임무는 7사단을 재보강해 주는 것으로부터 "블랙리스트" Ⅱ단계를 수행하는 것으로 바뀌었다.

정찰을 해본 결과 도로 사정이 나빴고 부산항 주위에 기뢰가 매설되어 있을 가능성도 있었으므로 사단 병력의 대부분을 기차로 수송할 필요가 있다는 사실이 드러났다. 그러나 조악한 선적 기재와 훈련된 철도 요원의 부족으로 그 이동은 160보병연대가 수행한 행정 활동 가운데 가장 어려웠던 것의 하나였다고 한다.

사단 병력의 대부분이 떠났고 잔류자들은 자동차로 이동하였다. 이 이동은 한국의 시골길을 통해 이동한 가장 큰 육군 호송의 하나였는데, 이때 많은 한국인은 미국인을 처음 보았다. 이 부대가 받은 대접에 대해 육군의 역사 기록자는 다음과 같이 전하고 있다.

> 호송차가 시내에 접근하자 한국인들이 집에서 뛰쳐나와 다가오는 미군들을 향해 손으로 어디를 가리키거나 흔드는 모습들이 보였다. 그들은 길거리에 몰려들어 때로는 3열로 운집하여 만세를 외치거나, 집에서 만든 한국 국기와 미국 국기를 흔들기도 했다. ……큰 도시의 입구에는 신선한 소나무로 장식한 아치가 세워졌다. 그 꼭대기에는 꽉 들어찬 크기의 환영 표지가 있었다.
>
> "미국 환영, 한·미연합군 감사합니다."

밤에는 도시에서 가장 좋은 건물을 제공 받았다. 비와 걸레를 든 한국의 소년·소녀들은 병사들이 청소하며 잠자리를 준비하는 것을 도와주었다. …… 많은 양의 신선한 계란·사과·감·정종·맥주 등의 선물이 제공되었다. …… 아마도 한국 역사상 이 나라에 들어온 외국 군대가 그렇게 대접받은 적은 없었을 것이다.[8)]

책임 구역으로 부대를 이동하는 작업은 10월 9일에 완료된 초기의 전술적 배치로서 평화롭게 진행되었다. 10월 중순까지 40사단은 경상북도와 경상남도에서도 완전한 통제를 확립하였다. 서쪽 지방인 전라남도와 전라북도, 그리고 충청남도의 점령은 96사단에게 맡겼다. 그러나 96사단의 도착이 연기되고 이 지역에 직접적인 통제를 확립할 필요성이 있게 되자 7사단과 40사단이 이 지역에 군대를 파견하였다.

10월 중순까지 이 지역의 중요 지점들을 이 두 사단의 상징적인 병력이 점령했다. 한국 본토에서 남쪽으로 약 60마일 떨어진 제주도와 주변의 섬은 일본 병력과 민간인의 철수를 용이하게 하고자 10월 24일 24기지창부대가 점령하였다. 이렇게 하여 남한의 각 지방에 미군의 초기 배치는 완료되었다.

한국 남서 지역의 Ⅲ단계(群山)에 대한 초기 계획에 따르면 7사단이 상륙한 약 30일 뒤에 96사단의 상륙을 예정하고 있었다. 그러나 선박의 부족과 육군 감소 계획으로 말미암아 96사단은 보병 6사단으로 대체되었으며, 하지 장군도 그에 동의했다.

그러나 하지 장군은 일본의 비슷한 크기의 지방보다 한국이 더 많은 점령군이 필요하다는 점을 태평양사령부에게 예리하게 환기

8) *Hist USAFIK*, Pt. I, Ch. 6, pp. 15~16 : Personal Observation of 2d Lt. Ellis I. Johnson, 185th Inf. Regt. : XXIV Corps G-3 Operations Rept No. 28, 1 Oct 45.

시켰다. 그는 철수와 귀환의 엄청난 업무와 혼란한 정치 상황, 그리고 신속한 군대 이동을 힘들게 하는 빈약한 교통·통신 수단 등을 그 이유로 들었다.[9)]

보병 6사단은 한국의 임무를 수행하고자 일본의 임지로부터 신속히 이동했다. 6사단은 9월 24일에 통고를 받고 군정 문제에 대해 급히 부대원 교육을 시킨 뒤 목표일보다 2주일 뒤인 10월 16일 인천에 일진을 상륙시켰다. 제1, 제20, 제63보병연대로 구성된 6사단이 한국에 도착했을 때의 총병력 수는 장교와 사병을 합쳐 1만 3,584명이었다.

10월 말이 되어서야 수송이 완료되었고, 예하 부대들은 전라남도·전라북도·충청남도 등지로 각각 배치되었다. 전술적 배치가 끝나자마자 1946년 1월에 시작되어 3월에 끝난 점진적 철수 계획에 따라 막강한 전력을 갖춘 40사단을 철수시킬 계획이 작성되었다.[10)] 그러나 12월에 40사단은 한국의 여타 부대에 전출시키기에 부적합한 모든 요원을 골라내어 철수시키고, 재조정에 적합하지 않은 부대들만 이동하기로 결정했다. 그 결과 40사단이 샌프란시스코로 이동할 때는 단지 33명의 장교와 17명의 사병으로 구성된 "서류상의" 조직만 남게 되었다.

40사단은 3월 15일 미군함 마린 데빌호(Marine Devil)를 타고 떠났다.[11)] 40사단이 철수한 뒤 6사단과 7사단이 점령 임무를 맡게 되었다. 영토적으로 7사단은 충청남도 모든 지역과 6사단과 40사

9) *Hist USAFIK*, Pt. I. Ch. 6, pp. 29~30 ; Rad CINCFAPAC Adv to CG XXIV Corps, CG 6th Army, 202159/I and 231240/I, Sep 45 : and CG USAFIK to CINCAFPAC Adv, 211717, Sep 45.

10) *Hist USAFIK*, Pt. I, Ch. 6, pp. 66 ; Rad, CG XXIV Corps to CINCAFPAC Manila, 311257/I Oct 45 ; to CG 6th Inf Div, CG 40th Inf Div. 121000/I Nov 45.

11) *Hist USAFIK,* Pt. I, Ch. 6, p. 69.

단으로부터 인계 받은 10개의 다른 지역을 책임 맡게 되었다. 6사단은 11월 3일까지 경상북도의 북서 지역에 있는 8개의 지역을 인계 받았다. 점령은 이제 2개 사단의 임무가 되었다.

4. 전술 병력에 의한 군정

점령 초기의 몇 주 동안 전술 부대들이 남한의 모든 지역에 확대 배치됨에 따라 전술 지휘관들이 통치 기능을 인계할 수 있는 유일한 미국인이 되었다. 첫 부대가 상륙한 뒤 군정 요원들을 활용할 수 있을 때까지의 정책은 서울의 군정청에 따라 진행되었고, 공식 경로를 통해 전달되어 지방의 소규모 부대의 지휘관과 그 부속 기구들을 통해 집행되었다.

지방의 지휘관들이 많은 주도권을 행사하게 됨에 따라 연대의 지휘관들이 할당받은 구역 내에서 군정의 대표로 행동할 필요가 있었다. 결국, 소위가 몇 천 명의 국민을 통제하는 위치에 있게 되었다. 전술 지휘관들에게 부과된 이러한 임무는 한국경찰대를 창설하거나 또는 이미 있던 조직을 증대시켜 질서를 유지하고, 선동자의 명단을 파악하고, 민간인이 계속해서 평상시의 생업에 종사하도록 하는 것이었다.[12)]

군정과 민정 업무를 위한 표준 활동 절차가 점차적으로 수립되었다. 시간이 흐름에 따라 40사단의 표준 절차도 마련되었다. 곧, 전술 부대는 점령 지역의 전임 행정관이 일본인이면 그를 해고

12) HQ, USAFIK, Office of the Military Governor, "Instructions to Troops Occupying Areas in Korea South of the 38th Degree, 28 Sep 45" ; *Ibid.*, Memo, "Duties of Small Detachments at Important Points Throughout Southern Korea," 27 Sep 45 ; *Hist Files.*

하되 필요할 때는 고문으로 앉혔는데 이는 필수적인 문서의 소재와 보존을 확실히 하고 정부 기구와 절차에 익숙해지고자 함이었다.

만약 행정관이 한국인이면, 적합한 대체 인물을 찾을 때까지 그대로 두었다. 만약 어느 정파가 전임 관리를 내쫓고 행정권을 인계했다면, 그 정파가 임명한 관리를 체포하고 적합한 대리인을 임명했다. 전임 경찰 관리들이 적합하고 이용 가능한 사람들이라면 활용하고 필요로 한다면 군대가 그를 지원했다.

정부의 모든 재산은 한국 군정의 책임 아래 관리하도록 했다. 전술 지휘관들은 고통을 경감하고, 질병의 확산을 방지하고, 생산을 장려하는 데 심혈을 기울였다. 그리고 당시에는 쌀을 포함한 상품의 자유 시장을 유지한다는 것이 정책이었다. 암시장도 존재했지만 신중한 감독 아래 최소한의 정도로 이를 유지하도록 했다.

비록 상황은 지역마다 다르지만, 부대는 인내와 풍부한 지략을 요구하는 두 개의 큰 문제에 직면했다.

(1) 정치적 문제 : 일본인의 재산을 압류하고 지역적 기능을 장악하고 있는 인민공화국정부(People's Government)와 관련된 한국 정치 기구들의 기존 정부를 붕괴시키는 일, 적절한 경찰력과 법정 기구의 부족, 물질적 상황으로 말미암아 다소 정지 상태에 있는 교통 · 통신 수단, 지시나 통제 및 보호의 부족, 정치 질서의 문제를 심각하게 야기하는 일본인과 한국인 간의 필연적인 증오심 속의 일본군과 한국 망명객들의 존재.

(2) 경제적 문제 : 통화 팽창을 야기하는 경제의 점진적 쇠퇴, 식량에 필수적인 농작물의 빈약한 수확, 여러 집단의 사적 이득을 얻으려는 경쟁, 공장과 광산의 폐쇄, 망명객과 밀수품을 실은 한국과 일본 사이의 불법 선박.

이러한 상황 아래에서는 하루 빨리 군정 요원들을 배치하고, 군정장관들이 취임하여, 완전한 군정을 수립하는 것이 절대로 필요했다.

5. 지방의 군정 수립

전술적 지배 아래에서는 군정 통제로 전환하는 일이 비교적 신속했다. 군정청은 10월 18일까지 지방의 절반을 공식적으로 장악했고, 점령이 시작된 지 6주 뒤인 26일까지는 나머지 절반을 모두 장악했다. 별첨된 일정표에 따르면 임명된 군정장관들의 직위와 군정 부대들의 지방 도착 시간이 나타나 있다.[13] 정규 군정 부대가 도착하에 앞서 몇 명의 장교와 사병을 요직에 먼저 파견하는 것이 일반적인 절차였다.

전술적인 점령군과 군정요원들 사이의 공식적인 관계는 1945년 11월 9일자의 지시에 따라서 조정되었다. 이 지시에는 6사단, 7사단, 40사단, 그리고 24기지창의 사단장들이 "지역 사령관"(Territorial Commanders)이 되고 이들이 주한 미군의 군정을 직접 대표한다고 명시하고 있다.

군정 부대들은 할당된 지역에 도착하자마자 그 지역의 주요 지휘 위치에 배속되었다가 행정을 감독할 수 있게 되었을 때 이를 인계했다. 지역 군정장관들은 군정장관이 임명하고, 법과 질서의 유지에 필요하다면 전술 부대로부터의 지원을 요청할 수 있는 권한을 위임받았다. 군정장관과 한국의 관청 사이의 직접적 의사소

13) 부록 4. 군정청 인사 기록 참조.

통은 기술적인 문제에 국한한 것과는 달리 지역 사령관들은 중요한 정책과 행정적 문제에 대해 서울 사령관을 통해 회람을 돌렸다.

1946년 1월 4일에 주한미군 군정청(USAMGIK)이 설치되자 군정 수립의 마지막 단계에 들어갔다. 군정 시설들은 1월 14일 전술적 지휘 체계에서 벗어나 군정청 본부에 귀속되어 소속된 각 지방의 군정 본부에 부속되었다. 그러나 전술 지휘관들은 여전히 이 부대들을 관리 · 지원하는 광범위한 책임을 지고 있었다.

처음에는 한국에 8개의 도가 있었다. 이것이 뒤에 서울과 제주도가 도(道)의 수준으로 승격됨에 따라 10개가 되었다. 그러나 애당초 서울은 경기도청 밑에 있었고 제주도는 전라남도 밑에 있었다. 38°선 이남의 황해도 지역은 경기도의 일부로 관장하였다.[14)]

남한의 중심 지역인 경기도는 서해안에 위치하여 황해에 연접해 있다. 경기도는 한국의 수도인 서울과 한국의 두 번째 항구인 인천을 포함하고 있고, 남한의 산업 시설의 많은 부분이 이곳에 위치해 있다. 곧 철광 · 강철 · 조선 · 화학 · 비행기 · 병기 · 탄약 · 철로 장비 · 비철금속 · 기계 섬유, 그리고 2개의 화력 발전소가 이곳에 있다.

서울시에는 세 가지의 문제가 있는데 세 개의 정부 조직, 곧 국가 조직 · 지방 조직, 그리고 도시 조직이 있음을 의미한다. 9월의 혼란한 상황 가운데 한 정부가 언제 끝이 나고 다른 것이 언제 시작되는지 알기가 어렵다.

두 개의 군정 팀들이 9월 11일 서울 · 경기 지역에 배치되었다.

---

14) 여기의 자료는 주로 *Hist USAFIK*, Pt. Ⅲ, Ch. 3에 근거하며, 윌리엄즈(Wilbur Williams) 소령(USAMGIK의 공식 역사 기록자)의 초고 자료로 보강했으며, 그 외 다양한 부대 역사, 월간 부대사 보고서(Monthly Unit Historical Reports), 그리고 윌리엄즈가 초고를 작성할 때 활용한 개인 인터뷰 등으로 보강했다. *Hist Files.*

군정 제1팀(MG Team No. 1)은 경기도 정부를 관장하고, 군정 제3팀은 서울시 정부를 맡았다.[15] 제1팀은 벨기에 총영사관 건물에서 은신하던 도 직원을 발견한 9월 14일까지는 도청의 본부를 찾아낼 수 없었다. 도청은 12월 25일이 되어서야 지방의회 건물에 복원되었다. 제1팀의 지휘관인 마이어즈(William B. Myers) 소령은 1945년 10월 2일 이곳의 지방 군정 지사로 임명되었다.

제3팀이 9월 11일 서울시를 인수했을 때 그들은 정부 기능이 수행되고 있지 않음을 발견했다. 킬로우(James S. Killough) 소령이 군정 시장으로 임명되었다. 일본인 관리들을 해고하고 시 정부의 여러 부서에 임시로 한국인들을 임명한 뒤에야 정상적인 행정 기능이 수행되었다. 식량을 공급하고 장티푸스의 전염을 막으려는 비상 조처가 이뤄졌다. 도시는 시체와 지난 2주 동안에 쌓인 쓰레기와 배설물로 온통 더럽혀져 있었다. 40군정 중대는 97군정 지대의 총감독을 받아 11월 19일, 시의 행정을 인계받았다.

남한의 가장 고립된 도인 강원도는 북쪽에 38°선과 접해 있고, 동쪽에는 동해가 있으며, 서쪽에는 경기도가 있다. 농업적 측면에서 강원도는 황폐한 지역이다. 주요 산업은 무연탄 · 철 · 금 · 텅스텐 등이다. 초기 점령 때에는 멀리넥스(Earl H. Mullinex) 중령이 임시 군정 지사로 근무했다. 약 3주 뒤에 최초의 군정 부대가 도착했고, 마지막 부대는 11월 18일에 배치되었다.

따라서, 11월 26일 제100군정 지대의 고위 군정 장교인 쯔워만(Carl M. Zwermann) 중령이 최초로 공식적인 도 군정 지사로 임명되었다. 처음에 그는 일본 관리들을 확보할 필요가 있었는데, 이

15) Appendix, 군정 부대와 요원들의 배치에 관한 공식 기록을 담고 있는 지역 군정 부록 5. 군정청 지방 조직의 기록 참조.

는 모든 공식 기록들이 파괴된 상태에서 그들만이 유일한 공식 정보의 원천이었기 때문이다. 그러나 군정 부대가 도착한 뒤 2주 안에 이 관리들은 모두 도를 떠났다.

한국 군정장관 고문인 윌리엄즈(Z. N. Williams) 사령관의 지시에 따라 지역자문회의(Local Korean Advisory Council)가 정책을 결정하고 직원 채용을 자문하도록 조직되었다. 얼마 동안의 시행착오를 거친 뒤, 군정장관과 협의하고자 두 개의 집행 위원회가 임명되었고, 한국인으로서 박근원(Kun Won Pak) 박사가 1946년 1월 10일 한국 지방장관(Korean Provincial Governor)의 임무를 맡았다.

지방의 정치는 인민공화국의 대표들이 군정을 무시한 채 10개 지역에서 3개 지역을 지배했던 사실로 말미암아 복잡한 상태에 빠져 있었다. 그러나 이 경우 전술 부대들은 지역 지도자들을 이해하고, 그 인원을 활용하고, 그들을 도군정 정부에 협력하도록 하는 노력을 기울여야 한다고 충고했다.

12월 5일 인민공화국의 기존 수뇌들은 군수로 임명되었으나 그 뒤 곧 이들은 정치 단체의 가입을 포기하고 지방 군정 당국에 복종하라는 명령을 받았다. 결국 소위 "우익" 분자들이 이 세 개 지역에서 권력을 장악하여 부분적으로 "좌익"의 행세를 했다. 좌익 분자들은 신탁통치를 지지한 뒤 지방에서의 영향력을 상실하였다.

의사 소통의 문제가 효율적인 활동을 하는 데 가장 큰 장애가 되었다. 1946년 3월에 격주의 업무 연락이 시작될 때까지 지방의 수도와 군정 중대들과의 접촉은 육군 전화선을 통해 이루어져야 했다. 각 지역은 고질적인 식량 부족에 시달렸다. 특히 겨울의 상황은 심각했는데, 동해안을 따라 민간인들의 소동이 일어나기도 했다. 자발적인 미곡 수집 계획에도 불구하고 종자와 비료의 부족 때문에 상황은 더 심각해졌다. 이것은 당시의 소출이 1946년의 평균 산출보다 적다는 것을 의미했다.

무연탄 광산은 한창 활기를 띤 적이 있었지만, 지금은 과거의 과다 채취로 황폐화되었다. 적절한 양이 수출될 수 있을 정도까지 특별한 노력을 기울여 광산을 개선함으로써 곧 하루에 1천 톤 정도를 선적할 수가 있었다. 그 뒤에는 감시인들이 임명되어 큰 금광과 텅스텐 광산을 지켰다.

경상남도는 한국의 남동쪽 끝에 있는데, 해군 기지와 비행장, 산업 시설, 그리고 수송망 등이 있어 전략적으로 매우 중요한 지역이었다. 해리스(Charles S. Harris) 장군이 이끄는 군정 정찰대가 9월 20일 부산에 도착하여 본부를 설치했다. 군정 본부 중대가 임무를 수행하고자 10월 24일 도착할 때까지 전술 부대가 모든 정부 기능을 수행하였다.

피난민 문제 이외에도 건강과 위생 상황에 즉각적인 관심을 기울일 필요가 있었다. 일본이 나병 환자들을 풀어 주었기 때문에 정규적인 나병원에 이들을 수용할 수 있을 때까지 임시 수용소를 설치할 필요가 있었다. 정부 기능이 대부분 정지 상태에 있었기 때문에 정치적 상황은 혼돈 상태였다. 일본인과 부역자들은 신속히 면직되었다.

인민당(People's Party)가 10월 5일 부산에서 조직되어 10월 한 달 동안에 많은 읍과 촌락들은 물론 6개 군에서 행정 권력을 접수했다. 군정의 첫 번째 조처의 하나는 스스로 자신을 임명한 지역 관리들을 해고하는 것이었다. 행정권을 빼앗았던 사람들은 해고되었고, 일부는 투옥되었다.

10월 24일에 14개 군에서 관리들이 새로이 임명되었고, 11월 22일에 새로운 선거법이 실행되었다. 이 선거법은 한국의 전통에 따라 친족의 대표들이 행정장을 뽑는 것으로 규정했다. 12월 1일까지 모든 촌락과 읍의 장들은 군정이 직접 임명하거나 새로운 법에 따라 선출했다.

1946년 1월 25일, 해리스 장군에 이어 군정 지사에 임명된 질레트(Francis E. Gillette) 대령은 점령 초기부터 정치 단체들이 어려운 문제들을 야기했다고 보고했다. 인민위원회는 강력하고 효율적이며 영리하게 지휘를 받았고, 공산주의적 배경도 있었다. 그 단체는 공안부(公安部)를 포함한 통치 조직도 가지고 있었으며, 세금을 징수하고 인구를 조사하고 다른 필수적인 통계들도 수집했다.

요컨대 인민위원회는 유사 정부(pseudo-government)였다. 약 300명의 좌익분자들을 체포했던 전도(全道)에 걸친 숙청을 통해 군정이 이러한 소위 "위협"을 제거했던 것은 1946년 4월이 되어서였다. 많은 사람이 군정을 비방하는 말을 하지 못하도록 한 법령을 위반했다는 이유로 체포되었다. 이 숙청이 있은 뒤 한국의 주민들은 좀더 협조적이었고, 군정을 법적 정부로 인식하게 되었다고 한다.

서해안의 황해를 바라보고 있는 충청남도는 북쪽의 경기도와 남쪽의 전라북도 사이에 위치한 남한 서해안의 중심지이다. 이 도는 농업이 주업을 이루는 지역으로서 주민의 약 75%가 농업에 종사하고 있었다. 그리고 넓은 해안이 있어서 어업이 주요 산업으로 발전할 수 있었다. 나머지 산업들은 주로 섬유·종이·피혁 제품·놋쇠 제품과 같은 가내 수공업이었다. 또한 이 도는 상품 수송을 원활히 하는 매우 넓은 도로와 철도 시설이 있다는 점에서 다른 도보다 더 여건이 좋은 편이었다.

군정장관인 카프(William A. Karp) 대령은 첫 군정 부대들이 이 지역에 도착하기 약 3주 앞서 10월 9일 도착했다. 처음부터 요원이 부족하여 활동에 지장을 겪었으며, 후속 충원이 열악하여 계속해서 고통을 받았다. 공산주의자들이 대부분의 활동적인 정파들을 지배하고 있었는데, 이 단체들의 많은 부분이 불법적으로 행정 통제와 경찰 기능을 확보하고 있었고, 자신들에게 방해가 되는 사람들을 협박하고 위해를 가했다고 한다. 미군이 도착하고 난 뒤에야 이 사람들이 진압되었고, 지역 경찰들은 다시 활성화되었다.

지역 주민들은 지역 신문인 『대전일보』를 공산당 기관지로 인식했다. 이 신문의 노동위원회는 이 지역의 지도적인 공산주의 단체와 연합하여 주주나 당국과 협의 없이 1945년 11월 1일, 신문의 이름을 『인민일보』로 바꿨다. 미군정에 적합한 세 명의 신임 한국인 관리자들이 취임할 때까지 이 신문의 발간은 중지되었다.

지역 밖으로 과도하게 식량을 반출하였기 때문에 심각한 식량 부족 사태가 확산되었다. 그리고 식량 선적 통제가 군정의 지배를 받게 되어서야 이 부족 사태는 수습될 수 있었다. 정부와 국민 사이의 친밀하고 일관된 접촉을 확립하려는 방법들이 강구되었다. 군정장관은 규칙적으로 촌락과 읍을 광범위하게 방문하였고, 매달 한 번 도청 소재지에서 회의를 열었다.

충청북도는 남한의 중심에 위치해 있는데, 서쪽으로는(*sic*) 경기도·강원도의 남쪽과 직접 마주하고 있다. 이 도의 주민 가운데 약 85%는 농업에 종사하고 있다.

제련소들이 38°선 이북에 있기 때문에 수많은 금속 광산들이 개발되지 않았다. 현재 채굴하고 있는 한 석탄 광산은 철도와 몇몇 산업을 위해 석탄을 공급했다. 산업 활동은 명주실 생산과 소규모 가내 공업뿐이었다. 이 도의 가장 큰 문제점은 이 소규모 산업이 계속 가동하려면 충분한 광물들을 어떻게 확보하느냐 하는 것이었다.

군정 부대가 도착하기에 앞서 이 지역은 패츨러(Robert E. Pachler) 대령이 지휘하는 제17보병대의 통제를 받았다. 세니트(Ray C. Senate)

중령이 11월 8일 군정 지사에 임명되었다. 이 지역 정부의 일반적인 상황은 실망스러운 것이었다. 통치 활동이라고는 엉성한 경찰의 통제뿐이었다. 여기에서도 역시 지역 인민위원회가 정부의 특권을 떠맡으려고 노력하고 있었다. 대중들 사이에는 지방과 지역 정부의 관리들과 고용인들이 친일적인 배경을 가진 사람으로 인식되었다.

군정 부대가 도착했을 때 공직에 있는 일본인은 하나도 없었지만, 일제 치하에서 지녔던 직위를 여전히 가지고 있는 한국인 관리들 약 17명이 있었다. 이들을 해임해야 한다는 요청에도 불구하고 그들의 능력과 경험 때문에 그대로 그 직위에 있게 했다. 1946년 4월 현재 당초의 17명 가운데 10명이 남아 중앙 정부로부터 승인을 받았다.

이 지역의 정치적 분열을 야기하는 주된 요소들 가운데 하나는 주민들이 지역적·국가적·세계적 일들에 대해 무지하다는 것이다. 주민들은 사방에 흩어져 있었고, 빈약한 도로와 한정된 전화와 전신 시설들 때문에 교통·통신에 장애가 많았다. 수신자가 별로 없었기 때문에 서울의 라디오 정보들은 여러 사람에게 전달될 수 없었다. 지역 신문인 『동시』(*Tong Shee*)는 인민공화국을 위한 선전지로 인식되었다.

그러므로 군정의 첫째 조처 가운데 하나는 주민들에게 더 많은 정보를 제공하는 것이었다. 민·군 합동 연락 체계를 이용하여 격주로 모든 지역 도시들에 인쇄물을 보낼 수 있었다. 인쇄 전단·포스터·라디오와 같은 이용 가능한 모든 수단이 활용되었다. 좌익인 『동시』는 정부의 허가 없이 발행된다는 것이 발견되어 폐간되었고, 『국민일보』로 이름을 바꾸어 지역 시민들이 발행하는 일간지로 승인을 받았다.

지역자문협의회(Local Advisory Council)를 설치한 것은 주요한 업적으로 평가받았다. 지역협의회가 조직된 뒤 자문 체제에 관한 전단들이 작성되어 야전의 모든 부대와 정치적 하부 단위에 배부되었다. 1945년 말까지 자문협의회는 군 이상의 수준에서 온 사람들 가운데에서 선출되었다. 10개의 군을 대표하는 도협의회와 군정지사를 보좌하는 5명으로 구성된 협의회가 지방의 도청에서 정례적으로 개최되었다.

이 제도는 열광적인 대중적 지지를 받아 모든 수준의 주요 정부 관리들을 선발하는 데 큰 가치가 있었던 것으로 판명되었다고 한다. 비록 인민위원회가 지역의 불안과 불화를 야기했지만, 그들의 활동은 자문 제도의 활성화로 쇠퇴하였다. 군정 지사는 1946년 4월 현재 공산주의나 인민공화국파보다 중도파가 우세하다고 보고했다.

남한의 남서쪽 모퉁이에 위치한 전라남도 지역은 연안 도서가 많고 유용한 목포항(木浦港)이 위치하고 있다.[16] 이 지역에 도착한 최초의 부대인 제33 군정 중대는 1945년 10월 22일 이 지역의 중심 도시인 광주(光州)에 도착했다. 일본 관리들이 계속 근무하고 있었지만, 근로자들은 업무에 태만했고, 경찰은 임무의 수행을 두려워했다.

"백의사(白衣社)"*라고 부르는 지역 조직이 실질적으로 이곳을 지배했는데, 300명 이상의 이 사람들이 거리를 순찰하고 범인을 체포함으로써 당분간 이 도시에서 유일하게 조직된 정부의 역할

---

16) 이 지역에서의 활동에 관한 가장 집중적인 설명은 미드(E. G. Mead)가 그의 *American Military Government in Korea*에서 다시 거론했다. 그는 이 지역에서 군정 장교로 복무했었다.

* 이 백의사(白衣社)는 김구(金九)가 이끌던 백의사와는 다른 지방 조직이었다.

을 했다. 이 조직은 정부 전복 활동으로 일본 감옥에서 11년을 복역한 김석(金晳)의 지배를 받고 있었다. "백의사"는 시의 치안을 유지할 뿐만 아니라 주민들을 폭행하고 금품을 강탈하였다.

린트너(Julius H. Lintner) 중령은 10월 23일 이곳에 도착하여 지역 정부의 통제권을 맡은 지 며칠 안에 모든 주요한 일본인 관리들을 해고하였다. 이 지역에는 아주 다행히도 한국인 의사인 최영욱(崔泳旭, Yeoung Wook Choi)* 박사가 있었다. 미국(*sic*)에서 교육을 받은 그의 도움은 유익한 것이었다. 결국 그는 군정 부지사로 임명되었다.

군정 당국은 인민위원회를 참을성 있게 조종함으로써 활동적인 그들을 장악할 수 있었다. 린트너 중령은 여러 차례 이 지역의 인민위원회를 소집하여 그 행위가 불법적이고 무책임한 것임을 인정하도록 할 수 있었다. 결국 인민위원회는 해산되었지만 정당으로서 계속 존재하는 것은 허락되었다.

"백의사"는 또 다른 문제를 발생시켰다. 그들은 비록 해산 명령을 받았지만, 내밀히 활동을 계속했고, 마침내는 지도적인 행정 관리를 암살할 음모를 꾸미다가 직접적인 무력 행사로 진압되었다. 그 지도자인 김석은 체포되어 유죄 판결을 받았다.

전라남도 지역의 북쪽에 있으며 그 자매도인 전라북도 지역은 주로 금강 유역에 자리 잡고 있다. 이 지역은 인구의 80%가 농업에 종사하고 있으며 쌀 · 밀 · 보리 · 호밀 · 목화 · 삼 · 뽕나무 등의 경작지가 많은 지역이다. 이곳의 행정도 일반적으로 와해된 상태에 있었다. 1945년 6월 일본이 임명하여 공직에 취임한 한국인 지

---

* 이 사람은 캐나다 토론토대학 출신으로 당시 서석(瑞石)병원을 운영하고 있었다. (옮긴이 주)

사는 공식적인 직책도 없이 11월 말까지 남아 있었다.

갤러기(Ralph F. Galloghy) 중령은 1945년 1월 20일자로 이 지역의 군정 지사에 임명되었다. 그는 12월, 정책과 요원의 선발에 관한 협의를 하고자 자문협의회를 조직했다. 그는 이 지역의 각 지방과 정파를 대변하려고 많이 노력했다. 그 협의회는 기능을 매우 적절히 수행했다고 한다. 그러나 이 지방 정부는 여러 지역의 인민위원회의 위압적인 활동으로 고통을 받았다.

전라북도는 최초로 정부 활동의 한국화를 시작한 지역 가운데 하나였다. 미국인의 특별 감독과 한국인 통제, 그리고 정치 활동에 관한 공동 검토의 성공적인 실험을 거친 뒤, 1946년 2월 말에 이르러 한국 관리들에게 행정을 인계하였다. 이 성공으로 말미암아 남한 전역에 걸쳐 한국화 정책의 채택이 가속화되었다.

남동쪽 지역인 경상북도는 강원도의 남쪽에 있고 경상남도와 접경하고 있다. 중심 도시인 대구(大邱)는 한국에서 세 번째로 큰 도시이며, 서울과 부산항 사이의 철도가 지나고 있다. 이곳은 많은 숫자의 가내 농산물을 다루고 있는 농업 시장의 중심지이다.

이 지역에 관한 공식 기록은 불충분하다. 기록들은 이 지역의 군사 정부가 설치된 방법을 기술했다. 최초의 군정 팀들이 10월 29일 대구에 도착했을 때, 그들은 10월 14일 군정지사로 예정된 헨(Edwin A. Henn) 대령 지휘 아래 골격만 있는 군정 구조를 발견하였다.

헨 대령은 11월 3일 공식적으로 지사에 임명되었다. 그는 이 지역의 전술적 지배를 위해 40사단으로부터 배속받은 3명의 장교들의 도움을 받았다. 99군지대와 34중대는 11월 1일의 명령에 따라 정부 활동을 위해 병합되었다. 이 부대의 중대들은 22개의 군과 울릉도로 각각 배치되었다.

현직의 모든 일본인은 정부 기능과 권한에서 해임되었고, 친일(親日) 한국인으로 분류된 사람들도 11월 30일까지는 정부에서 해고되었다. 12월, 지역 정부들은 중앙 정부와 좀더 밀접한 관계의 형성을 위해 재조직되었다.

제6장

점령 초기의 문제들

1. 일본인의 철수와 한국인의 귀환

군정이 해야 할 책임 가운데 가장 시급히 요구되는 것은 한국에서 모든 일본 군대와 민간인을 철수시키고 일본과 북한에서 한국인들을 귀환시키는 일이었다. 정확한 통계가 관련 임무의 정도를 잘 보여주고 있다. 1945년 8월 15일부터 1946년 9월 1일까지 주한 미군은 260만 명의 대중 이동을 감독했다. 군정 전체가 관련된 이 임무는 남한 전체와 관련된 것으로서 미래의 정부를 수립하고, 경제 · 사회적인 재건을 준비하는 와중에서 제일 우선의 문제로 취급되었다.[1)]

일본의 평가나 미 육군의 평가는 38°선 이남에 주둔하고 있던 일본군의 규모를 과장했었다. 24군단이 도착한 뒤, 철수가 필요한 수는

1) 260만 명이라는 숫자는 "Report on Repatriation, Aug 15, 45 to Sep 46," HQ, XXIV Corps, 20 Sep 46, AGO 14. 33 : *Hist Files*에서 뽑은 것임. 이것이 일본인은 80만 3,547명(이 가운데 21만1,984명은 북한에서 왔음)으로 밝혀졌고, 한국인은 186만4천 명(그 가운데 38만8,852명은 북한에서, 그리고 28만8,517명은 만주에서 북한을 경유하여 왔음)이었다.

약 20만 명의 육군과 1만 6천 내지 2만 명의 민간인이라고 그들은 추산하였다.[2] 주한 일본군의 무장 해제와 탈군사화는 "즉시, 그리고 단호하게 수행해야 할 미 점령군의 첫 번째 임무"였다.[3] 가능한 한 빨리 부산항을 장악하고 선박이 준비되는 대로 부산항을 통해 무장한 일본군을 철수시키는 것이 그 임무에 포함되었다. 일본인들은 전쟁포로로 취급되지는 않았다.[4] 그들은 일본에 도착하자마자 해산되어 절차를 밟아 일본 정부의 지시에 따라 귀향 조치되었다.

일본과 미군의 특별 연락 분견대가 남한 전역의 여러 부대 집결지에 배속되어 일본인들이 출항지로 철수하는 명령을 확실히 준수하도록 했다. 처음 2주 동안 서울의 집결지를 제외하고 병사들은 모든 가능한 수송 수단을 이용하여 소규모로 이동하였다. 걷기도 하고 말을 타기도 하고 때로는 트럭이나 기차를 타고 가기도 했다. 부산까지의 긴 여행은 거의 대부분 철도를 이용했다.

일본인들은 민간인에게 해를 입히거나 약탈하거나 그들의 재산을 요구하는 것이 금지되었다. 그들의 남쪽으로의 이동은 훌륭한 규율과 행동으로 이루어졌다. 항구에서의 귀환 절차는 전술 부대, 특히 부산의 40사단이 맡았다. 제1부두에서 일을 처리하고 선박에 짐을 싣는 특별 임무는 160보병연대에 하달되었고, 이 연대의 E, F, K, L중대로 구성된 혼성 보병대대가 임무를 수행했다.[5]

---

2) 기본적인 사실은 *Hist USAFIK*, Pt. I, Ch. 8에서 인용.

3) SWNCC 150/4/5, 21 Sep 45의 지령에 따름.

4) 군인은 끝까지 싸우도록 되어 있었기 때문에, 기존의 일본 규정에는 포로와 같은 부분이 없었다. 도덕적 치욕과 군사 재판에 관한 법적 책임과 죽음의 문제를 제거하고자, 일본군의 대본영은 8월 17일, 휴전의 결과로 적에게 인도된 병사들은 지난날의 법에 따라서 항복한 것으로 여길 수 없다고 발표했다. Japanese Monograph No. 155, "Record of Operations Against Soviet Russia, Northern and Western Fronts, August-September 1945," prepared by Military History Section, HQ, Far East and distributed by OCMH, Department of the Army, pp. 114~115.

초기의 철수는 필리핀에서 철수 작업에 종사했던 40사단이 수립한 절차에 기반을 두었다. 철수 작업팀들은 하루 24시간 동안 1시간에 500명의 병사를 처리하도록 준비하였다. 최소 철수 비율은 9월 말에 달성한 비율인 하루 4천 명보다 더 적지 않도록 책정했다. 그 곤란한 사정은 다음과 같이 공식적으로 기록되어 있다.

> 일본어를 아는 사람이 적은 실정에서 일본인을 대규모로 처리하는 계획에 부수된 문제들은 다음과 같은 요인들로 말미암아 복잡해졌다.
>
> (1) 신속히 할 필요성.
>
> (2) 주민들의 조직은 정확성과 신속성을 무시하는 동양적인 습성으로 표현될 수 있는데 이러한 속성을 지닌 수송 시설을 조정하는 문제.
>
> (3) 약탈한 한국 재산의 일본 반입 금지.
>
> (4) 서양식 기준의 청결에 익숙하지 않은 사람들 속에서 미군의 건강과 위생을 유지하는 일.[6]

기차에서 내려 제1부두에 도착하면 먼저 이(虱)를 잡고, 면역 주사를 맞히고, 밀수 목적의 귀중품을 찾고자 사람의 옷을 수색하고, 집에 도착할 수 있을 정도의 현금을 나누어 주는 것 등으로 절차는 이루어져 있다. 개인의 짐은 들고 갈 수 있는 것만으로 제한하였다. 장교는 500엔, 사병은 250엔을 소지할 수 있었고, 민간인은 1천 엔을 소지할 수 있었다. 그 뒤에 의복 · 보석 · 금품 등 소지할 수 있는 품목들이 결정되었다.

---

5) 이 활동의 주요 보고에 관해서는 "Evacuation and Repatriation in Korea," 40th Infantry Division History of Evacuation and Repatriation Through the Port of Pusan, 28 Sep 45~15 Nov 45, authored by lst Lt. John M. Bullitt, Asst. G-2 : 31 page lithographed report : *Hist Files* 참조.

6) *Ibid.*, p. 1.

40사단은 10월 5일 책임 구역 내의 모든 일본 군대를 이주시켰으며, 그 뒤 38°선 이남의 모든 군사 요원들을 계속 철수시켰다. 10월 18일까지는 남한에 있던 거의 대부분의 일본군이 철수하였다. 약 10만 명의 군인들이 부산에서 철수하였고, 2만 명은 인천에서, 5만 명은 제주도에서, 그리고 약 1만 명의 해군은 진해의 해군 기지에서 철수하였다.

철수한 군인들 가운데 1,054명은 북쪽의 소련 구역에서 38°선을 넘어 탈출한 사람들이다. 처음에는 귀환과 군수품의 처분을 돕고자 1만 명의 일본군을 확보할 계획이었으나, 이 숫자는 너무 많은 것으로 판명되었다. 결국 1946년 4월 28일까지 병원과 노무를 돕는 데 약 500명만 보유하게 되었다. 군대의 철수는 미군이 상륙한 지 3개월 뒤인 "1945년 12월 1일에 완전히 끝났다."[7)]

군인을 포함하여 38°선 이남의 일본인 총수는 대략 60만 명으로 추산되었다. 그런가 하면, 만주에는 130만에서 200만 명으로 추산되는 귀환자들이 있었다고 한다. 이 숫자는 남만철도(南滿鐵道)에 종사하던 약 10만 명의 고용인을 제외한 것이었다.[8)]

비록 이들은 북한의 소련 책임 구역에 속한다고 하더라도 이들이 처음부터 지속적으로 남한으로 유입해 들어왔기 때문에 이들의 인구 이동을 결코 간과할 수가 없었다. 어떤 일본인들은 미군이 도착하기에 앞서 한국을 이미 떠났다. 대략 16만 명의 민간인들이 8월 15일부터 점령군이 완전히 장악했던 9월 말 사이에 한국을 떠났다는 기록이 있다.

일본군은 민간인의 철수에 책임을 맡고 싶어 했는데, 이는 동족

---

7) *MR*, I, Suppl, pp. 54, 59 ff. 이 보고서는 이 철수에 대해 간단히 요약했다.

8) 남한에 관해서는 *MR*, I, Suppl, p. 181. 그리고 만주에 관해서는 *Hist USAFIK*, Pt. 1, Ch. 8, p. 3.

에 관한 염려 때문이기도 하지만, 다른 한편으로는 민족적 자존심 때문이었다. 처음에는 그 제안이 합리적인 것처럼 보였다. 그러나 피난민들을 적절히 관리한다는 측면에서뿐만 아니라 부산항을 입·출항하는 그 수많은 사람의 흐름을 관리할 적절한 조직을 준비한다는 측면에서도 모든 민간인의 철수는 군정이 관장해야 할 필요성이 있다고 판단하였다.

그런데 일본의 구호 단체인 "일본인세화회"(日本人世話會)가 귀환 활동에 중요한 역할을 담당하였다. 그들은 정보를 제공하고, 피난민촌을 관리하고, 구조 활동을 했다. 10월 6일 이 단체는 일본인의 귀환을 처리하는 유일한 비공식 조직으로 인정받았다. 이 단체의 활동이 한창일 때에는 큰 도시에 12개 지부가 있었고, 27개의 피난민촌을 운영했다.

수송부나 보건·복지부와 함께 이동을 조정하고 관리하는 주요 책임이 총독부의 외사부(外事部)에 하달되었다. 해외 수송은 일본 상선과 해군 함대, 그리고 약간의 수송선과 상륙용 주정(LST)을 통해 이루어졌다. 예컨대 상륙용 주정은 7만 명을 수송했다.

10월 6일 현재 약 21척의 배가 부산과 일본을 왕복 운행하고 있었다. 기록은 9월 26일 한국을 떠난 첫 피난민선의 하나였던 코안마루(興安丸)가 맡았다. 이 배는 한국에서 귀환하는 민간인의 17%를 수송했는데, 1945년 9월 26일부터 1946년 12월 29일까지 33회 운항하면서 총 12만 1천 명을 수송했다.

비록 경계선은 기술적으로 봉쇄되었지만 많은 일본인이 여러 가지 이유로 38°선에 설치된 도로 봉쇄를 비켜 남한으로 넘어왔다. 그 이유 가운데에는 집으로 돌아가고 싶은 욕구, 식량 부족, 그리고 한국인이나 소련인들로부터 받을지도 모를 학대에 관한 우려 등이 있었다.

1945년까지 소련이 북한의 일본인들을 강제로 경계선을 넘도록 했다고는 볼 수 없지만, 그들을 부추겼다는 증거가 있다.[9] 이 문제의 해결을 위해 상호 협정을 맺기 위한 노력이 있었으나, 어떤 해결책이 도출되기에 앞서 귀환에 따른 최악의 사태는 모면하였다.[10] 1946년 8월 중순 하지 장군은 당시의 상황을 설명한 적이 있다. 그는 북한의 소련군에 관하여 다음과 같이 언급하고 있다.

> 그들은 (시베리아로 추방되거나, 북한에서 강제 노역을 하고 있는 준군사적인) 일본인 7만여 명을 제외하고는 이미 모두 38°선 이남으로 추방했다. 그들은 그 나머지도 10월까지는 밀어낼 것이라는 증거들이 있는데, 그들이 그러는 이유는 그렇게 함으로써 소련 해상으로 일본까지 한 사람이라도 수송시킬 필요가 없기 때문이었다.
>
> 또한 가난하고 반항적인 한국인들도 38°선 이남으로 추방되었는데, 이는 이번 겨울에 한국인과 자국 군인들에게 좀더 넉넉한 식량과 주거를 제공하고자 함이다. 북한에 있는 연락관에 따르면 소련 구역인 북한에는 빈집이 많다고 한다. 그곳에 견주어 이쪽은 70만 명의 집 없는 사람들이 있고, 그들에게 주거를 제공해 줄 방책도 없다.[11]

1주일 뒤 하지 장군은 다음과 같이 보고했다.

> 북한에 남아 있는 7만6천 명의 일본 민간인들은 소련이 일본으로 직접 귀환시킨다는 합의에도 불구하고, 소련이 권장하지는 않는다고 하더라도, 이 일본인들이 우리 지역으로 넘어오는 것을 허용함으로써 그 합의 의무를 회피하고 귀환의 부담을 우리에게 떠넘기려 한다는 것이 명백해졌다.

---

9) Actg POLAD(Langdon)은 1천 명의 "낙오병"을 포함한 7만7천 명의 일본인이 소련구역에서 왔다고 보고했다. *FR, 1945*, Ⅵ, p. 1143.

10) 본서 pp. 316 ff 참조.

11) CG USAFIK to CINCAFPAC, TFGCG, 190744/2, 19 Aug 46 : Outgoing Radios, International Affairs and Relations : *Hist Files.*

따라서 이러한 피난민들이 하루에 약 1,500명 정도 38°선을 넘어옴에 따라 우리의 검역 시설에 극도로 무거운 부담이 되고 있다. 식량 부족이 소련의 이러한 행동의 명백한 원인이기도 하지만 한편으로는 일본인들도 북한에서 또 한 번의 절망적인 겨울을 보내지 않고자 서둘러 탈출했다.12)

한편 하지 장군은 1946년 8월 두 차례에 걸쳐 이처럼 일본인들이 불법으로 월남하는 것에 대하여 북한의 소련 사령관에게 항의했지만, 그에 관한 어떤 대답도 듣지 못했다고 한다. 점령 시작 이후부터 이 무렵까지 19만 명이 남하했으며, 아직도 5만 명이 떠날 준비를 하고 있는 것으로 추산되었다.13)

처음에 넘어온 일본인의 숫자는 적어 점령 이후 처음 6개월 동안은 약 4만2,500명에 불과했다. 그러나 1946년 5월쯤에는 1주일에 약 1만 명이 북한 · 만주 · 시베리아에서 미국의 점령 구역으로 넘어왔다. 결국 총 29만2천 명의 일본인이 남한을 통해 일본으로 귀환했다. 대체로 일본 민간인의 귀환 임무는 잘된 일이었다. 맥아더의 보고에 따르면,

남한에서 일본인을 철수시키는 임무는 다른 어떤 지역에서보다 신속하고 완전하게 수행되었다. 계획이 시작된 때로부터 1946년 12월 31일까지 대략 59만2천 명이 철수하였다.14)

비록 정확한 통계는 없지만, 고향을 떠나 중국과 만주, 그리고 일본 등지로 떠난 한국인의 총 숫자는 매우 많을 것으로 추산된

12) CG USAFIK to SCAP, TEGBI 389, 380130/2, 26 Aug 46 : *Ibid.*
13) Report in *Stars and Stripes*, 23 Aug 46 : *Hist Files.*
14) *MR*, I, Suppl., pp. 163~164.

다. 예를 들어 군정은 1942~43년 통계에 근거하여 추산한 일본 총독부 외사국의 통계를 획득하였는데, 그 통계에는 만주에 약 150만 명, 중국 본토에 거의 9만 명이 있는 것으로 기록되었고, 일본에 거주하는 한국인들은 약 135만6천 명으로 추산되었다.[15] 이것은 군정에 심각하게 행정적인 문제가 되었다. 일본이 관련되어 있는 한, 각지의 한국인들은 "해방된" 국민으로 취급되어야 한다는 것이 당시의 정책이었다.

> 만약 일본에 있는 한국인들 가운데 제국주의 정부를 선전한 죄가 없거나 적극적으로 일본을 지지하지 않았다면, 본질적으로 그들은 모두 귀환할 기회를 가졌다. 그러나 친일 선전의 하자가 있는 사람들도 본인의 의사와 관계없이 귀환되었다.[16]

북한에서 넘어온 한국인 명부가 들어오기 시작한 것은 11월이었는데, 이때 거의 1만2천 명이 귀환한 것으로 보고되었다. 그 숫자가 1946년 3월에는 총 57만 명으로 늘어났다.[17] 11월까지 대규모의 한국인들이 일본으로부터 귀국했다. 1945년 11월 15일까지 귀환한 총수는 약 30만 명이었다.

1946년 1월 말에는 이 숫자가 약 90만 명으로 늘어났다. 이 총계에 만주와 북한에서 온 사람의 수를 더한다면 1945년 8월부터 1946년 9월 1일 사이의 한국인 총 귀환자의 수는 앞에서 기록한 것과

---

15) (1) "Population of Koreans on the Continent," Foreign Affairs Section, Japanese Government General : *Hist Files* ;
(2) *MR, ibid.*, p. 164.

16) *MR, ibid.*, p. 164.

17) (1) XXIV Corps, G-3, Movement of Repatriates since 15 Aug 45 ; Report of 10 Nov 45 ;
(2) 23 Mar 1946 : *Hist Files*.

마찬가지로 180만 명에 이른다.

이 한국인들이 받은 곤경에 관한 기록은 이 보고서 이외에는 거의 없는 듯하다. 50명에서 75명의 승객을 태운 작은 동력선에서부터 5천 명의 승객을 태운 증기선에 이르기까지 온갖 선박들이 이용되었다. 그들은 도착하자마자, 한국의 구호 기관에서 지역별로 분류되어 수송편을 제공 받고, 편의 시설과 식량·의복 등의 지급에 관한 지시를 받았다.[18] 그 기구는 잘 운영되었다.

요원들은 신속히 많은 사람을 처리하였고, 상황이 허락하는 한 인도주의적 이해로 상대해 주었다. 그러나 망명지에서 돌아온 사람들이나 외국인에게 군국주의적 지배를 받은 사람들의 생활이 얼마나 비참했던가 하는 문제는 겪어 보지 않은 사람에게는 말로써 설명할 수가 없다.

점령 첫 달 동안 정규적인 행정 문제를 취급하기에는 군정이 부적절하게 조직되었기 때문에 피난민의 문제는 업무와 사기 면에서 긴장을 야기했다. 하지 장군은 1946년 8월 피난민의 증가에 따른 "식량과 주택의 심각한 상황"에 대해 보고했다. 점령 첫해 동안의 남한의 인구는 과거보다 5.6%에 해당하는 약 80만 명이 증가한 것으로 추산되었다.[19]

2. 일본인 관리의 확보

일본 관리들을 공직에 임시로 고용하는 것은 곧 저항을 일으켰

18) "Evacuation and Repatriation in Korea," p. 17.

19) (1) CG USAFIK CINCAFPAC, tfgcb, 190744/2, 19 Aug 46 : Outgoing Radios ; (2) AG Report, HQ, XXIV Corps, 20 Jul 46 : *Hist Files.*

다. 미국 점령군이 일본인을 계속 활용할 것이라는 공식적인 뉴스는 9월 8일 인천에서 가빈(Crump Garvin) 대령이 언론에 제공한 성명을 통해서 알려졌다.[20]

첫 번째 위기의 징후는 9월 9일 하지 장군이 기자 회견을 할 때 나타났다. 이때 하지는 정부의 인계를 순조롭게 진행시키고자 아베 노부유키(阿部信行)와 다른 일본인 관리들이 임시로 공직에 그대로 있게 할 것이며, 가능한 한 빨리 우선 미국인과 교체한 뒤 그 다음에 한국인으로 교체할 것이라고 말했다.[21]

이 성명서는 많은 지도급 한국인들에게 당혹감과 실망을 안겨주었다. 이때의 한국인의 심정에 대하여 『코리아 타임즈』(*Korea Times*)의 편집자는 "일본인들을 한국에서 추방하라. 그것도 완전히 발가벗겨서 보내라"[22]라고 표현했다. 미국에서의 반응도 신속하고 불안했다. 대부분의 비난은 하지 장군에게 쏟아졌고, 궁극적으로는 맥아더 장군이 이 상황을 교정하리라 믿고 있었다. 이에 관한 신문의 첫 기사가 9월 10일에 나온 이후 1주일 내내 지속되었다.

『크리스쳔 사이언스 모니터』지 특파원은 상투적인 어조로, "워싱턴은 전혀 심사숙고하지 않고 있으며, 미군 지휘관은 "무한정" 일본 관리와 사업가들을 계속 활용한다는 공식 정책을 공공연하게 선전하기조차 하고 있는데, 스탠포드(Neal Stanford)는 이를 가

---

20) *Hist USAFIK* Pt. 1, Ch. 4, p. 16 : Dispatch. of Philip Potter, *Baltimore Sun*, 8 Sep 45. 조순승은 *Korea in World Politics*에서 해리스(C. S. Harris) 장군이 9월 6일 이 계획을 일본 관리들에게 밝혔다고 언급했다.

21) *Hist USAFIK*, Pt. 1, Ch. 4, pp. 15~16. 하지 장군은 일본에 있는 정치 고문 참모 요원이며, 8월 25일 마닐라에 있었던 존슨(U. Alexis Johnson)으로부터 그러한 행위에 반대하는 충고를 받았다. 존슨은 "자신의 책임에 따라 완전하게" 그것을 했다. *FR, 1945*, Ⅵ, p. 1041.

22) 1945년 9월 10일 서울의 명월관(明月館)에서 편집자인 이묘묵(李卯默) 박사가 미국 특파원에게 행한 연설. Copy in *Hist Files*.

리켜 "오해와 어리석음의 비극"이라고 명명했다"[23]고 지적했다.

실제로 일본인 관리에 관한 결정은 단독적으로 정한 것이 아니라 집단으로 시행한 것으로서 한국 점령이 얼마나 다급하게 계획되고 집행되었는가를 반증하는 것이었다. 이것은 일반화된 지령인 "블랙리스트"와 "베이커 40"(Baker-40), 그리고 "야전명령 제55호"로 시작되었다. 이 작전들은 모두 일본의 점령에 관한 것이었다. 이들은 상황에 따라 지휘관의 재량 안에서 곧 기존 정부 기구와 관리들을 활용할 수 있는 권한을 위임했다.

민정에 관한 지령이 승인을 받고자 합참에 제출되었을 때 그 소식이 워싱턴 관가에 전달되었다. 국무성은 그 문제에 관한 관심을 작전국에 표명했다. 작전국 전략·정책과의 링컨(George Lincoln) 장군은 일본인들을 누구와 대체시킬 것인지에 관한 지침들이 메시지에 포함될 수 있다면 일본인들을 교체하라는 지시를 하지 장군에게 내리는 것이 바람직하다고 판단했다.[24]

그래서 작전국은 모든 일본인을 "가능한 한 빨리 …… 공·사직의 영향력 있거나 책임 있는 지위에서" 해임하라고 맥아더 장군에게 말했다. 또한 일본인이거나 친일적인 한국인이라 할지라도 대체시킬 만한 다른 사람이 없거나 그들의 기술적인 자격 때문에 절대 필요하다고 생각된다면 "임시로" 현직에 머물러 있게 할 수도 있다는 규정을 첨가했다.[25]

---

23) *Christian Science Monitor*, 11 and 12 Sep 1945.

24) Memo for Chief, S&P Section, Info Gen Hull, 10 Sep 45, item No.4 : *OPD 014.1 Japan*.

25) Msg, OPD to CINCAFPAC Adv, Tokyo, 9 Sept 45 : SWNCC 73/3 : *OPD 014.1*. "기술적으로 자격 있는 일본인 요원"의 활용 문제에 관한 국무성의 초기 메모는 "한국인들의 경제 생활"에만 관련된 것이었다. 그런데 그 메모는 "한국인 자격자나 다른 적합한 요원들을 이용할 수 없는 범위 안에서 권한이 위임되어야 한다."고 권고한다. Memorandum : Korea : Political Problems : Provisional Government, 4 May 44 : *FR, 1944*, pp. 1239~1242.

워싱턴으로부터의 이러한 지령에 따라 맥아더 장군은 무선 통신으로 "작전의 안정에 일관되게 가능한 한 빨리 정부 직위에서 모든 일본인을 교체하라"고 하지 장군에게 지시했다.[26] 하지 장군은 도쿄에 제출한 특별한 메시지를 언급하면서 이미 자신은 그러한 결론을 내리고 그에 따른 조치를 방송했다고 응답했다. 그는 "오늘" 아베 노부유키 대신에 아놀드 소장을 군정장관으로 교체할 것이며 "점차로 하급 관리들을 교체하는 작업을 진행시킬 예정"이라고 말했다. 이러한 새로운 변화의 속도가 그의 지휘권에 끼친 어려움은 다음과 같은 부연 설명에서 잘 나타나고 있다.

> …… 혼란을 겪지 않고서는, 일본인을 완전히 해고하는 활동이 매우 어려울 것이다. 모든 공공사업이나 교통 · 통신 등은 일본인들이 운영하였고, 총독부가 통제한 것들이다. 나의 군정 조직은 이러한 상황을 처리하는 데 전혀 적합하지 않다. 민정의 경험과 능력을 갖춘 군정 요원들의 지원을 요청한다.[27]

3성조정위원회가 생각하기에, 고위 정치 장교를 보유하는 정책이야말로 자신들이 입안하고 있는 지령에 배치되는 것이며, 따라서 한국에서의 미국의 입장에 불행한 영향을 미치는 것으로 믿었다. 따라서 3성조정위원회는 총독과 총독부의 모든 부서장, 지방장관, 그리고 지역 경찰 책임자를 즉각적으로 제거할 "정치적" 필요성을 강조하는 두 번째의 메시지를 보낼 것을 요청하는 동시에, 더 나아가서는 여타 일본인 행정장과 친일 행정장들도 "가능한 한

26) Rad, CINCAFPAC Adv, to CG XXIV Corps, 111641/ I Sep 45 in *Hist USAFIK*, Pt.I, Ch. 4, p. 18 and *Hist Files*.

27) Rad, CG XXIV Corps to CINCAFPAC Adv, TFGCG60, 120955-Sep 45, Copy : *Hist Files*.

빨리 제거되어야 한다."고 주장했다.[28)]

맥아더 장군도 하지 장군에게 "주요" 일본인 요원들을 "적당하다고 판단되는" 자격 있는 군정 장교들로 교체시키라고 명령했다. 이에 하지 장군은 맥아더 장군에게 자신은 태평양사령부로부터 특별 명령을 받기에 앞서 이 정책을 채택했었다고 상기시킨 뒤, 군정 요원으로 교체하기에 앞서 일본인들의 제거를 서두른다면 "무질서와 혼란이 야기되고, 아마도 폭력과 유혈 사태가 발생할 것"이라고 경고했다.[29)]

주한 미군의 정치 고문인 베닝호프(H. M. Benninghoff)는 두 개의 보충적 메시지를 작성함으로써 이 경고를 지지하였다. 그는 다음과 같은 세 가지 점을 강조하였다.

(1) 일본인의 제거가 여론의 측면에서 바람직한 것이지만, "정부나 공공시설·통신·교통 등에서 대체할 만한 한국인 적격자들이 없다."

(2) 일본인을 활용하려는 우리의 계획에 관해 한국인들 사이에 "불만과 오해"가 많다. 그러므로 그 계획은 불가능할 것 같다.

(3) "본 사령부"는 (현직 정부를 활용하라는 처음의 의도를) 부정하는 지시를 받은 적이 없으므로 우리가 감지하고 있는 여론에 당면하여 명령을 수행해 가고 있다.[30)]

---

28) 이것은 SWNCC 176/4에 포함된 것으로서 CINCAFPAC에 보내는 JCS의 메시지였다. *ABC 014 Japan*, Sec 18-A. 사건에 관한 SWNCC 메모와 맥아더 장군에게 보내는 초고 메시지에 관해서는 *FR, 1945*, Ⅵ, pp. 1044~1045 참조. 그 메시지는 9월 11일 SWNCC가 승인하고 JCS가 수정하여 9월 14일 제출하였다. JCS의 수정은 다음과 같다. 곧 "만약 그 보고가 정확하다면 S.W.N(State-War-Navy)은 기술적 자격 때문에 일본인 관리들의 복무가 절대 필요하다고는 믿지 않는다."라는 문장에서 밑줄 부분은 삭제되었고 강조 부분이 첨가되었다. *FR, 1945*, Ⅵ, p. 1045.

29) (1) CINCAFPAC Adv, Action, CG XXIV Corps, 140630/2, 14 Sep 45 ;
(2) CG XXIV Corps to CINCAPFAC Adv, 261045/Ⅰ, 26 Sep 45 : *Hist Files*. 하지 장군은 맥아더 장군에게 자신의 Rad TFXAG 52020을 참고하도록 요청했다.

워싱턴 군부의 일부 요원들은 하지 장군이 직면한 문제에 매우 동정하여 그가 일을 처리하는 능력에 대해 충분한 신뢰감을 표시하고, 언론이 그의 뜻을 올바로 전달하고 있는지에 대해 의문을 제기했다. 그들은 아마도 하지 장군이 어휘 선택을 잘못했을 것이라고 생각했다. 한 장교는 다음과 같이 얘기한다.

> 만약 그가 "예, 우리는 여러분들이 일본인들을 대신할 수 있는 대로 빨리 그들을 내보낼 것입니다"라는 식으로 말했더라면 더 나았을 것이다. 이런 식의 표현은 그들을 똑같이 무한정하게 유지하는 것을 의미하는 것이지만, 듣기에는 더욱 좋았을 것이다.

어떤 민정국 장교들은 아베 노부유키 총독이나 메시지에 거명된 다른 사람들과 같은 고급 관리들의 제거를 제외하고는 하지 장군이 취한 행위가 위로부터 받은 지령에 완전히 일치한다고 믿었다.[31] 3성조정위원회의 극동소위원회 내에는 한국에 있는 일본 관리들이 어느 정도까지 활용되어야 하느냐에 대하여 의견의 대립이 있었고, 현지에 내린 불명확한 지시로 말미암아 문제의 일부가 야기된 것이라는 인식이 있었다.[32]

민정에 관한 최종 지령이 작성될 때인 9월 23일, 작전국은 특별히 대체할 만한 사람들이 없다면 일본인이나 친일 한국인들을 책

30) CG XXIV Corps to CINCAFPAC, 하지 서명, 베닝호프로부터 국무성으로 전송 요청 : TFXAG 501, 121502, 12 Sep 45 : *Hist Files* ; Ltr, Benninghoff to Sec State, 15 Sep 45 : *FR, 1945*, Ⅵ, pp. 1049~1950.

31) 1945년 9월 11일 맥팔랜드(MacFarland) 장군과 헐(C. Hull) 장군 사이의 대화 ; *ABC 014 Japan*, Sec 1-B ; SWNCC 176/4, 11 Sep 45 : "Comments" ; and JCS 1483/15, 25 Sep 45 : OPD "Comment."

32) SFE Minutes, 특히 8월 24일의 회담. *CAD Files*.

임 있는 지위에 그대로 있게 할 수 있다는 식으로 지령을 "추론"하는 것과 그들의 활용이 필요할 수도 있다는 판단에 대해 언급하면서, 그들의 권한과 책임은 반드시 미군 지휘관의 권한에 따라서 제한되어야 한다고 지적했다.[33)]

하지 장군은 워싱턴으로부터의 지령을 곧 이행하였다.[34)] 경찰국장을 제거한 뒤 아베 총독, 엔도 류사쿠 정무총감, 그리고 그 외 일본인 국장 등이 9월 14일 해임되었으며, 2일 뒤에는 5명의 과거 중추원고문이 해고되었다.[35)] 이러한 방법들은 확실히 한국에서 좋은 반응을 일으켰다. 워싱턴에서는 대통령이 성명을 발표하여 현재의 직위에 그대로 있는 일본인들은 단지 "그들의 기술적 자격 때문에 필요하다고 생각되는" 사람들일 뿐이라고 해명했다.

그러나 미국 언론들은 여전히 비판적이었다.[36)] 『크리스쳔 사이언스 모니터』(*CSM*)지는 여전히 "미국은 그 지역에서 군사적인 권위주의자의 정치적 판단에 너무 과도하게 의존한다"고 비판했다.[37)] 얼마 뒤에도 비판은 계속되어 하지 장군이 모든 비난을 뒤집어 쓴 반면에 지시와 수정은 주로 도쿄에서 이루어진다는 그릇된 가설에 근거하여, 맥아더 장군에 관해서는 "총명하고, 정치적

33) Memo OPD, 23 Sep 45 : *OPD 014. 1 Japan*.

34) 해리슨 준장은 9월 7일 처음 도착했을 때 서울의 경찰위원회를 제거하라고 명령했다. Major Robert K. Sawyer, *Military Advisors in Korea : KMAG in Peace and War*(OCMH, Department of the Army : Washington, D. C., 1962), p. 8.

35) HQ, USAFIK, GO No.7, 12 Sep : *Hist USAMGK*, Ⅲ, Ch. 5, p. 14.

36) "Statement by the President," Press Release, Sep 15, 1945 : Department of State *Bulletin*, 23. Sep 45, p. 435. 대통령이 그러한 성명을 내야 한다는 국무성의 권고와 제출 초고에 관해서는 Memorandum by Acting Sec State Acheson, to President Truman, 14 Sep 45 : *FR, 1945*, Ⅵ, pp. 1047~1048.

37) *Christian Science Monitor*, 14 Sep 45.

수완도 있고, 조정할 용기도 있는 사람"이라고 칭찬했다.[38)]

한편 한국에서는 하지 장군이 공식 정책을 수행해야 하는 임무에 직면했다. 반역자와 부일 협력자를 제거하는 것이 쉬운 일은 아니었다. 현지에 있던 군정 조사관들은 10월 초, 군정에 다음과 같이 보고했다.

> 이들 가운데 일부는 부일 협력자로 밝혀져 그렇게 불러도 마땅하다. 그 반면에 정부나 정부가 운영하던 사업체의 하급 직위에 있던 대부분의 한국인을 분류하기란 쉽지 않다. 이들이 직업만을 위해 일을 했는지, 개인의 사적인 이익을 위해 일했는지, 아니면 한국이 독립될 날을 위해 비밀리에 준비하고 있었는지 누가 알 수 있겠는가?[39)]

그러나 하지 장군은 현장에서 조치할 것을 촉구했다. 11월 2일, 그는 예하 주요 부대에 지시를 내려 비록 한국인일지라도 "과거 정부의 고용인이었으면 대부분 한국인의 반감을 사고 있으며, 어떤 경우는 일본인들보다 더 공격적이었음"을 상기시켰다.[40)] 11월 12일자의 다음과 같은 성명에서 볼 수 있는 바와 같이 군정 역시 한국인들에게 교체의 절차와 계획을 설명하느라고 애를 먹었다.

> 미군정 관리들은 …… 한국인들을 전혀 모르며 한국인들의 과거 행위에

---

38) 전임 한국 법무관인 그린(A. Wigfall Green)의 *The Epic of Korea,* pp. 50~52와 같은 경우.

39) Enclosure No. 2 to *G-2 Weekly Summary* No. 5, Intelligence Report, 7-14 Oct 45 : *Hist Files,*

40) "Hodge Sends to Major Units in His Command," Rad TFGCG 137, CG USAFIK to Mil Gov, CG 40th, Cg 6th, Cg 7th, ASCOM 24, 020913/ I Copy : *Hist Files*

관하여도 전혀 아는 것이 없다는 사실을 기억해야 한다. 그러므로 …… 모든 계층과 직업의 한국 지도자들과 상의했다. …… 여러 중요한 지위들의 지명은 15~20명의 존경받는 지도자들과 상의하고 조사를 거친 뒤에야 이루어진 것이다.[41]

하지 장군은 이 임무를 신속히 수행하려고 했으며, 동시에 더 많은 군정 요원들이 필요하다는 사실을 승인받고자 노력했다. 점령 초기에는 정부 직위에 7만 명에 이르던 일본인들이 있었으나, 1946년 1월 말이 되자 단지 60명만 남게 되었다.[42]

3. 한국의 언론

점령이 시작되자마자 주한 미군 사령관은 언론으로부터 "나쁜" 평판을 받음으로써 크게 당황했다. 군정은 한국에 있는 미국의 특파원들이 "점령은 완전히 잘못 운영되고 있다"는 인상을 본국에 전송하고 있는 것으로 믿었다.[43]

특파원들의 주요한 공격 대상은 경찰 문제에 관한 것인데, 이것은 하지 장군이 죽을 때까지 그를 괴롭혔다. 그것은 하지 장군이 한국인과 일본인들을 일컬어 "고양이 같은 종족"(the same breed to cats)이라고 묘사한 사건이었다. 이러한 비유는 가장 가증스러운 함축성을 내포하고 있다. 유명한 뉴스 잡지가 1947년에 이 이야기

41) Par. 4, "Your Military Government-Present and Future," 12 Nov 45, HQ, USAFIK, Office of Military Governor, MG-5 : *Hist Files*,

42) G. McCune, *Korea Today*, p. 48.

43) *Hist USAFIK*, Pt. I, Ch. 4, p. 43.

를 게재하자 하지 장군은 편집자에게 그 사건에 관한 자신의 견해를 밝혔다. 그 서한에서 그는 "그 진실이 아닌 말들이 내 묘비명에 재인용되지 않게 하고자 당신의 자료에서 그 말들을 삭제해 주시오"라고 요청했다. 하지 장군은 1947년 그 얘기에 관한 견해를 다음과 같이 밝히고 있다.

> 이곳에서의 점령 초기에 자기식대로 생각하는 몇몇 기자들은 내가 수행하고 있던 명령을 좋아하지 않았다. 그들은 개인적으로 내가 내 명령에 대해 책임이 있다는 근거에서 나를 비방하느라고 무척 노력했다. 특히 우리가 접수한 경찰 체제에 관하여 얘기한 것에 관해 어느 기자가 완전히 잘못 인용하였다. 나는 대략 다음과 같이 얘기했었다.
>
> "현재의 일본인과, 한국인들의 반대편에 서서 일했던 부일 협력 경찰들 가운데는 선발한 사람이 거의 없다. 한국인들의 눈에는 이러한 한국인들이 일본인과 똑같이 고양이 같은 종족으로 보일 것이다."
>
> 그런데 자신의 임무와는 전혀 상관없는 이유로 나를 개인적으로 싫어했던 한 특파원이 내가 표현한 생각을 완전히 왜곡해서 이 말들 가운데 일부만을 인용한 것이었다. 분명히 말해 나는 말이나 글이나 사상으로 한국인과 일본인들은 고양이와 똑같은 종족이라고 말한 적이 전혀 없다. 이것은 충격적인 내용이기 때문에 그 기자의 견해가 더 널리 인쇄·배포되었다.[44)]

국무장관 정치 고문 서리인 랭던(William R. Langdon)은 1945년 11월 26일 메시지를 통해 하지 장군의 견해를 확인했다. 그는 그 얘기를 워커(Gordon Walker)가 『옵저버』(*Observer*)지에 게재했는데 거기에는 다음과 같은 다른 "중상 모략적인 뉴스"들도 있다고 지적했다.

---

44) 1947년 5월 28일 하지의 개인 서한 : *Author's Files*

…… 하지 장군은 아베 총독을 "칭찬"했고 "일을 잘 처리한 것"에 대해 그에게 감사했다. 하지 장군은 스스로 찾아온 한국인 지도자들을 닦달했다. 어쨌든 우리가 상륙할 때 명령을 어기고 우리에게 접근하고자 모여들었던 한국의 청년들을 일본인들이 죽였던 일에 대해 우리도 비난받아야 한다. 우리의 지휘관들은 "파시스트"들이다. 등등.

랭던은 이 문제를 다음과 같이 관찰했다.

워커가 말하는 것처럼 미국의 장교들이 점령을 잘못 준비했다는 비난이 근거가 있다고 가정한다면, 장교들을 비난하기보다는 워싱턴을 비난하는 것이 더 논리적일 것이다. 그러나 어쨌든 이 새로운 미지의 땅에서 실시되는 군사 점령 초기에 실책이 있었더라도 지금은 둑을 넘어간 물이며, 한국인들에게는 하찮은 문제에 지나지 않는다.

마지막으로 그는 다음과 같이 결론짓는다.

…… 군정이 한국의 진보주의자와 좌익 단체들에 대해 참을성 있게 관용을 베풀지 않는다는 비난은 사실과 다르다. …… 나는 우리의 지휘관들을 방어해 주고자 이 글을 쓰는 것이 아니다. 그들은 방어가 필요 없다. 그러나 이 헐뜯기 좋아하는 언론은 이곳에서 얼마 되지 않는 부분의 사람들이 식민지의 경향을 지니고 한국인들을 경멸하는 미국을 대표한다는 인상을 여러분들과 대통령에게 줄 수도 있다.

그러나 사실은 전혀 그렇지 않다. 그들은 자신의 일에 열중하고, 모든 단체의 지도자들을 존경과 우호의 마음으로 공평히 취급하며, 한국 국민의 심리와 욕구를 동정과 이해심으로 배운다. 한국의 모든 지도자는 그들을 좋아하며 100% 신뢰한다. 진실로 미국은 대표를 훌륭하게 뽑아 보냈다고 나는 확언할 수 있다.[45]

4. 언어 문제

언어는 미국과 한국 사이의 밀접하고 효과적인 관계를 유지하는 데 가장 큰 장애물이었다. 일제 치하에서 일본어는 공식 언어였던 것과는 달리 한국어(한글)는 사람들의 사사로운 언어에 불과했다. 국민을 다루고 행정 문제를 처리하는 데는 반드시 타당성이 있어야 한다. 점령 초기에 일부 일본인들을 현직에 유지했던 이유 가운데 하나는 기존의 법과 규정을 번역해야 할 필요가 있었기 때문이다.

예를 들어, 하지 장군은 점령 초기의 한 기자 회견에서 군정이 법령의 부문에서 겪고 있는 어려움을 토로한 적이 있었다. 한국의 모든 법은 일본어로 쓰여 있었기 때문이다. 그러므로 처음에는 미국인들이 이해할 수 있도록 법령을 번역해야 하고 다음에는 한국인들이 법에 복종할 수 있도록 다시 한국어로 번역해야 했다. 그러나 그 일을 할 적절한 번역자가 없었다.[46] 언어 문제에는 많은 양상이 있었다. 그 가운데 한 부분은 한국어의 속성이었다.

동양의 다른 언어들과 마찬가지로 한글도 일반적인 서양 어구의 어떤 추상적인 개념을 전달해 줄 정확한 언어들이 부족했다.[47] 따라서 "적절한 절차를 거쳐"(in due course) 독립을 시킨다든가,

45) Msg, Actg POLAD in Korea(Langdon), to Sec State, 26 Nov 45 : *FR, 1945*, Ⅵ, pp. 1135~1136. 랭던은 연락 장교였으며, 정치고문부의 고문이었으며, USAFIK의 사령관의 임시 참모였다. 그는 정치 고문이 되었고, 서울의 총영사가 되었다. 랭던은 극동에서 광범위한 복무를 하였는데, 그는 도쿄(東京)와 만주의 안동(安東), 제남(濟南), 봉천(奉天), 대련(大連), 그리고 한국의 서울과 자유 중국의(*sic*) 곤명(昆明)에서 복무하였다.

46) Press Conf 9 Oct 45 : *I&H Jl*.

47) *Hist USAFIK*, Pt.1, Ch. 4, pp. 33~41 ; 또한 R. J. Ranstedt, *A Korean Grammar*(Helsinki, 1939), Introd 참조.

"신탁통치"라든가, 또는 그 밖에 명예를 훼손하는 표현이 한국의 언론에 제공되어 "아마추어 편집자"들이 이를 취급할 때, 그들은 한국인들에게 사회적 · 정치적 문제들이 야기될 수 있는 전혀 다른 의미를 전달한다는 사실이 발견되었다. 기술적인 군사 용어나 수단들을 사용할 때에도 역시 어려움을 겪게 된다.

일제 시대에도 "machine-gun"이나, "headlight"와 같은 용어들은 적당한 한국어를 찾을 수가 없었다. 의미상의 차이를 메우고자 기관총은 "매우 빨리 쏘는 총"(gun-that-shoots-very-fast)이 되었다. 그러나 번역자들은 서로 일관성도 없고, 또 말을 만드는 재간들도 있어 어떤 사람은 그 용어를 "큰 소리가 나는 총"(gun-of-man-loud-noises)으로 번역했다.

이러한 실정 때문에 한국 방위군 초기에 정훈 책자를 만드느라고 요원들은 고생했다.[48] 전사가(戰史家)들은 당시의 전체적인 결과를 다음과 같이 강경하게 기록했다.

> 많은 군정 관리들은 통역자에게 단순한 번역 이상의 업무 수행까지도 과중하게 의존하게 되었다. 통역자가 도대체 어떻게 그 상관과 상관의 일을 동시에 알 수가 있었으며, 일을 부여받고 통역하면서 질문에 대답하거나 결론을 내릴 때 어떻게 자신의 의사를 많이 반영할 수 있었겠는가? 심지어는 그의 상관이 없을 때는 독립적으로 행동하는 경우도 있었다는 것을 쉽게 이해할 수 있다.[49]
>
> 아놀드 장군은 통역자들의 성실성을 변호하였지만, 다른 사람들은 "부정직하고 진실하지 못한 통역자들을 고용하지 못하도록 가능한 한 모든 경계가 취해야 한다"고 경고하는 것이 바람직하다고 생각했다.[50] 군정이 한국

48) Sawyer, *Military Advisers in War : KMAG in Peace and War*, pp. 62~65.
49) *Hist USAFIK,* Pt.1, Ch. 4, p. 39.

인들이나 미국인들로부터 "통역 정부"(Interpreter's government)라는 불명예스러운 이름이 붙게 된 것도 이러한 사실 때문이었다.

예를 들어 10월, 한국인들은 당시의 가장 중요한 다섯 가지 문제점 가운데 통역자들에 관한 자신들의 반감을 표시했다는 것이 발견되었다.[51] 그 상황을 아마 가장 생생하게 묘사한 것은 군정의 뉴만(Glenn Newman) 대령이 한국인 포스터를 보고 한 묘사일 것이다.

눈가리개를 한 미군 병사가 일장기와 100엔짜리 지폐 다발을 들고 있는 한국인과 악수를 하고 있다. 그 둘 사이에는 "반역자와 친일 분자에 매수되었음"이라는 꼬리표를 단 통역자가 있다.[52]

5. 인사 문제

점령 초기의 몇 달 동안에는 자격 있는 행정 요원들이 절실히 필요했다. 군대 측에는 더욱 심각했다. 부대 해산이 한창 진행하고 있었고, 다른 사람이 고향으로 떠나는 것을 보면서 전문가들조차도 건성으로 일하고 있었다. 하지 장군의 정치 고문은 이 점에 관해서 국무성에 보낸 9월 15일자의 첫 보고서에서 다음과 같이 강조하였다.

주한 미군은 병력의 수가 적다. 더욱이 능력 있는 군정 요원이나 장교들

50) Order of Gen Sheetz, *Ibid.,* p. 40 : Memorandum : "Interpreters for Military Government," HQ, USAFIK, Office of the Military Governor, 39 Nov 45.

51) *Hist USAFIK,* Pt.1, Ch. 4, p. 38 : Intel and Info Sect Wkly Rept No. 5, 13 Oct 45 : HQ. USAFIK, Office of Mil Governor.

52) *Ibid.*, Polit Trends No. 7, 14 Nov 45 : *Hist Files.*

이 거의 없어서, 전체적인 효과는 별로 없이, 한정된 분야에서만 활동할 수 있을 뿐이다. 관할 영역의 확장이 절실히 필요하다. …… 한국의 점령에 필요한 완전한 병력을 하루빨리 파견하는 것이 필요하다.[53]

하지 장군은 점령 첫 주에 "행정 업무에 경험이 많고 동양을 잘 아는 고위급 장교들을 나의 참모로 기용해야 한다"고[54] 요청했다. 이러한 상황은 민정 관리가 9월 27일 하지 장군에게 보낸 편지에서 잘 드러났다. 이 편지에서 그는 사무 기능을 수행하려면 300명의 장교와 100명의 사병이 군정에 필요하다는 것을 1주일 정도 지나게 되면 알게 될 것이라고 언급했다. 이 병력의 반은 24군단에서 차출되었다. 민정장관은 30%의 요원이 10월에 재배치할 때 감소될 것이고 11월에는 25%가 감소할 것이라고 추정했다.[55]

이러한 인원 손실은 요원에 관한 필요성이 점차 증가함에 따라 나타나는 현상이었다. 10월 3일까지는 점령 초기에 필요한 병력의 규모와 배치를 산출할 수 있었다. 군정은 남한의 132개 군(郡)에 장교 1명과 사병 3명으로 구성된 1개 팀을 배치하고, 14개 시(市)에는 12명의 장교와 60명의 사병으로 구성된 군정 중대를 배치할 생각이었다. 8개 도(道)에는 27명의 장교와 90명의 사병으로 구성된 보충 중대를 배치할 예정이었다.

동양척식회사(Oriental Development Company)와 같은 정부 독점회사와 군정청에 배치할 인원까지 합친다면 총 병력수는 1,175명의 장교와 3,445명의 병사가 필요했다.[56] 그러나 도착 2주 뒤 군정

53) *FR, 1945,* Ⅵ : Polit Adviser in Korea(Benninghoff) to Sec State, 15 Sep 45, p. 1052.
54) *Ibid.,* Polad Benninghoff to Sec State, 15 Sep 45, p. 1053.
55) Ltr, Civil Administrator to CG XXIV Corps, 27 Sep 45 : *Hist USAMGIK* Pt. Ⅲ. Ch. 1, p. 36.

은 단지 127명의 장교와 190명의 사병만을 보유하고 있었다. 한 달 뒤 보충 병력의 수가 1천여 명에 이르렀을 때도 상황은 크게 호전되지 않았다. 다음의 도표는 10월 13일 현재의 심각한 부문들을 예시한 것이다.

1946년 1월의 현장 조사를 볼 때 군정 요원의 문제가 계속해서 심각한 것임을 보여준다.

(1) 각 도청 주둔 미군정 본부의 병력 부족은 1945년부터 1946년까지 심각한 상태였다.

(2) 각 부문에서 기본적인 행정을 수행하는 데에도 심한 인력 공급의 부족이 있었다. 이것은 적절치 못한 매점(PX)과 함께 병사들의 불만과 사기 저하를 야기한 요인이었다.

(3) 군정의 복지 · 구호 · 공공안전요원 등은 과다했던 데에 견주어 각 현장의 교육 · 재정 · 홍보 요원은 부족했었다. 이것은 서울의 군정 본부의 적절한 명령과 공급에 따라서 시정될 수 있었다.

(4) 한국인들에 관한 군정의 지시는 서울에서 영어로 하달되었다. 그러나 지역부대에는 이를 한국어로 번역할 수 있는 적합한 요원들이 부족했다. 이것도 당시로서는 매우 필요한 부문이다.

(5) 1946년 1월에 군정청이 설치될 때까지 군정 지대와 군정 중대와의 관계는 불명확한 상태였다. 이러한 불명료한 상태와 더불어 군정 부대를 전술군에 배속시킨 것 등은, 행정을 비능률적으로 만든 것은 아니었지만, 어렵게 한 것은 사실이었다. 1월에 그 관계가 명확해진 뒤에도 전술 부대와 군정청 사이에는 관계가 빈약하며, "귀환과 콜레라 문제를 제외하고는 여전히 상호 암묵적으로 무관심하다"고 1946년 8월 로버츠(Col. Roberts) 대령이 보고했다.[57]

56) Ltr, Col May, MG to CG USAFIK, 3 Oct 45 : *Hist USAMGK, ibid.*, pp. 30~31.
57) 군사가에 따라서 일람표로 작성된 것임. *Hist USAMGIK, ibid.*, p. 38.

【행정 병력 배치 상황】[58]

구분	장교	사병	총계
행정	32	377	409
총독부와 민정국	90	98	188
각 부서들	162	105	267
부산의 군정	12	6	18
한국상품회사	24	86	110
동양척식회사	8	1	9
임시 군정팀	49	76	125
각 도	14	0	14
비지정	4	0	4
총계	395	749	1,144

지상군의 상황도 마찬가지로 하지 장군에게 꾸준한 관심거리였다. 24군단은 1945년 10월 31일 현재 총 병력이 7만7,645명으로 최대치에 이르렀다. 그러나 병력을 대체하지 않은 채 감소시킨 탓에 1946년 3월 15일 군단 병력 수는 최저 수준인 4만4,252명으로 줄었다. 한편 그해 6월의 공식 병력 수는 1만391명이 증가한 5만4,643명이었다.[59]

인력 면에서 위기가 가중되자 하지 장군은 태평양사령부에 냉철한 각성을 촉구했다. 그는 12월 1일 현재 "교체 병력도 없이 인원을 재조정하고 감소시키는 것은 위험 수준까지 지휘권을 약화하고 있다"는 사실을 마셜(George C. Marshall) 장군은 알아야 할 것이라고 주장했다. 그는 총 부족율이 40%에 이른다고 규정한 뒤 "재조정을 통하여 효율적으로 훈련받은 모든 요원이 데리고 갔음

58) Ms on "Problem of Enlisted Men in MG Field Units," by Major Williams, Historian of USAMGIK : *Hist Files* 참조.

59) *Hist USAMGIK*, Pt.1, Ch. 6, pp. 69~70.

을 귀하는 알아야 할 것"이라고 언급했다.[60] 그 결과 군단의 전투 효율성이 1946년 3월 25일 현재 10%에 불과한 것으로 추산되었다. 이날 하지 장군은 맥아더 장군에게 다음과 같이 말했다.

> …… 적절한 군단의 포대, 대공포대, 그리고 그 외 특전부대 등의 부족과 자격 있는 요원들의 손실로 말미암은 휘하의 전체 전술 보병의 궤멸, 그리고 연합 훈련의 부족 등으로 말미암아 이 군단은 전투 임무를 수행할 수 없는 정도까지 전력이 떨어졌다.[61]

1946년까지 교체로 말미암아 총병력의 수가 비록 5만2,119명이 유지되었지만, "부대가 안정되고, 병력이 더 증가하고, 집중적인 야전 훈련을 받을 때까지"는 전투 능력이 훨씬 향상될 것으로는 평가되지 않았다.[62] 하지 장군과 그의 정치 고문들은 "한국의 상황"에 관한 일련의 보고서에서 점령 첫 달 동안 군정이 직면한 행정적인 문제점들에 대해 기술한 바 있다.

미국 특파원들과의 대담에서 하지 장군은 그 상황을 "발전통"(powerkeg)이라고 명명했다.[63] 행정직에서 일본 요원들을 제거하였기 때문에 하지 장군은 "적합한"(acceptable) 한국인들이나 "적절한"(adequate) 군정 요원들이 없이 정부를 운영할 수밖에 없었다. 기존 정부를 조사해 본 결과 그 조직은 "착취"와 "엄격한 통제"를

60) CG USAFIK to CINCAFPAC Adv(From Hodge to Marshall), 7 Dec 45, RFGCG 183, 071730/1 : *Hist Files*.

61) Rad, CG USAFIK to CINCAFPAC, 251630/1, 25 Mar 46 : Outgoing Message, Sep 1945 through Aug 46 : *Hist Files*.

62) *Hist USAFIK*, Pt. 1, Ch. 6, p. 71.

63) *Hist USAFIK*, Pt. 1, Ch. 4, p. 46. 그의 정치 고문인 베닝호프도 1945년 9월 15일의 급송공문서에서 그렇게 명명했다. *FR, 1945*, Ⅵ, p. 1049.

목적으로 하여 구성되었음이 발견되었다.

따라서 행정 조직은 "민주적 통치에는 적합지 않은 것"이었다. 이것은 군정이 "작은 기능을 제외하고는 완전하고 전체적인" 조직이 될 것을 요구했다. 한국인들은 일을 멈추었다. 독직과 부패가 "믿을 수 없을 정도의 규모로" 자행되는 동안에 한국의 지식인들조차도 정치적 책임을 수행할 수 없는 "몽상가나 공상가"인 것처럼 보였다. 다양한 정치적 파벌들 사이의 "반목과 의심"을 해소한다는 것이 이처럼 불가능하였다.

하지 장군은 현재의 남북 분할에 관한 한국인들의 반응에 대해 특히 곤혹스러워했다. 그는 이 분할이 한국인들에게 "연합군의 의도에 대한 깊은 불신"을 심어 주었다고 말했다. 더욱이 많은 한국의 지식인들은 연합군이 한국의 정부를 수립할 의도가 없다는 결론을 내렸다고 그는 언급했다. 그리고 "소련을 제외한 어떠한 강대국이 이러한 문제들에 심각한 고려를 했었는지"에 대해 그는 의문을 제기했다.

이러한 상황으로 말미암아 하지 장군은 미군과 소련의 지휘부 사이에 "화해"(rapprochement)가 조성될 수 있도록 국무성의 노력이 증대되어야 한다고 건의했다. 이러한 화해를 통해 연합 통제를 원활히 하고 "점령군들의 공동 정책에 따라서 완전히 지지받는 …… 전체적인 과도 정부"의 수립과 한국의 미래를 위한 경제·정치 정책을 형성·공포할 국제적 정책 통제집단을 서울에 설치하는 것 등을 촉진시킬 수 있으리라고 그는 생각했다.

이러한 조치들이 유보된 상태에서 자신은 한국의 미래에 관한 정책에 관해 "명확한 지시"를 받거나 아니면 "미래에 관해 말할 권한이 있는 워싱턴의 관리들"이 자신의 참모로 추가되어야 한다고 그는 주장했다. 그의 정치 고문인 베닝호프는 정책을 명료화할 필요성이 있다고 거듭 강조했다. 그는 또한 현재 그러한 정책들에 관한 정보가 전혀 없다는 것을 감지하고 "소련의 관계에서" 주한미군을 지도하고, 산적해 있는 심각한 정치적 · 사회적 · 경제적 문제들을 다룸면서 주한미군을 지도할 수 있도록 정책 지시의 하달을 촉구했다.[64)]

6. 소련과의 초기 관계

미국의 목표인 전체 한국의 독립은 소련과의 협동과 협정에 따라서만 달성될 수 있었다. 이러한 분위기를 확인하고 진전하는 임무는 군정청이 거의 매일 하는 일이었으며, 점령 첫해 동안 38°선을 사이에 두고 수많은 회담장에서 이를 위한 교섭을 계속했다. 하지 장군에게 부과된 초기 임무 가운데 하나는 북한의 소련군 사령관과 효과적인 관계를 수립하는 것이었다.

소련의 25군 사령부는 북한의 수도인 평양에 위치하고 있었으며, 치스차코프 상장*(Col. Gen. Ivan M. Chistiakov) 휘하에 있었다. 그러한 관계를 맺는 것이 한국 전체의 중앙집권화된 정부를 수립하고자 두 지역 사이의 공적이고 완전한 질서가 이루어질 때까지 정상적인 상품 · 여행 · 교통 · 통신의 흐름을 가능케 하는 것으로 예상되었다.

---

64) HQ, USAFIK to CINCAFPAC, "Conditions in Korea," 13 Sep 45 : 이것에 관한 요약과 "Typed Memo for Record, 19 Sep 45의 다른 메시지에 관해서는 OPD G/S Records : OPD *014.1*(18 Sep 45), Sec 5 : Memorandum of Gen Hodge to Gen MacArthur, 24 Sep 45 : *FR, 1945,* Ⅵ, pp. 1054~1156. 정치 고문 베닝호프의 보고서에 관해서는 Extended Rep to Sec State, 15, 26 Sep 45 : *ibid.*, pp. 1049~1053, 1059~1060.

* 상장은 서구의 준장과 소장의 중간 계급이다.(옮긴이 주)

소련과의 효율적인 관계를 수립하려는 노력은 처음부터 실망스러운 것이었다. 전술적인 연락 관계를 수립하는 것은 어렵지 않았다. 소련군과의 무선·전화 통신은 9월 16일에 설치되었다. 소련은 그 밖의 관계를 꺼리거나 늦장을 부렸다. 논쟁적인 문제들이 정부 차원에서 해결될 때까지는 군사 관계가 "소용없는" 것이며 "바람직하지도 않다"는 이유를 들어 일시적으로 교환되던 그 관계도 10월 11일에 철회되었다.

어떠한 수입 교섭도 평양을 통하기보다는 모스크바를 통해서 해야 한다는 점이 명백해졌다.65) 하지 장군은 그러한 지역적인 수단이 쓸모없다는 사실을 곧 깨달았다. 그는 두 지역 사이의 경제적 협조를 확보하는 유일한 길은 적절한 관계를 검토하고 유지하는 권한을 갖는 공동 기구를 설치해야만 가능하다고 워싱턴에 권고했다. 그러나 그의 정치 고문은 고위층(高位層) 사이의 교섭을 통해 한국에 있는 지휘관들에게 지시를 내리지 않고서도 "근본적인 문제"들이 과연 지역적인 차원에서 "결론에 도달할 수 있을지" 의심했다.66)

전쟁 전에는 남한·중국·일본까지도 날씨를 예보하는 기상대가 북한에 11개나 있었다. 그러나 만주와 몽고에서 기상 보고가 더 이상 청취되지 않음으로써 북한의 지속적인 협조가 없이는 날씨를 알 수 없는 지역이 존재할 수도 있었다. 따라서 이 체제를 다시 활성화하는 것이 절대로 필요하다고 인식했다. 이러한 의도에

65) *Hist USAFIK* Pt. Ⅱ, Ch. 4, pp. 10 ff., 1945년 9월 24일과 26일의 하지 장군의 보고서와 Tel, Gen MacArthur to the Joint Chiefs of Staff, 11 Oct 45 참조. *FR, 1945*, VI, pp. 1055, 1059, 1072.

66) Rad, CG USAFIK to CINCAFPAC Adv, 16 Sep ; CG USAFIK to SCAP, 21 Oct ; Ltr, CG USAFIK to SCAP, 24 Sep 45 ; *Hist USAFIK,* Pt. Ⅱ. Ch. 4, pp. 11~13 ; Tel of POLAD Benninghoff 1 Oct 45, *FR, 1945,* VI, pp. 1065~1066.

서 미국의 기상 요원이 1945년 가을 이러한 시설의 조사를 제의했었지만, 두 달 동안 대답이 없다가 소련으로부터 퉁명스럽게 거절당했다.

1946년 3월 하지 장군은 이 문제를 "최우선적인 문제로서 동의를 받아 내든가 아니면 지체되는 이유를 보고하라."는 지시를 받았다. 그는 만주와 북한의 기상 자료를 계속하여 요청했지만 어떠한 반응도 없었다. 뒤에 그가 들을 수 있었던 것은 그의 요청이 모스크바로 전달되었다는 것뿐이었다.67)

남·북한 사이의 군사 분계선이 설정됨에 따라 그 경계선을 넘나드는 민간인과 군인을 통제할 목적으로 미군과 소련군은 접경 도시들을 점령하게 되었다. 그 경계선이 어떤 지형학적인 근거도 없이 정치적인 이유로 그어진 것이었기 때문에 아주 어려운 작업임을 알 수 있었다. 더욱이 그 정확한 위치에 관한 상호 협정도 없었다.68)

미군은 9월 25일, 38°선에 도로차단기를 세웠다. 접경 도시들은 계속해서 신속히 점령되었고, 10월 중순까지는 약 20개의 도로 차단기들이 설치되었다. 하지 장군은 지역을 구분하고자 미국과 소련 사이에 일종의 중립 지역을 설치하는 문제를 고려했다. 정확한 경계선을 설정하는 것은 한국의 분단을 강조하여, 분단이 영구화된다는 대중의 의심을 야기할 수도 있기 때문에 현명치 못한 것이라고 그는 생각했다.69)

소련도 비슷한 수의 도로 차단기를 설치했으며, 소총과 기관총

67) 이 협상 단계에 관해서는 *Hist USAFIK*, Pt. Ⅱ, Ch. 4, pp. 291~293.

68) G. McCune, *Korea Today* 참조. 그리고 경계선의 물리적·경제적·사회적·정치적 영향에 관해서는 그 책의 참고 부분 참조.

69) 이 토의는 *Hist USAFIK*, Pt. Ⅱ, Ch. 4, pp. 20~23, 238, 244~245에 그 근거를 둔 것이다.

으로 무장한 6명이 각각 한 지점을 지키고 있었다. 9월 초까지는 국경 통제가 엄중하게 실시되었다. 남쪽으로 향하는 짐을 실은 모든 교통 수단은 제지되었고, 미국의 접경 초소들이 설치되기에 앞서 이미 철도 교통은 완전히 중지되었다.

경계선으로 말미암아 생긴 어려움 가운데 하나는 옹진반도(甕津半島)의 특수성으로 말미암은 것도 있다. 이 반도는 서울의 북서쪽에 있는 것으로서 해안에서 38°선 남쪽으로 튀어나와 있다. 이곳은 38°선으로 차단되었기 때문에 38°선 남쪽의 미국 지역은 소련 지역을 통과하지 않고서는 육로로 드나들 수 없는 지역이었다. 38°선은 해주의 산업 지역을 가로지르고 있었기 때문에 항구 시설과 공장이 서로 다른 지역에 소속해 있었다.

이에 미국은 소총 중대를 지원하기에 충분한 수송 물자가 소련 지역을 통과할 수 있도록 해달라고 요청했다. 2주 뒤인 10월 25일 허락을 받았으나, 소련인들의 호위를 받아야만 미국인들이 이동할 수 있다는 조건이었다. 그것도 1주일에 단 세 번이었으나 12월에는 1주일에 한 번으로 줄어들었다.

1946년 봄에는 일련의 사건이 일어나 기술자들이나 지역 전술 지휘관들의 공동 조사에 따라서 그 지역에서 38°선 위치의 정확한 획정을 소련군에게 요구했다. 경계선을 따라 일어나는 작은 사건들은 모두 지역 차원에서 해결될 수 있는 것인데, 이에 관해 소련이 계속해서 비난하자 미국으로서는 참을 수 없었다. 조사는 시간이 걸리고, 사건에 관한 정확한 진상이 밝혀지기에 앞서 일은 이미 낡은 것이 되기 때문에 미군 당국은 그 문제를 포기하는 것이 상책이라고 생각하였다.

다른 관계들이 아무리 좌절된다고 하더라도, 남북을 가로지르는 인위적인 경계선 때문에 야기된 경제적 혼란에 견준다면 그것은 작은 문제에 지나지 않았다. 38°선은 서울에서 약 30마일쯤 되는 곳에서 한국을 양분함으로써 한국 인구의 2/3와 대부분의 식량 공급지들이 남한에 들어가게 되었고, 그와는 달리 대부분의 산업 시설과 수력 발전소, 석탄과 철광석 등은 북쪽에 들어가게 되었다.

이러한 결과로 나타난 지역 경제의 불균형은 한국인들에게 거의 재난이나 다름이 없었다. 그러므로 국가의 복리를 위해 정치적으로는 못하더라도 경제적으로나마 될 수 있는 한 빨리 통합하는 것이 최우선의 선결 요건이었다. 그러므로 남한 경제의 완전한 파탄을 방지하고자 필요 불가결한 공급을 확보하는 것이 가장 급박한 관심거리였다.

가장 필요한 것은 전기 · 석탄 · 화학 쪽이었고 특히 상업 비료 쪽은 절실히 필요했다. 조순승(趙淳昇)의 주장처럼 "…… 북한으로부터 비료 공급이 없다면, 남한의 식량 생산은 이 지역의 필요량조차 충족할 수 없었다. 화공 약품이나 석탄, 원자재 등이 없다면 남한의 경제는 완전히 마비될 것이다."[70]

일제 치하의 한국은 전쟁 이전의 수요에 대체로 맞게 전력(電力)을 생산했다. 그러나 대부분의 전력이 북한의 수력으로 생산되었다. 남한에서는 석탄의 부족으로 말미암아 기존의 화력 발전소들이 그전과 같이 전기를 생산하지 못했기 때문에 태평양전쟁이 발발한 뒤에는 북한으로부터의 전력 공급이 훨씬 더 필요한 실정이었다. 적절한 석탄 분배를 위해서는 철도 시설의 집중적인 개량이 필요했다.

전기 문제는 잠재적으로 훨씬 더 심각한 것이었다. 북한에서 소련

70) Cho, *Korea in World Politics*, p. 94.

이 모험을 하게 되면, 남한을 치명적으로 마비시킬 수 있다는 것은 의심의 여지가 없다. 그러나 점령 첫해에는 어떤 방해도 없이 전력이 남한으로 꾸준히 공급되었다. 그러나 가격이나 대금 지불에 관해 소련과 합의에 이른다는 것이 불가능한 것으로 입증되었다.

소련은 남한이 수출하기 가장 힘들어하는 쌀 · 예비부속품 · 산업 재료 등의 물질로 전력을 교환하기 바랐다. 동의할 수 있는 응분의 대용품을 얻지 못한다면 전력 공급의 위협은 현실로 나타날 수도 있었다.

물의 정화와 산업 생산을 위해 화공 약품들이 필요했다. 그러나 그 가운데 가장 필요한 것은 화학 비료였다. 비옥했던 한국의 토양은 일제 치하에서 심각하게 황폐화했다. 1946년에 비료는 훨씬 더 필요하게 되었는데, 일본인들이 전쟁 시기에 질산염과 황산염의 생산을 감소시켰기 때문이었다. 남한은 가시적으로 직접적 치료 방책이 없이 산업 시설의 절대 부족에 시달리고 있었다. 비료의 부족은 다음 해의 작황에 심각한 영향을 미치기 때문에 시간이 경과함에 따라 심각성은 더해 갔다.

9월 27일, 미국은 매달 2만7천 톤의 석탄과 물의 정화를 위한 화학제품의 선적을 소련에게 요청했다. 남한은 한 달에 약 6톤의 염소가 필요했는데, 교섭에 따라 12월과 1월에 소량만을 선적할 수 있었지만, 가격과 화학제품을 면직사(綿織絲)와 교환하자는 것 등으로 입씨름은 계속되었다. 잠시 동안 물 정화용 염소와 황산알루미늄의 선적을 위한 임시 변통적인 합의가 지역적 차원에서 이루어졌다.

그러나 장기적인 무역을 위한 교섭이 깨어짐으로써 영구적인 해결을 위한 필요성이 더욱 확실해졌다. 4개월 동안의 교섭의 순수한 결과는 황산염과 염소의 단 한 번의 선적과 합의하지 못한 가격으로 북한으로부터 지속하여 전력이 공급된 것뿐이었다.[71]

1945년 10월 전쟁성은 맥아더 장군과 하지 장군이 한국의 혼란스러운 상황들을 완화하고자 상품과 서비스, 그리고 외교 합의 부문에서 요구한 것들에 관해 전면적인 검토를 시작했다.[72] 한편 국무성에 관해서는 이러한 문제들을 해결하도록 신속히 정부 사이에 교섭하라는 압력이 가해졌다.

그에 따른 가시적 결과로 11월 초 해리만(A. Harriman) 대사가 38°선 경계선에서 야기된 문제들을 해결하고자 소련 정부와 교섭을 시작하며, 그들에게 국제 신탁통치에 관한 협정을 상기하도록 하라는 지시를 받았음을 맥아더 장군에게 통고했다. 소련과는 원칙적으로 다음과 같은 점에 합의하기로 되어 있었다.

1) 석탄과 전력을 소련 구역에서 미국 구역으로 적절하고도 규칙적으로 인도할 것을 보장함.

2) 두 지역 사이의 철도 교통과 다른 교통수단의 재개.

3) 전 한국의 단일한 재정 정책의 채택.

4) 연안 수송의 재개.

5) 일본인의 귀환을 포함한 난민 문제의 해결.

6) 양쪽 지역에서 필요로 하는 물품에 대한 최소한의 정상적인 무역의 재개.

7) 두 지역 사이의 분쟁적인 영토 문제를 해결하는 방법으로서 경기도는 모두 미국 지역으로, 황해도는 모두 소련 지역으로 조정함.

71) 좀더 자세한 설명을 필요로 한다면 *Hist USAFIK,* Pt. Ⅱ, Ch. 4, pp. 44~45, 252~271 참조.

72) 전쟁성과 서울 · 동경 사이의 10월 10일과 24일의 의견 교환 참조. *ABC 014 Japan,* Sec 17-A 참조.

8) 북한의 소련군 사령관이 기존의 모든 협정을 이행할 수 있는 권한을 가진다는 점을 보장할 것.[73]

하지 장군 사령부는 이에 관해 즉각적인 만족을 표시하고 자신들에게 "계속해서 상황 진전의 전반에 대해 통고해 줄 것"을 요청하는 한편, "남한에서 자신들의 입장을 강화하고자 " 한국인들에게 그 교섭의 시작과 범위를 알려주어야 하는가를 물었다.[74]

다른 외국 대표들이 주재하지 않은 상황에서 소련 영사관이 서울에 존재한다는 사실은 고통스러운 문제였다. 소련 영사관은 1928년에 설치되어 전쟁 기간에도 계속 유지되었고, 소련이 참전한 뒤에도 계속 집무했었다. 미국은 평양에 부영사를 두었으나, 일본이 진주만을 공격하자 그곳에서 철수했다. 반면에 일본은 폴리안스키(Alexander Polianski) 소련 영사가 36명의 직원과 함께 제한 없이 행동할 수 있도록 했는데, 미군이 도착했을 때도 그는 변함없이 임무를 수행하고 있었다.[75]

미 점령군은 외교적 면책과 특권은 물론이고 매점(賣店)과 수송, 식량 시설까지 소련 영사관에 제공하였다. 그러나 하지 장군은 소련 영사관이 공산주의자들의 군정 전복을 지원하는 곳으로 이용

73) WARX 21854 to CINCAFPAC, 6 Nov 45에 근거한 항목들의 요약. *ABC 014 Japan*, Sec 17-A. 해리만 대사에게 보내는 국무성의 지령은 "원칙적으로 합의에 따라야 할" 것으로 (1)~(6)번까지를 들었다. (7)번 항은 하지 장군이 추구해야 할 것의 하나로서 별개로 등재한 것이고, (9)번 항은 6개항 가운데 어느 것이나 혹은 전부가 합의된다면 그러한 확신을 얻어야 한다는 맥락에서 논의된 것이다. Tel, 3 Nov 45, Sec State(Byrnes) to Amb Harriman : *FR, 1945*, Ⅵ, pp. 106~109. 이 항목들은 결과적으로 1946년 1월의 미·소회의의 의제 가운데 미국의 주요 제안이 되었다. 별첨 부록 참조.

74) Tel, Actg POLAD(Langdon) to Sec State, 날짜 미상, 그러나 1945년 11월 8일 워싱턴에서 접수. *FR, 1945*, Ⅵ, pp. 117~118.

75) Richard J. Johnston's account 참조. *New York Times*, 25 May, 1946.

된다고 의심하기 시작했다. 그는 영사관을 완전 폐쇄하자고 건의하지는 않았지만, 무시해 버릴 수 없는 상황이라고 느꼈다.

소련이 지역적 교섭을 거부하는 상황에서 미국이 "감시와 정치 활동을 위한 모든 시설"을 제공하는 것이 그에게는 불합리한 것처럼 느껴졌다. 그는 당시의 외교적 장애물이었던 만주에 있는 미국 관리에 관한 주재 승인을 얻어 내고자 이 문제를 이용할 수도 있을 것이라고 제안했다. 특히 그는 서울에 주재하는 영사관들의 지위에 관한 정책 지침을 요청했다.[76)]

연합군 최고사령부와 하지 장군은 영사관 관리들이 완전한 외교적 특권과 면책권을 가지고 있기 때문에 그 규모나 활동에서 군사적 지휘 통제를 받지 않는다는 잘못된 생각을 가지고 있었던 것 같다. 한 기록에 따르면, 국무성은 외국 영사에 관한 자문을 전쟁성에 제공했고, 이것을 10월 26일 일본에 있는 정치 고문에게 다시 설명해 주었다. 이것은 주한미군이 제기한 문제의 대부분에 관해 대답한 것이었다.

> …… (남한의 외국 영사들은) …… 자신들의 정부가 아닌 다른 나라 정부와의 관계에서 영사로서 공적 능력을 행사할 권리를 더 이상 가지지 않는다. 그들도 군정 당국이 점령의 성공에 필요하다고 생각하는 규제를 받을 수도 있다.[77)]

76) Rad, CG USAFIK to CINCAFPAC, 11 Oct 45 ; Msg CM-IN 5685, CINCAFPAC Adv to WARCOS, JCS, 12 Oct 45 : *OPD 336 Korea* : *FR, 1945,* VI, pp. 1072~1073. 비슷한 메시지가 10월 19일 역시 보내졌다.

77) Tel, Sec State to Acting POLAD in Japan(Atcheson), 26 Oct 45 : *FR, 1945,* VI, p. 1105. 그 전문은 WARX 77671에서 나타나 있는 것처럼 "Depts Advice to War"에 관한 것이다. 그 사본은 현재는 국무성 파일에 없다.

그러나 처음에 전쟁성은 연락관(a liaison officer)이라는 대안으로써 특권을 가진 영사관을 설치하는 어려움을 피하고자 했다. 따라서 중국 · 프랑스 · 영국 · 캐나다, 그리고 호주의 외교부는 1945년 11월, 군정과의 연락 업무를 관장하도록 영사의 지위가 없는 대표를 파견해도 좋다는 통고를 받았다. 이때 영국만이 연락관을 파견하였다.

1946년 4월, 하지 장군은 중국 연락관을 반대했는데, 중국의 연락관이 파견되면 한국인들이 4대 강국에 의한 신탁통치가 가까워졌다고 의심하게 될 것을 두려워했기 때문이었다.[78] 1946년 2월, 미국이 서울에 미국 영사관을 설치하는 것이 좋을 것이라고 결정했을 때 그 문제는 더욱 미묘하게 되었다.

영국에게는 그러한 특권을 거부하였으므로 자국만의 영사관 설치는 일관성이 없는 것처럼 보이기 때문에, 국무성은 서울에 일반적인 외교 기관의 설치 여부에 관한 하지 장군의 견해를 요청했다. 그는 필요할 경우 소련 영사관의 활동과 규모를 축소할 방법만 채택된다면 반대하지 않는다고 대답했다. 그는 한 방안으로 영사관이 남 · 북한 각각의 군사 연락단에 소속되어야 하며, 만약 소련이 이를 거절한다면 미국은 서울의 미국 영사관을 폐쇄해야 한다고 제안했다.[79]

마침내 3월 15일, 하지 장군은 평양에 영사관을 설치할 것과, 미

78) (1) Memo for C/S by Gen Lincoln 25 Jul 1946, Sub : Consular Establishment in U.S. Zone of Korea(JCS 1695) *ABC 014 Japan*, Sec 17-C ;
(2) Rad, Hodge to CINCAFPAC, 200445, 20 Apr 46 : *Hist Files*에서 인용.

79) 교환에 관해서는 무선 전보 참조. State to Hodge via CINCAFPAC, Feb 1946 : *ABC 014 Japan*, Sec 17-B, and CG USAFIK to State via CINCAFPAC, CX 58243, 26 Feb 46, in SWNCC 381 Sub : Consular Establishments in U.S. Zone of Korea, 15 Jul 46, *CAD Files*.

국 지역의 소련 시설들은 북한의 미국 영사관에게 적용되는 것과 같은 적용을 받게 할 것이라고 소련에게 통고하도록 허락받았다.[80] 그러나 그 당시 서울에서 개최되고 있던 공동위원회 회의 기간에 가운데 소련과 가능한 한 협조를 증진하려고 노력하고 있었던 때였기 때문에 하지 장군은 이 문제를 강력하게 밀어붙이지 못했다.

이와 같이 1945년 겨울까지 북한에 있는 소련 측의 융통성이 요구되는 많은 첨예한 문제들이 누적되었다. 한국의 경제적 통합이 지역적인 교섭을 통해서는 달성될 수 없으리라는 사실이 점차 명확해졌다. 경제 문제와 연락의 문제는 한국 문제의 궁극적 해결을 위해 소련과 합의할 필요성이 있다는 더 큰 문제의 작은 부분에 불과했다. 이러한 맥락에서 처음의 교섭은 한국에 관한 신탁통치라는 미국의 계획에 맞추어 진행되었다.

80) Rad, Washington to CINCAFPAC and USAFIK, 15 Mar 46 : *Hist Files.*

제3부

군정(軍政)

제7장

군정의 조직

1. 군정의 수립

일본의 항복은 미군이 점령하고 있던 한국에 정치와 행정의 공백을 야기했다.[1] 점령군은 완전한 통치 권력을 장악했고, 바람직하다고 생각되는 기존의 행정 구조를 활용하도록 권한을 위임받았다. 서울에 위치한 중앙 정부 기구는 일본총독부의 조직이었다. 주한 미군이 해야 할 일은 기존의 일본 행정부를 그대로 존속시키느냐, 아니면 군정을 구성하느냐를 선택하는 문제였다. 결국 미국은 다음과 같은 이유로 전면적이고 직접적인 군정을 실시하기로 결정되었다.

(1) a) 일본인과 친일 부역자의 민간 정부를 신속히 제거할 것을 요구하는 공식 정책.

b) 소위 임시 정부나 그 밖의 다른 토착 정치 조직의 정치적 목적을 승인하지도 않고, 활용하지도 않는다는 공식 정책.

1) 한국이 일본에서 해방된 뒤 야기된 법적인 복잡성에 관한 논의는 부록 참조.

(2) 국가를 통치하기에 적절한 권위의 결여.

(3) 국민을 진실로 대표하는 정당의 결여.

(4) 일본에 협조하지 않은 사람으로서 자격 있는 한국의 행정 관리들이 거의 없다는 점.[2)]

이 정책은 야전명령 제55호인 "블랙리스트"의 지령과, 연합군 최고사령관으로서의 맥아더 장군이 발표한 권위 있는 성명서에 따른 것이다. 이 지령들은 9월에 수합되어, 민정의 행정에 관한 최종 지령에 따라 세부적으로 보완되었다.[3)]

이 지령은 8월 24일에 3성조정위원회가 맥아더 장군을 위한 특별 정치·경제 지침을 만들도록 극동분과소위원회(SFE)에 요청함에 따라 준비된 것이다.[4)] 이 지령에 따라 연합군 최고사령부는 다음과 같은 지시를 받았다.

귀하는 그 기능이 점령의 목적과 일치하지 않는 것들을 제거한 뒤 …… 정부 행정의 지방적·전국적 조직을 "충분히" 활용할 권한을 위임받을 것이다. …… 잔류 기관들과 직원들은 통치 행정에서 최대한 책임을 질 것이고, 정책과 지령을 수행할 수 있는 권한을 가진다. 그러나 언제, 어떠한

2) *Summation* No. 1, Sep-Oct 45, pp. 1~2에 기초함.

3) 이것은 SWNCC 176/8(nd), Sub : Initial Directive to the Commander in Chief. U.S. Army Forces, Pacific, for the Administration of Civil Affairs in Those Areas of Korea Occupied by U.S. Forces : *FR, 1945,* Ⅵ, pp. 1073~1091.

4) SFE는 첫 보고를 8월 28일에 하였다. JCS는 9월 1일의 재정에 관한 지령을 제외한 모든 것을 승인하였다. 요약 내용이 9월 9일 맥아더 장군에게 보내졌으며, 9월 22일에 추가적으로 그의 논평을 요청했다. 맥아더 장군은 9월 13일, 일반적인 내용에 동의하면서 그 지령이 "정책 지침"으로만 사용되도록 요청했고 JCS도 이에 동의했다. OPD, Memo for Record, 23 Sep : *OPD 041,* 1, Sec. Ⅳ, Cases 51-77 참조. SWNCC는 그 문서를 10월 13일 제27차 회의에서 대체로 승인했다. 그리고 10월 17일, 그것을 비망록으로 맥아더 장군에게 전달했다. SWNCC의 조치에 관해서는 *OPD 014.1 Korea*, Case 73/3 참조.

상황에서도 귀하는 귀하의 목적을 수행하고자 요구되는 직접적인 행동을 취할 권한이 있다.[5)]

후속적인 지령은 다음과 같은 점을 명시하고 있다.

전에 귀하에게 하달된 지령에 따라 남한의 행정을 조직하면서, 사령관은 소련과 합의하여 그것이 한국 전역으로 확대되도록 하기 위한 바람직한 기구의 조직에 관하여 조언을 받아야 한다.[6)]

직접적인 군정을 실시하라는 결정에 따라 임시 군정 사령부는 기존의 총독부를 인계받았다. 제7사단장 아놀드(Archibald V. Arnold) 장군은 9월 12일 한국 군정장관에 임명되어 9월 14일 주한 미군 본부 안에 독립된 사령부로서 사무실을 설치했다.

공식 "군정"인 군정청(US Army Military Government in Korea : USAMGIK)은 1946년 1월까지 수립되지 않았었다. USAMGIK이라는 명칭은 태평양사령부의 선발대가 USAMGOK(United States Army Military Government of Korea)이라는 애초의 명칭이 "gook"처럼 들리는 세 단어로 끝난다는 지적을 한 후에 뒤에 결정된 것이다.

---

5) *FR, 1945,* Ⅵ, p. 1075.

6) 이 문서는 SWNCC 79, Sub : Composition of Forces to Occupy Korea, on 9 March 1945로 작성된 것임. 이 문서는 9월 27일 SFE가 배포했고, 두 번 수정되었다. 이 문서는 궁극적으로 한국의 지역 분할을 종식하키고 신탁통치를 수립하는 교섭을 촉진하는 제안서로서 작성되었다. SWNCC는 10월 20일에 이를 승인하여, 맥아더 장군에게 "정보와 지침"으로 제출하였다. 비록 SWNCC 101/4로 대체되기는 했지만, 정부 조직에 관한 그 건의를 하지 장군은 지침으로 활용했다. 전쟁성은 이러한 경향의 정부 조직의 적부에 대해 "적합성"(desirability)을 적용할 수 있는 선택의 자유를 하지 장군에게 주어야 한다고 주장했다. SWNCC79와 그 뒤의 수정에 관해서는 SWNCC Summary of Actions, I : *CAD Files* ; and Copy 18 of SWNCC 79 in *ABC 014 Japan*, Sec 17-A 참조. SWNCC 79/1은 *FR, 1945*, VI, pp. 1093~1096에 있음. 한국 군정 조직의 구조에 관한 어떠한 규정도 기록에는 없다.

"gook"*은 불량한 미군 병사들이 사용하는 조롱적인 언어였기 때문에 계속해서 곤란한 문젯거리가 될 수 있었다.

"군정"(Military Government)이라는 용어는 하지 장군과 그의 고문인 베닝호프가 일본 식민지의 의미를 지니고 있는 "총독부"라는 이름을 폐지하기로 결정한 뒤 9월 첫 주에 공식적으로 사용하였다.[8] 베닝호프는 "주한 연합국 정부"(Allied Military Government of Korea)라는 명칭을 제안했지만 워싱턴에서 받아들이지 않았다.[7]

2. 일반 조직

미국의 행정 요원은 총독부의 행정 기구와 유사하게 조직되어, 처음에는 똑같은 기능을 맡았다. 중앙 정부가 인계한 것에는 한국인의 모든 생활에 관계되는 144개 정도의 중앙 정부 기구의 복잡한 행정 활동이 포함되어 있었다. 군정장관은 총독 서리가 되어 미국의 고위층의 지시에 따라 과거 일본 총독이 행사하던 모든 권한을 행사했다. 그는 법령의 형태로 입법권과 임면권, 그리고 기타의 관련 명령권을 직접적으로 행사하였다.

군정장관은 휘하에 있는 민정장관과 부서의 지휘자들에게 권한

* gook : 미국 병사들이 경멸조로 필리핀인 · 한국인 · 일본인 등 아시아인과 북아프라카의 "토인"들을 부르는 호칭임.(옮긴이 주)

8) USAMCIK의 수립에 관해서는 GO No. 1, 4 Jan 46, Sec I : Establishment of United States Army Military Government in Korea(略語 : USAMGIK)를 참조할 것. Rad, USAFPAC, 27-631/Z, Dec 45에 근거를 둠, T/A에는 총수 1,887명이 있는데, 장교 663명, 준위 8명, 사병 1,216명이 있다. SEC. II는 아놀드 장군을 해임하고, SEC. Ⅲ는 러취(Archer L. Lerch) 소장을 신임 한국 군정장관인 군정의 대표로 임명했다. *Hist Files.*

7) Rad, CG XXIV Corps, Transmitting Radio of Benninghoff to Secretary of State, TFXAG 515, 131546, 13 Sep 45 : *Hist Files.*

을 위임했다. 군정장관은 전술 부대에 소속되지 않은 모든 군정 요원들을 지휘했다. 중앙 정부 밑에는 군정팀이 전술 부대에 배치되어 사무국과 연락을 유지하면서 그 부대의 지휘를 받게 된다. 궁극적으로 이 팀들은 군정 휘하에서 직접적으로 활동하게 될 것으로 예상되었다.

9월 12일의 임시 조직은 민정장관과 14명의 장교로 구성되었다. 최초의 공식 조직이라 할 수 있는 것이 9월 20일에 입안되었다.[8] 이것은 과(課 : Section)와 국(局 : Bureau), 그리고 육군지휘부(Army Administrative Command)로 구성되었다. 10월까지 기본 조직은 잘 수립되었다.

군정장관과 군정차관 밑에 민정장관이 있었는데, 그의 직위는 과거 일본의 정무총감(政務總監)과 비슷하여 여러 부서의 활동을 조정하고, 사무국(事務局)을 감독하고, 군정장관의 이름으로 지령을 하달하는 책임이 있는 자리였다. 프레스코트(Brainard B. Prescott) 대령이 9월 29일 첫 민정장관으로 임명되어 1945년 12월 2일까지 그 직위에 머물러 있었다.[9]

군정청(軍政廳)은 총독부와 유사한 기능을 수행했다. 군정청은 총무(General Affairs) · 외사(外事 : Foreign Affairs) · 공보(Intelligence and Information) · 인사(한국 관리) · 육군 행정 · 관재 · 기획 · 회계의 8개 부서로 구성되었고[10] 그 밑에(*sic*)는 재정 · 광산과 산업 ·

8) Mimeo Copy : "Organization of Military Government-Government General, "Office of Military Governor, Seoul, Korea, 20 Sep 45 : *Hist Files*.

9) 주요 관리 명부는 부록 참조.

10) SCAP, *Monthly Summary* No.I, Sep~Oct 45, p. 2에 나타나 있는 것처럼, 9월 20일의 도표에는 육군행정과와 관재과가 빠졌다가 10월에 추가되었다. 지방과(Local Affairs Section)는 9월에 처음 설치되었는데, 10월 1일에 기획과(Planning)로 바뀌었다. 그리고 12월에 지방업무과(Provincial Affairs)로 재설치되었고, 1946년 4월 1일에 마침내 흡수되었다.

농업과 상업 · 치안 · 보건 후생 · 교육 · 사법 · 통신 · 수송 등 9개의 국(局), 혹은 활동 기구들이 있었다. 이들의 부서장과 민정장관은 군정장관의 내각 기능을 담당하였다. 이 부(部)는 미국식 행정 용어로 치자면 성(省 : Departments)으로서 1946년 3월 29일의 법령 제46호에 따라 설치되었다.

"과"(Bureau)를 "부"로 바꾼 것은 일본어를 영어로 공식 번역한 것에서 유래한 것이다. 이 기구는 1946년 5월 1일자의 기구표에서 따른 11개 부(部 : Department), 4개의 처(處 : Office), 그리고 86개의 국(局 : sub-bureau)으로 확정될 때까지 계속 변화를 거듭했다. 이러한 기구의 확대는 과거 일본인의 매우 복잡한 개인 재산과 공 · 사(公私) 기업을 관리해야 할 임무가 많았다는 사실을 반영하는 것이다.

3. 총무과(General Affairs Section)

일본 치하에서 총무과는 사법 행정과 관련된 3개 부서 가운데 하나였다. 나머지 둘은 법무국(法務局)과 경무국(警務局)이었다. 총무과는 주로 법적인 문제와 관련을 맺으면서 일반기획과(Office of General Counsel)의 기능을 수행했다.

한국에서 시행된 법은 일본의 법이었다. 이것은 일본에서 생겨났거나, 아니면 총독부에서 만든 것이다. 그 법은 일본어로 쓰였고, 그의 번역을 무거운 형벌로 금지하고 있었기 때문에 대부분의 한국인은 그 내용을 모르고 있었다. 더욱이 한국의 관습법은 한정적으로 적용되었는데, 그것들은 대부분 상속 · 결혼 · 이혼 · 재산 등과 같은 가족 관계에 관한 것이었다.

일본법은 유럽의 대륙법, 특히 독일법에 기반을 두고 있는 것으로서 일본에 맞도록 수정된 것이었다. 일본법은 소송 절차, 선례구속(先例拘束)의 원리(*stare decisis*)의 관행, 배심원 제도가 결여된 점에서 앵글로 색슨의 법체계와 다르다. 활용할 수 있는 한국인 변호사는 몇 명 안 되었는데, 이는 한국인들이 적절한 전문 교육의 기회를 박탈당한 채 실습의 기회가 제한적으로만 허용되었기 때문이었다.

예를 들어 점령이 시작되었을 때 남한의 자격 있는 변호사는 단지 140명에 불과했으며, 한 해가 지난 뒤에도 200명이 안 되었다. 선발에도 어려움이 있었는데, 이는 한국인들이 공무원 제도가 시작할 수 있기에 앞서 신분과 서열, 그리고 사회적 위치에 관한 문제를 제기하였기 때문이었다.

9월 29일 군정이 시작되자, 총무과가 조직되었고 과장으로는 우달(Emory J. Woodall) 소령이 임명되었다. 그는 총무과장과 법무국장(Director of Justice)을 겸임했다. 총무과와 법무국은 1946년 4월 2일, 부서가 폐지되어 그 기능이 확대된 사법부(司法部) 소관으로 통합될 때까지 한 사람의 부서장이 겸임하고 있었다.[11] 총무과는 법률을 계획하는 이외에도 기록을 하고, 관보를 발행했으며, 군정장관의 직인을 관리했다. 이 부서는 모든 법령과 규칙의 초안을 작성하고 법을 번역하고 수정하며, 공동의 계획과 모든 재정적 수단들을 만들었다. 이러한 방법으로 총무과는 막강한 정책 결정권을 행사한다.

그들은 법전에 관해 연구하고 법원을 활성화하는 문제와 변호사 제도에도 관여하였다. 일본의 법체계하에 존재했었던 모든 차

11) USAMGIK, OMG No. 64, 29 Mar 46 ; Ord. No. 67, 2 Apr 46.

별과 억압의 요소들을 제거하고자 기존의 법을 세밀히 조사하는 작업이 신속히 시작되었다. 9월 18일 일반명령 제5호에 따라서 군정청은 치욕적인 법적 예속에서 한국인들을 해방하고, 법 앞의 공평한 정의를 이룩하고자 의도한 포괄적인 법령을 발표하였다.12) 이 법령에 따라서 민족과 국적, 종족, 혹은 정치적 신념에 따른 차별을 폐지할 것을 규정한 일반 폐지 조항에 준거하여 여섯 개의 특별법이 폐지되었다. 이어서 불법 구류가 금지되고, 경찰의 약식 재판권이 폐지되었다.

이 규정들은 근본적인 형사 · 민사상의 권리 확립에 절대 필요한 것으로 여겨졌다. 그러나 머지않아 더 엄격한 통제가 야기되었다. 10월에 군정청이 국가 비상사태를 선포하고, 엄격하지만 일시적인 통제를 하게 되는 심각한 상황이 발생했다. 다음과 같은 행위들을 불법으로 규정하는 법령이 제정되었다.

(1) 주한 미군이나 혹은 미군정청의 기관에서 공적으로 일을 하는 사람에게 고의로 거짓말을 하는 행위

(2) 군정의 명령을 방해하거나, 방해하려 하거나, 위반하는 행위

(3) 주한 미군이나 미군정청에 협조하는 사람에게 위협 · 협박 · 강요 · 피해를 가함으로써 국민의 복리를 저해하는 행위13)

또한 법령에 따라 모든 출판업자와 인쇄업에 관련된 조직들은 10일 이내에 등록하라는 지시가 있었는데, 이는 출판과 표현의 자유가 "불법적이고 파괴적인 목적에 따라 왜곡되지 않도록 유지하

12) *Hist USAMGIK*, Ⅲ, Pt. 1, Ch. 5, p. 33.

13) Summary of Ordinance No. 19, Declaration of National Emergency, 30 Oct 45 : *Hist USAMGIK*, Ⅲ, Pt. I, Ch. 5, p. 36.

고 지키기 위한" 수단으로서 발동된 것이었다. 그리고 이 법령은 "근로의 권리"를 보장하면서도, 파업이 일어났을 때는 노동중재위원회가 강제적으로 중재할 수 있도록 규정했다.

이러한 제한 규정들은 한국인들을 자극하여 11월 6일 아놀드 장관의 기자 회견에서 상당한 논의를 유발했다.[14] 이 논의를 보면 군정청이 정치적 · 경제적인 혼란을 방지하고자 실시한 제약과 한국 지도자들이 만족할 만한 근본적인 민주적 권리를 확보하는 문제의 사이에서 수용할 수 있는 중간치를 취하는 것이 얼마나 어려운가를 알 수 있다.

아놀드 장관은 그 법령이 "한국의 안정을 이룩하기 위한 것"이라고 신중히 설명했다. 그들의 협조를 확보하려는 그의 노력에도 불구하고 여러 단체가 "필수적인 경제 수단"을 반대하거나 지지하고 있다고 그는 지적하면서 최근 일부 한국인들이 동양척식회사와 조선(造船)회사를 인수하려고 한 사건들을 그 예로 들었다.

아놀드 장관은 또 이러한 단체들의 파괴적인 방해들이 "엄격한 법"에 따라 중지되어야 한다고 말했다. 그리고 파업권의 제한에 대한 반대에 관해서 아놀드 장관은 한국인들이 말하는 것처럼 파업권은 기본권임이 사실이라고 전제하고 다음과 같이 말했다.

> …… 만약 한국인들이 이번 겨울을 춥지 않고 배고프지 않게 보내려면, 우선은 일하고 생산해야 하며, 그 뒤 적절한 때에 기본권에 관한 논의에 따라서 할 것이다. 지금은 확실히 비상사태이다. 노동을 저해하는 것처럼 보이는 어떠한 불법 행위에 관해서도 노동중재위원회가 개입할 것이다.

이러한 조처들이 억압적인 것은 아니며, 그리고 한국인들이 "상

14) Staff Press Conference, 6 Nov 45 : *I&H Jl.*

당히 효율적으로 조직하고, 통합하고, 자신들의 업무를 수행할 수 있다는 것"을 보여줄 때, 군정청은 모든 특별 입법을 철폐하고 제한을 완화할 것이라고 그는 언론을 향해 주장했다. 기자 회견은 미국인과 한국인 모두에게 언어와 법에 관한 좌절감을 보여주는 사건으로 끝났다. 한 한국인이 법령에 나타나 있는 "폭리 행위"(profiteering)라는 단어에 관하여 설명해 줄 것을 요청했다. 육군 역사가는 다음과 같이 기록했다.

> (나쁜 질문 아님) T[튜크(Tuke) 소령]는 잘 모르겠다는 것을 솔직히 인정한 뒤, 그 용어의 정확한 개념은 다음 회의 이전에 밝히겠다고 말했다.

첫해에 새로운 한국의 법전 제정은 천천히 진행되었는데, 이는 훈련된 요원과 적절한 자료가 부족했기 때문이었다. 법무과는 광범위한 활동과 "관료적" 경향으로 말미암아 비난받으면서 "문어 같은 군정청"(octopus of Military Government)[15]이라는 오명을 들었다. 신속히 행동해야 할 필요성과 외국 기관에서 일해 본 경험이 적은 관계로 그들은 종종 지역적 적합성을 고려하지 않은 채 미국식 개념을 적용하곤 했다.[16]

군정 요원은 기존의 제도나 법들이 변화를 야기할 수 있는 유용한 출발점이 될 수 있다는 사실을 인식하지 못했다. 그러한 법령을 문자상의 의미에 따라 전국적으로 적용했을 때 어떠한 결과가 일어날지 고려하지도 않은 채 법에 따라 지역 상황을 개선하려고

15) 전임 법무관 그린(W. Green)이 한 말, *Epic of Korea*, pp. 64~66.
16) 요시다 시게루(吉田茂) 수상도 미국의 일본 점령의 특징에 대해 똑같은 얘기를 했다. Shigeru Yoshida, *Japan's Decisive Century*(New York, Washington, London : Fredrick A. Praeger, Publishers, 1967), p. 57.

노력함으로써 종종 율법주의와 실용주의 사이의 갈등을 야기했다. 총무과의 한 장교는 당시의 상황을 이렇게 기술한다.

> …… 정부 기구는 정책이나 적법성을 명료하게 하지도 않은 채 "지령"·"명령"·"메모"·"서한" 등을 남발한다. 배포는 한정적인데, 어느 시기에는 운영되는 법을 구성하는 것에 대해 정확히 인식·평가하지도 못하고 무제한으로 법률을 적용함으로써 혼란과 오해를 불러일으키는 일도 있었다.17)

법무과(Legal Section)는 하는 일이 많았다. 점령 첫 8개월 동안 이 부서는 가장 복잡한 행정 문제들이 포함된 65개의 법령을 만들었다. 일본 치하의 법무국은 민사·형사·행정 부문으로 구성되었다. 그리고 법무국은 하나의 고등법원과 3개의 항소원(抗訴院 : 미국 지역인 서울과 대구에 하나씩 있고, 소련 지역이 된 평양에 하나가 있다)과 지방의 지방법원들을 운영했는데, 일본인들이 그 주요 직위를 모두 차지했었다.

1931년에 235명의 판사 가운데 한국인은 단지 46명에 불과했다. 법무국의 행정은 미군이 9월에 도착했을 때 사실상 붕괴 상태에 있었다. 참모회의의 보고에 따르면 8월 15일 이후 거리는 계속해서 무질서 상태였다고 한다. 지난 2주 동안 체포나 기소가 없었다. 경찰의 활동은 중지 상태였다. 스스로 임명한 "치안대"(治安隊 : Peace Preservation Association) 요원들은 공장을 강탈하고 있었다. 경찰 지휘관은 전혀 일할 "배짱"(Stomach)이 없었다.18)

---

17) *Hist USAMGIK*, Ⅲ, Pt. I, Ch. 2, p. 35.

18) 이 사실에 관한 증언은 법무국장 실행보좌관(Associate Director of the Bureau of Justice) 김영희(金永喜) 박사가 1946년 3월 7일 서울에서 열린 지방법무관회의에서 행한 연설임. *Hist Files* ; and, Corps Staff Conferences, 12-13-14 Sep 45 : *I&H Jl.*

더 이상의 혼란을 방지하고자, 야전명령 제 55호에 의거하여 기존의 법원 제도를 미군정에 의한 규칙과 통제, 그리고 재조직에 포함하였다. 법 체계를 유지하는 것이 법집행에서 절대적으로 중요하다고 인식되었기 때문에 처음부터 일본인 판사와 검사를 완전히 제거할 수는 없었다. 교체할 사람들에 관한 전문적 적합성 여부를 점검·조사하고자 얼마간의 과도 기간이 필요했다.[19]

그러나 10월 11일부터 이들의 제거가 시작되었는데, 군정장관의 말에 따르면 6주도 안 되어 법무국의 행정은 완전히 한국인들로 교체되었다고 한다.[20] 평가가 아무리 낙관적이라고 해도 일본인과 미국인을 한국인으로 교체하는 과정은 신속했다.

12월 17일까지 법무국의 모든 군정 장교들은 참관인이나 고문이 되었다. 이것은 10월 16일 "한국인들이 정부의 모든 직위를 맡게 되어 정부를 수립할 수 있도록 하고자" 정부의 직위에 맞도록 한국인들을 훈련하고 있다고 발표한 하지 장군의 성명서와 일치하는 것이었다.[21]

11월 12일 "과거의 일본 제국 정부의 형태에서 순수한 한국인 정부로 점진적이고 신중히 인도되는 변화야말로 미군정의 정책"이라고 군정장관 아놀드 장군이 설명했을 때 이 정책은 더욱 확대되었다.[22] 이로써 법무국은 국장을 제외한 모든 책임 직위에 한국인들을 배치한 군정청의 첫 번째 행정·집행 기관이 되었다. 군정은 1946년 1월 15일까지 남한의 약 41개 법원과 19개의 형무소를 한국

19) *Hist USAMGIK,* Ⅲ, Pt. I, Ch. 5, p. 65.
20) *Ibid.*, p. 67.
21) MG Press Release, 16 Oct 45 : *Ibid.*, p. 40.
22) "Your Military Government : Present and Future : General Principles and Policies" : *Ibid.*, p. 38에 있는 성명.

인 관리들이 운영하도록 조치했다.[23)]

법무국(法務局)은 총무과 · 인사과 · 형사과(Dept. of Criminal) · 형정과(刑政課 ; Dept. of Penal) · 변호사과(Bar Association) · 허가과(Admission)와 같은 부서들을 포함하도록 재조직되었다. 인사과는 법원에 자격 있는 요원들을 배치하는 일을 하는 기구로서 호적등재 · 공증 · 대서인협회 등을 조사하고 감독한다. 미국인 법무관들은 법무국에서 직접 지방법원을 감독한다.

한국인들은 법무관으로 복무한 적이 한 번도 없다. 처음에는 특별재산법원이 지방법원의 독립된 지부로서 설치되었다. 그것은 재산의 소유와 이전에 관계된 많은 법적 문제로 말미암아 법원이 방해받지 않도록 하고자 함이었다. 이 재산법원은 관재처 아래에 두었다. 10월에 이 활동을 지원하고자 군정청에 특별부가 추가로 설치되었다. 이때까지 법무국은 13개의 과로 조직되어 정부 내의 가장 큰 국을 구성했었다.

1945년 12월 13일, 법무국은 26명의 육군 장교와 13명의 사병으로 구성된 미국 요원을 보유하고 있었다. 군정 법정의 권한은 9월 18일에 한국인들에게 인계되었다. 이 법정은 군사위원회와 군사재판소의 두 가지 형태로 구성되었다. 군사위원회는 육군 보통군법회의의 절차를 따라야 하며 3명 이상의 장교들로 구성되어 있다. 군사재판소는 약식군법회의에 기초한 절차를 따라야 하며 1명 이상의 장교들로 구성되어 있다.

군사재판소는 5천 달러 혹은 그에 상당하는 엔화(Yen)의 벌금형을 초과하지 못하고, 5년을 초과하지 않는 중노동형을 선고할 수

---

23) *Summation* No. 4, Jan 46. 사법부 도표에 관해서는 *Summation* No. 12, Sep 46을 참조함.

있으며 이를 병과할 수도 있다. 주한 미군 사령관은 사형을 감형할 수 있는 권한을 가졌다. 사형을 집행할 때는 태평양 미군 총사령관의 승인을 얻어야 한다. 군정 법정은 점령된 남한의 모든 사람에 관한 관할권을 가지며 다음의 예외가 있다.

(1) 연합군의 군법 혹은 해군법의 적용을 받는 사람
(2) 외교적 면책권을 가진 사람
(3) 전쟁 포로

군정 법정은 1945년 9월 1일 이후에 자행된 다음과 같은 유형의 범죄에 대해 재판권을 갖는다.

(1) 전쟁법과 전쟁 관습에 어긋나는 범죄
(2) 태평양사령관이나 그로부터 권한을 위임받은 예하 부대가 발표한 성명서 · 법령 · 규칙 · 명령 등에 관한 모든 위반 행위
(3) 항복 조건에 관한 모든 위반 행위
(4) 한국의 민사 · 형사법에 관한 모든 행위

군정은 1945년 11월 2일 법령 제21호를 통해 위의 지령이 발효되도록 했다. 그리고 연합군 최고사령부나 군정이 발표한 성명서 · 명령 · 법령 등과 한국법의 집행을 위해 한국의 "모든" 법원을 "군정법원"으로 조직하였다. 이들 법원은 한국 민사법원과 군사법원으로 분리되었다.[24] 군사법원은 남한의 모든 사람에 대해 일반적인 재판권이 있었으나 단 연합군의 군법과 해군법의 적용을 받는

24) 첫 번째 위임에 관해서는 Ltr, GHQ, APTAC to CG XXIV Corps(AG 014. 1), 18 Sep 45, Sub : Establishment of Military Occupation Courts : Hist Rec Index Card, *File of GHQ,* SWPA.

사람들과 전쟁 포로나 외교적 특권이 있는 사람들은 예외였다. 한국의 법이나 군정 규칙을 침해할 경우, 한국의 민사법원의 재판에 회부하는 것이 일반적인 정책이었다.

그러나 이 법원의 사정으로 공판이 늦어질 경우에는 이를 신속히 처리하고자 군사재판소를 활용하기도 했다. 이른바 특수한 "군사법정"은 주한 미군의 위신과 안전에 관한 범죄와 연합국의 재산과 요원에 관한 범죄를 재판하고자 설치된 것이기 때문에 민사재판은 하지 않았다. 1946년에 법원에 송치된 사건은 4만2,150건이었는데 이 가운데 3만6,373건을 재판했고, 5,777건이 미결로 남았다.[25)]

당초 경무국은 정규 "부서"가 아니었는데, 이는 그 업무가 군정장관의 직무에 해당되었기 때문이다. 경무국은 일본인으로부터 인계되어, 9월 17일에 흡수되었다. 경찰 제도는 일본 치하에서 고도로 집중화되었었는데, 서울에 수도경찰청(National Bureau of Police)이 있었고, 13개 각도에 경찰국이, 모든 시 · 읍 · 면에 경찰서가 있었다. 경찰과 헌병의 역할에는 한계가 분명치 않아 중복되는 면도 많았다.

전쟁이 진행되던 기간에는 징병법을 집행하거나 군대와 협조하고자 "군사처"(Office of Military Affairs)라는 새로운 부서를 설치하였다. 헌병은 이것을 통해 민간인들에 대해 많은 권한을 행사하였다. 비록 군사적인 부문이 일본군의 철수에 따라 그 기능을 상실했지만, 1945년 11월 13일 국방사령부(Department of National Defense)가 창설될 때까지 경찰과 헌병은 공식적으로 분리되지 않았다.

경찰 제도를 재편하는 일은 군정의 가장 긴요하고 급박한 임무 가운데 하나였다. 일제 치하에서 경찰은 "한국인들에게 뿌리 깊은

---

25) 이 일반적인 얘기에 관해서는, *Hist USAFMGIK*, Ⅲ, Pt. 1 Ch. 5 참조.

증오심과 혐오감, 그리고 공포심을 유발했다."[26] 전횡적인 경찰 권력은 한국민의 생활의 모든 면에 영향을 미쳤다. 경찰은 예비 검속(豫備檢束)과 재판 없이 독단적인 체포·구금을 할 수 있었고, 그들의 일 처리와 직위는 뇌물과 부패로 얼룩졌다.

경찰의 공적 조직은 공공 보건·경제 통제·검열·치안 유지 등에 걸쳐 폭넓게 통제력을 행사하였다.[27] 경찰은 가정·집단·대중 집회 등에서 개인 생활을 밀접히 감시함으로써 실질적인 "사상 통제"를 실시하였다. 공공 회의를 감독하고 만주에서 한국으로 들어오는 한국 독립군들을 주의 깊게 감시할 뿐만 아니라, 일본 천황의 사진이 적절히 명예로운 자리에 걸려 있는가를 알고자 집을 조사하기도 했다.

군정이 취한 최초의 조치 가운데 하나는 9월 12일 경찰위원을 제거하는 것이었다. 국립 경찰은 헌병 사령관인 쉬크(Lawrence E. Schick) 준장의 통제를 받았고, 아르고(Reamer W. Argo) 대령이 서울의 경찰을 맡았다. 당초에 군정은 일본의 행정 조직을 유사하게 그대로 모방해서 따랐다. 그 직업에 경험이 있거나 훈련을 받은 한국인들이 별로 없었기 때문에 임시로 일본인 경찰을 활용하기로 결정하였다. 미국인들은 숫적으로 너무 적어 미국인과 한국인의 안전을 확보한다는 목적에는 활용될 수 없었다.

일부 일본인 경찰은 "USMG", 혹은 "AUSMG"라고 새겨진 군정 완

---

26) Observation of the Military Historian : *Hist USAMGIK* Ⅲ, Pt. 1, Ch. 5, p. 20. 이 장과 똑같은 내용의 1장은 지역적 관찰과 특별한 역사적·개인적 원고에 근거를 둔 것이다. 아울러 Andrew Grajdanzev, *Modern Korea*(New York : John Day Co., 1944) 참고.

27) 서울의 중앙경찰국(Central Police Office)과 지방 경찰국은 6개의 정식 부서가 있다. 이들의 임무는 경무(Police Affairs)·경비(자원 소방대 포함)·경제 통제·검열·공중 건강·평화 유지이다.

장을 받았는데, 이것이 한국인들과 미국 특파원들을 자극하였다. 이것이 하지 장군의 관심을 끌자, 그의 부하들은 이것이 한국인들로부터 경찰을 보호하기 위한 행동이었다고 보고했다. 그는 즉시 완장을 "민정 경찰"로 바꾸든가 아니면 전부 지워 버리라고 지시했다.

그 주가 끝날 때쯤 모든 글자가 지워지고, 더 많은 한국인이 그 자리에 임명되었다. 10월 1일 이 지역에 훈련된 헌병이 한 명도 없다고 말한 헌병사령관의 언급을 통해서도 훈련된 헌병이 얼마나 부족했는가를 알 수 있다.[28)]

군정청은 가능한 한 과거의 나쁜 경찰 기능을 제거하려고 노력했다. 3주 만에 사상 통제 경찰, 검열 경찰, 경제 통제 경찰이 해체되고 경무국 위생과의 공중 보건의 임무는 위생국이 새로 설치되어 이에 흡수되었다. 이러한 조치는 복합적인 결과를 초래하였다. 검열이 없어짐으로써 언론은 무엇이든 쓸 수 있었고, 일부 편집인들의 무책임한 처사는 군정의 고민거리가 되었다.

1946년 4월에 소방대가 경찰로부터 독립하여 지역 단위로 설치되었다. 이것 역시 예기치 않은 결과를 가져왔다. 경찰이 죄수들을 폭행하지 말라는 지시를 받자, 소방대에 있는 과거의 경찰 동료들이 그들을 대신해서 죄수의 폭행을 담당했다. 경찰 요원들의 훈련은 신속히 진행되었다. 점령 초기에는 겨우 30%의 경찰만이 한국인들이었고, 그나마도 대부분 하위직이었다.

한국인들을 경찰에 충원하고 훈련하기 위한 조직이 설치되었다.[29)] 과거의 서울경찰학교가 10월 15일에 다시 문을 열었고, 서울의 450

---

28) Ms, "Police and Public Safety,"(저자 미상, *Hist Files*에 있음) 참조. 위의 얘기에 관해서는 Corps Staff Conference, 14 Sep 45 : *I&H Jl.*

29) *Summation* No. 1, par. 35.

명 학생과 부산의 50명 학생을 대상으로 한 달간의 훈련을 실시했다. 11월 중순까지 1만5천 명 이상의 한국인들이 충원되어 신임 경찰대가 모양을 갖추기 시작했다. 1946년 4월 6일 서울경찰학교는 국립경찰대학으로 승격했고, 7월 19일 100명의 첫 졸업생을 배출하였다. 지방 학교들도 가능한 한 빨리 설치되어 1946년 중순까지 매 5주마다 1,459명의 학생을 배출할 수 있었다.

중앙집권화된 경찰 제도를 갖추어야 하는지 혹은 분권화된 제도를 갖추어야 하는지에 관한 의문이 곧 제기되었다. 이론적으로 기존의 일본 제도는 중앙집중화된 것이었으나, 일본 요원들이 급격히 제거되고, 지방의 일본 행정 구조가 붕괴하였으므로 1945년 11월까지는 일본 경찰이 지역적 기반을 바탕으로 활동하였다. 지방의 상황도 어떤 지역에서는 단지 그림자 같은 조직만 남아 있었고, 어떤 지역에서는 지방의 사설 단체들이 경찰 기능을 빼앗아 갔다.

12월이 되자 한국인과 미국인 모두가 전국적으로 중앙집권화된 제도가 필요하다는 데 동의하는 것처럼 보였다. 전국에 걸친 무질서로 말미암아 필요한 때와 장소에서 이용할 수 있는 대규모의 유연한 경찰대가 필요했다. 중앙 통제는 절차와 행정에 더 많은 신축성을 조성할 수 있을 뿐만 아니라 경제도 촉진할 수 있었다.

경찰이 지역적 통제에서 탈피함으로써 독직 남용과 법 집행의 편파성, 그리고 정치 권력에 관심 있는 저항 단체에의 개입을 감소시킬 수 있었다. 군정의 지시에 따라 국립경찰 조직을 위한 기반이 마련되었다.[30] 이러한 계획에 따라 지방장관은 비상사태 때

30) Directive, Police Bureau to All Public Safety Officers and Police Chiefs, Sub : Organization of National Police of Korea, 27 Dec 45, *Police Dept. File* No. 040, Doc No. 49a : *Hist USAMGIK*, Ⅲ, Pt. 1, Ch. 4, p. 11.

질서를 유지하고자 경찰력을 요청할 수 있게 되었고, 중앙기구는 충원 · 진급, 그리고 그 밖의 행정적인 문제에 관한 통제권을 갖게 되었다.

경무국은 11월 13일 국방사령관(Director of National Defense)의 휘하에 들어갔다. 이 상태는 1946년 3월 29일까지 지속되다가, 그 이후 독립 기관이 되었다. 경찰 조직이 여러 차례의 재편을 거친 뒤 완전한 국가적 체계가 수립된 것은 그해 4월이었다. 남한을 10개 지방으로 크게 나눈 다음 다시 152개의 지역으로 나누었다. 서울에 본부를 두고, 지방의 수도에는 지역 본부를 두었다.

1946년의 정치적 · 경제적 상황은 경찰력의 강화에 기여하였다. 12월, 신탁통치에 관한 모스크바의 결정을 따르는 임시 정부(Provisional Government) 단체가 시도한 쿠데타로 말미암아 군정은 법과 질서를 더 엄격히 집행할 필요성을 느꼈다. 필수적인 혼란 예방책으로서 초기에 사설 군사 단체들을 모두 제거하려던 노력이 재개되었다.

보이스카웃에 관심이 쏠렸다. 65%가 18세 이상이었던 그들은 우익적 정치 신념을 가진 청년들을 위해 "강력반"(Strong-Arm Squad)을 구성했다. 극우 집단인 광복군사학교(Kwang-Bok Army Officers School)가 방약무인한 행동을 보임으로써 그 지도자가 체포되는 사건이 발생했다.

좌익 지도자들도 역시 체포되었고, 무기는 압류당했다. 그럼에도 불구하고 이 집단들을 통제하기는 어려웠다. 왜냐하면 이들은 새로운 이름으로 조직을 재편하고 요원들을 충원 · 훈련시키고, 사사로운 행동을 위한 무기들을 수집하였기 때문이었다.

경찰력 역시 집회나 시위의 개최를 좀더 엄격히 규제하고자 증가되었다. 경찰은 때때로 좌익에 대한 정치적 무기로 이러한 권한을 활용하였는데, 지령에는 그 반대로 발표되었음에도 불구하고, 그러한 행동이 군정이 바라는 것이라고 경찰은 생각했던 것이다. 이 지령들이 현장의 "말단에 있는 사람들"(man on the beat)에게 미치지 못했을 때 그런 경우들이 있었다.

1946년 여름, 식량의 암시장이 너무 악화되어 군정은 미곡 징수를 집행하고자 경찰을 이용했다. 우익과 좌익 모두가 농민들로부터 식량을 강탈했다. 공산주의자들은 여러 지역에서 활동하면서 경찰 제복을 탈취하고, 약탈과 만행을 자행하였으며, 경찰을 비난하였다. 반면에 많은 한국인 경찰들은 모든 농민들이 공산주의자이며 노동 조직들은 탄압해야 한다는 일본식 사고를 가지고 있었다.

경찰은 계속하여 죄 없는 사람들을 투옥시켰다. 경찰의 만행과 비능률에 관한 비난은 더욱 높아지고 거세졌다. 그러나 비난하는 사람의 정치적 편견으로 말미암아 그 비난을 해결하기 어려운 경우가 많아지자 군정은 이러한 많은 비난에 관심을 두지 않는 경우가 가끔 있었다.

이러한 상황에 대한 군정의 통제는 여러 요인들, 이를테면 장기간의 일본 점령하에서 철저하게 형성된 경찰 체제의 권력과 관행, 정치적 극단주의, 동양의 전통에 따른 개인의 인권과 인생에 관한 다른 평가, 그리고 통역을 통해서 활동해야 하는 어려움 등으로 말미암아 지장을 겪었다. 그러나 권위주의적 관행으로 회귀하는 것을 방지하고자 경찰에 대한 집중적 감독과 규제가 더욱 필요해질 때까지 미군은 물러나 있고 감독권은 한국인의 수중에 둔다는 단순한 사실에는 변함이 없었다.

4. 통위부(Department of Internal Security)의 발전

한국의 방위 관리는 일본의 본국 정부가 직접 운영했기 때문에 총독부에는 그러한 목적을 수행할 기구가 없었다. 미국의 정책에는 한국의 방위군 창설이나 장기적인 한국의 방위 계획에 관한 규정이 없었다. 미국의 공식 정책에 따르면 한국은 비전략적 영토였다. 그러나 한국의 점령 당국은 "거의 처음부터" 한국의 방위를 위해서는 "경찰력 복원" 이상이 필요하다고 인식했고, 뒤에 하지 장군이 이를 확인했다. 그는 치안 임무에서 "미군을 면제시키는 일" 뿐만 아니라, "미래를 위해 준비를 시작하는 것"이 자신의 관심사라고 말했다.[31]

헌병 사령관인 쉬크(Lawrence E. Shick) 준장은 1945년 10월 31일 건의서를 통해 치안 계획을 제출했다. 여기에서 그는 한국 경찰을 증강시켜 한국의 방위군을 책임지는 정부 부서의 창설을 포함한 포괄적인 계획의 일부로 국방경비대(National Police Constabulary)를 구성해야 한다고 건의했다.[32] 한국 방위의 필요성을 연구하고자 특별장교위원회(Ad Hoc Board of Officers)가 선발되었고, 11월 13일 쉬크 장군이 이끄는 국방간부회(Directorate of National Defense)의 설치가 진행되었다. 여기에는 육군과 해군으로 구성된 군무국(Bureau of Armed Forces)과 경찰(Civil Police)이 포함되었다.[33]

5일 뒤 특별위원회는 2만5천 명 계획의 국방경비대를 보충하고

31) *Ibid.*, p. 21 : Ref. to Ltr, Gen Hodge to Maj Gen Orlando Ward, 18 Mar 1952.

32) 워싱턴 관리들도 한국의 대외적 안보를 위해 한국 경찰을 이용한다는 점에서 생각했었다. Memo for Record, OPD 3 Oct 45 ; and Memo, WDGS for C/S, 17 Oct 45 : *ABC 014 Japan,* Sec 16-B.

33) 정치 고문 랭던은 이것을 국무성에 보고했다. MG Ordinance #28(11월 20일 메시지에 있음), *FR, 1945,* VI, p. 1133.

자 5만 명의 국방군(Korean National Defense Force)의 창설을 건의하였다. 그는 그 이유 가운데 하나로 미군이 철수했을 경우, "한국 통합에 위협"이 될 "비무장 예비군들이 사설 군대를 조직할 움직임이 전국적으로 고무되고 있다"는 점을 맥아더 장군에게 설명했다.

따라서 그는 치안 유지의 최상의 방법은 한국의 지도력을 확보하여 미국 통제 아래 국가 기구로 한국인들의 힘을 전환하는 것이라고 믿었다. 경찰 형식의 군대는 "만족스러운 해결책을 제공할 수 없었다". 왜냐하면 그 "주요 임무가 가지고 있는 법 집행의 지역적 속성과 관련 단체들의 규모" 때문이었다. 따라서 국방군의 창설은 "더욱 야심적이면서도 현실적인 계획"[34]을 표방하게 되었다.

맥아더 장군은 하지 장군의 계획을 워싱턴에 전달하면서, 자신의 견해를 길게 설명했다. 그는 국방경비대의 창설을 지지하면서 한국에 있는 미 군수품의 여분으로 그들을 무장할 권한을 요청했다. 한국의 방위 문제에 대해 특별히 거론하면서, 그는 다음과 같이 언급했다.

> …… 소련과 대적하고 있는 상황에 비추어볼 때, 한국에 관한 미국의 최종 정책이 결정될 때까지 한국에 유지해야 할 최소한의 병력은 미군 2개 사단과 2개의 비행단, 그리고 지원군이다. (한국의 군대를 창설하는 문제와 관련하여 볼 때) …… 그러한 계획은 반드시 한국 문제의 궁극적 해결을 위해 수립된 정책에 따라 결정되어야 한다는 것이 드러났다. 따라서 만약 연합국에 의한 신탁통치 기간에 한국의 방위군을 창설하는 문제가 고려되고 있다면, 지금으로서 그러한 계획을 더 고려해야 하는지 아닌지의 여부를 결정하고자 본 사령부에게 조속히 지침을 제공할 필요가 있다.[35]

34) 1945년 11월 26일에 맥아더 장군이 참모장(아이젠하워)에게 보내는 해외 전보. *FR, 1945*, Ⅵ, pp. 1133~1137.

하지 장군의 계획은 전혀 결실을 거두지 못했다. 왜냐하면 미국은 한국에 군대를 "세우는" 것과 관련하여 소련의 오해를 불러일으킬 만한 모험을 하고 싶지 않았기 때문이다.[36] 그 대안(代案)으로 하지 장군은 쉬크 장군에 이어 국방사령관(Director of National Defense)으로 임명된 챔페니(Arthur S. Champeny) 준장이 준비한 소위 "대나무 계획"(Bamboo Plan)을 승인했다. 이 계획에 따르면 "경비대 형식의 경찰예비대(Constabulary-type Police Reserve)를 창설하여 지원군 형식으로 활용하되, 국가 비상 사태의 경우에는 남한의 8개 도에 각각 1개 중대를 조직하여 보병 훈련을 받도록 한다"[37]는 것이었다.

결과적으로 두 가지 변화가 일어났다. 자율적인 한국경찰대를 창설해야 한다는 압력에 따라 국립 경찰이 3월 29일 독립된 조직으로 창설되었다. 그때, "국방부"라는 이름을 쓴 것에 대해 "소련이 분명히 민감한 반응"을 보이자, "국가 방위"라는 이름 대신에 "국내 치안"(internal security)이라는 개념이 사용되었다.[38]

1946년 6월 15일 국방부 대신에 통위부(統衛部 : Department of Internal Security)가 생겨났다. 육·해군부는 1946년 1월 14일자로

35) *Ibid.*, p. 1137.

36) JCS는 경찰의 무장과 미군 장비의 사용을 승인했지만, 한국 군대의 창설 행위는 "연기될 수 있다고 믿었다. …… (왜냐하면 그것은) 한국의 독립을 이행하하고자 하는 국제적 공약 문제가 해결되지 않은 것과 밀접한 관련이 있기 때문이다." 맥아더 장군은 자신이 제안했던 해안경비대가 한국 해군의 역할을 하기보다는 해안을 순시하고 경찰 기능을 수행하는 것에 국한되어야 하는지에 대해 질문을 했다. WARX 92187 : To Gen MacArthur Advance, from JCS, 9 Jan 46 관련 문서.

37) Sawyer, *Military Advisors in Korea*, p. 13. 이 계획을 워싱턴에 보고한 것에 관해서는 SWNCC 232/D, pp. 12~13, 13 Feb 46의 첨부 별지로서 Cable XX 92187 참조. *ABC 014 Japan*, Sec 17-B.

38) Sawyer, *Military Advisors in Korea*, p. 20.

새로이 발족한 국방·해안경비대로 교체되었다. 국방경비대는 미국의 장교들이 조직하고 훈련했다.

1월 14일부터 충원이 시작되어 2월까지는 국방경비대인 제1연대 제1대대가 편성되어 첫 번째 미국인 경비대장으로 마셜(John T. Marshall) 대령이 임명되었다. 일본의 갈색 제복을 입었지만, 그들은 미국 국립경비대(U.S. National Guard)와 비교할 만했다. 1946년 4월 초까지 군대에는 약 2천 명의 장교와 병사들이 배속되었다.

> 감동적인 것은 아니었지만 미군은 여러 해 동안 한국의 창군(創軍)을 위해 노력했다. 국내 사정이 혼란스러워지면 국립 경찰이 지원을 보장했다. 더욱이 순수한 한국의 육군이 될 수 있는 상황이 허락되면 경찰대는 그 핵심 조직이 될 것이다.[39]

해안경비대의 조직은 일본 치하에서도 존재했었다. 군정청은 1946년 1월 18일 해안경비대를 수송부에서 국민방위군 사령관의 예하로 이관함으로써 한국 해안경비대로서의 골격을 갖추게 했다. 자격 있는 요원과 장비의 부족으로 이 작업의 진전이 늦어졌다.

해안경비대는 국민 방위군 사령관 휘하에서 밀수를 감시하고, 기뢰 부설 지역을 경비하고, 해양경찰(Water Police)을 지원하고, 해상 재난의 구조를 지원하도록 되어 있었다. 계획에 따르면 5천 명의 충원이 필요했으나 1946년 4월까지 단지 700명의 훈련된 요원이 실제 임무를 수행하였다.

---

39) *Ibid.*, p. 17.

5. 기획과(The Planning Section)

기획과는 정부 정책을 입안하고 조정하는 책임을 맡았으며, 이 기능 이외에 감사원의 역할도 했다. 이들의 주요 임무는 민간 행정관이나 하급 관리들이 제출한 연료 문제 · 노동관계 · 임금 · 가격 등에 관한 문제를 검토하는 것이었다.

이 부서는 임무를 수행할 때 연구와 보고를 위한 특별위원회를 구성하고, 건의서를 검토하고, 그것이 가능성이 있는지를 점검하고, 필요한 협조를 확보한다. 이러한 방법으로 이 부서는 1946년 5월 27일 독립된 부서로서의 활동이 폐지될 때까지 행정의 수립단계에서 중추적인 역할을 담당했다고 말할 수 있다. 이 부서는 메이(Metticus W, May) 대령이 책임자였으며 장교가 14명, 사병이 6명, 그리고 대략 150명의 민간인 고용인들이 있었다.

6. 외사과(Foreign Affairs Section)

난민 문제 · 한국인의 법적 지위 · 외국과의 관계 등이 주의를 끌게 됨에 따라 외사과(外事課)는 군정에서 점차 중요한 부문이 되었다. "한국인"으로서 한국인의 지위는 당장 최종적인 해결책이 없는 문제였다. 국제법에 따르면 평화 조약이 조인될 때까지는 모든 한국인이 일본에 속한다.

한국이 자유롭고 독립된 주권 국가로 인식될 때까지 한국 시민과 같은 존재란 있을 수 없다. 그렇다고 해서 한국인을 무한정 적성 외국인으로 여기는 것은 바람직하지 않았다. 워싱턴으로부터 지령이 없는 상태에서 1946년 1월 10일의 참모 비망록(Staff Memorandum)

은 임시적으로 한국인의 지위를 인정했다.

그리고 2월 19일의 법령 제49호에 따라 한국인들은 적합한 자격으로 해외여행을 할 수 있는 "신분증"을 받을 수 있었다. 한국인이 자기 나라를 관리할 수 있도록 뒷받침해 준다는 뜻에서 국제법과 외교 분야에서 한국을 훈련하기 위한 몇 가지의 조처를 강구했고 훈련반이 구성되었다.

요원들은 서울대학교에서 훈련을 이수하도록 하는 계획이 작성되었으나 그 결과는 제한적이었다. 왜냐하면 학생들의 배경이 부적절했으며, 미국 이외의 다른 국가에 발송되는 기밀문서를 맡길 수 없다는 점 때문이었다. 외국이 한국에 대표를 주재시킬 수 있도록 하는 약간의 특별 조처가 있었다.

그 해결책으로는 제한된 범위 내에서 영사 자격을 주는 것도 있었으나 최종 해결책은 소련과 합의에 이르는 데 달려 있었다. 외사과는 엔더스(Gordon B. Enders) 소령 휘하에 있었다. 처음에는 9명의 장교와 4명의 사병이 있었으나 1946년 1월, 24명의 장교와 10명의 사병, 그리고 43명의 민간인으로 늘어났다. 엔더스 소령은 과거 외교와 군사 첩보 활동을 통해 극동에서 폭넓은 경험을 지니고 있었다.

7. 인사과(Personnel Section)

인사과(人事課)는 12월 20일자로 한국인사과(Korean Civil Service Section)가 되었다. 이 부서의 첫 번째 임무는 정부 내의 일본인들을 한국인으로 대체하는 것이었다. 이 가운데 "부일 협력자"와 "애국자"를 구별해야 하는 미묘한 문제가 있었다. 이것은 실수가 빈번히 발생하는 시행착오의 과정이었다. 그러나 그러한 상황도 1946년 1월 1일 인사심의위원회(Personnel Review Board)의 설치와 엄격한 선거 제도를 도입함으로써 향상되었다.

블레조(Hugh H. Bledsoe) 중령이 이끄는 이 부서는 5명의 장교와 1명의 사병, 그리고 40명의 민간인으로 구성되었다. 1945년 말까지 이 과에는 모두 5명의 장교들이 있었는데, 이들은 민간인 인사의 전문가들이었다. 그해 연말까지 그 부서의 장은 한국인인 정일형(鄭一亨) 박사로서 당시의 최고 책임을 지고 있었다.

두 번째 임무는 공무원의 세부적인 분류와 보상 계획을 작성하는 것이었다. 이 계획은 발전되어 남한과 북한의 모든 공무원을 다 포함했다. 미국의 모형을 본떠서 적합한 실적 제도(merit system)를 완성하고, 통일 정부에 소련의 참여가 예상되기에 앞서 제도를 활용할 수 있도록 노력을 기울였다.

8. 회계과(Accounts Section)

회계과는 주로 정부가 사용하는 건물의 관리 · 보수와 같은 국유재산의 관리 업무를 담당하였다. 한국 정부는 큰 건물을 많이 소유하고 있었는데, 서울 지역에만도 유지해야 할 건물이 800개나 되었다. 더욱이 1945년 11월과 1946년 3월 사이에 약 2,800만 엔(円)에 이르는 125건의 임대 계약이 있었다.

보충적인 기능 가운데 하나는 손실된 기금을 회수하는 것이었는데, 이것은 다소 뚜렷한 성과를 거두었다. 이것은 횡령 혐의가 있는 사람을 기소하고 투옥함으로써 거의 3억 엔을 회수했다. 이 부서는 뒤에 행정과와 병합하였다. 이 부서는 로드(Arthur Roth) 대령의 지휘하에 운영되었고, 1명의 장교와 1명의 사병이 업무를 도왔으며 430명의 한국인과 80명의 하급 노무자들도 여기에 속해 있었다. 뒤에는 11명의 장교와 4명의 사병으로 늘어났다.

9. 지방행정과(Local Administration Section)

지방행정과는 중앙 정부와 지역 정부 사이의 관계를 감독하는데, 일본인이 그 책임을 맡고 있었다. 처음에 군정은 이 임무에 특별한 부서가 필요 없는 것으로 생각하고 그 기능을 기획과에 할당했었다. 군사가(軍史家)에 따르면 당시 8개의 작은 단위들이 지방정부에서 활동하고 있는 것을 인식하지 못했다고 한다. 훈련단의 방문 기간에 국가 행정의 많은 정책에 관한 정보를 지역에 전달해주는 신속한 방법이 없다는 단순한 이유 때문에 정책이 수행되지 못하고 있다는 것이 밝혀졌다.

따라서 1945년 12월 20일 법령 제36호로 지방업무과(Provincial Affairs Section)가 설치되었다. 이 부서의 임무는 선거에서부터 학무(學務) · 세금 징수에 이르기까지 광범위했고, 점차 중앙과 지방 사이의 효과적이고 지속적인 연락 업무의 수행을 담당했다. 수송수단과 거주지의 부족, 그리고 지방 장관들과의 접촉에 필요한 적절한 수의 연락 요원의 부족 등으로 말미암아 업무 수행에 차질이 생겼다.

1946년 2월까지도 단 3명의 연락 장교가 있었다. 처음에는 뉴만(Glenn Newman) 대령의 지휘를 받다가 1946년 2월 현재 레이디(F. R. Reidy) 중령이 지휘하면서 6명의 사병과 16명의 민간인의 도움을 받고 있었다.

10. 공보과(Intelligence and Information Section)

처음에 이 부서는 한국관계정보국(Korean Relations and Information Section : KRAI)이었으나 곧이어 정보 · 공보국을 의미하는 공보과(Intelligence & Information : I&I)가 되었다. 변경 전에는 3명의 장교와 5명의 사병이 있었다. 그리고 남서태평양 지역의 노련한 전문가인 헤이워드(Paul Hayward) 중령이 이를 지휘했었다.

그러나 헤이워드 업무를 게을리 했기 때문에 9월 2일 뉴만 대령으로 교체되었다. 해군사관학교를 졸업한 뉴만 대령은 육군에 들어와서 오키나와의 해안 포대를 지휘했었다. 애당초 그는 공공 관계 부서였던 곳에 갑자기 발령을 받았지만, 나중에는 33명의 장교와 49명의 사병, 그리고 109명의 민간인과 함께 일을 하게 되었다.

이 부서에는 여론과 정보의 두 가지 임무가 있었다. 여론 담당자들은 민간인들과 접촉하고, 여론에 관한 현장을 조사하고, 여타의 육군 기관들과 연락을 유지하였다. 정보 담당자들은 정보 유포, 새로운 소식과 언론을 통한 연설 · 전단 · 라디오 등을 책임지고 있었다.

여론실(Office of Public Opinion : OPO)은 결국 3개의 과로 발전하여 군정의 성공적인 기능에 절대로 필요한 정보의 수집 · 분석, 그리고 유포를 담당하는 주요한 대민 정보 기구의 역할을 담당했다. 예컨대 이 부서는 한국인과 미국인으로 5개의 이동 여론 수집 단체를 신속히 만들어 전국을 순회시켰다. 그들이 수집한 여론은 『여론 동향』(*Opinion Trends*)이라고 명명된 복사판의 주간 인쇄물에 실려 각 기관에 배포되었다. 정보과는 한국인들을 괴롭히는 우선적인 문제점들이 무엇인가를 발견했다.

(1) 무엇이 한국의 38°선 분단을 야기하였는가?

(2) 일본인의 재산과 농토 처분에 관한 미국의 정책은 무엇인가?

(3) 왜 군정은 한국인 통역들과 과거 친일 부역자들을 좀더 의심하지 않는가?

(4) 왜 통화와 인플레이션 문제들이 더 잘 처리되지 않는가?

뒤에 이 『여론 동향』은 쌀과 연료의 심각한 문제에 대해 효과적으로 보고했고, 전보다 향상된 일반적인 홍보 정책들을 건의했다. 이 부서의 정치 분석팀은 정치 활동의 의미와 중요성에 관한 기사를 『정치 동향』(*Political Trends*)이라는 주간 공보지에 다루었고, 남한의 공산주의 활동의 속성과 정도에 관해서도 특별히 연구하였다.

라디오는 다른 어떤 커뮤니케이션 매체보다 더 많은 사람에게 영향을 끼쳤다고 믿어진다. 10월에 군사 라디오 방송이 만들어지고 난 뒤 과거 일본의 라디오국이었던 JODK는 대부분의 시간을 한국 프로그램으로 편성했다. 그러나 지난날의 식민지 국가에 관계된 것에 관해서는 한국인들이 민감한 반응을 보였기 때문에 여기에도 어려움이 있었다.

한국인들이 JODK라는 호출 부호를 계속 사용하는 것을 반대하자 그러한 변경은 국제통신연맹(International Telecommunication Union)의 결의가 필요하며, 그것은 시간이 걸리는 일이라는 사실을 설명하기 위한 기자 몇 차례 소집되었으나, 한국인들은 이에 응하지 않았다. 결국 방송국 아나운서들은 호출 부호 JODK를 법이 정한 최소의 횟수만 방송하라는 지시를 받았다.[40]

---

40) 1945년 10월 18일과 22일의 기자 회견, *I&H Jl.*

11. 육군행정과(Army Administration Section)

처음에는 미 제10군 방공대(防空隊 : AAA) 본부 부대가 군정의 행정을 맡고 지휘관인 로드 대령이 그 활동을 지시했다. 당시 육군행정과는 군정에 관계하는 군사 요원들의 수요를 관리하고자 설치되었다. 이 부서는 결국 장교·사병·한국 민간인 고용원을 모두 합치면 거의 2천 명이 되는 규모였다.

이 부서는 군대를 관리하는 기능을 담당했기 때문에, 이것이 비록 중앙 정부의 구조 속에 포함된 기관이라고 하더라도, 군정청에 소속되지 않는 것은 당연했다. 그 활동은 군정 임무의 성공에 집중되었고 문제점은 대체로 정부의 문제점들, 이를테면 물자의 공급과 요원의 부적합성, 신속한 봉사와 장비를 통해 꼭 필요한 것을 해결하면서 나타나는 지체(遲滯)나 저해 요인과 같은 관료적 형식주의 등이었다.

가장 급박하게 필요한 것 가운데 하나는 주택 문제였다. 거처할 곳을 마련하고자 수도권의 기생집에서부터 상가 건물과 막사에 이르기까지 다양한 거처를 임시로 활용하지 않을 수 없었다. 점령이 확대됨에 따라 쇄도하는 민간인들을 골고루 다 돌보기에는 주택이 절대로 부족한 듯했다.

가장 부족한 것은 사무실과 차량이었다. 사무실은 부적합했거나 아예 전혀 없었고, 통신 수단도 불확실해서 장교들이 직접 방문해서 자신의 일을 완성해야 했기 때문에 수송 문제는 심각했다. 군사가(軍史家)가 다음과 같이 기술한 것을 통해서 운송 상황을 잘 알 수 있다.

> 이용할 수 있는 유일한 차량은 재래식 마차뿐이며, 유일한 도구는 재래

식 도구뿐이다. 그러니 수송부를 세워야 한다. 가끔 부르면 지프가 온다. …… 도로 사정은 너무 나빠 기존 차량의 수명을 상당히 단축한다. 이 외에도 군수품 열차는 너무 빈번히 약탈을 겪어 공급이 필요한 변경 지역의 부대들은 자신의 트럭을 보내야 한다고 생각할 정도였다. 이로 말미암아 트럭이 필요했고, 트럭을 낡게 만들었다.[41)]

인사 문제는 더 나아가서 기업들을 괴롭혔다. 기업이나 행정 경험을 가진 관리인이나, 광산이나 기술 분야의 전문가들은 터무니없이 부족했다. 군정 관리들은 전통적으로 비전문적인 육군 장교들에 따라서 수행되던 기능을 수행하고자 육군행정과에 배속되었다. 이로 말미암아 민정 장교들 측에서는 훈련의 낭비에 대해 분개하는 감정이 일어났다.

1946년 1월, 군정청이 공식적으로 설립됨에 따라 이 분야는 약간 개선되었다. 육군행정과는 당시 민사 담당관과 똑같은 지휘 수준에 있는 참모장이 통솔했다. 그 밑에는 일반참모와 12개의 특별참모의 지원을 받는 군사 담당관이 있었다.

12. 관재과(Property Custodian Section)

한국에 대한 일본의 지배를 종식하는 중요한 단계는 한국의 재산에 대한 일본인들의 소유권을 박탈하는 것이었다. 이것은 군정에게 큰일이었다. 왜냐하면 한국 재산의 대략 80%가 일본의 개인이나 기업 및 정부의 수중에 있었기 때문이다. 한국의 좋은 쌀을 포함한 많은 재산을 동양척식회사(東洋拓殖會社)가 관리했다. 이

41) *Hist USAMGIK*, Ⅲ, Pt. 1, Ch. 2, pp. 84~85.

기업은 한국의 완전한 정복 계획의 일환으로서 일본인들의 한국 정착을 장려하고자 1907년에 설립되었다.

1945년에 이 회사는 44개의 자회사를 가지고 있었다.[42] 일본인의 재산을 처분하는 문제는 복잡한 법적 · 행정적 성격을 띠고 있는 것이어서 군정은 이에 관해 계속해서 지침이 필요했다. 이 재산을 매각하거나 기업이 파산하지 않도록 하려면 특별 지시들이 필요했다. 군정의 교범(教範)들은 소규모의 사유 재산에만 관련되었기 때문에 지침으로서의 도움은 별로 되지 못했다.

하지 장군은 야전명령 제55호에 따라 일본인의 재산을 모두 찾아내어 권리를 확보하라는 지시를 받았다. 군정은 9월 25일 이 재산의 관리 · 규제를 위한 조치에 착수하였다.[43] 이 조치에 따르면 일본 정부의 어떠한 재산도 처분할 수 없으며, 일본인 사유 재산의 판매에는 군정의 승인이 필요했다. 그러나 복잡한 절차, 그리고 특히 8월 9일 이후의 모든 거래를 무효로 한다는 규정과 총재산 상황에 관한 적절한 정보의 부족 등으로 말미암아 대부분이 명령대로 시행될 수 없게 되었다.

따라서 야전명령 제55호는 취소되고, 1945년 12월 6일의 법령 제33호가 이를 대신하게 되었다. 이 법령에 따라서 1945년 8월 9일 이후 "직접적이든 간접적이든, 전체든 부분이든, 일본 정부나 그 기관 · 일본인 · 기업 · 단체 등이 소유하거나 관리했던 모든 형태"의 재산에 관한 관리를 9월 25일부로 군정청이 확보하게 되었다.[44]

이와 같은 완전한 재산 몰수는 헤이그협약(The Hague Convention)

42) *Summation* No. 6, Mar 47, p. 7.
43) USAMGIK, OMG, Ordinance. No. 2, 25 Sep 45 : *Hist Files*.
44) USAMGIK, OMG, Ordinance No. 33, 6 Dec 45 : *Hist Files*.

의 비(非)서명국인 일본이 그 협약하에서 소유권을 가질 수 없다는 원칙과 한국 경제에 관한 일본의 저해 요소를 제거하고자 완전한 몰수가 필요하다는 원칙에 기반을 둔 것이었다.[45)]

군정청이 일본인의 재산을 확보한다는 문제가 일단 해결되자, 정부 기관인 관재과(管財課)가 10월 1일 설립되어 적산(敵産)을 관리 · 지배하는 책임을 맡게 되었다.[46)] 지방에서는 1945년 4월 1일 지방 관재 부서가 설치될 때까지는 이러한 기구가 행정적으로 조직되지 않았다. 재산청구위원회(Property Claims Commission)가 설립된 뒤에야 분쟁적인 청구 문제가 해결되었다.[47)] 일본인의 재산 처분에 대해 명확한 지시가 워싱턴에서 오지 않는다는 사실이 군정으로서는 어려움이었다. 하지 장군의 정치 고문은 12월, 다음과 같이 명확한 지침을 요구했다.

> 정부는 조속히 명확한 성명을 발표하여 우리 구역 안의 모든 일본인의 사유 재산과 동산(動産)을 우리가 확보하였다가 미래의 한국 정부가 그것을 자유롭게 처분할 수 있도록 해야 한다. 소련 지역에서는 이러한 재산들이 우리와 상의도 없이 처분되었다. 영국 · 중국, 그리고 미국이 배상의 목적으로 한국에 있는 일본의 공장에 관한 권한을 부여받지 않았더라도, 그러한 성명을 빨리 발표하지 않을 이유는 없다. 이 문제가 명료하게 처리되지 않은 상태이기 때문에 한국인들은 불안하고 의아스럽게 생각하고 있다.[48)]

---

45) *Hist USAMGIK*, Ⅲ. Pt.1, Ch. 2, p. 52.

46) USAMGIK, OMG, Ordinance No. 8, 1 Oct 45 : *Hist Files*.

47) USAMGIK, OMG, Ordinances No. 73, 23 Apr 46 ; 그리고 Ordinance No. 103, 31 Aug 46.

48) Tel., Actg Political Advisor in Korea(Langdon) to Sec State, 14 Dec : *FR, 1945*, Ⅵ, p. 1144.

이 문제를 분명히 했던 경우는 전쟁 배상에 관한 정부 측 전문가인 폴리(Edwin W. Pauley) 대사가 1945년 12월에 일본인의 재산이나 그것을 판매한 수익금은 미래의 한국 정부를 위해 사용되어야 한다고 밝혔던 것이 유일한 일이었다.[49] 1946년 2월 워싱턴과 서울과 도쿄 사이에 일련의 의견 교환이 진행되었으며, 이때 3성조정위원회는 일본 재산의 판매에 관한 지령을 수집하는 과정이었다.

법적 전문성에 관한 많은 논쟁을 거친 뒤 2월 27일 최종적인 지령이 작성되어 3성조정위원회는 각서 제265호(SWNCC 265)로 태평양사령부에 발송하였다. 그러나 들리는 바에 따르면 이것은 매우 제한된 재산 목록과 제한된 판매를 규정한 임시적 조치의 미봉책일 뿐이어서 3성조정위원회도 이것을 "전체적 정책으로 해석할 수는 없다"고 언급했다.[50]

한편 한국인들은 군정이 이에 관해 어떤 결정을 내리도록 압력을 넣고 있었다. 이 문제는 기자 회견에서도 매우 도발적인 문제가 되었다. 군정은 한국인이 적산을 필요로 하며, 또 바라고 있다는 말을 들었다. 일부 한국인들은 몇몇 한국인이 이를 매점(買占)함으로써 대다수 사람들에게 피해를 주는 것이 아닌가 두려워했다.

아놀드 장관이 공식적으로 할 수 있는 말은, 일본인의 재산이 한국의 재산의 일부이므로 몰수될 수 없다는 것뿐이었다.[51] 이 재산의 목록과 기록에 관한 외형적인 문제는 대단한 것이었다. 이것을 찾아서 실질적인 소유로 분류해야 하며, 재산과 그 가치의 경

---

49) *Hist USAMGIK*, Ⅲ, Pt. I, Ch. 2, p. 53.

50) Cable to CINCAFPAC, Info to CG USAFIK, *OPD S&P Section*, 23 Feb 46 ; Memo for Record, *OPD S&P*, 27 Feb 46 : *ABC 014 Japan*, Sec 17-B.

51) Staff Press Conferences : 12, 16 Oct and 6, 19 Nov 45 참조. *I&H Jl : Hist Files*.

제적 운용에 대한 통제를 할 수 있을 만큼 충분히 포괄적으로 기록을 작성해야 했다.

전임(前任) 국토관리소장(Director of the National Land Administration)의 기록에 따르면, 그 재산이 군정의 통제를 받는 것을 한국인들이 반대하는 데는 충분한 이유가 있었다. 대부분의 경우, 커다란 잡화상에서 물건을 먼저 골라잡는 것이 우선이듯이, 관재과로부터 어떤 재산을 불하받느냐에 따라 행운이 좌우되었다. 1948년에 그는 "이 일은 한국 경제 전체를 통해 포괄적인 시각에서 처리되지 않음으로써, 한국 산업의 회복이 느려지게 된 큰 이유가 되었다"[52]고 주장했다.

1946년 초봄에 군정은 한국 산업의 국유화에 관한 여론 조사를 실시하여 그 결과를 신중히 검토했다. 1946년 3월과 5월의 여론 조사에 응한 사람들의 60% 이상이 산업, 특히 대규모 산업의 국유화를 지지했다. 모든 산업이 관련된 6월의 세 번째 조사에서는 이 지지율이 다소 감소하였다. 약간 감소된 것도 있었고, 6월 22일의 조사처럼 19%까지 감소된 것도 있었다.

그러나 그때까지도 여론 조사에 응한 대부분은 여전히 대기업의 국유화를 지지하고 있었다.[53] 그렇다고 해서 조사에 응했던 한국인들은 군정이 이러한 정부 소유나 통제의 일을 담당하기를 바라는 것을 의미하는 것은 아니었다. 오히려 5월의 여론 조사에 따르면 군정이 실시한 "모든 경제 정책"의 방법에 관해서도 신뢰성

52) C. Clyde Mitchell, Director of National Land Administration, HQ, USAMGIK, "Final Report and History of the New Korea Company, 30 Apr 1948," Lithograph MS Box 16 : *Hist Files*.

53) *Weekly Opinion Trends*, Mar 9, 12 ; May 15, 23 ; Jun 6, 14, 22, 1946 : HQ, USAMGIK, Bur Pub Information, Seoul, Korea. *Hist Files*.

을 상실했다는 것을 의미한다고 해석되었다. 결국 "군정이 실시한 어떠한 장기 계획에 관해서도 좋든 싫든 무관심하건 그와 비슷한 태도를 보일 것으로 예상할 수 있다"는 것이 결론이었다. 이 결론은 또한 다른 조사에도 근거를 둔 것이었다.[54]

군정은 1946년 3월부터 6월까지 군정에 관한 한국인들의 태도에 대하여 연속적으로 여론 조사를 실시했다. 우호적인 태도가 감소하기 시작한 것은 4월 1일이었고, 가장 불만족스러운 태도를 보인 것은 4월 말과 5월이었는데 정치와 경찰, 그리고 특히 쌀과 토지 계획 처리에 관한 군정의 정책이 불만의 원인이었다. 6월이 되자 군정이 한국 문제를 처리하는 방법에 만족한다고 응답한 사람은 고작 31%뿐이었다.

한국인들은 일본인의 동산 처분이 앞으로 수립될 한국 정부에게 맡겨져야 한다고 생각했다. 점령 첫해에는 몰수한 일본인의 재산에 관한 군정의 정책을 확정하지 않은 채로 그대로 두었다. 군정이 이와 같이 적산의 처리를 방치한 이유로서는 미국보다는 한국 정부가 최종적인 결정을 해야 하며, 더욱이 성급한 행위는 한국의 통일을 저해할지도 모른다는 것을 들었다.

13. 일본인과 한국인이 소유한 농지의 처분

일제 치하에서 한국의 농업 상황은 악화되었다. 대체로 가족 영농의 방법으로 경작되는 농지 수확은 생활의 기본 필요에 부합할 만큼 충분히 생산되지 못했다. 1938년까지도 한국의 가족 영농의

54) *Weekly Opinion Trends*, May 23, 1946 : *Ibid.* 참조.

약 2/3가 2.5에이커도 안 되는 토지를 경작했었으며, 더욱이 매년 작황의 50~70%가 고리의 지대(地貸)로 지출되었다. 소작 경제의 토지 개혁 문제는 점령 첫해 내내 중도파와 좌익 정당들의 주된 강령 가운데 하나였다.

10월 5일, 군정은 최대 지대 비율을 매년 작황의 50%에서 최대 1/3로 조정함으로써 이러한 폐해를 바로잡으려 했다. 이러한 조치는 한국인 부재 지주(不在地主)들이 소유하고 있는 땅의 재분배를 포함한 전반적인 토지 개혁 계획이 곧 있을 것이라는 기대를 불러일으켰다. 이때 처분을 기다리고 있는 일본인 소유의 재산으로는 약 50만 에이커의 논과 15만 에이커의 밭이 있었다.[55]

1945년 11월에는 과거 일본 동양척식회사가 보유했던 것을 인계받고자 신한공사(新韓公社 : New Korean Co. : NKC)가 창설되었다. 12월 관재과는 신한공사가 관재과의 대리인으로서 군정청의 각 기관이 이미 장악하고 있는 것을 제외한 남한에 있는 모든 적산 토지를 파악해서 인수하라고 지시했다.

각 지방에는 조정팀의 감독하에 지점이 설치되었는데, 일본이 소유하거나 관리했던 농토의 목록을 작성하거나 한국 소작농과 신한공사 사이의 계약으로 농사지을 소작농을 선발하는 것이 그들의 주요 임무였다. 이것은 대단한 작업이었다.[56] 기록에 따르면 봄에 파종할 때까지, 38°선 이남의 모든 세무서와 지방 등기소에서 "고통스러운" 소유권 조사를 실시한 덕분으로 약 56만9천 에이커의 일본인 토지들을 찾아냈다.

사무원들과 새로 충원된 현장 조사원들이 각자 모든 토지 구획

55) 이 사실들을 포함한 일반 토론과 요약에 관해서 McCune, *Korea Today*, pp. 114~139 참조.

56) *Summation* No.3, Dec 45, p. 199.

의 목록을 만들었다. 토지 소작농들은 새로운 지대 감면 규정을 명시한 표준 계약서를 받았으며, 또한 정확한 위치와 재산 명세서, 생산성 그리고 지도 등을 표시한 필요한 자료들을 회사에 기록으로써 제출했다. 그들의 임무에는 10만2,844명의 각 소유자의 상황을 검토하는 것도 포함되었다. 소유주의 약 1/5은 법인·조합, 혹은 그와 유사한 집단이었고 나머지는 개인적인 일본 농부들이었다.[57)]

초봄인 1946년 3월 3일, 법령 제52호에 따라 신한기업과 또 다른 독립기관을 만들어 회사의 사장과 군정이 임명한 남한의 모든 지방을 대표한 장들의 모임인 전국위원회가 이를 관리하였다. 모든 주식은 군정이 소유하도록 되어 있었고, 동양척식회사의 물질적 재산을 불하하는 방식으로 모두 상환하도록 되어 있었다.[58)] 이미 은행·공익회사·철도 등과 같은 군정 기관의 통제하에 들어간 토지는 1947년까지 그들의 감독을 받았다. 이들은 관리 부족과 감독 불충분 등의 이유로 1947년 2월 신한공사에 이관되었다.

신한공사 역시 재산청구위원회에 소유권 분쟁이 계류 중인 수천 개의 농토를 관리해야만 했다. 일본이 항복한 직후 많은 한국인이 여러 일본인과 일본인 기업들로부터 농토를 매입하기 시작했을 때 많은 어려움이 있었다. 많은 사람이 토지 문서를 당시까지 소지하지 않았고, 어떤 사람들은 소유권을 포함하여 소송 계류 중에 있었기 때문에, 이러한 분쟁이 해결될 때까지 신한공사가 그의 관리와 사용을 맡았다.

1948년에 이르러서 신한공사에는 이러한 경우들이 엄청나게 누적되었지만 34명의 할당된 요원들이 이 모든 작업을 수행하였다. 그

---

57) Mitchell, MS. *loc. cit.*

58) *Summation* No. 6, Mar 46, pp. 7~8.

러나 충원이 너무 어려워서 상근인원(常勤人員)은 20명 이상이 되지 않았다.[59]

1946년 2월, 개혁을 위한 조처로 "농지령"(Homestead Act)의 법안이 마련되었는데, 이는 15년 동안 토지를 점유하고 자격을 획득한 소작농이 토지를 자작할 수 있도록 허용하고 그 대신에 일련의 현물 지대(現物地貸)를 납부하도록 하는 것이었다. 그러나 이 개혁은 2년 뒤까지 시행되지 않았다. 이렇게 시행이 지연된 것은 과도정부가 수립될 때까지 군정이 토지 개혁을 미루기를 한국인들이 바라고 있다고 군정이 판단한 까닭이었다.

모든 문제는 고도의 정치적 의미를 함축하고 있었다. 이 문제는 한국의 좌·우익을 갈라서게 했고, 한국의 지주들은 자신들이 통제한 입법을 통해 자신들의 재산을 더 적절히 보호할 수 있을 때 이 문제를 결정하고 싶어 한다는 비난을 야기했다.[60]

1946년 3월과 6월 사이에 군정은 일본인과 한국인 소유의 농지 처분에 관한 한국인의 태도를 알아보고자 도시와 농촌에서 여러 차례 여론 조사를 실시했었다. 이 조사는 표본의 정확성이나 훈련된 조사 요원의 활용 등과 같은 점에서 기술적인 한계가 있었다. 그러나 이러한 한계를 인식하고 이를 개선하고자 군정은 꾸준히 노력했다.

조사 결과는 일반적인 공식 평가를 위한 대안이라기보다는 보충적인 것으로 활용되었다. 좋게 말해서 이 조사들은 군정이나 한국 공무원들의 판단에만 기반을 둔 "억측"을 넘어서는 좋은 지침이 되었고, 군정의 실적이나 정책을 검증할 수 있는 일반적인 경

59) Mitchell, MS, *loc. cit.*
60) McCune, *op. cit.*, p. 130.

향 분석을 제공해 주었다.

하지 장군과 그 참모들은 한국인의 농지 처분에 관해 조사된 여론을 의미 깊은 것으로 받아들였다. 조사 비율이 일관되게 나타나자 군정은 그것이 농지 문제에 관한 여론의 정확한 표현을 나타낸 것이라고 인식하게 되었다. 1946년 3월 9일부터 6월 22일 사이에 실시된 여론 조사에서 얻은 결론은 다음과 같이 요약될 수 있다.

(1) 과거의 일본인 토지에 관한 11회의 여론 조사를 통해서 볼 때, 조사에 응한 57~77%에 달하는 대부분의 한국인이 그 처분을 미래의 한국 정부에 맡기는 것을 지지했음을 알 수 있다.

(2) 같은 기간에 실시된 한국인 소유의 토지 처분에 관한 7회의 여론 조사는 더 큰 비율을 보여주고 있는데, 64~83%에 달하는 사람들이 미래의 한국 정부에 그 처분을 맡겨야 한다고 생각했다. 조사에 응한 사람 가운데 이러한 토지의 이전을 지지하는 사람들은 현 소작인들에게 그 토지를 증여하는 것보다는 판매하는 것을 지지했다.

(3) 하지 장군의 명령에 따라 더 많은 비율의 농민들이 표본에 참가되었을 때에도 똑같은 경향이 나타났다. 예를 들어 1946년 3월 12일, 서울과 경기도 농촌 지역의 2천 명에 대해 실시된 특별 여론 조사에서도 똑같은 경향이 나타났다. 또 5월 23일에 똑같은 지역에서 실시되었는데 이번에는 전문직 · 기업 · 노동자 · 농민 등에서 각각 선발된 약 1천 명을 대상으로 한 농지에 관한 특별 조사에서 대다수가 미래의 한국 정부에 그 문제를 맡겨야 한다는 것을 지지했다.

(4) 집단이나 협동 농업의 문제에 관한 질문을 받은 집단들도 표본의 규모는 제공되지 않았지만 똑같은 태도를 보였다. 예를 들어 "토지 국유화"에 대해 5회의 여론 조사를 실시했다. 60~75%가 "집단"농업을 반대했다. 그러나 5월에 실시된 여론 조사에서는 그 용어에 관해서 일반적으로 무지한 것으로 드러났다. 그리고 5월 말쯤 실시된 모든 농지의 정부 소유에 관한

조사는 49% 반대, 31% 찬성, 그리고 20%는 의견이 없었다. 공보처는 이러한 경향이 "여러 주 계속되었다"[61]고 논평했다.

(5) 농지에 관한 다양한 여론의 척도를 활용하여 군정은 남한 주민들이 북한에서 공표된 토지 개혁령에 대하여 어떠한 생각을 가지고 있으며, 그들이 그것을 지지하는지의 여부를 알고자 노력했다. 표본의 응답이 적었지만 그것은 반대의 조사 결과를 지지하는 것으로 나타났다. 이 조사에 따르면 여론 조사에 응한 사람 가운데 서울의 89%, 농촌 지역의 68%가 북한의 토지 개혁령을 알고 있는 것으로 나타났다. 그러나 군정이 이와 비슷한 입법을 해야 하는지를 물었을 때, 50% 이상이 반대를 표명했다. 서울의 73%, 농촌 지역의 56%가 대체로 이를 반대했다.[62]

군정은 북한의 농민들이 새로운 토지 개혁 계획을 호의적으로 보려는 경향이 있지만, 자신들 소유의 궁극적인 상황에 관한 불안을 느끼고 있으며, 개정된 개인 소유의 작은 규모(12.5에이커)에 대해 불만을 느끼고 있다고 보고했다.[63]

하지 장군은 일본인의 재산, 그중에서도 특히 농지 처리에 관한 워싱턴의 결정을 계속해서 요청했다. 국무성은 "개혁"을 지지했지만, 수행해야 할 실질적 · 법적 · 행정적 지침은 거의 하달하지 않았다. 하지 장군은 이와 관련된 기술적인 문제와, 토지 개혁 문제를 둘러싸고 첨예하게 분열되어 있는 좌 · 우익 집단 사이의 정치적 연합을 확보하는 등의 문제에 당면했다. 당시 군정은 한국인의 대중적 의지에 따라 판단해야 할 양자 택일의 입장에 있었다.

61) *Weekly Opinion Trends*, No. 15, 14 Jun 46 : *Hist Files*.

62) 1946년 5월 20일의 특별 여론 조사. 이 조사는 남한에 있는 651명을 대상으로 한 것인데, 그중 2/3는 농촌 지역의 사람이다. 경기도 지역의 표본은 농촌 지역의 대표성을 주고자 1개의 문항에 3점의 값을 주었다.

63) Noted in Summary of Conditions in Korea, 16 Apr, through 31 Apr in Tel, Pol Adv in Korea(Langdon) to Sec State 14 May 1946, *FR, 1946*, Ⅷ, p. 679.

여론 조사에 따르면 한국인의 2/3 이상이 한국 정부가 그 일을 담당하는 것을 지지했다. 이것 때문에 비록 군정이 다양한 형태의 토지 개혁을 고려하고 결정하기도 했지만 이를 실행에 옮기지 못했다.[64]

64) 군정의 농업 고문인 번스(Arthur C. Bunce)가 1946년 9월의 기자 회견에서 보도한 것에 의함. *Chai(sic) Shinmun,* 5 Sep 46 : E. Grant Meade. *American Military Government in Korea*(New York, Kings Crown Press, Columbia University, 1951).

제8장

군정과 한국 정치

전략적으로 서울을 장악한 뒤 하지 장군은 9월 12일 시민회관에서의 회합을 통해 한국 정치인들과의 관계를 적극적으로 주도하기 시작했다. 당시 존재하는 것으로 알려졌던 33개 혹은 그 이상의 정당·사회 단체에서 2명씩 대표가 초대되어 자신들의 당을 등록했다.[1] 다른 관심 있는 시민들도 참석이 허용되었기 때문에 청중은 1,200명에 이르렀다.

하지 장군은 한국의 지도자들과 함께 일하고 싶다고 설명했다. 그는 각 정당에게 문서로 쓰인 정당 강령을 작성할 것을 요청하였으며, 주요 정당 지도자들과 개인적인 면담 시간을 갖기 시작했다. 그는 중요한 인사를 대부분 접촉하였지만, 점령 초기에 가능할지도 모른다고 희망했던 일종의 정치적 통합을 달성하는 데는 거의 효과가 없었다고 보고했다.[2]

조사가 진행되면서, 각 정당의 강령들이 모호하고 불분명하다는

1) 10월 말까지 54개 정당의 목록이 작성되었다. *Summation* No. 1, Sep~Oct 45, p. 4.
2) *Hist USAFIK*, Pt. II, Ch. 1, p. 7.

것이 드러났지만 일본 재산의 몰수와 한국으로부터의 일본인 추방, 그리고 즉각적인 독립과 자치 정부의 수립 등에 관해서는 대체적으로 의견이 일치하고 있었다.[3)]

주요 정당 지도자들은 다양한 단체들의 통합이 효과적인 정치 활동에 필수적인 단계라고 인식하기 시작하는 것처럼 보였다. 하지 장군은 정당들이 수행해야 할 두 가지 특별 임무를 제정하였다.

(1) 한국의 전통과 필요에 일치하는 정부 구조의 초안(草案)을 작성하기에 적합한 위원회의 조직.

(2) 이 제안과 함께 산업 · 상업 · 법률 등에 관한 파급 효과를 최소화하면서 제안된 신(新)정부로 군정을 대체하기 위한 계획안의 제출.[4)]

9월 말이 되자 정당의 상황을 평가하는 것이 가능해졌다. 정치 고문인 베닝호프(H. M. Benninghoff)에 따르면, "서울과 아마도 남한 전역"이 정치적인 두 개의 집단으로 분열되었다고 한다.[5)] 하나는 소위 "민주적인 보수 집단"인데, 이들은 서구적 · 기독교적 교육을 받은 전문적인 교육 지도자들이다. 이들은 서구민주주의를 지향하며 이승만(李承晩)과 중경임시정부(KPG)의 귀환을 바라는 사람들이었다. 이 집단의 가장 큰 구성 요소는 한민당(韓民黨)이며, 여성 단체 및 교회 집단과 연합하고 있었다. 이 당은 전쟁 중에 한

3) 국무장관에게 보내는 정치 고문 베닝호프의 보고서 참조. 15 Sep 45 : *FR, 1945*, Ⅵ, p. 1050.

4) *Summation* No. 1, p. 4.

5) Tel., Polad in Korea(Benninghoff) to Sec State, 29 Sep 45 : *FR, 1945*, Ⅵ, pp. 1061~1063. 이 평가는 주로 USAFIK, G-2의 보고서에 기반을 둔 것이었다. 한 역사가에 따르면, "군정 초기에 한국 정치에 대하여 믿을 만한 분석을 한다는 것이 거의 불가능하다"고 한다. Cho, *Korea in World Politics*, p. 78.

국에 "약 1천 명의 지도자로 구성된 비밀 조직"을 가지고 있었지만 일본의 감시로 말미암아 대중적 지지를 크게 받지는 못했다.

또 하나의 주요 조직은 "급진 혹은 공산주의"라 불리는 집단이다. 이 집단은 "중도좌파에서부터 가장 시끄러운 공산주의로 자처하는 사람들"이 포함된 급진주의에 이르기까지의 여러 군소 단체로 구성되었다. 이 급진주의의 주요 세력은 조선인민공화국의 수립을 목표로 하는 조선건국준비위원회(Korean Provisional Commission)였다.

급진주의자들은 "명확한 강령과 훈련된 지도"를 받아 잘 조직된 것처럼 보였다. "지도의 천재"(guiding genius)는 여운형(呂運亨)이었다. "사람들은 그가 현 시국을 어떻게 판단하는지를 몰랐다." 왜냐하면 그의 정치적 신념은 "기독교적인 것에서 공산주의적인 것으로 명확히 변화했기 때문이었다."

이때에는 그 뒤 주한 미군의 정보 참모(G-2)가 기록한 다른 정당들에 관한 언급은 없었다. 그 정당들 가운데 우익에는 조선국민당(朝鮮國民黨 : The Korean Nationalist Party), 신한민족당(新韓民族黨 : New Nationalist Party) 등이 있었고, 좌익에는 조선공산당, 조선독립동맹 서울지부, 조선인민당 등이 있었다.[6)]

정치 고문 베닝호프는 소위 "급진, 혹은 공산분자"들이 소련으로부터 지원과 지도를 받고 있으며, 그 지도자들 가운데 하나가 중국 연안(延安)에 있는 공산주의적인 한국 독립 단체와 접촉했고, 이들이 바로 "한국 정부로 자처하는 "조선인민공화국"을 조직한 집단"[7)]이라는 내용의 기존 "증거"를 보고했다.

---

6) Survey of Political Parties in South Korea, Office of Civil Administrator, HQ, USAMGIK, Ⅱ, Feb 46 : *Hist Files*.

7) Polad Benninghoff to Actg Polad in Japan(Atcheson), 10 Oct 45 : *FR, 1945*, Ⅵ, p. 1070.

정보 참모에 따르면 전후의 조선공산당은 1945년 4월 17일 김재봉(金在鳳)과 박헌영(朴憲永)의 지도를 받으며 공식적으로 처음 조직되었다고 한다. 박헌영은 일본 치하에서 투옥되었다가 석방된 뒤 1945년까지 자신의 정체를 숨기고 가명을 사용하며 일반 노동자들 속에서 생활했다.

박헌영은 8월 17일 서울에 나타났는데, 보고에 따르면 그는 모스크바에서 1925년의 공산당과 지하 활동을 했던 사람들의 명단과 당 재건을 위한 계획을 가져 왔다고 한다.[8] 박헌영이 당내의 다양한 파벌에 관한 지도력을 발휘하고 그 의장이 되면서 9월 12일 공식적으로 당을 수립하자 다른 평가들이 나오기도 했다. 이 당은 정치국 · 조직국 · 사무국 등 3개의 국(局)을 설치하고, 한국에서 프롤레타리아 독재를 확립하기 위한 목적과 계획을 선포했다.

공산당은 여러 지역으로 당세를 확장하고자 조직적인 기반을 만들고, 전단과 삐라를 사방에 유포하였으며, 남한 전역에 세포 조직을 만들고자 조직원들을 파견하였다.[9] 점령 첫 단계에서 군정 당국은 법과 질서가 유지되는 한, 모든 정파 사이에서 중립적인 입장을 지켰다. 12월, 아놀드 장군은 정당의 조직은 전적으로 한국인들의 일이라고 한국 기자들에게 말했다.[10]

1. 한국인 고문(顧問)회의 설치

아놀드 군정장관은 한국의 통치에 한국인들을 참여토록 하려는

8) "History of Left-Wing Korean Political Parties" : *Hist Files.*
9) Suh, *The Korean Communist Movement*, p. 303.
10) Report of Press Conference, 11 Dec 45 : *I&H Jl.*

적극적인 노력의 일환으로 10월 5일, 군정장관에게 조언해 줄 고문회의를 임명했다.[11] 이 집단은 어느 한 조직에 관여하지 않고, 모든 여론을 대표하는 사람들 가운데 선발된 11명의 한국인으로 구성되었다. 교육자 · 법률가 · 사업가 · 급진주의자 · 보수주의 지도자들이 고문회의에 관여했다.[12)]

인민공화국의 지도자인 여운형(呂運亨)도 이 회의에 잠깐 참여했었다고 한다. 그는 처음에는 미군 사령관에게 문전 박대를 겪었고, 다음에는 매우 "생색을 내는 투로"(condescendingly) 만나 주었고, 마침내는 일본인으로부터 돈을 받았다는 함축적인 소문으로 "모욕을 겪었다"는 사실을 지적하면서, 회의에 참석해 달라는 아놀드 장관의 요청을 수락했다.

그러나 여운형은 곧 고문회의를 사퇴했는데, 대부분의 고문회의의 인사들이 "평판이 나쁜" 사람들이고, 자신의 견해를 완전히 무시했다는 것이 그 이유였다.[13)] 고문회의에 관한 한국인의 반응은 냉담했다. 그것은 일제 치하에서 겪은 비효과적인 회의[중추원회의]에 관한 경험 때문이었을 수도 있고, 자신이 참여한 조직에 고문회의가 미칠 결과를 두려워했기 때문일 수도 있고, 혹은 완전한 독립을 바랐기 때문일 수도 있다고 평가되었다.

---

11) 하지 장군의 정치 고문에 따르면, 하지 장군은 그가 한국에 도착하자마자 협의회를 임명할 계획이었지만, 정치 고문인 자신이 이에 반대했다고 한다. 왜냐하면 선발된 사람들이 자신들을 미래 정부의 요원으로 인식할 가능성이 많아 미국과 관련된 많은 다른 사람들에게 혼란을 야기할 우려가 있었기 때문이다. Rad, USAFIK to CINCAFPAC(pass to State Department), Benninghoff signed Hodge, 14 Sep 45, 140939, TFXAG 524 : *Copy in Hist Files.*

12) *Summation* No.1, p. 3 : Tel., POLAD in Korea(Benninghoff) to Acting POLAD in Japan(Atcheson), 9 Oct 45 : *FR, 1945,* VI, p. 1069. 방주(傍註)에 따르면 이 전신은 "명백히 워싱턴으로 보내지지 않았다."

13) Letter of Lyuh Woon Hyung to Yeung Jong Kim, Seoul, Korea, 18 Jul 1947. 이것은 그가 저격당한 뒤 여운형의 집에서 발견되었음. *Hist Files.*

이유야 어찌 되었든 그 고문회의는 전혀 영향력을 행사하지 못함으로써 그 조직을 창설한 사람들을 실망하게 만들었다.[14] 그 뒤 고문회의 체제는 확대되어 각 지방에서 임명된 2명의 자격 있는 한국인들을 포함하였다. 그들은 궁극적인 민선 체제(民選體制)를 준비하려는 방법으로서 각 지구나 지방회의에 적합한 한국인들을 선발하는 데 도움을 주도록 되어 있었다.[15]

1) 인민공화국

점령 첫해에 군정은 다음과 같은 세 가지 이유로 한국의 정치에 직접적으로 간섭했던 것으로 보인다.

> (1) 통치의 우월권을 주장하는 인민공화국과 임시정부의 두 단체의 노력을 좌절시키고,
> (2) 파편화된 정당들을 몇몇 효과적인 연합체로 통일시키고,
> (3) 조선공산당의 전복적인 활동을 통제 · 제거한다.

군정은 인민공화국을 중요한 도전 세력으로 여겼는데, 이는 공식 명칭에 "국"(國)이라는 말을 사용함으로써 자신들이 한국에서의 유일하고도 진정한 정부라고 주장하였기 때문이었다. 인민공화국은 1946년 3월 1일 총선거를 계획하도록 특별히 조치했다.[16]

이에 대해 1945년 10월 10일, 아놀드 장관은 한국 언론과 기자회견을 갖고, 군정이 "남한의 유일한 정부"로서 "모든 형태의 정부

---

14) *Summation* No. 1, p. 3 ; 또한 *FR, 1945*, Ⅵ, p. 1069 참조.
15) *Summation* No. 2, Nov 1945, p. 181.
16) 1945년 10월 5일의 한국 신문의 설명에 따름. *FR, 1945*, Ⅵ, p. 1069.

에 대해 배타적인 통제와 권위를 갖는다"고 선언했다. 그는 인민공화국의 그런 행위야말로 "꼭둑각시 연극"이며, "타락한 사람들"이라고 혹평하면서 선거를 요구한 데 관해서는 "한국민에 대한 기만"이라고 비난했다. 그는 "투표권은 정부가 정한 때와 방법에 따라서만 행사될 수 있는 것이며, 그렇지 않은 행위는 군정하의 한국 정부의 법적 권위에 가장 심각한 방해 행위"라고 국민에게 언급했다.

마지막으로 아놀드는 그 문제를 국민 앞에 정면으로 제기하면서, 국민이 스스로의 행동을 통하여 군정이 간섭할 필요가 없도록 해줄 것을 요청했다.[17] 이 성명을 신문에 게재하라고 군정 당국이 "강압적인 명령"으로 요구하자, 참석했던 기자들은 이것이 언론의 자유를 침해하는 것이라고 항의했다.

기자들은 그 말을 한국어로 번역하면 모욕적인 것이 되어 모든 사람이 체면을 상실한다고 주장했다. 그러나 그 명령이 시행되자 일부 막료들은 미국이 언론의 자유를 가르치려고 노력하는 나라에서 그러한 발표를 지시하는 것에 대해 분별력을 의심했다.[18]

인민공화국은 이에 대해 자신들이 한국민의 진실한 의지를 대표하는 것이 확실하다는 뜻의 선동적인 두 개의 전단을 살포했으며, 11월 회의에서 계속 "공화국"이라는 이름을 사용함으로써 하지 장군의 명령에 도전했다.[19] 하지 장군은 자신의 생각을 맥아더 장군에게 보고하면서, 인민공화국은 "한국에서 가장 강력한 공산주의 지지 단체이며 소련과 관계를 맺고 있다"고 말했다. 그는 또한

17) 1945년 10월 10일의 한국 군정장관 아놀드(A. V. Arnold) 소장의 언론 발표, *Hist Files*. 이것에 관해서 *FR, 1945*, VI, p. 1069의 주를 참고할 것.

18) 10월 11일 기자 회견 보고서, 동일 한국 기자 회견 사본 : *I&H Jl*.

19) 이 팸플릿들은 다음의 문건에 들어 있다. "A Message to U.S.A. Citizens"와 "The Traitors and the Patriots," Copies in *Hist Files*.

"진실한 공산주의자가 아닌 상당수의 좌익들이 인민공화국에 포함되었다"[20]고 말했다.

또 하지 장군은 비록 자신의 행동이 한국의 공산주의자들에 대한 "전쟁 선포"로 인식되어, "일시적 무질서"가 유발되고…… 빨갱이(pinko)나 빨갱이 신문들로부터 …… "정치적 차별이라는 비난"을 받더라도 인민공화국을 정면으로 공격하는 것이 옳겠다고 판단했다. 그가 이에 관한 논평을 요구하자 맥아더 장군은 그에게 "어떠한 행위를 해야 하는지에 대해 최선의 판단을 하라"고 말한 뒤, 자신은 그가 "이 문제에 대해 어떠한 결정을 내리더라도 지지할 것"이라고 말했다.[21]

협조를 완강히 거부하는 인민공화국에 대해 마침내 하지 장군은 활동의 중지를 명령했다. 그는 12월 12일의 성명에서 인민공화국의 기원과 형성 과정에 관하여 언급했다. 여기에서 그는 그 집단의 지도자들과 지지자들의 열의는 순수한 애국심과 한국에 있는 연합군 정부에 관한 오해에서 비롯되었음을 인식한다고 언급한 뒤, 상황을 분명히 하려는 자신의 노력을 열거했다. 그는 또한 군정이 "정당의 합법적인 정치 활동을 방해하거나 억압하려는 의도나 목적은 전혀 없다는 것"을 확실히 알아주기를 요망하면서 다음과 같이 결론을 맺었다.

> …… 정부를 자칭하며 활동하는 어떠한 조직의 행위도 불법적인 활동으로 취급될 것이며, 미국이 점령한 어느 지역에서도 연합군의 특별한 허가

20) Tel., Ltr, Gen John R. Hodge to Gen of the Army, Douglas MacArthur, at Tokyo, 25 Nov 45 : *FR, 1945*, Ⅵ, p. 1133.

21) Tel., Ltr, Gen John R. Hodge to Gen of the Army, Douglas MacArthur, at Tokyo, 25 Nov 45 : and Gen of the Army, Douglas MacArthur to Ltr, Gen John R. Hodge, at Seoul, same date : *FR, 1945*, Ⅵ, p. 1134

> 없이는 어떠한 정치 조직도 어느 방법으로도 정부로서 활동하지 못한다는 것을 확실히 하고자 즉시 필요한 조치가 취해질 것이다.[22]

인민공화국의 지도자들은 처음에는 격노해서 총선거의 실시라는 자신들의 계획을 되풀이하여 주장했다. 그러나 어떠한 선거도 실시되지 않았다. 이러한 방법으로 중앙 조직으로서의 인민공화국의 권위는 효과적으로 붕괴되었다.[23] 그러나 지방의 인민위원회는 인민공화국의 기구로서 계속 활동하였다. 이들은 모든 수준의 통치 조직을 구성하고, 여러 지역에서 노동·농업·산업·재정·교육·행정·경찰 등과 같은 업무의 책임자들로 구성된 집행위원회를 통해 통치하였다.[24]

인민공화국은 잠재적인 정치 세력으로 보고되었다. 군정청의 고문이며, 지난날 한국에서 살았던 언더우드(H. H. Underwood : 元漢慶) 박사는 농촌 지역을 두루 돌아보고 나서 "공화국"이 남한 전역을 통해 가장 강력하고 활동적인 정치 조직이라고 술회했다. 1945년 12월에 군정의 한 평론가도 그러한 견해에 동의했다. 그는 공화국의 세력이 점차 증대해 가고 있으며, 이 당이 없이는 다른 어떠한 정당도 존재할 수 없다고 평가했다.[25]

2) 임시정부

인민공화국과 비교되는 다른 주요한 정치 집단은 임시정부와

22) Dec. 12, 45. USAFIK 사령관의 성명, HQ, USAFIK : Copy, *Hist Files,*

23) *Hist USAFIK,* Pt. Ⅱ, Ch. 1, p. 15 ; 똑같은 결론에 관해서는 Cho, *Korea in World Politics,* p. 72.

24) *Summation* No. 2, Nov 1945, p. 182.

25) *Hist USAFIK,* Pt. II, Ch. 1, p. 11.

관련된 단체와 동맹들이었다. 그들은 정부로 승인받고자 노력했고, 1945년 초에는 전쟁에 참여하려고 시도했었다. 이 노선에서는 이승만(李承晩) 박사가 가장 활동적인 사람이었다. 2월, 그는 만약 미국이 임시정부를 합법적 정부로 승인을 해 준다면 중국도 그렇게 할 것이며, 더 나아가서 소련이 한국에 친공(親共) 정부를 수립할지도 모른다는 이유로 즉각적인 승인을 요청했다.

이 서한은 "소련 측에 대해 나쁜 의미를 함축하고 있어 바람직하지 않은 논쟁"을 야기할 위험이 있으며, 그렇다고 해서 "그러한 의미를 무시한다면, 그에 대해 무언의 승인"을 해주게 될 위험성이 있었기 때문에 그의 제안은 받아들여지지 않았다.[26]

중국 정부의 입장은 이승만 박사가 언급한 것보다 덜 우호적이었다. 워싱턴에 있는 장개석(蔣介石)의 요원은 "당분간" 승인을 유보한다고 선언했다. 미국과 중국은 임시정부를 승인하는 것이 어려운 문제라고 인식했다. 국무성은 그러한 "개인적인 야심가이며 다소 무책임한" 사람을 다룰 때에는 "신중히 행동할 것"을 결정했다.

중국 대표는 중국에 있는 임시정부보다 미국에 있는 임시정부가 "더 분열이 심하고 협조가 부족하다"는 것을 알고서 "그들이 하나의 책임 있는 조직으로 연합하여 중국에 있는 독립 운동 단체들과 어떤 형태의 관계를 수립하라"고 충고했다.[27] 그러나 약 2주 뒤 중국 대사관의 참사관이 "한국의 임시정부가 국제법상의 정부는 아니지만, 중국에서의 독립 운동의 중심 세력을 대표한다"는 내용을 선언함으로써 임시정부에 관한 공식적인 지지를 나타냈다.

26) Ltr, Rhee to Department of State, 5 February 1945 : *FR, 1945*, Ⅵ, footnote 15, p. 1023.
27) Mem of Conversation, Dir Office of Far Eastern Affairs(Ballantine), 5 Feb 45 : *Ibid.*, pp. 1018~1020.

그러나 영국과 프랑스 정부는 "지금으로서는 승인을 고려할 이유가 없다"고 보도했다.[28] 이승만은 카이로선언을 부인하는 것으로 추정되는 얄타의 비밀 협정에 관한 소문으로 괴로움을 겪고 있었다. 그 소문이 근거가 없다고 국무성이 부인하고 임시정부 대변인이 이를 확인했음에도 불구하고, 이승만은 포츠담의 4대 강국 지도자들에게 그 소문을 부인할 것을 촉구했다.[29]

6월, 국무성은 미국이 임시정부를 승인하지 않는 이유를 다음과 같이 분명히 밝혔다.

> "한국의 임시정부"는 한국의 어느 지역에 관해서도 행정권을 가지지 못했고, 현재 한국민을 대표한다고 볼 수도 없다. 망명 한국인들 가운데에서조차도 임시정부를 따르는 사람들은 한정적이다. 한국인들이 바라는 궁극적인 정부 형태와 정부 요인을 선택할 수 있는 한국인들의 권리를 손상할지도 모를 …… 행위를 비켜가는 것이 …… 그러한 단체들을 다룰 때 미국 정부가 채택하는 정책이다.[30]

그러나 이승만은 7월에 중국과 프랑스 정부가 임시정부의 실질적인 지위를 인정했다고 주장한 뒤, 국무성이 승인을 지체하는 것은 "한국의 공산주의자들이 폴란드식 꼭두각시 정부(Lublin Government)[31]를 수립할 기회를 주기 위한 것"은 아닌지 의심을 표명하면서 "한

28) Mem of Conversation, Dir Office of Far Eastern Affairs(Ballantine), 17 Feb 45 : Msg, Amb in UK(Winant) to Sec State, 9 Apr 45 ; Msg, Chargé in China(Atcheson) to Sec State, 1 Mar 45 : *Ibid.*, pp. 1020~1022, 1025~1026.

29) Cf. Rhee Ltrs of 15 May and 21 and 25 Jul 1945 : *Ibid.*, p. 1028 ff.

30) Ltr, Actg Sec State to Chrm, Korean Commission(Rhee), 5 Jun 45, sgnd, Frank D. Lockhart, Actg Dir, Office of Far Eastern Affairs : *Ibid.*, p. 1039. 이와 똑같은 말을 국무장관 대리인 그류(Joseph C. Grew)가 하였다. Dept State *Bulletin*, 10 Jun 45, p. 1058.

31) 제2차 세계대전 말 폴란드의 러시아 후원 정부.

국의 정의를 희생하여 소련을 달래 보려는 정책은 결국 비극으로 끝나게 될 것"[32]이라고 주장했다.

이승만과 임시정부의 지도자들은 1945년 일본과의 전쟁에 한국의 군인이 참전할 수 있는 기회를 모색했다. 이승만은 한국인들을 군대와 지하 활동에 활용하는 방안은 물론이고, 모든 일본인이 거주하는 도시에 한국 경찰을 활용하는 방안을 포함하여, 군정에 한국인을 활용할 것을 제안했다.[33] 임시정부의 외교부장은 정보 목적에 한국인들을 활용할 것을 제안하면서 군사적 · 재정적 지원을 요청했었다.[34]

전략국(OSS)은 한국에서 비밀 활동을 수행케 하고자 몇 백 명의 한국인들을 훈련시켰다. 그 문제는 중요한 것이어서 4월에 3성조정위원회가 이 문제에 관한 연구에 들어갔다. 그러나 한국인 지원병과 포로의 활용 문제는 웨드마이어(A. C. Wedemeyer) 장군이 군사적으로 실행 불가능하다는 이유로 거절함에 따라 중지되었다.[35]

1945년 8월, 전쟁성은 이러한 여러 제안들의 "동기와 효용성"에 대해 심각한 의문을 제기했다. 그리고 "망명 정부를 선택하는 데는 정치적 위험이 있음"을 인식하고, "언질을 주지 않는"(no commitment) 정책을 고수하라고 건의했다. 그러나 미 육군이 "충분히"(substantial) 준비된 한국인들의 도움 없이 군정을 수립하고자 한국으로 진입할 가능성에 봉착하게 되고, 반면에 소련은 시베리아에서 훈련받

---

32) Ltr, Rhee to Lockhart, 25 Jul 45 : *FR, 1945*, VI, pp. 1032~1036.

33) Rhee Ltr to Sec of War, 13 Feb 45 : Summary, *OPD, WDGS : OPD 381*, CTO, Sec IV, Case 185 : Ltr to President Truman, 15 May 45 : *FR, 1945*, VI, pp. 1028~1039.

34) Tel, Chargé in China(Atcheson) to the Sec State, 1 Mar 45, *Ibid.*, p. 1024.

35) SWNCC *Summary of Action*, Ⅱ, 115 Series, Sub : Utilization of Koreans in the War Effort Against Japan, 23 Apr 45.

은 한국인들을 활용할 수 있게 되었다.

이에 따라 "합동참모본부를 통하여 3성조정위원회에 행동 방침을 건의하는 것"을 고려하게 되었다. 따라서 이승만은 자신의 제안이 아주 신중히 고려될 것이라는 통고를 받았으며, 반면에 단파 방송을 통해 한국인들에게 연설하겠다는 제의는 거절당했다.[36)]

한편, 임시정부 대표들은 미 점령군의 한국 상륙에 자신들이 참가할 기회를 줄 것과 한국인의 귀환과 일본인 소유의 공장을 처분하는 것과 같은 한국 문제의 해결과, "현재와 미래의 한국인과 그 정부의 운명에 영향을 미치는 모든 협의회에 참석시켜 줄 것" 등을 요청했었다.[37)] 미국이 한국에 상륙하기 1주일 전에 임시정부의 어느 대표는 "소련이나 연안(延安)의 공산주의자들"이 공산주의 정부를 세우고자 대규모로 한국으로 들어오고 있다고 경고했다.

이어서 임시정부의 지도급 인사들은 자신들이 "점령군을 돕거나 통역이나 혹은 미국에 부합하는 다른 어떤 방법으로" 한국에 귀국하는 것을 허락해 줄 것과, 법과 질서의 유지를 위해 미국에 우호적인 여론을 조성할 수 있도록 허락해 줄 것을 요망하면서, "임시정부의 지도급 인사들은 공산주의 지도자들보다 한국인들 사이에 더 유명하고 더 존경받고 있다"고 자평했다. 또 그들은 "자신들이 미점령군과 국무성의 의지에 어긋나는 일은 하지 않을 것"

36) WDGS Summary, Sub : Korean Participation in the War Against Japan, 8 Aug 45, Gen Hull, A/C/A, *OPD : OPD 336 Korea*.

37) Tel., Amb in China(Hurley) to the Sec State, 15 Aug 45 ; Rad, Chairman(Kim) and the Foreign Minister(Tjo) of the KPG to the Chairm of the Kor Commission in the U.S.(Rhee), 17 Aug 45 : *FR, 1945, VI*, pp. 1036~1037.

을 약속했다.[38]

한국인을 한국으로 귀환시키라는 한국인들의 계속된 압력으로 말미암아 웨드마이어 장군은 워싱턴에 지침을 요청했다. 이에 대하여 그는 "그들의 귀환이 미국의 정책에 얻을 것(得)도 없고 잃을 것(失)이 있는 것도 아니며", 이 문제는 중국 정부가 발의해야 한다는 대답을 들었다. 귀국이 허락된 한국인들은 지역 사령관의 검토를 거쳐 "개인 자격"으로 귀국해야 했는데, 이는 어떠한 정치 파벌에게 편애를 보이는 행동을 비켜가려는 조처라는 것이었다.[39)]

육군은 자신이 "정치적" 결정에 관한 책임을 져야 했기 때문에 이 정책이 "부적절하다"는 반응을 보였다.[40)] 임시정부 요인(要人)의 귀국 문제, 특히 이승만(李承晩)의 문제는 워싱턴 · 도쿄 · 서울 사이에 논의가 있었다. 하지 장군은 한국인들을 "안정시키는" 효과를 고려하여 이승만 · 김구(金九) · 김규식(金奎植)의 귀환을 환영한다는 뜻을 피력했다. 그는 이승만이 특별히 8월 29일부로 귀환이 승인되었다는 연락을 받았다.[41)]

정치 고문 베닝호프는 그들의 귀환에 관하여 다음과 같이 언급했다.

> 임시정부의 요인을 다른 요인보다 더 많이 배려하고자 하는 것은 아니었다. 그들은 군정과 함께 일할 준비를 해야 하며, 똑같은 조건으로 현재

38) Summary of Memo left by a Representative of the KPG in Tel of Amb in China(Hurley) to Sec State, 31 Aug 45, *Ibid.*, p. 1042.

39) Rad 6448, WD, S&P Grp, to CG Ltr Gen Albert C. Wedemeyer, CG USF China Theater, Chungking, 24 Sep 45 : *OPD 336 Korea.*

40) Tel., Chargé in China(Robertson) to Sec State, 25 Sep 45 : *FR, 1945*, Ⅵ, p. 1057.

41) Tel., Polad Benninghoff to Sec State, 15 Sep 45 : *Ibid.*, p. 1053 ; 10 Oct 45, p. 1070 참조. 그리고 Memo for Record, OPD, 13 Oct 45, Sub : Return of Koreans from China and the United States to Korea, Summary of Messages : *OPD 336 Korea.*

의 고문회의의 일원이 되어야 한다. 이승만과 그 외의 다른 사람들은 귀국을 허락받기에 앞서 이러한 조건들을 인식할 필요가 있다.[42]

한편 국무성은 중경에 통보하여 이승만, 던(J. C. Dunn), 그리고 그 외의 한국인들에게 개인 자격으로 망명지로부터의 귀국이 허가되었음을 알려주면서 각자 다음과 같은 서약을 하도록 했다.

나는 북위 39°선(*sic*) 이남의 지역이 미군에 의한 군정을 받고 있다는 사실을 인정하며, 이 지역에 머무는 동안 군정이 끝날 때까지 군정 당국의 법과 규칙을 준수할 것을 동의한다.[43]

이승만과 그밖에 임시정부 지도자들을 활용하는 문제는 즉시 워싱턴과 서울 사이의 현안 문제가 되었다. 이승만이 귀국 2주 만에 반(反)소 논쟁을 벌이자, 이에 국무성은 서약을 유념할 것을 요청하면서, "국제적인 문제에 관한 그러한 부주의한 언급"은 곧 소련과 진행할 교섭을 어렵게 할 것이라고 말했다.[44] 하지 장군은 임시정부 지도자들을 활용하고 싶다는 의중을 다음과 같이 피력했다.

나는 한국으로 귀국할 추가적인 한국인들을 선발하고, 현 군정의 경제 복구 계획을 후원하는 대중의 지지를 충분히 확보하고, 정부 기구를 혁신하며, 형식적인 요직이든 활동적인 직위이든 중앙 정부의 책임 있는 직위

---

42) Polad in Korea(Benninghoff) to Actg Polad in Japan(Atcheson), 10 Oct 45 : *FR, 1945*, Ⅵ, pp. 1070~1071.

43) Tel., Sec State to Chargé in China(Robertson), 24 Sep 45 : *Ibid.*, p. 1060.

44) Tel., Sec State to Actg Polad in Japan(Atcheson), 25 Oct 45 : *Ibid.*, p. 1104. 이승만 박사는 10월 16일 한국에 왔다.

에 적합한 대표성 있는 한국인을 선발하고, 대표성 있는 확대 연합 고문회의를 수립하면서 이승만 박사와 김구의 도움을 활용할 계획이다. 만약 이러한 일이 효과적으로 수행될 수 있다면, 적당한 시간이 경과한 뒤에 총선거에 의한 민간 정부를 수립할 수 있을 것으로 믿는다.45)

국무성은 이승만과 김구를 활용하여 다른 한국인들을 선발하는 문제에 대해 즉각적인 반대를 표시하고, 그렇게 되면 최소한 이들에 대한 지지를 의미하는 것이며, 소련이 자신들의 지역에 있는 유사 단체를 후원하도록 자극할 것이며, 아마도 소련과의 예정된 신탁통치 교섭을 어렵게 할 것이라고 판단했었기 때문에 하지 장군에게 그러한 정책을 삼가도록 지시했다.

전쟁성이 이 서한을 서울에 발송하자 전쟁성 차관보인 맥클로이(John McCloy)는 애치슨(Dean Acheson) 국무장관에게 이를 항의했다. 그는 장관에게 거의 모든 한국인이 이 지도자들을 매우 존경·신뢰하고 있음을 상기시켰다.

맥클로이는 북한에서는 소련이 "붉은 군대"를 활용하여 한국의 공산주의자들을 훈련하고 있는 데 견주어, 남한에서는 대의 정부를 달성하려는 진지한 노력에 대해 일부가 비판하고 있다고 해서 미국이 과연 두려워해야 하는지 이의를 제기했다.

끝으로 맥클로이는 만약 "우리가" 우리 지역에서 이 지역에 적합

45) Tel., Gen MacArthur to C/S, Marshall, 5 Nov 45, 하지 장군에게서 온 그 이전의 메시지는 *Ibid.,* p. 1112를 인용. 이 계획의 요점은 *Summation* No. 1, Sep-Act 45, p. 8에 기록되었다. 하지 장군은 10월 자신의 정치 고문을 워싱턴으로 방문하도록 하여 KPG를 인정해주든가 이 요원들을 모든 한국 정부의 핵심으로 일할 수 있도록 허락을 해 주도록 이미 요청했었다. Memo, CG XXIV Corps, to M. Benninghoff, Sub : Visit to Washington, 16 Oct 45 : *OPD 336 Korea.* 일본의 정치 고문 서리인 애치슨은 10월 15일 국무장관에게 보낸 편지에서 한국 지도자들의 "핵심" 조직의 생각을 적극 지지하였다. *FR, 1945,* Ⅵ, pp. 1091~1092.

한 망명객들을 활용할 수가 없다면, 우리는 "유감스럽게도" 스탈린이 "만약 필요하다면"이라는 "미묘한" 규정으로 한국 신탁통치의 주장에 동의했을 때, 그가 무슨 의미로 그런 말을 했는가를 발견하게 될 것이라고 경고했다.

국무성 극동국 국장인 빈센트(John C. Vincent)는 그 문제에 관한 국무성과 전쟁성 사이의 심각한 의견 차이를 발견할 수 없다고 말했다. 그의 말인즉 지령의 의미는 임시정부의 요인들이 "자신들의 개인적인 자격 때문에" 활용된다는 것을 확실히 해두는 것이었다고 한다.[46] 그는 "하지가 한국인들을 활용할 때 심하게 제한하지는 않으면서", 동시에 그들에게 너무 많은 권한을 주지 못하도록 그에게 경고 지시를 내리는 것은 매우 간단한 문제라고 생각했다.[47]

그 밖에도 한국인 망명객들을 활용하는 것이 가치가 있다고 생각한 사람들이 또 있었다. 8월, 한국 광복군 대원들은 일본이 항복한 지 2주 만에 군정 당국자를 면담했다. 이들 가운데 대부분은 지난 6개월 동안에 한때 한국에 머문 적이 있었으며, 그들 모두는 과거 2년 동안에 한때 한국에 머문 적이 있었던 사람들이었다고 한다. 이 보고서에 따르면 다음과 같다.

> 이 능력 있는 관찰자들은 예외 없이 한국의 주요 지도자들과 국민이 임시정부의 전반적인 활동을 오래 전부터 알고 있었으며, 그들이 한국의 자치 정부를 이끌어 가는 데 필요한 번뜩이는 지도력을 모색하고 있다고 분명하게 주장했다.

46) Memo, Vincent to War Dept, 7 Nov 45 : Memo, Asst Sec War John McCloy to Under Sec State Acheson, 18 Nov 45 : *OPD 336 Koera* ; Vincent Message in *FR, 1945,* Ⅵ, pp. 1113~1114 참조.

47) Memo, Vincent to Acheson, Nov 16, 1945 : *FR, 1945,* Ⅵ, pp. 1127~1128.

이러한 연구의 결과를 통하여 이 망명 단체가 주한 미 점령군에게 주는 가치에 대하여 5가지의 중요한 결론을 내렸다.

(1) 한국민은 오래 전부터 임시정부의 활동을 인지하고 있었으며, 그들이 즉시 귀국할 것을 기대한다.

(2) 임시정부의 최고 관리들이 대체로 국가를 통치할 능력은 없으나, "늙은 음모가"(old intriguers) 가운데 많은 사람이 고문이나 원로 정치가로서 중요한 역할을 할 수 있다. 훌륭한 능력을 지닌 젊은 사람들도 몇 명이 있다.

(3) 임시정부 요인들은 국내의 주요 지도자들과 함께 활동할 수 있으며, 오랫동안 그렇게 하기를 원했었다.

(4) 임시정부가 할 수 있는 위대한 역할은 자유를 위해 투쟁한 한국인들의 상징이 되는 것이다. 임시정부는 한국 독립 운동의 신(神)과 같은 존재이며, 한국에서 임시정부의 존재는 지도자들과 국민이 현명하고 애국적으로 활동하는 데 도움을 줄 것이다.

(5) 만약 임시정부가 제대로 자리 잡게 된다면, 한국은 어느 외국이 한국을 지배하는 것을 절대적으로 반대하는 민주적인 형태의 정부를 가지게 될 것이며, 미국과도 성실한 우호 관계를 갖게 될 것이다.[48]

군정은 계속해서 임시정부의 지도자들을 활용할 것을 제안했다. 정치 고문 서리인 랭던(William R. Langdon)은 김구 집단이 "건설적인" 한국 정책을 위한 최상의 기회를 제공했다고 주장하면서 다음과 같은 계획을 제출했다.

---

48) MS, "Korea and the Provisional Government," Multigraph, 10 pages, 28 Sep 45, p. 1. Prepared by Clarence N. Weems, Jr, Captain, AC : *Hist Files*. 윔스(Capt. C. N. Weems)는 자신과 자신의 보좌관이 "60명의 매우 박식한 한국광복군(Korean Independence Army)과 면담했다"고 말했다.

(1) 정부 형태를 연구 · 제안하고, 통치위원회(Governing Commission)를 조직하도록 김구가 군정과 함께 정치 단체들을 대표하는 협의회를 만들게 할 것.

(2) 통치위원회는 군정과 통합한 뒤 과도 정부로 계속 이어질 수 있다.

(3) 그 밖의 3국은 고문과 감독관을 파견할 수 있다.

(4) 통치위원회는 한국의 국가 수반을 선출하는 선거를 치를 수 있다.

(5) 국가 수반이 조직한 정부는 외국으로부터 승인을 받을 것이며 한국은 국제연합에 가입될 것이다.

그리고 랭던은 이에 덧붙여 군대를 상호 철수시키고 북쪽 지역까지 통치위원회를 확장시키고자 소련과 교섭을 진행해야 한다고 주장했다. 그러나 만약 소련이 참여하지 않는다면, 그 계획은 38° 선 남쪽에서만 시행되어야 한다는 것이다.49)

국무성은 이러한 구상에 반대했다. 랭던에 관한 답신에서 번즈(James F. Byrnes) 장관은 "그러한 기구는 한국 전역에 대해 관할권을 요구할 것"이라고 의심하여 소련이 반대할지도 모르는 일이므로 그러한 성급한 기구 설치는 소련과의 교섭을 저해할 수도 있다는 의견을 피력했다. 국무성은 "소련이 지난날 언질을 준 바 없는 …… 어떤 새로운 구상"을 제기하려면 사전에 소련과 교섭을 하는 것이 훨씬 더 안전할 것이라고 생각했다.50)

한국의 임시정부 지도자들은 공식적으로 한국 정부의 대표로 자처하기 시작했다. 김구는 한국 "정부"가 귀환했으며, 지도자들은 이미 여러 번 국무회의를 가졌음을 넌지시 비쳤다.51) 12월까

49) Rad CG USAFIK to SCAP, 201730/1, 20 Nov 45 : *Hist Files* ; 국무성 사본에 관해서는 Msg, Act Polad(Langdon) to Sec State, 20 Nov 45 : *FR, 1945,* VI, p. 1132 참조.

50) Rad, WARUS 6703, 30 Nov 45, Wash(State) signed Byrnes to CG USAFIK(for Langdon), *Ibid.*, pp. 1137~1138.

지 사령관은 장교들에게 이러한 주장을 무시하고, "모든 한국인의 정부는 상황의 전개에 따라 결정되는 것"임을 명심하도록 지시할 필요성을 느꼈다.[52]

한편 "한국 임시정부 환영 전국연합위원회"(United National Committee of Reception for Korean Provisional Government)는 4대 강국 정부 수반들에게 서한을 발송하여 "남북을 모두 포함한 현재의 한국 임시정부가 강대국들로부터 승인을 받아 신속히 회복될 수 있도록 하는 데 우호적인 고려를 해줄 것"을 요청했으며, "한국을 해방시켜 준 데 대해 깊은 감사"를 표시했다.[53] 임시정부 지도자들과 군정 사이의 첫 번째 직접적인 충돌이 일어난 것은 바로 그 뒤의 일이었다.

모스크바회의에서 신탁통치에 관한 성명서가 있은 뒤, 김구의 지도를 받던 임시정부 세력들은 반탁 회의를 소집하여 임시정부의 즉각 승인을 요구하며, 항의 파업을 전개할 것과, 앞으로 군정의 모든 고용원은 임정의 지시를 받으라는 명령을 내렸다. 파업과 시위로 말미암아 일시적으로 군정이 마비되었지만 하지 장군이 김구를 시켜 시위와 파업을 중지시키도록 설득하자 거의 쿠데타처럼 보이던 것이 용두사미로 끝나고 말았다.[54] 그러나 이 시도는

51) 김구는 11월 3일 서울에 도착했다.

52) Msg, AG XXIV Corps, to All Units and Military Government, 5 Dec 45 : *Hist USAFIK*, Pt. Ⅱ, Ch. 2, p. 51.

53) Rad, CG XXIV Corps, to SCAP, Tfbcg 211, 211525/1 Dec, Hodge to Marshall, 31 Dec 45는 이 위원회 의장인 김석황(金錫璜)으로부터 온 메시지를 포함하고 있다. 이 메시지에서 그는 메시지가 이 국가들의 수반들에게 제출되도록 요청했으며, 급송해 주기를 권고했다.

54) 하지 장군은 2시간 30분 동안 김구를 "철저히 조사"(going-over)했고, 김구는 이를 이해시키는 데 30분이나 걸렸다. 하지의 말에 따르면 그는 김구를 완전히 짓이겨 놓았다(crush)고 한다. 김구는 하지에게 모든 요원과의 함께 한국을 떠나든가 자살을 하든가 하라고 말했다. 하지는 김구에게 "만약 당신이 나를 배반하면 당신을 죽여 버리겠다"(kill)고 말했다. 그러자 김구는 파업을 끝내라는 라디오 연설을 하였다. Corps Staff Conference, 2 Jan 46 : *I&H Jl.*

임시정부의 목적에 돌이킬 수 없는 상처를 입혔으며, 정치적 분파주의의 위험성을 증가시켰다.[55] 이러한 상황 전개는 사령관이 임시정부 단체의 영향력을 감소시킬 어떤 특별 조처들이 필요하다는 확신을 갖도록 만들었다. 그 단체를 와해시키고, 그 단체에 가담했던 인사들을 기존의 정당 가운데 어느 하나와 연합하도록 할 필요가 있다고 그는 믿었다.

그러나 하지는 뒤에 수립될 과도 정부에서 활용할 수 있도록 이승만 박사와 김구를 구제하는 선에서 이 일을 수행해야만 했다. 이 결정을 하기까지 여러 가지 문제를 고려했는데, 그중에는 미국이 이러한 단체들을 지원하는 것을 소련이 한국에 정부를 세우는 데 방해하는 구실로 이용할 수도 있다는 우려도 있었다.[56] 임시정부의 위협은 감소했지만 다른 문제에로 관심이 쏠렸다. 그러나 정치적 통일을 달성하고자 이 단체를 활용할 기회도 또한 사라졌다.

3) 정치적 통일을 위한 노력

한국에 이승만이 존재한다는 사실은 하지 장군에게 다양한 정치단체의 통합에 도움이 될 수도 있다는 희망을 갖게 만들었다. 이승만이 귀국하자 그의 명성은 대단해서 거의 모든 정당이 그에게 의장직을 제의했다. 그러나 그는 어느 한 단체에 직접적으로 가담하기보다는 모든 정당을 통합하는 운동을 하기 시작했다. 귀국한 지 1주일도 채 안 된 10월 23일까지 그는 약 50여 개나 되는 단체

55) Rad CG USAFIK to CINCAFPAC Adv, 012250, 1 Jan 46에 관해 언급한 역사가인 윌리엄즈(W. Williams) 소령의 MS on Trusteeship, p. 12에 따름. *Hist Files,*

56) 그러한 행위를 준비하고자 1946년 1월 18일 러취 장관에게 내린 지령, *Hist USAFIK,* p. 90.

들의 대표를 만났다.

이러한 노력을 통해 이승만 박사가 이끄는 독립촉성중앙협의회(獨立促成中央協議會)가 결성되었다.[57] 그러나 인민공화국과 공산주의 지도자들이 협조를 철회하자 좌·우익 사이의 갈등은 깊어져서 모스크바의 신탁통치 결정 이후에는 영원히 분열되고 말았다. 우익 단체들은 신탁통치를 실시할 경우 소련이나 공산당이 지배하게 될 것이라고 생각했었기 때문에 이를 완강히 거부했고, 결국 좌·우익 사이의 통합 가능성은 사라져 버렸다.

전국적인 규모의 정치적 통합을 달성할 가능성이 사라지자, 우익은 자신의 단체들만이라도 통합·강화시켜 가능한 한 과도 정부 수립을 위한 통합 전선을 펴기로 방향을 바꾸었다. 1946년 2월 1일 서울에서 비상국민회의(Emergency National Congress)가 소집되었는데, 모든 정당과 13개도(道)에서 각각 5명씩 선발되어 약 200명의 대표들이 초청되었다. 좌익은 노골적으로 불참했고, 이승만과 김구가 지도자로 선출되었다. 이후 2월 8일 대한독립촉성국민회(NSRRIK : National Society for the Rapid Realization of Independence in Korea)가 조직되어 이승만이 의장으로, 김구는 부의장으로 선출되었다.

1946년 2월, 정치 단체들을 확인하고 등록하도록 조치했다. 곧이어 모스크바회담의 결정에 따라 임시정부의 수립을 지원하고자 미소공동위원회가 개최되었다. 여기에는 대화에 응할 수 있는 단체들의 목록이 필요했다. 이에 따라서 전쟁성은 2월 15일 모든 사회 단체와 정당들이 등록할 수 있도록 "즉각적으로 조치하라"고 군정에 지시했다.

군정은 각 정당이 그의 목적과 구성원의 명단, 본부의 위치 등

57) *Summation* No. 1, p. 5.

을 제출하고, 당의 자금과 주기적인 재정 상태를 기록한 적절한 회계 체계와 함께 "기록과"(Office of Record)를 운영토록 했다. 군정은 이러한 것들이 소련과의 회합에 필요한 정보를 제공해 줄 것이라고 인식하였다.[58] 이에 따라 1946년 2월 23일 군정은 "정당에 관한 규칙"(Regulation of Political Parties)이라는 제목의 법령 제 55호를 선포했다.

이것은 워싱턴이 지령으로 요구한 것보다 더 잘 만들어진 것이었으며, 빠른 실효를 거두고자 전면적인 등록 제도를 시작했다. 각 당은 대략 5주 내로 서명이나 날인으로 증명한 구성원들의 정확한 목록을 작성하라는 지시를 받았다.[59] 이 지시는 공산당과 같은 비밀 조직들이 공개되어 공적인 감독을 받게 할 수 있는 방법을 제공해 주는 특별한 잇점이 있었다.

그러나 이것은 민주 정치라기보다는 경찰 국가의 독재와 같은 것처럼 보임으로써 한국의 언론과 정당들로부터 심한 반발을 야기했다.[60] 군정장관은 주례 기자 회견에서 그 목적과 의도에 관해 설명해 달라는 요구를 받았다. "그 본질적 목적은 한국에 정당이 5개가 있는지 50개가 있는지, 혹은 90개가 있는지 확인하기 위한 것"이라고 그는 대답했다.[61]

그리고 그는 민주 국가에서는 누가 정당에 참여하였으며, 특히 누가 정당에 자금을 대주고 있는지 국민이 알 권리를 갖고 있기 때문에 모든 정치단체는 공식적으로 등록하는 것이 지금의 경향

58) *Hist USAFIK*, Pt. I, Ch. 1, p. 32.

59) Ordinance No. 55 : *Hist Files*. 역시 *Summation* No. 5, Feb 46, pp. 281~282 참조.

60) 2월 15일에서 3월 14일까지의 기간을 요약한 하지 장군의 "한국의 상황"에서 기록, Tel., Pol Adv in Korea(Langdon) to Sec State, Mar 19, 1946 : *FR, 1946*, Ⅷ, p. 649.

61) 1946년 2월 26일 군정 기자 회견, *I&H Jl*.

이라고 지적했다. 한편으로 만약 개인적인 서명이 "너무 성가시고 어려운 일이라면 완화 · 수정될 수도 있다"고 그는 설명했다.

1946년 3월까지 비록 134개의 정당이 등록하긴 했지만, 서명에 관한 비판이 거세어지자 법령을 수정하여 서명과 주소 기재 사항을 삭제하였다.[62] 그동안 등록한 정치 단체의 총수는 5월에 107개로, 1946년 9월 30일에는 75개로 감소하였다. 그러나 1947년까지 정당 · 사회 단체의 총수는 354개로 증가했다. 이 가운데 단 30개만이 주요 정당으로 등록되었다.[63]

2. 공산주의의 문제

하지 정권의 가장 논쟁적인 문제 가운데 하나는 그가 공산당의 활동에 대해 내린 조처의 평가와 반응이었다. 이것은 어떤 외국의 지배도 받지 않으면서 온건하고 안정된 정치적 연합을 발전시키는 것이 우선적으로 절박했던 점령 첫해 동안에 아주 중요한 문제였다.[64]

남한의 공산당 세력이 어느 정도였는가 하는 문제는 항상 추측의 대상이었다. 정당으로 등록하라는 요구를 받았을 때 공산당은 당원이 2만 명이라고 기록했다. 같은 달인 1946년 2월 초 주한 미군공보부(Department of Public Information)는 공산당원이 3천 명 내외인 것으로 추산했다.

62) Ordinance No.79, effective 30 Apr 46.

63) Cho, *Korea in World Politice*, p. 34.

64) 이 연구의 범위가 1945년 8월부터 1946년 9월까지이므로 1946년 10월의 폭동과 우익과 좌익 정치 단체에 관한 군정 정책에 대하여 심한 비판을 불러일으키게 한 우익경찰의 좌익 탄압은 포함하지 않았다.

그러나 1946년 7월, 미 · 소회의의 미국 대표단의 정치 고문은 공산당 스스로가 10만5,081명의 당원을 확보하고 있다고 주장한다고 보고했지만, 미국이나 한국의 대부분의 유력한 관찰자들은 이 숫자를 믿지 않았다. 그러나 그 수치상의 세력과는 관계없이 공산당은 어울리지 않게 큰 영향력을 발휘했다. 왜냐하면 공산당은 다양한 조직을 지배하고 있었고, 기존의 질서에 대해 불평 · 불만을 품은 여러 부류의 국민으로부터 지지를 받고 있었기 때문이다.

한국의 공산주의 선동가들은 전통적인 형태의 사악하고 꾸준한 선전 · 정부 전복 · 침투 · 폭력 · 파업 · 첩자 등의 전술을 활용하였다. 취약하고 비판적인 정책의 측면들, 이를테면 군정의 직원 충원, 미곡 징수, 통화 팽창, 토지 개혁과 경찰의 행위 등이 주로 공격을 받았다.

이러한 활동들에 관한 하지 장군의 반응은 그의 참모들에게 자주 들려준 언행에서 잘 나타나고 있다. 그는 공산주의에 대해 본질적으로 극단적인 반감을 보여주었다. 시간이 지남에 따라 그는 이 문제에 대해 거의 강박 관념에 사로잡혔다. 예를 들어 1946년 첫 석 달 동안 그는 정례 군단참모회의에서 되풀이하여 이에 관한 의견을 피력했다. 그가 말하곤 했던 주제는 다음과 같다.

(1) 소련이 한국을 소련의 위성국으로 만들려 하고 있다.

(2) 미군 · 행정부 · 한국 정당들을 전복하려는 첩자들과 자금이 소련의 지시를 받아 북한을 통해 흘러 들어오고 있다.

(3) 한국과 미국, 그리고 세계를 혼란에 빠뜨리려고 하는 것이 그들의 "총괄적 계획"(master plan)의 전모이다.

(4) 나는 이 음모에 관한 확실한 증거를 가지고 있다.

(5) 그들의 주된 의도는 미국이 한국을 점령한 데 관한 비판을 조장함으로써 미국이 철수할 수밖에 없고 한국을 공산주의의 "재난"에 노출될 수밖에 없도록 만드는 것이다.

그의 전형적인 언급 가운데 하나를 인용하면 다음과 같다.

> 소련이 한국을 소비에트 국가로 만들려 한다는 점에 관해서는 의심할 나위도 없다. 지금 남한에는 모스크바로부터 지령을 받는 사람들이 많이 있다. 지금 미국 국내와 미국 육군, 그리고 이곳 한국에는 공산주의자들이 득세하고 있다. 한국은 그들의 거대한 야망의 한 볼모에 불과하다. 이 점에 관해서는 여러분이 나의 말을 믿어야 한다. 여러분이 이것을 알고 고려해서 준비할 수 있어야 한다.[65]

하지 장군을 가장 혼란시켰던 일 가운데 하나는 급진적인 언론이 한국인의 동요를 조장하고자 미국의 계획을 허위로 보도한다는 점이었다. 3월 25일자의 참모 회의를 보면 그러한 예를 알 수 있다. 러취(A. L. Lerch) 군정장군은 연합국 정부가 한국을 적어도 15년 동안 후원하고 도와줄 것을 자신은 확신한다고 말한 바 있었다. 이 일에 대해 전사가(戰史家)는 다음과 같이 기록하고 있다.

> 하지 장군은 한국인들이 모든 일에 대해 어떻게 불평하고 싶어 하는지에 대해 말했다. 한국의 언론은 하지의 이 말을 완전히 비꼬고 왜곡시켜 15년 동안 자신들이 전횡적인 독재를 겪었다고 말했다. 하지는 그들이 가능한 모든 방법으로 미국 행정부를 불신하라는 명령을 받았다는 것을 알고 있었다. 온건하고 중도파라고 생각했던 한국인들이 이제 급진주의자나 공산주의자임이 입증될 수도 있다. 그들은 모두 미국을 불신하는 일을 상당히 잘했다. 이것이 8월 15일 이후 공산주의자들의 명령이었다. 그 이후 그들은 이 일에 매진했다. 모든 일이 완벽하게 들어맞았다.[66]

65) Corps Staff Conference, 20 Feb 46 : *I&H Jl.* 다른 참모들의 기자 회견에 관해서는 특히 3월 8, 20, 29일자 참조.

하지 장군은 그해 내내 이러한 공산주의자들의 반응을 연합군 최고사령부와 워싱턴에 보고했다. 그의 메시지 속에 있는 주된 주제 가운데 하나는 소련이 한국의 공산주의의 활동을 고무하고 지시하고 자금을 대 준 것이라는 확신이었다.[67)]

11월 1일, 하지 장군은 이러한 확신에 관한 첫 번째의 상황 증거를 제출했다. 그는 "불확실한 상황"으로 말미암아 "외부에서 사주한 것과 내부에서 사주한 것"의 분명한 선을 긋기 어렵기 때문에 "확실한" 증거를 찾을 수 없다고 시인했지만, 그럼에도 불구하고 그는 공산주의자들의 활동에 관한 상당한 내용을 나열했다.

그 가운데에는 서울에 소련 영사관이 존재한다는 사실, 남한에서 사용 가능한 모든 조선은행 화폐를 소련이 몰수했다는 사실, 외부로부터 남한의 공산당으로 들어오는 자금에 관한 보고, 북한에서 파견된 조직책의 문제 등이 포함되어 있었다.

마침내 지역적인 역량을 넘어서는 것으로 평가되는 조직과 성향을 가진 내부 사건이 일어났다.[68)] 다음날 하지 장군은 만약 "공산주의자들의 행위가 통제할 수 없는 것"이 아니라면 적극적인 행동을 취할 필요성이 있음을 인식했다. 그리고 "한국인들은 기본적으로 공산주의를 좋아하지도 않고 원하지도 않으며, 대다수의 사람은 실질적으로 민족주의자들"이라는 신념을 피력했다.

하지 장군은 "현실적인 강경 조치를 피하고자 내가 할 수 있는 한 모든 것을 할 것"이라고 언급함으로써, 결국은 "그러한 행동을

---

66) Corps Staff Conference, 25 Mar 46 : *I&H Jl.*(방점은 원본 그대로임)

67) 예를 들어 Memo for Record, 19 0ct 45, Summary of Situation in Korea, Reports from Office of CG, XXIV Corps : *OPD 014.1*(18 Sep 45), Sec V에 있는 그의 메시지 초기 요약 참조.

68) *Hist USAFIK*, Pt. Ⅱ, Ch. 4, p. 315 : Rad, CG USAFIK to SCAP, 011206/I, 1 Nov 45.

하지 않을 수 없을 것"[69]이라고 예상했다. 이 정보가 워싱턴에 전달되었다. 이 소식을 들은 국무성은 더 자세한 정보를 요청하면서, 하지 장군에게 "가능한 한 …… 조치를 연기하라"는 주의를 주었다.[70]

이러한 지시는 전쟁성 차관보 맥클로이를 시켜 국무성 각서의 논조에 반대하여 그 전체적인 방침을 비판하도록 만들었다. 그는 국무장관에게 한국에서 공산주의의 활동이 활동적이고 이지적으로 수행되고 있다는 것은 의심할 나위가 없다고 충고한 뒤, 만약 한국에 공산주의자들의 활동이 만연하게 된다면, 그것은 "한국민이 자유롭게 자신의 정부를 선택할 수 있는 의사를 심각하게 저해당하게 될 것"[71]이라고 주장했다.

그럼에도 불구하고 전쟁성은 국무성이 더 많은 정보, 특히 "외부로부터 사주를 받은 직접적인 행동"에 관한 정보들을 요청한다는 내용의 메시지를 하지 장군에게 보냈다.[72] 하지 장군은 11월에 자신이 공산주의의 위험을 과장하고 있다고 그의 정치 고문이 생각한다는 것을 연합군 최고사령부에게 인정하면서도, 그는 자신의 주장을 굽히지 않았다.[73]

---

69) Rad, CG USAFIK to SCAP, 021403/I, 2 Nov 45 : *OPD 336 Korea.*

70) Memo, Dir of East Asian Affairs(Vincent) to Col Russell L. Vitrup, War Dept, 7 Nov 45는 그러한 지시를 하지 장군에게 보낼 것을 건의했다. *OPD 336 Korea* ; *FR, 1945,* Ⅵ, p. 1114.

71) Memo, McCloy to Acheson, 13 Nov 45 : *OPD 336 Korea* ; *FR, 1945,* Ⅵ, p. 1122~1124.

72) Rad, War Dep to SCAP, 21 Nov 45 : *OPD 336.*

73) 그와 비슷한 감정적 처리에는 다른 것들도 있다. 프레스코트(Brainard Prescott) 대령은 최근의 민정장관인데, 그는 1946년 1월, "북쪽 지역의 요인(要因)들, 곧 일반적으로 민간인과 남한의 한정된 단체들 때문에 공산주의를 경계하는 것은 진실한 근거가 없는" 것이라는 견해를 보고받았다. Memorandum of CAD on Colonel Prescott's Remark on 4 January 1946. CAD, RG 765, *loc. cit.* 1월에 한국에 파견되었던 국무성 경제 고문인 번스(Arthur Bunce) 박사는 1946년 이후에 쓰인 보고서에서

12월 3일, 국무성에 보내는 회신에서 그는 확실하거나 문서적인 증거는 부족하지만, "수집된 증거들을 분석해 보면, 아마도 외부로부터의 조정이 있을 것"이라는 결론이 확실하며, "대부분의 한국의 정치 지도자들도 이 결론에 공감한다"고 주장했다.[74)]

모스크바 결정 이후의 신탁통치 문제에 관한 공산주의자들의 행위는 그의 주장과 완전히 일치하는 것이었다. 신탁통치의 반대에서 지지로 태도를 바꾼 것은 북한으로부터 직접 지령을 받는다는 것을 말해 주는 것처럼 보였다.[75)] 이 당시 모스크바 주재 미국 대사였던 케난(George Kennan, Younger)은 소련의 능력과 의도를 상세히 평가한 다음과 같은 보고서를 국무성에 제출하였다.

> 다른 강대국들이 한국 문제에 관계하는 것을 가장 빨리, 가장 완전하게 배제하기를 소련이 원한다는 것은 이제 거의 의심할 수가 없다. 모스크바 회의에서 소련이 제출한 문서는 이러한 목표를 달성하고자 계획된 것이었다. 소련은 (이러한 일을 하는 데) 망설이지 않았다. …… 왜냐하면 소련 정권은 …… 이웃 국가들에 대한 침투와 괴뢰적 지배를 위한 기존의 정교한 기술과 기구들을 가지고 있기 때문이었다. (소련은 이것들을 한국에도

"과연 공산주의자들이 초기에 유력한 지배를 했으며," 공산주의의 강령을 따랐는지 의심스럽다고 주장했다. 그는 공산주의자들의 전력이 미군 사령부가 인민공화국을 거부한 뒤 이승만과 김구 같은 우익 지도자들의 영향력이 증가한 다음 급속히 신장되었다고 믿었다. MS, "Can Korea Be Free?" : *Hist Files.* 이는 미간행 원고로서 영향력이 있는 글임.

74) Rad, CG USAFIK to SCAP, 10 Nov 45 : *Hist USAFIK,* p. 323, 그리고 Rad, CG USAFIK to SCAP, 3 Dec 45 : CINCAFPAC Adv to WARCOS, 7 Dec 45, CA 55682 : *OPD 336 Korea,* Sec 1.

75) G-2 *Weekly Summary* No. 23(1946년 4월 23일)은 38°선 부근에서 가로챈 1946년 1월 3일자 문서를 보고했다. 이 보고서에는 신탁통치를 지지하라는 지시가 들어 있었다. 또한 그의 논의에 관해서는 "신탁통치"에 관한 Msg 참조.

성공적으로 적용할 것이 확실하다.) 소련은 최소한 모스크바의 방침을 맹목적으로 따르고 추종할 수 있는 붉은 군대의 한국인 부대와 관료, 의용군 등이 포함된 기존의 토착적 통치 기구의 강력한 구심점을 장악하고 있다고 생각하는 것이 사실상 옳다.[76]

1946년 3월, 하지 장군은 당시 서울에서 열렸던 미소공동위원회에 소련 대표단이 도착하는 것과 동시에 공산주의의 활동을 위해 몇 백만 원의 자금이 한국으로 유입되었음을 보여주는 많은 증거를 보고하였다. 워싱턴은 즉시 관심을 표명하고, 한국의 어떤 지도자들이 소련 대표단이나 소련 영사를 만나는 정도에 관한 정보를 요청했다. 많은 정보 제공자들이 한국의 좌익 지도자들과 소련 요원들 사이의 접촉을 보고했고, 하지 장군은 북한 공산주의 지도자인 김일성이 최근 소련 영사관에 도착해서 묵고 있다는 소문에 관해 조사하고 있다고 보고했다.[77]

군정은 5월 초 조선공산당 지부가 당원들을 위해 발간한 정치 행동 지침에 관한 문서를 확보했다. 여러 가지 문서들 가운데에서도 이 문서는 "미래의 한국 정부에 관한 소련의 의도"의 본질과, 1946년 5월 6일 미소공동위원회의 소련 대표단이 지지하는 노선 및 당의 노선이 일치하도록 지시하는 것처럼 보였다.[78]

1946년 늦봄과 초여름까지만 해도 5월 16일에 일어난 서울의 공

---

76) Tel., Chargé in Soviet Union(Kennan) to Sec State, Moscow, 25 Jan 46 : *FR, 1946*, VII, p. 620.

77) *Hist USAFIK*, Pt. Ⅱ, Ch. 3, pp. 319~320 : Rad CG USAFIK to SCAP, 26 Mar, 27 Apr, and 2 May 46. 미국 당국의 확인 없이 서울의 존스턴(Richard I. Johnston)이 한 말임 : *New York Times*, p. 53.

78) Msg, Pol Adv in Korea(Langdon) to Sec State, 7 Jun 46, 이것은 그것들을 자세히 분석한 문서들을 수록하고 있다. *FR, 1946*, Ⅷ, pp. 699~703.

산당본부의 급습과 공산당 서적의 압수를 통하여 남한과 북한 사이의 유대는 "의심할 나위도 없다"고 믿어졌다. 24군단의 참모들은 남한에서의 공산당의 활동과 목적을 종합 · 분석하고자 꾸준하고도 지속적인 노력을 기울였다.

그 결과 『한국에 관한 소비에트 공산주의자 공동 종합 계획』(Joint Soviet-Communist Master Plan for Korea)이란 것이 작성되었다. 이것은 "충분히 입증할" 필요가 있었지만, 후속 사건들에 따라서 사실로 판명되었다. 1946년 6월 29일의 이 보고서는 소련 전략의 주요점에 대하여 다음과 같이 평가하였다.

(1) 북한에서는 최소한 50만 명의 사람이 남한의 정부 기관, 특히 경찰에 침투하고자 육군 · 경찰 · 공장 · 광산 · 청년 조직 및 학교 등에서 군사훈련을 받도록 되어 있는데, 이 작업은 길어야 2~3년 이내에 이루어질 것이다.

(2) 이 기간에 남한의 공산당은 당원을 증가시킬 것이며, 각 행정부의 요소요소에 지부를 세워, 충성스럽고 효과적인 남녀들로 충원할 것이며, 다양한 보조 단체를 만들 것이다.

(3) 남한에서의 조직이 완벽해지면, 당이 나약함을 가장하여 지하로 잠입했다가, 그 뒤 우익 세력과 정부 수립 시에 가능한 한 좌경적인 선에서 타협할 것이다.

(4) 정부가 수립되고 나서, 공산당이 나약하다고 생각한 미군은 한국에서 철수하려고 할 것이다. 소련은 적당한 때에 만약 미군이 철군한다면 자신들도 북한에서 철군할 것을 제의할 것이다.

(5) 군대가 철수하자마자 폭동과 혼란이 만연해지고 훈련받은 공산주의의 육군과 경찰이 한국 전역에서 질서를 복원할 것이다. 공산주의자들은 정권을 인계한 뒤 민족 반역자들이나 친일 분자들과 같은 반대파를 제거할 것이다.[79]

공산주의자들의 활동이 최고조에 달했던 것을 입증해 주는 사건 가운데 하나는 1946년 5월 25일 발생한 치카자와(近澤) 인쇄소의 정판사 위폐 사건(朝鮮精版社僞幣事件)[80]인데, 이는 공산주의의 명성을 심하게 뒤흔들어 놓았다. 1946년 봄, 약 900만~1,100만 원에 이르는 위조 지폐가 서울과 남한 지역에 유통되었다. 출처는 서울의 공산당 본부가 있는 건물의 인쇄소로 밝혀졌으며, 공산당원들이 직접 관련되어 있었다.

7월 29일, 혼란과 일부에서는 유혈이 있는 와중에 기소된 위폐범들이 재판에 회부되었다. 군정 당국은 공산당원으로서가 아닌 개인 자체로서 기소하고자 신중하게 이에 대처했다. 그러나 하지 장군은 "공산당의 활동을 통해서 볼 때 그들의 관심의 정도를 의심해야 한다"고 법정 기록을 통해 주장했다. 최종적으로 5명의 피고인에게 징역이 언도되었고, 최종 절차는 피고인들이 코민테른(Commintern)을 찬양하는 것으로 장식되었다.

이 일이 있은 뒤 미군 사령부는 남한 전역의 좌익 본부를 조사했다. 7월 30일, 하지 장군은 공산당에 관한 조치를 착수할 준비가 끝나자 맥아더 장군에게 다음과 같이 보고했다.

> 한국 공산주의자들의 활동과 목표를 충분히 조사함으로써 한국 공산당과 남한에서의 그들의 활동을 이제 적발할 때가 되었다고 믿습니다. 물론

---

79) *Hist USAFIK*, Pt. Ⅱ, Ch. 3, pp. 325~326 : *CIC, File* 4-44. 보고에 따르면 김일성은 이 전략을 정보원 앞에서 누설하였다. 이것은 그 뒤 다른 정보원의 입으로 입증되었다. 그리고 이것은 출처도 믿을 만하며 정보도 사실일 개연성이 많은 것으로 평가되었다. 이 Master Plan은 10월, 언론에 유출되었다. 이 기사에는 "한국에서 공산주의의 음모가 시작되다"라는 제목이 붙었다. 기사에는 이 문서가 1945년 12월에 준비되었다고 주장하였다. *New York Times* ; *New York Herald Tribune*, 22 Oct 46.

80) *Hist USAFIK*, Pt. Ⅱ, Ch. 3, pp. 333~334.

이것은 국제적인 반향을 불러일으킬 것입니다. 본인이 한 가지 우려하는 것은 이 시점에서 그러한 성명서가 현재나 혹은 미래의 대소(對蘇) 교섭에서 국무성을 곤혹스럽게 할지도 모른다는 사실입니다. 귀하가 본인의 의견에 동의하신다면 그 결과에 대해 워싱턴에 질의를 해주십시오. 만약 미국 정부가 궁지에서 빠져나오고자 희생양(犧牲羊)을 필요로 한다면 본인은 기꺼이 이를 수락할 수 있습니다.[81)]

며칠 뒤 하지 장군은 맥아더 장군에게 공산당을 특별히 비난하는 자세한 목록을 보냈는데, 그들 모두는 주한 미군의 조사원들이 입수한, 확증된 공산당의 문서에 기초를 둔 것이었다. 이 목록은 공적인 기록으로는 공산주의의 활동에 관한 가장 완전한 요약을 담고 있다. 그 주요 사항들은 다음과 같다.

(1) 한국의 경찰과 경비대, 그리고 해안 경비대의 "사기와 능률과 충성심을 약화시키고자" 이들에게 침투하라고 공산당은 지시했음.

(2) 공산당은 남한에서 "한국인들을 혼란에 빠뜨리고, 이간하며, 분열을 야기하고자 할 수 있는 모든 일을 다함."

(3) 공산주의가 지배하는 전국농민총동맹(All Korean Farmer's Union)에 지시하여 농민들이 군정의 미곡 징수 계획을 거부하게 함으로써 1945년의 쌀 수확과 1946년 여름 수확을 공출하지 않음.

(4) "대도시와 식량 부족 지역에서의 식량 배급을 방해함으로써 국민 사이의 고통과 무질서와 분열을 야기하며, 정부 기관을 불신케 함으로써 당의 더 많은 지지자를 확보하려고" 노력함.

(5) 공산당은 "공공 토목 공사나 시설물들을 건조·유지하고 파손된 경제적 시설물들을 보수하는 데 이용될 세금이나 지대 등을 내지 말도록" 지지자들에게 선동함.

---

81) *Ibid.,* p. 345, footnote 651 : Rad TFGCG 447, CG USAFIK to CINCAFPAC, 300530/2, 30 Jul 46.

(6) "기회가 닿는 대로 혼란을 조장시키고자 군중 속이나 집회, 그리고 활동 등에 훈련된 선동가를 침투시킬 것" 등을 포함해서 "민심의 동요와 폭동을 유발하도록 모든 기회를 포착"하라고 지시함.

(7) "광범위한 첩자 체제"의 유지.

(8) 학생과 청년 운동의 대중 선전화 및 공산주의 강령 교육.

(9) 몇 천 명의 열성 공산주의자들이 노동조합 · 농민조합 · 청년단체 등의 핵심세력을 장악할 것. 이는 신중한 조작과 중복 회원(multi-party membership), 비밀 활동 등에 따라서 행해져야 함.

따라서 하지 장군은 이러한 행위들이야말로 "민주 국가에서 정당한 방법으로 정치 권력을 추구하는 정치 단체의 행위가 아니며, 한국인들의 이익과 본질에도 맞지 않는다"고 결론을 내렸다. 그의 견해를 통해서 볼 때 그들의 행위는 "분명히 남한의 외부에서 지시된 것"이라는 데 거의 의심의 여지가 없다. 그 지도자들의 목표는 명백히 "한국에 미치는 결과와는 상관없이 한국을 공산주의가 지배하는 국가로 만들려는 것"이었다.[82]

이러한 비난과 함께 하지 장군은 한국인들에게 이 사실을 알려서 그들이 결론을 내리도록 하게 하고자 이를 신문에 발표하였다. 그는 "(공산주의자들에게) 계속 관용을 베풀게 되면 종국에는 치명적인 상태가 될 것"이라고 주장했다. 공산당에 대한 하지 장군의 이러한 직접적인 공격은 많은 주목을 끌었다.

맥아더 장군은 성명서의 전반적 성격에 관해서는 인정했지만, 남한 공산주의에 관한 외국의 지시 부분은 삭제하도록 권고했다. 국무성도 그 본문을 전쟁성 · 해군성과 토의하면서 신중히 검토하

82) *Hist USAFIK*, Pt. Ⅱ, Ch. 3, pp. 335~337, footnote 632 : Rad, CG USAFIK to CINCAFPAC, 4 Aug 46(TFGCG 452).

였다. 그러는 동안 전쟁성은 8월 16일, 하지 장군에게 전신을 보내어 그 문제를 고려하고 있으며, 현재로서는 그가 어떠한 행동도 취하지 말도록 국무성이 권고했음을 알렸다.[83] 그러나 하지 장군은 독단적으로 약간의 행동을 취하였다. 일련의 신문 발표를 통해 공산주의자들의 "불쾌하고 부당한 무질서"와 미국에 관한 그들의 공격을 비난했다.[84]

한편 하지 장군은 "고위 당국자가, …… 되도록이면 대통령이" 사안별로 자세히 미국의 대한(對韓) 정책에 관한 성명을 발표함으로써 자신을 지지해 줄 것을 요청했다.[85] 국무성은 이에 따라 서울에서 요청한 조건들을 거의 함축적으로 반영한 성명을 8월 30일자 언론에 발표하였다.[86]

「미국의 관한 정책의 목적」이라고 명명된 이 성명서는 "가능한 한 빨리 통일 · 독립된 민주적인 한국 정부를 수립하는 것"이 미국의 관심이라고 강조하였는데, 이것은 미국이 "언제라도 …… 공동위원회의 활동"을 계속할 용의가 있다는 것을 의미하는 것이었다. 그 성명서는 "군정의 주요 목표" 9개항을 다음과 같이 작성했다.

(1) 소비재의 누적된 부족을 해결하도록 생산 장려.

(2) 모든 국민이 충분히 먹고 가질 수 있도록 식량 및 필수품의 공정한 수집과 분배 확보.

83) Memo, Sub : Present Situation Reference Korea, 29 Aug 46, to FE-Mr Vincent, from JA-Mr Borton : State Department : 740, 00119 Control(Korea).

84) 8월 20일과 30일 신문 발표 참조 : *Hist USAFIK,* Pt. Ⅱ Ch. 3 pp. 348~349.

85) Tel., Econ Adv in Korea(Bunce) to Sec State, 26 Aug 46 : *FR, 1946,* Ⅷ, p. 732. 제출된 성명에 관해서는 pp. 732~733 참조.

86) Dept State *Bulletin*, 8 Sep 46, p. 462. 그러나 "부당 이득의 제거"에 관한 최초의 건의는 생략되었다.

(3) 한국이 일본에 종속되지 않은 건전한 경제로 발전시키고자 다른 국가들과의 무역 재개.

(4) 민주적인 노동 조직의 발전과 노동 조건의 향상.

(5) 만연된 소작농을 개개의 농민들이 토지를 완전히 소유하는 제도로 교체하기를 바라는 한국인들의 소망을 반영하게 될 토지 개혁.

(6) 농민 · 노동자, 그리고 사회의 다른 부문들 사이의 공정한 균형을 이루게 될 안정된 통화와 물가 유지.

(7) 개인이 장악한 모든 독점적 지배를 제거하고, 재산의 불건전한 집중을 방지할 것. 특히 친일 행위를 통하여 치부한 사람들의 재산 집중 방지.

(8) 교육의 기회 확대와 민족 문화 발전에 협조.

(9) 공정한 사법 제도의 확립과 어떤 파벌이나 집단의 지배를 받지 않는 한국 경찰의 확립.

그 성명서는 다음과 같이 단결을 호소하면서 끝을 맺었다.

한국의 통합이 지체되고 있으므로 남한에서 우리는 계속해서 한국인의 의지를 구현하는 노선에 따라 급박한 사회 · 경제적인 문제들을 해결하려고 노력하는 것이 긴요하다. 그러므로 우리는 모든 정당과 한국의 입법 기구가 협조하여, 한국인의 견해와 열망을 표현하고, 한국을 이끌어 주기 바란다.

하지 장군은 차관(次官)이 발표한 성명의 "시기"와 "내용"이 "매우 효과적이며", 한국인들이 "열렬히 환영하였다"고 평가했다. 그는 자신이 이미 발표한 성명서에 대해 "높은 점수"를 준 것에 감사를 표시하면서, 그것이 한국에 있는 군정 요원들에게 자신들의 점령 임무를 평가할 때 "자부심"을 심어 주었다고 판단했다.

하지 장군은 국무성이 "앞으로도 필요할 때면 그 정도 수준의 정책을 발표해 주기"를 희망했다. 그럼에도 불구하고 하지 장군은 그가 한국을 떠난 뒤에도 공산주의의 위협에 관한 자신의 생각을 고수했다.[87] 1950년의 한국전쟁 때, 친구에게 보낸 편지에서 그는 남한에 인민공화국을 수립하려는 공산주의자들의 노력은 소련 총영사가 지원하여 "오랜 기간 잘 계획된 작전"이었다고 주장했다. 그는 자신의 정책을 다음과 같이 설명했다.

> 확실히 말하건대, 우리의 초기 임무 가운데 하나는 합참이나 국무성의 후원도 받지 않으며 어떠한 지령에도 구애받지 않고 이 공산주의 정부를 무너뜨리는 것이었다.[88]

한국에서의 공산주의 운동의 위험성은 최근에 와서야 학문적으로 확인되었다. 헨더슨(Gregory Henderson)은 남한에서의 공산주의 활동에 관한 해박한 설명을 하면서 다음과 같이 결론지었다.

> 해방이 되던 달에 그들(공산주의자)은 남한에서 주권 안의 주권(*imperium in imperio*)이었고, 적어도 그 첫해 동안은 한국의 가장 중요하고도 유일한 정치 세력이었음은 확실했다. …… 아마도 여러 면에서 박헌영(朴憲永 : 한국 공산주의 지도자)의 반식민지적 공산주의는 그때까지는 강력한 지지와 강한 지역적 기반을 겸비한 한국 정치 운동의 가장 대표적 사례가 될 수 있을 것이다.[89]

정치적 관점에서 볼 때 점령 첫해 말까지 미국은 남조선과도입

---

87) Tel., Pol Adv in Korea(Langdon) to Sec State(Seoul, undated, received in Washington), 4 Sep 46 : *FR, 1946*, Ⅷ, pp. 734~735.

88) 1950년 1월 하지 장군이 친구에게 쓴 개인적 서한. 그의 가족이 빌려 준 간단한 목록에서 찾은 잡다한 하지의 개인적 자료 선집.

89) Henderson, *Korea : The Politics of the Vortex*, pp. 322~323.

법 의원(Interim Legislative Assembly of Koreans)의 선출이라는, 다음 계획의 결실을 기다리는 불확실한 상황에 있었다. 이 상황에 관한 한 전사가의 유력한 논평이 이 시기에 맞는 결론을 제공한다.

> 1946년 9월까지 미군 사령부는 극우와 극좌 사이의 십자포화에 갇혀 있었다. 이 해 동안 고통스럽게도 군정 당국은 어느 쪽도 믿을 수 없다는 것이 점차 명백해졌다. …… 이러한 곤경에 봉착하여 미국은 자유주의적 중도 단체를 찾으려고 시도하였다. …… 우익과 좌익은 임의로 무장 세력을 거느리고 있었다. 우익은 경찰이었고, 좌익은 북한으로부터 암살과 파괴 훈련을 받은 사람들로 보강된 다양한 형태의 무장 부대들이었다. 그 중간에 있는 미군은 양쪽으로부터 번갈아가며 저주를 받았다.[90]

90) *Hist USAFIK,* Pt. Ⅱ, Ch. 2, pp. 141~142.

제9장

신탁통치와 모스크바회의

서울에서 군정을 좌절시킨 문제점 가운데 하나는 한국에 신탁통치의 원칙을 적용한다는 국무성의 결정으로 말미암아 야기되었다. 이 문제는 점령 초기에 해결되지 못했기 때문에 워싱턴과 서울과 모스크바 사이의 삼각 논쟁이 되었다.

1. 신탁통치에 관한 정책

맥아더 장군은 10월 1일 3성조정위원회가 한국에 국제적 신탁통치안을 고려하고 있다는 통고를 받았으며, 신탁통치 협상이 1946년 초에는 시작될 것이라는 예상이 있기는 하지만, 미군정의 뒤를 이어 "효과적인 4국 신탁통치"가 실시될 수 있기 1년 앞서 교섭을 시작하는 것이 바람직하다는 것을 비밀리에 권고받았다.[1)]

1) 제안의 요약은 9월 30일, 맥아더 장군에게 발송되었다. Typed Memo for Record, OPD, 5 Oct 45 : *OPD 014.1 Korea.* 인용에 관해서는 Tel., Chief of Staff(Marshall) to Gen of the Army Douglas MacArthur, 1 Oct 45 : *FR, 1945*, VI, pp. 1067~1068 참조.

민정 지령(Civil Affairs Directive : SWNCC 176/8)이 10월 17일 맥아더 장군에게 전달되었을 때, 거기에는 한국이 과도적 민정기에서 신탁통치 기간을 거쳐, 궁극적으로는 국제연합 회원국으로 독립하는 발전 과정을 고려하는 미국의 "정책"이 구체화되어 있었다.2)

신탁통치 구상에 관한 한국민과 군정의 구체적인 반응은 국무성 극동국장인 빈센트(John C. Vincent)가 한국에 관한 시한이 정해지지 않은 신탁통치를 공개적으로 발표하여, 이 얘기가 한국 신문과 『미군 성조』(美軍星條 : *Army Stars and Stripes*)지를 통해 한국에 혼돈과 긴장된 분위기를 야기했다.3)

한국민주당은 신탁통치를 "한국에 관한 심한 모욕"이라고 논평했다. 한국의 선전 매체들은 "신탁 정부(Trust Government)는 '위임통치'(Mandatory Rule)와는 이름만 다를 뿐"이라고 혹독하게 비난하면서, 이를 일본 통치하의 마셜군도(Marshall Islands)의 통치와 비교하고, 그것은 단지 "식민지화이며 …… 다름 아닌 쇠사슬"을 의미한다고 주장했다.4)

국무성은 신탁통치 협정을 교섭하는 데는 4개월이 걸릴 것이라고 SFE에 통고했다. SFE Minutes, SFE Mtg. of 1 Oct 45 : *CAD Files*.

2) SWNCC 176/8에 관해서는 *FR, 1945*, VI, pp. 1073~1092 참조. 이 정책 성명에 관해서는 p. 1074 참조. 예비 문서인 SWNCC79/1은 10월 20일 맥아더 장군에게 제출되었다. 여기에서는 신탁통치에 관한 교섭은 "즉시 시작되어야 한다"고 제안되었다. *Ibid.*, p. 1094.

3) 1945년 10월 20일 외교정책협의회 포럼(The Foreign Policy Association Forum)에서 만든 "The Post-War Period in the Far East"라는 제목이 붙은 빈센트의 서한. 이것은 10월 21일 Department of State *Bulletin* p. 644에 거듭 수록됨. *Stars and Stripes*, 22 Oct 45 : *Hist Files*.

4) Reported by General Hodge to SCAP, Rad 27/45, 27 Oct 45 : Loose Message on Trusteeship ; Leaflet translation in USAMGIK, Public Information Office Publication, *Political Trends*, No. 18, 7 Dec 45 : *Hist Files*.

도쿄의 정치 고문 애치슨(George Atcheson)은 그 연설이 "모든 정치적 요인에 암운을 드리우게" 했지만, 그 연설 전문이 도착해서 신탁통치가 "계획 중인 것"에 불과하며, "절대적인 것"은 아닌 것처럼 보이자 약간 안도하고 있다고 보고했다.[5)]

한편 워싱턴의 관리들은 공식 정책을 최종적으로 손질하고 있었다. 3성조정위원회의 분과위원회가 토의하면서 한국인들은 즉각적인 독립을 선호한다는 것이 확인했지만, 그것은 일본인의 무장을 해제시키는 데 필요한 기간을 지나면서까지 군정을 연장하는 일을 회피하고 싶다는 의미였다. 이러한 견지에서 그들은 다음과 같은 사항에 주목하였다.

(1) 군정은 식민지적 영토가 독립 국가로 전환하는 과정에서 야기될 어려움과 복잡한 문제들에 대처하도록 특별히 계획되지는 않았다.

(2) 미국인은 아마도 군사적 필요에 따라 설정된 기간을 지나면서까지 군사 점령을 연장하는 것을 바라지는 않을 것이다.

더욱이 한국 문제의 해결을 지체하는 것은 한국의 전략적인 입장과 한국에 관한 소련·중국·일본 사이의 역사적 경쟁 관계를 지속시켰던 고질적인 정치 불안 때문에 바람직하지 않은 것으로 판단했다. 극동과(極東課)의 육군 요원은 제출된 지령의 제목, 곧 「임시적 국제 권위체 : Temporary International Authority」에 "오해의 소지"가 있다고 판단했다.

그 문서에 구체적으로 나타나 있는 "신탁통치"에 관한 집중적인 토론을 통해 문제가 제기되었는데, 그것은 문서의 어느 부분은 그

5) Tel., Actg Polad in Japan(Atcheson) to Sec State, 12 Nov 45, 한국의 정치 고문으로부터 온 초기 보고서를 전달한 것임. *FR, 1945*, Ⅵ, p. 1120.

러한 신탁통치가 "있을 것"이라고 추정할 수도 있고, 다른 부분은 주어진 이유로 말미암아 "실시되어야만 한다"로 추정할 수도 있었기 때문이었다. 이 때문에 국무성 대표가 미국의 정책은 명백히 신탁통치를 지지하는 것이 "사실"이긴 하지만, 스탈린과 홉킨스(H. Hopkins) 사이의 구두상의 합의에 중점을 두기보다는 주어진 유력한 이유에 강조점을 두는 것이 더 좋을 것이라는 대답을 유도하게 되었다.[6)]

한국에 관한 국제적 신탁통치의 지령은 10월 24일 3성조정위원회의 승인을 받아 현지에 배포되었다.[7)] 결국 신탁통치에 관해 두 가지 결론이 나왔는데, 하나는 미국 · 영국 · 소련 · 중국의 4대 강국이 "가능한 한 빨리"(as soon as practicable) 한국에 관한 "신탁통치의 합의에 도달하여", 4대 강국이 "행정 당국"으로서 "공동으로"(jointly) 신탁통치 활동을 담당한다는 것이다.

둘째는 다음과 같다.

> 일본의 통치와 군정이 종식 되고, 한국은 국제 신탁통치 제도에 관한 국제연합헌장의 규정에 따라 신탁통치 지역으로 설정되어야 하며, 한국의 어느 지역도 전략적 지역으로 구획되어서는 안 된다.

---

6) SFE Minutes : CAD Files.

7) SWNCC 101/4, 24 Oct 45 : Sub : A Temporary International Authority in Korea : *ABC 014 Japan*, Sec 17-A ; 또한 *FR, 1945*, VI, pp. 1096~1101에 있음. SFE는 1945년 8월 27일 SWNCC에 미국 정책에 관한 건의와 함께 첫 번째의 자세한 보고를 하였다. 이것은 국무성의 초고에 기반을 두었다. 그 문서가 10월 24일 제28차 회의에서 SWNCC에 따라 최종적으로 합의를 보에 앞서 그것은 9월 5, 11, 24, 그리고 27일 등에 걸쳐 계속적인 변화를 겪었다. 그 진전에 관해서는 SFE 115/1, 5 Sep ; SWNCC101, 11 Sep ; SFE 115/3, 24 Sep : 그리고 SWNCC 101/2, 27 Sep 45 : SFE and SWNCC Minutes, and SWNCC Summary, Ⅰ : *CAD Files*. SWNCC 사본 101/4는 11월 1일 일본의 정치 고문 서리에게 발송되었다. *FR, 1945,* Ⅵ, p. 1103, footnote 8.

전쟁성은 한국을 비전략적 지역으로 분류한 조항에 대해 책임이 있었다. 미국의 정책에 관한 완전한 설명은 3성조정위원회 보고서의 부록 "C"로 첨부되어 있다.[8)] 그 정책은 다음과 같은 점에 자세한 초점을 맞추고 있다.

(1) 신탁통치의 주된 목적은 한국이 "가능한 한 빨리"(as early as possible) 독립국이 될 수 있도록 해야 한다는 점이다. 곧 신탁통치 협정은 신탁통치 기간에 독립적인 정부 권력의 행사가 중지되는 것을 조건으로 한국의 독립을 인정해야 한다.

(2) 신탁통치로 말미암아 한국에 특별히 이로운 점은 신탁통치 협정이 모든 국제연합 회원국을 구속할 것이며, 한국의 기존 상황에 관한 보고서가 매년 발행될 것이며, 주기적인 방문을 통해 한국을 보호해 줄 것이며, 한국인들은 국제연합에 청원을 제출할 수 있다는 점들이다.

(3) 한국의 군정은 "…… 신탁통치를 실시하는 국가들의 공동 협정"에 따라 "실행할 수 있는 한 빨리 종결되어야 한다."

(4) 신탁통치국들은 "한국의 법과 질서와 안전을 유지하는 데 적절한 병력의 유지"를 조절하면서, "필요한" 행정적 · 입법적 · 사법적 권력들을 행사하여야 한다.

---

8) SWNCC 101/4, *Ibid.*, pp. 1101~1103 참조. 다음의 점들은 정책 설명서에 요약된 것으로서 저자가 열거한 것이다. SWNCC 문서는 "5년 이내에"독립한다는 것에서부터 "가능한 한 빨리"에 이르기까지 최초의 SFE 건의서를 변화시켰다. SFE 문서에는 이러한 사항들 말고도 신탁통치의 전반적인 생각에 대해 예상되는 한국인들의 반대를 해결하고자 신탁통치 협정의 범위 내에서 한국의 독립을 인정하는 것도 포함되었다. SFE 115, 27 Aug 45 : SFE Minutes : *CAD Files*, 이 두 점에 관한 논의는 11월에 다시 거론되었는데, 이때는 한국과 일본의 법적 분리에 관한 신문 발표에 관한 의견들이 고려되고 있을 때였다. 또한 이때 한국의 국제 신탁통치에 관한 4대 강국 선언이 구체화되었다. 이 후자의 생각은 역시 포기되었다. *FR, 1945*, VI, p. 1128, footnote 42, p. 1139. 이때 곧, 10월 24일, 국무성의 전문가들은 한국 신탁통치에 관한 7개의 초고 중에서 5개를 완성하였다. 이것은 이 견해에 적합한 "PR-30" 시리즈에 따라 작성되었고, 이 문서들은 출판되지 않았다. *FR, 1945,* VI, p. 1114, footnote 20.

(5) 신탁통치를 받는 한국은 단일한 정치적 · 경제적 단위로 통치되어야만 한다. 한국인 관리들의 책임을 전향적으로 증가시킴으로써 "가능한 한 최대한으로" 그들을 활용해야만 한다. "한국 밖에서 귀국한 한국인들이 한국민에게 확실히 인정받을 수 없다면" 그들은 공직에 머물거나 임명될 수 없다. "한국인들이 독립 국가의 책임을 질 수 있도록 훈련시키고, 그들이 살아가게 될 정부 형태를 결정할 수 있도록" 하고자 "적절한 기구들"이 마련되어야만 한다. 그러한 기구에는 "행정 당국에 조언을 해줄 의회"도 포함되며, "적절한 때에(at the appropriate time) …… 한국인들이 자유롭게 표현한 의사에 따라 헌법을 만들기 위한 헌법 기구로서의 의회"도 포함되어야 한다.

집중적인 토의를 거친 뒤 "그러한 신탁통치에 대하여 공동으로 합의하고자" 미국이 다른 세 강대국을 초청했다는 취지를 언론에 발표하는 성명서가 마련되었다.[9] 비록 그 성명서가 느지막이 1946년 1월 4일쯤 국무성과 3성조정위원회 안에서 논쟁거리가 되기는 했지만, 그것은 발표되지 않았다.

3성조정위원회의 군부 측 대표들은 "신탁통치에 대해 예상되는 한국인들의 비우호적인 태세에 대처할 만한"[10] 약간의 준비만 해 놓는다면 그 발표를 반대할 이유가 없다고 생각했다. 그러나 한국의 궁극적인 독립을 기대하면서 한국의 상황을 개선시키고자 소련과 대화를 통해 노력하는 문제에 대해 언급한 한국 관계 성명서가 11월 17일에 발표되었다.[11]

---

9) "Statement for the Press", Appendix "D" to SWNCC 101/4 : *FR, 1945*, Ⅵ, p. 1103 참조. SWNCC는 이것과 "실질적으로 동일한" 성명은 "국무성이 적절하다고 판단할 때" 발표되어야 한다고 건의했다. *Ibid.*, p. 1097.

10) *FR, 1945*, Ⅵ, p. 1097와 SWNCC, Summary of Actions, Ⅲ, 176 Series : *CAD Files* 참조.

11) 본서 pp. 282~283 참조.

한국에서는 신탁통치 문제를 언급한 빈센트의 성명에 대해 논쟁이 계속되었다. 그때까지 하지 장군은 한국인들과 신탁통치에 대해 논쟁하는 것을 피했었다. 이제 그는 10월에 결정된 정책의 원칙을 발표해야하는지의 여부를 문의했다. 그는 또한 앞으로는 그와 같이 신문에 발표할 경우에는 사전에 자신에게 통고해 줄 것과 자신에게 카이로협정 사본 6매를 보내 줄 것을 맥아더 장군에게 요청했다.12)

신탁통치 문제는 군정장관인 아놀드 장군의 정례 기자 회견에 등장했다. 한국인들은 이 성명서가 "공식적인" 정책을 의미하는지를 알고 싶어 했고, 장군은 자신이 아는 것이라고는 신문에서 읽은 것뿐이라고 대답했다. 그는 빈센트가 누구인지, 혹은 그가 그러한 말을 할 자격은 있는지, 또는 그가 공무원인지조차도 모르고 있었다. 일부 한국인들은 빈센트가 친일적인 인물이 아닌가 의심했다. 무엇보다도 이것은 가장 불쾌한 에피소드로 보도되었다.13)

친(親)이승만계인 한국의 4개 주요 정당 대표들로 구성된 "독립촉성중앙협의회"(CCRRI : Central Council for the Rapid Realization of Independence)는 11월 4일 서울에서 만나 신탁통치에 대해 만장일치로 반대함으로써 이승만이 서명한 결의문을 통과시켰다. 4대 강국과 미국민에게 보내는 이 결의문 사본을 미국의 한국위원회(Korean Commission) 의장서리인 임병직(林炳稷)이 국무성에 전달되었다. 임병직은 국무성이 그 사본을 접수했는지, 그리고 그것이 다른 연합국 정부에 전달되었는지에 대해 문의했다.

12) Rd, CG XXIV Corps to SCAP, 271457, 27 Oct 45 : Loose Message File : *Hist Files* ; Rad, CG XXIV Corps to CINCAFPAC, Manila, 27 Oct 45 : Outgoing Radio File, 1945~1946 : *Hist Files*.

13) Press Conference, 30 Oct 45, *I&H Jl* : *Hist Files*.

국무성은 12월 11일 "한국의 어떠한 단체나 개인으로부터 그러한 사본을 전달한다는 통신을" 현재까지 받지 못했다고 응답했다. 국무성은 도쿄의 정치 고문(Atcheson)이 12월 11일에 발송한 사본을 접수했다.[14)]

그 뒤 임병직은 신탁통치를 반대하는 한국의 입장을 재차 강조하는 서한을 국무성에 보내면서, 한국에서 "즉시" 전국적인 선거를 실시해야 하며, "미국과 소련이 상호 조정하여" 한국에서 소련 군대가 철수할 것을 요청했다.[15)] 임병직의 편지는 11월 20일 빈센트의 "관심"을 끌며 접수되었다. 그때 임병직은 다음과 같은 충고를 들었다.

> 어느 한 사람이나, 한 정당이나, 한 국가가 단독으로 올바른 결과를 성취할 수는 없습니다. …… 올바른 절차는 …… 시간이 걸릴 수밖에 없습니다. 우리가 귀국의 자치와 실질적인 독립을 달성하도록 도와주려고 우리는 올바른 절차적 과정을 밟고 있다는 사실을 분명히 해둘 필요가 있습니다.[16)]

남한의 공산주의에 관한 하지 장군의 메시지와 특히 군정이 임시정부의 요원을 활용하는 문제를 걱정한 빈센트는 전쟁성이 하지 장군에게 지시하여 장래에 있을 소련과의 교섭을 방해할지도 모를 어떠한 행위도 단념하도록 해줄 것과 신탁통치에 관한 미국의 "근본적인"정책을 그에게 통지하고, 한국의 신탁통치에 관

---

14) *FR, 1945*, VI, pp. 1110~1112.

15) Ltr, Actg Chrm of the Korean Commission(Limb) to the Director of the Office of Far Eastern Affairs(Vincent), 7 Nov 45 : *FR, 1945*, Ⅵ, pp. 1115~1117.

16) Ltr, Vincent to Limb, 20 Nov 45 : *FR, 1945*, Ⅵ, p. 1130.

한 "합의를 도출해 내고자 조만간에" 교섭을 시작할 계획이 진행하고 있음도 통지해 주도록 요청했다. 전쟁성은 그 메시지를 전송했지만 그것은 그 메시지가 하지 장군에 관한 불신감을 안고 있다는 사실에 대하여 전쟁성 차관보인 맥클로이가 항의한 직후였다.

빈센트는 이 문제에 대하여 국무성과 전쟁성 사이에 "심각한 의견의 차이"가 있다는 사실을 알지 못했다. 그래서 그는 애치슨(D. Acheson) 차관에게 "한국에 관한 신탁통치가 우리 정부의 공식 정책이라는 점을 하지 장군에게 확실히 통고하는 것"이 자신의 목적이라는 것을 밝히고, 만약 임시정부 요원들을 개인 자격이 아니라 그러한 방식(留任)으로 활용한다면, 신탁통치의 성공은 "심각하게 위협을 받을 것"이라고 주장했다. 그는 더 나아가서 11월 7일 이후에야 "하지 장군이 신탁통치에 관한 우리 정부의 입장에 대해 알게 된 것 같다"고 언급했다.17)

그러는 동안 정치 고문 서리인 랭던은 "우리가 한국민에게 이제 교섭이 시작되었음을 알리고, 그 정도를 대략 말해 주는 데" 관하여 하지 장군이 제기한 문제를 국무성이 반대하는지의 여부를 다시 거론하였다. 덧붙여서 그는 "만약 국무성이 이 소식을 통제했더라면, 우리가 사전에 시간을 가지고 우리의 성명서를 준비할 수 있도록 …… 통고해 준 것을 감사하게 생각했을 것"18)이라고 말했다.

17) 이 교환에 관해서는, Memo, Dir Off of FE Affairs(Vincent) to Vittrup, War Dep., 7 Nov 45 : *FR, 1945,* Ⅵ, pp. 1113~1114. 번즈 장관은 해리만 대사에게 신탁통치 협정 초안 작성이 진행되고 있으며, 가장 최근에 작성된 초안이 항공으로 그에게 발송되었다고 통고했다. *FR, 1945,* VI, 3, Nov 45, p. 1109. Ltr, Asst Sec War(McCloy) to Under Sec State(Acheson), 13 Nov 45 : *ABC 014 Japan,* Sec 17-A and *FR, 1945,* VI, pp. 1122~1124. Msg, OPD to SCAP, 21 Nov 45 : *OPD 336 Korea.* Mem, Dir of FE Affairs(Vincent), to the Under Sec State(Acheson), 16 Nov 45 : *FR, 1945,* Ⅵ, pp. 1127~1128.

국무성은 소련과 신탁통치에 관한 합의를 계속 추구하고 있는 반면에 한국의 군정은 점차 그러한 구상을 반대하면서, 당시 한국의 정치 상황에 미치는 군정의 잠재적 영향력에 대하여 심각하게 동요하고 있다는 내용의 의견이 워싱턴과 서울 사이에 계속해서 오고 갔다.

먼저 정치 고문 랭던은 "모든 정당과 그 구성원들이 신탁통치를 싫어하기 때문에 만약 신탁통치가 실시된다면 폭동이 야기될 수도 있다"고 보고하고, 그것은 "발표하지 말아야 하며, 만약 필요하다면 새로운 용어로 위장해야 한다"[19]고 충고했다.

모스크바에 있던 해리만 대사는 신탁통치에 관한 소련의 태도를 탐지 · 요약하여 국무성에 제출하면서 도쿄와 서울에도 발송해 줄 것을 요청했다. 이 보고서는 국무성이 매우 중시하는 듯한 평가를 받았다. 다음과 같은 인용문이 보고서의 중요한 강조점이었다.

> 소련은 역사적으로 핀란드 · 폴란드 · 루마니아와 똑같이 소련에 관한 공격의 도약판으로 한국을 인식하고 있는 것이 확실하다. 따라서 소련은 한국에서 우월한 영향력을 추구하는 것으로 예상할 수 있다. 소련의 우월성은 어떠한 국제적인 위임 통치를 통해서라기보다는 소련에 대해 우호적인 독립된 한국을 수립함으로써 실현될 수 있을 것이다. 신탁통치는 소련의 우월권을 보장해 주는 것이 아니라, 3~4개의 평등한 우월권 가운데 하나에 불과한 것일 수 있다.
>
> …… 따라서 한국에 대해 어떻게 해야 하는가 하는 문제가 다른 강대국들에게서 제기될 때까지 소련은 아마도 논쟁을 벌이기보다는 실제 행위에 치중하는 것으로 만족할 것이다. 예컨대 북한에서는 정치적 입지를

18) Actg Polad in Korea(Langdon) to Sec State(nd. 1945년 11월 8일 워싱턴에서 접수) : *FR, 1945,* Ⅵ, pp. 1117~1118.

19) Rad, CG USAFIK to SCAP, 100927/I, 10 Nov 45 : Loose Messages, *Hist Files,*

공고히 하고, 남한에서는 정치적으로 침투함으로써 민간 정부의 문제가 제기될 때까지는 소련의 정치적 토대가 마련될 것이다.[20)]

이 무렵 주영(駐英) 미국 대사 위넌트(John G. Winant)는 영국이 한국에서의 신탁통치의 실용성을 의심하고 있으며, 국제연합 산하의 고문들을 통해 운영되는 독립적인 한국 정부의 구상이 좋은 것이 아닐지도 모른다고 생각하는 것으로 보아 이 문제에 대해 편견이 없다는 사실을 발견했다. 소련의 참여 정도가 명확히 밝혀지기 전까지는 한국 문제나 극동 문제에 관한 최종적인 해결책을 구할 수 없을 것이라는 의견도 제기되었다.[21)]

한편, 워싱턴은 한국의 상황에 대해 다르게 조치했다. 전쟁성은 국무성이 한국에 관한 새로운 발표를 하도록 비공식적으로 압력을 가하고 있었다. 또 기존의 혼란스러운 상황을 볼 때 미국인들이 전혀 예기치 못했으며, 나쁜 선전에 이용될 수도 있는 심각한 사건이 야기되는 것은 당연하다고 전쟁성은 주장했다.

전쟁성은 당분간 하지 장군이 직면한 심각하고 복잡한 문제에 대해 미국인들이 더 자세히 알 수 있어야 하며, 미국 점령군은 이런 문제들을 훌륭한 방법으로 처리한다는 사실도 더 많이 알려져야 한다고 믿었다. 발표될 내용의 초고가 국무성에 제출되어 검토되었다.[22)]

국무성의 일부 직원들은 전쟁성이 그 성명서를 발표하는 것이

---

20) Tel., Amb in Sov Union(Harriman) to Sec State, Moscow, 12 Nov 45 : *FR, 1945,* Ⅵ, pp. 1121~1122.

21) 영국 외무부 극동국장인 베네트(J. C. Sterndale Bennett)와의 대화 보고서.

22) Memo, Lt Gen Hull, A/C/C, OPD to Col Vittrup. 10 Nov 45, Sub : Immediate Press Release on Situation in Korea : *OPP 336 Korea.* 비트럽(Col Vittrup) 대령은 이 견해를 비공식적으로 전달해 주도록 요청받았다.

더 좋을 것이라고 생각했다. 이로 말미암아 맥클로이 차관보는 다시 국무장관이 어떤 조치를 하도록 요청하게 되었으며, 전쟁성은 정책의 "도구"일 뿐이라는 과거 국무성의 주장을 상기시켰다.[23] 그러나 그는 어떤 경우에도 성명서를 발표해야 하며, 만약 국무성이 원한다면 자신이 그것을 할 것이라고 결론지었다.

1945년 11월 17일, 국무성은 신탁통치 문제를 신문에 발표하였다. 그 발표는 전쟁성의 안(案)과 많은 편집상의 변화가 있었는데, 특히 한국에 관한 당시의 곤경으로 말미암아 야기된 상황과 소련을 다루는 데 따르는 어려움에 관한 사항에서 변화가 많았다. 교섭이 진행하고 있었기 때문에 국무성은 신중했다. 두 가지 주요 사항을 비교해 보면 두 안의 차이를 알 수 있다.(다음의 비교표 참조)

하지 장군의 부담을 다룬 발표 부분에는 실질적인 변화가 없었다.

> 한국의 지도자들이 35년 동안 일본에 무자비하게 통치받고 착취당하였으므로 정치적 · 행정적인 도움이 필요하다는 사실에서 또 다른 문제가 제기된다. 하지 장군은 …… 정부에서 일본인들을 제거하고 그 대신 한국의 지도자들을 기용할 확고한 계획을 가지고 수도 서울에 도착했다. 그는 자신의 위치를 단순히 고문이나 조종자로만 상정했었다. 행정의 지위에는 일본인들이 너무 많았는데 이들을 갑자기 해임해야 할 필요성이 있었기 때문에 그는 미국의 요원들이 정부의 주요한 직위를 책임져야 할 필요가 있음을 발견했다.[24]

23) Ltr, J. J. McCloy to Sec Acheson, 13 Nov 45, Sub : Press Release on Korea(copy). 편지에는 다음과 같은 간결한 질문이 들어 있다. "이것은 단지 맥아더의 격노에 당신의 파리하고 낡은 몸을 희생시키는 원칙이 아닌가?" *Hist Files*.

【한국 문제에 관한 전쟁성과 국무성의 입장 차이】

전쟁성의 안	국무성의 안
지금까지 소련 사령관은 그의 정부로부터 이러한 문제들을 해결하기 위한, 심지어는 논의하는 권한조차도 위임받지 못했다. 그 결과 주로 공업 지역인 북한과 농업 지역인 남한 사이의 철도교통과 다른 교통·통신 수단이 완전히 두절되었다. 예컨대 소련 지역에서 생산되는 석탄과 소금 등은 이것이 절대적으로 필요한 미국 지역으로 반입되지 못했다.	(문제의 해결에) 지역적으로나 실질적인 어려움에 직면하였지만, 이러한 어려움을 극복하고자 미국 정부는 모스크바의 소련 정부와 함께 그 문제를 거론하여, 그 문제들이 두 지역 사령관의 지역적인 교섭을 통하거나 정부 수준의 교섭을 통해서 해결되어야 한다고 제안하였다. 실질적인 문제들 가운데 교통·통신을 하나로 통합하는 것과 이 국가의 경제적 통합을 이루는 것 등이 포함되어 있는데, 이것들이 실현되면 국가는 건전한 상태로 자리 잡게 될 것이다.
미국은 한국이 정치·경제적으로 한 단위가 되어야 하며, 그렇지 않으면 한국은 극동과 세계에 부담이 될 것이라는 사실을 인식하고 있다. 지금 한국은 정치·경제·산업의 측면에서 불완전하다. 그러한 한국의 상황을 개선하려는 모든 노력이 경주되고 있다. 그리고 인위적으로 만들어진 38°선에 따라서 야기된 문제들에 대해 합의를 도출해내고자 국무성이 해리만 대사에게 지시하여 소련 정부와 접촉하도록 하였으므로 두 지역으로 분열된 문제는 곧 완화될 것이다. 이러한 노력의 결과로 남·북한 사이의 교통과 무역, 사람들의 자유 왕래가 재개되고 궁극적으로는 독립·통일된 한국 정부의 수립을 촉진하게 될 것을 희망한다.	미국 정부는 소련 정부와 협의하여 한국의 상황을 개선하고자 모든 노력을 다하고 있으며, 조만간 남북 사이의 교통·통신과 무역, 그리고 사람들의 자유 왕래가 재개되므로 궁극적으로 독립·통일된 한국 정부가 수립되기를 희망한다.[25]

24) Tel, Sec State to Actg POLAD in Japan(Atcheson), 16 Nov 45 ; *FR, 1945,* Ⅵ, pp. 1126~1127.

25) 전쟁성이 제안한 발표에 관해서는 *OPD 336, Korea* 참조. 국무성 발표는 *FR, 1945,* Ⅵ, pp. 1126~1127과 Department of State *Bulletin*, 18 Nov 45, pp. 812~813 참조.

11월 20일, 정치 고문 서리인 랭던은 신탁통치를 강력히 반대하였다. 한국에서 근무하며, 한 달간 관찰한 뒤 그는 신탁통치가 도덕적으로나 실제적인 이유에서 "적합하지 않음"을 확신하게 되었다. 그는 11월 12일자 해리만 대사의 평가가 "신탁통치를 포기하고 한국을 독립시키려는 우리의 계획을 만들자는 나의 건의를 뒷받침하는 것 같다"[26]고 언급했다.

번즈(J. F. Byrnes) 장관은 국무성이 신탁통치의 반대를 고려했었으며, 이 원칙을 채택하는 것이 "38°선 장벽을 제거하고, 지금 발생하고 있는 지역 발전을 위해 여전히 필요할 수도 있다"고 대답했다. 이어서 그는 다음과 같이 말했다.

> …… 그러한 조정은 한국인들이 완전한 독립의 책임을 맡을 수 있도록 훈련하는 데 최상으로 기여할 것이며, 동시에 한국 문제에 지속적인 외국의 간섭을 최소화하면서 통일·독립된 한국의 출현을 확보하는 데 기여할 것이라는 것이 우리의 생각이다. 그러나 만약 한국의 통일과 독립에 관한 적절하고 특별한 보장을 소련으로부터 얻을 수 있다면, 아마도 우리는 신탁통치를 계속 옹호하지 않을지도 모른다.(방점 부분은 이탤릭체임)[27]

한편, 유럽국 부국장은 11월 19일 점령 지역의 동원 해제를 논의하면서, "1946년 7월 1일까지는 국제 신탁통치가 한국에서 실시되기를 바란다"고 언급하였고, 국무장관은 위의 전신을 한국에 보냈던 같은 날짜인 11월 29일에 전쟁성장관에게 각서를 발송하였다.[28] 번즈 장

---

26) Tel., Actg POLAD in Korea(Langdon) to Sec State, 20 Nov 45 : *FR, 1945,* Ⅵ, pp. 1130~1133.

27) 방점 부분은 저자가 표기. Tel., Sec State to Actg Polad in Korea(Langdon), 29 Nov 45 : *FR, 1945,* Ⅵ, pp. 1137~1138. 또한 *OPD 336 Korea* : WARUS6703, 201624/Z.

28) *Ibid.,* p. 1139, footnote 53.

관이 보낸 메시지는 한국에 있는 요원들을 불확실하게 만들었다.

12월 11일의 메시지에서 정치 고문 랭던은 당시로서 예상되는 소련의 태도에 비추어 "우리는 신탁통치를 피하고" 곧 있을 교섭에서 "이러한 보장들을 직접 추구하는 것이 더욱 현실적이 아닌지의 여부를 우리 자신에게 물어야 한다"고 주장하면서, 아마 신탁통치를 포기할지도 모른다는 국무성의 지적을 인용했다.

랭던은 "비록 신탁통치가 지금 시작된다고 하더라도 군정으로부터 제때 인수할 수 있는, 신탁통치에 필요한 그러한 실질적인 구조가 갖추어질 수 있을지"를 의심했다. 신탁통치의 또 다른 대안들이 있었다.

> …… 국제연합기구(UNO) 산하에서 남한은 미국이 신탁통치를 하고 북한은 소련이 신탁통치를 하는 방안을 고려하고, 5년이 지나면 상호 군대를 철수한 뒤, 국제연합기구가 관리하도록 하는 것으로 결론을 내린다. 그동안 두 지역 사이의 사람과 물품의 자유로운 왕래를 보장한다.

끝으로 랭던은 군정의 분위기를 다음과 같이 전달했다.

> 물론 우리는 원칙적으로 소련과 더불어 한국 문제의 모든 면을 해결하기를 기대한다. 그러나 지금까지의 우리의 한국 정책은 주로 소련에 기반을 두었을 뿐, 이 전제를 초월한 계획은 없었다(고 여기에 있는 우리는 느낀다). 3성조정위원회의 문서에서 빠진 요소들은 아마도 과잉보호를 참을 수 없어 여기고 독립을 의식하며 주권의 행사를 열망하는 한국인들의 [현재의 분위기일] 것이다. 이러한 운동[분위기]에 대해 중요한 양보를 함으로써만 상황을 유지할 수 있고, 갈등을 비켜가며, 우리의 지역에서 협조를 확보할 수 있다고 우리는 믿는다.[29]

이 보고서가 제출된 뒤 두 가지 사실이 곧바로 뒤따라 수반되었다. 12월 14일, 남한의 사건 개요에서 랭던은 주한 미군이 한국의 어려운 문제점들에 대해 소련과 초기에 해결해야 한다는 점의 중요성을 강조했음을 언급하고, 그런 것들에 관한 논의가 모스크바 의제에 포함되기를 희망했다. 그러나 그는 두 지역 사이의 물품이나 용역의 교환과 관련된 문제보다는 좀더 "근본적인 문제들"이 무엇인가를 생각하고 있다고 자신의 의견을 피력했다.

이를테면 정치적 전환을 위해 그가 제안한 계획이 소련의 정책과 일치할 것인가? 소련의 정책이 2국 신탁통치와 일치하는가? 만약 어느 계획도 소련이 수용할 수 없다면, "소련의 계획이 무엇인가를 아는 데 관심을 기울여 그것을 연구하고 우리 자신의 계획이 그것에 맞도록 할 수 있어야 한다"는 것이다. 그는 다음과 같이 결론지었다.

> 만약 소련과 합의하지 못한다면, 비록 어떠한 조치들이 성격상 민족주의적인 것으로 생각되더라도, 상황이 스스로 요구하는 대로, 미국이 한국의 독립에 관한 우리의 의지가 순수하다는 것을 한국의 지도자들에게 확신시킬 수 있는 길은 바로 우리 자신의 명확한 행위들을 통해서만 가능하다. 공산주의, 소요, 그리고 우리에 관한 대중의 적대감과 싸울 때 우리는 이러한 방법을 통해서 한국 지도자들의 지지를 얻을 수 있는 것이다.[30)]

이틀 뒤 하지 장군은 『한국의 상황』(*Conditions in Korea*)이라는

29) Tel., Actg Polad(Langdon) to Sec State, 11 Dec 45 : *FR, 1945,* Ⅵ, pp. 1140~1142. [ ] 표시 부분은 전쟁성 전신에서 인용한 것임.

30) Tel, Actg Polad in Korea(Langdon) to Sec State, 14 Dec 45 : *FR, 1945,* Ⅵ, pp. 1140~1141.

보고서를 보냈는데, 그 내용은 위기가 절박하여 직접적인 행위가 필요하다는 것이었다. 신탁통치에 관하여 그는 다음과 같이 언급하고 있다.

> 한국인들은 무엇보다도 자신들의 독립을 원하고 있으며, 지금 당장 그것을 원하고 있다. 서양의 기준으로 본다면 한국인들은 독립을 이룰 준비가 되어 있지 않다. 또한 현재의 상황에서 조만간 자치 정부를 수립할 만한 능력도 크게 개선되지 않으리라는 것이 날이 갈수록 점차 더욱 분명해지고 있다. …… 모든 한국인들의 마음속에 "신탁통치"는 다모클레스(Damocles)의 칼* 처럼 그들 위에 위험하게 매달려 있다. 만약 신탁통치가 지금, 혹은 미래의 어느 때 적용된다면 한국인들은 실질적으로 물리적인 폭동을 일으킬 수도 있다고 나는 믿는다. …… 특히 "신탁통치"를 포기한다는 명확한 성명서가 …… 절박하게 필요하다. 미래를 위한 정확한 조치가 없는 현재의 상황에서는 차라리 미국과 소련이 동시에 한국에서 군대를 철수하고, 한국을 그대로 내버려두어 스스로 정화(淨化)하고자 필요한 대변혁을 겪도록 하자고 소련과 합의할 것을 심각히 고려해야 한다고 건의하고 싶다.[31)]

이 메시지의 두 개의 사본이 국무성에 제출되었다. 하나는 전쟁성 장관인 패터슨(Robert P. Patterson)을 거쳐 전달되었는데, 그는

---

* 시라쿠사(Syracuse)의 왕인 디오니시우스(Dionysius)에게 다모클레스(Damocles)는 신하가 있었다. 그는 왕에 관한 아첨을 일삼아 왔는데 어느 날 그는 왕의 행복을 지나치게 찬미하였다. 그러자 왕은 연회석에서 그를 왕좌에 앉히고 그의 머리 위에 머리카락 하나로 칼을 매달아 놓고 지배자의 신변에는 항상 위험이 닥치고 있음을 깨닫게 하였다.(옮긴이 주)

31) Rad, Gen of the Army Douglas MacArthur to the Joint Chiefs of Staff, 16 Dec 45, 이 보고서는 "궁극적인 위기로 흘러가도록 하는 것은 최악의 일이므로 그 상황에는 적극적인 행위가 필요하다"는 언급과 함께 전달되었다. *FR, 1945*, Ⅵ, pp. 1144~1148.

"긴급한 조치"(urgent action)가 요구된다고 말했다. 다른 하나는 3성조정위원회의장인 던(James C. Dunn)이 전달했는데, 그는 즉각적인 지침을 요청했다.

> 합참은 …… 심대한 관심을 가지고 현재의 한국 상황을 고찰하고 있다. 이러한 상황에서는 야전 사령관들에게 적절한 지령을 내릴 수 없다는 사실을 합참은 알고 있다. 국무성의 조속한 충고가 필요하다.[32]

이에 관한 응답으로서 국무성은 한국 문제가 모스크바회의의 의제에 포함되었다고 "비공식적으로 충고했다."[33] 하지 장군과 전쟁성의 관심은 다음과 같은 건의와 함께 모스크바에 있는 번즈 장관에게 전달되었다.

> (만약 공동 성명이 발표될 경우) 신탁통치에 관해 한국이 바람직하지 못한 반응을 보이고 있다는 보고에 비추어 볼 때, 공동 성명이 한국인들에게 더 수용 가능한 것이 되려면, 신탁통치가 국제연합기구의 지지를 받을 것으로 예상된다는 주장과 함께 그것이 통치 기구를 위한 임시적 제도임을 강조하는 편이 좋을 것이다.[34]

2. 모스크바회의의 결정과 한국의 반응

구체적인 의제들을 처리하고자 12월 16일, 모스크바에서 외무장

32) *FR, 1945*, Ⅵ, p. 1144, footnote 60 ; SWNCC Memo, 18 Dec 45 : *OPD 336 Korea.*
33) SWNCC Memo, 18 Dec 45 ; *OPD 336 Korea.*
34) Tel 2601, 20 Dec 45, Actg Sec State to Amb in Sov Union for Sec State in Moscow : *FR, 1945,* Ⅵ, p. 1148, footnote 61.

관 회담이 소집되었는데, 그중에는 한국 문제가 적은 부분을 차지하였다.[35] 번즈(James F. Byrnes) 국무장관 이외에 극동 문제의 결정에 참여했던 국무성 직원들은 코헨(Benjamin V. Cohen) 참사관, 빈센트(John C. Vincent) 극동국장, 볼렌(Charles E. Bohlen) 백악관 연락담당 국무장관보좌관 등이고, 켈리(Hugh A. Kelly) 대령은 육군을 대표했다.

한국 문제는 결국 회담의 의제 가운데 세 번째가 되었다. 미국의 당초의 제안이었던 "독립된 한국 정부의 수립"(Establishment of an Independent Korean Government)은 상호 합의에 따라, "독립된 한국 정부의 수립을 위한 통합된 한국 정부의 수립"(the Creation of a Unified Administration for Korea Looking foward the Establishment of an Independent Korean Government)으로 바뀌었다.[36]

그러나 예비 토론에서 소련 외무장관 몰로토프(V. M. Molotov)는 처음의 제안이 "한국 정부에 관한 언급이나 관련 사항"을 포함하지 않았다고 주장하면서 그 항목의 광범위한 포괄성에 대해 반대했다.

이에 번즈 장관은 처음의 제안이 의제 3항에 명시되어 있는 "목적을 달성하기 위한 첫 단계"를 의미한다고 설명했다. 그리고 이러한 제안들이 신탁통치를 향한 바람직한 단계가 될 수도 있기 때

---

35) 이 회담은 크리미아(얄타) 회담 때 남아 있는 문제들을 해결하고자 계획된 것이다. 의제에는 이탈리아 · 루마니아 · 불가리아 · 헝가리 · 핀란드 등과 평화 조약을 준비하는 것이 포함되었다. 그리고 극동위원회와 일본 · 중국 · 한국에 관한 연합군협의회(Allied Council), 그리고 핵에너지 통제를 위한 국제연합위원회 설립 등도 포함되어 있다. *Moscow Meeting of Foreign Ministers, December 16-26, 1945*, Department of State Pub. No. 3448(Washington, 1946).

36) *FR, 1945,* Vol. Ⅱ, *General : Political and Economic Matters*(Washington, GPO, 1967), pp. 587, 599, 617.

문에 우선적으로 고려된 다음에 신탁통치가 논의될 수 있다고 설명했다.[37]

번즈 장관이 관련 3국 모두가 한국에 신탁통치를 실시해야 한다는 데 동의했다는 견해를 표명하자, 몰로토프는 신탁통치에 관해 "어떠한 합의도 없으며, 한국에 신탁통치를 실시할 필요성에 관해 단순한 의견 교환"만이 있었을 뿐이라고 대답했다.[38]

그러자 미국 대표들은 특별 비망록을 통해 자신의 입장을 표시했다.[39] 카이로선언과 포츠담선언을 열거하고, 한국 분단으로 말미암아 야기되는 급박한 문제들을 거론하면서 미국의 제안은 다음과 같이 명백하게 의사를 밝혔다.

> …… 미국 정부는 모든 한국의 국익 문제를 위해 공동으로 활동하는 양국 군사령관 휘하에서 통일된 정부를 수립하는 것이 한국의 당면 목표가 되어야 한다고 믿는다. ……. 우리는 독립된 한국 정부의 수립을 위해 폭넓은 기반을 가진 비군사적 한국 정부를 지향하는 잠정적 · 본질적인 단계로서의 …… 통일된 정부를 제안한다. 우리는 4대 강국에 의한 신탁통치가 한국에 독립을 가져다 줄 수 있는 가장 가능성 있는 방안이라고 믿는다. 그러므로 우리는 신탁통치 협정에 따라 통일된 한국 정부를 구성하고자 관련 4대 강국 간에 가능한 한 빨리 논의가 진행되기를 제안한다. …….
>
> (신탁통치 협정에 따라) 통치권은 고등 판무관과 집행위원회를 통해 …… 행정 · 입법 · 사법권을 행사해야 하고 …… 인민 투표로 선출된 입법부와 적절한 사법제도를 수립해야 한다. 이러한 모든 것은 5년 이내에

---

37) *Ibid.*, pp. 618~619. 초기의 제안에 관해서는 1945년 11월 8일, 해리만 대사가 몰로토프 외상에게 보낸 서한 참조. 이것은 *Ibid.*, p. 627에 있음.

38) *Ibid.*, p. 620.

39) 첨부 별지 No. 2. "Memorandum by the United States Delegation at the Moscow Conference of Foreign Ministers," Moscow, 17 Dec 1945, entitled "Unified Administration for Korea," *Ibid.*, pp. 641~643.

독립된 한국 정부를 만들려는 것으로서 그 기한은 4국의 합의에 따라서 필요하다면 늘어날 수도 있으나 …… 5년을 초과하지 못한다.[40]

소련도 비망록을 통해 이에 응답했다.[41] 소련은 "5년의 기간에 4대강국의 한국 신탁통치에 관한 협정"을 이행하고, "한국 과도 정부 수립"에 도움을 줄 수 있도록 양 지역의 군사령관이 공동위원회를 창설할 것을 강조했다. 소련의 제안은 사소한 내용의 변화를 거친 뒤 그 회의에서 채택되어 1945년 12월 27일 한국에 관한 모스크바협정에 기록되었다. 그 전문은 다음과 같다.[42]

---

40) 완전한 미국의 메모에 관해서는 부록 참조. 신탁통치에 관한 구체적인 사항은 국무성 극동국의 전문가들이 준비한 신탁통치에 관한 7번째 안(PR-30, 8 Nov 1945)을 거의 그대로 따랐다. 10월 8, 13, 19, 24일, 그리고 11월 6일의 예비적 초안들은 행정부의 형태와 신탁통치 종결, 헌법 제정 등에 관한 마음의 변화를 반영했다. 초기의 초안들은 한국 지도자들의 충고와 한국민의 바람을 고려하여 과도 정부 수립을 제시한 반면에, PR-30은 협정이 실시된 뒤 6개월 이내에 "일반 투표로 선출된 입법부와 적절한 사법 체계"를 수립할 것을 제시했다. 한국인들이 가능한 한 빨리 헌법을 제정하도록 하자는 것에서 "신탁통치를 끝내기 이전에" 헌법을 제정하자는 것으로 바뀌었다.

신탁통치를 종결하는 부분은 "최대한 빨리"(at the earliest possible date), 곧 되도록이면 "5년 이내에 종결짓는다"에서 만약 대다수의 서명국이 더 빨리 종결짓는 데 대해 동의하지 않는다면, "1951년 3월 1일 종결짓는다"로 수정되었다. 7번째 안에 관한 언급은 *FR, 1945,* Ⅵ, p. 1114, footnote 20에 있음. 초안들의 비교는 PR-30 안과 행정사무국(Executive Secretariat) 기록인 Lot 52-D478, PR Documents 23-32에 있는 PR-30, 예비 a에서 예비 e 등의 조사에 근거하고 있다. 11월 8일 안의 사본은 Box 787, CAD RG 165 : *CAD File*에 있다.

41) 별첨 부록 No. 1 : "Memorandum by the Soviet Delegation at the Moscow Conference of Foreign Ministers," Moscow, 20 Dec 45, entitled "Regarding Korea", *FR, 1945,* Ⅱ, pp. 699~700.

42) Moscow Meeting of Foreign Ministers, December 16-26, 1945, pp. 14~16 ; *FR, 1945,* Ⅱ, pp. 1150~1151. 작은 변화에 관해서는 별첨 부록 2 "Memorandum by the United States Delegation at the Moscow Conference of Foreign Ministers," Moscow, 21 Dec 45, entitled : "Korea-Suggested Rephrasing of Russian Proposal of Dec 20, 1945," *Ibid.,* p. 721.

(1) 조선을 독립 국가로 재건하며, 조선을 민주주의적 노선에 따라 발전시키도록 조건을 조성하고 장구한 일본 통치의 참담한 결과를 가급적 빨리 청산하고자 조선의 공업 · 교통 · 농업과 한국 인민의 민족 문화 발전에 필요한 모든 조치를 취할 수 있는 조선민주주의 임시정부를 수립한다.

(2) 한국 임시정부의 구성을 지원하고 적절한 방법을 우선적으로 연구 · 조정하고자 남조선 미합중국 점령군과 북조선 소련 점령군의 대표자들로 공동위원회를 구성한다. 그 제안을 작성하면서 공동위원회는 한국의 민주주의 정당 및 사회 단체와 협의하여야 한다. 그들이 작성한 제안은 공동위원회를 대표하는 양국 정부가 마지막으로 채택되기에 앞서 미 · 영 · 소 · 중 정부의 심의(consideration)를 받아야 한다.

(3) 공동위원회는 한국의 민주주의 임시정부와 한국의 민주주의적 여러 단체도 참가시켜 한국 국민의 정치적 · 경제적 · 사회적 진보와 민주주의적 자치 발전과 한국의 국가적 독립의 확립을 원조 · 협력하는 방책을 강구하는 것을 임무로 한다. 공동위원회의 제안은 한국 임시정부와 협의한 뒤 5년 이내를 기한으로 하는 4대 강국 신탁통치에 관한 합의를 작성하고자 미 · 소 · 영 · 중 정부의 공동심의를 받아야 한다.

(4) 남 · 북한에 관련된 긴급한 문제들을 고려하고, 또한 남한 미합중국 관구와 북한 소련군 관구의 행정 · 경제면의 항구적 균형을 수립하고자 2주일 이내에 한국에 주둔하는 미 · 소 양군 사령부 대표 회의를 소집한다.

군정이 공식적인 내용을 접수하기에 앞서 한국인들은 모스크바의 결정에 대해 알고 있었다. 12월 28일에는 합의에 관한 헛소문과 왜곡된 말들이 한국에 퍼졌다. UP통신과 AP통신은 주한 미군이 공식 문서를 접수하기에 앞서 그것을 보도했다. 도쿄로부터 서울로의 전달이 지체된 것은 시차(時差)의 문제로 설명할 수 있다.[43)]

43) 12월 27일 OPD가 작성한 공식 전문(*OPD 336 Korea*)의 기록이 있다. 그러나 도쿄에서 이 내용을 수령할 수 있는 날짜에 관한 유일하고도 특별한 언급은 SCAP Government Section, Bk I, Sec. Ⅲ, Korea, pp. 6~7에 포함되어 있다. 여기에는 1945년

이러한 상황에서 강대국들이 신탁통치를 공식 채택한 것에 대해 한국민이 병적인 흥분 상태로 공공연히 반항하는 것을 군정이 진정시킬 수는 없으리라고 판단했다. 하지 장군은 그 소식이 한국인들을 "깊은 절망감"(deep despair)에 빠지게 했다고 보고했다. 그는 맥아더 장군에게 다음과 같은 전문을 보냈다.

> 지난 몇 주 동안 한국인들은 독립을 달성하고자 물리적으로 싸우리라는 신념을 구체화했다. 신탁통치를 실시하리라는 소식은 그 신념을 더욱 깊게 만들었다. 폭력적인 무질서는 아니더라도 우리의 점령에 관한 소극적인 저항이 확실히 예상된다. 아마도 총파업이 그 행위를 주도할 것이다.[44]

임시정부의 명목상의 수장(首長)인 김구(金九)는 하지 장군에게 관련 4대 강국 수뇌들에게 신탁통치를 반대하는 서한을 보내고 이의 재고를 호소해 보도록 요청했다. 이에 따라 국무성은 대통령이 김구의 서한을 보았으며, 하지 장군이 다른 국가에 서한을 보내는 것은 "적절치 못하지만" 김구는 자유롭게 그 일을 할 수 있을 것이라는 점을 전쟁성이 하지 장군에게 연락해 주도록 통보했다.[45]

신탁통치에 관한 집단적인 반대는 이제 공공연한 폭동으로 발

12월 28일 워싱턴으로부터의 통지문을 수령했다고 기록되었다. 또 거기에는 워싱턴으로부터 온 것인지도 모르는 또 다른 메시지의 사본도 있다. 그것은 WAR to CINCAFPAC Adv, 280455/Z 28 Dec 1945이다. 공동 성명을 보고한 12월 27일자 모스크바로부터의 해리만 대사의 전신문은 12월 27일 오후 10시 워싱턴의 발표 시간과 동시에, 런던에서는 오전 3시, 모스크바에서는 12월 28일 오전 6시에 발표했음을 특별히 언급했다. *FR, 1945,* Ⅵ, p. 1150.

44) Rad, CINCAFPAC Adv to WARCOS, JCS, 311919, 31 Dec 45 : Loose Message, *Hist Files*에서 인용. 또한 CA 56471 in *FR, 1945,* Ⅵ, p. 1154, footnote 69에서 인용한 똑같은 발췌 참조.

45) Tel., Ltr Gen Hodge to Gen MacArthur, 3 Dec 45 : *FR, 1945,* Ⅵ, p. 1154. 국무성의 메시지에 관해서는 footnote 68, *Ibid.* 참조.

전했다. 신탁통치에 관한 얘기들이 끝나기에 앞서 군정에 종사하는 사람들에게 파업하라는 지시가 하달되었고, 임정 측에서는 정변(政變)을 시도하는 단계에까지 이르렀다.[46] 하지 장군은 자신은 아직 자세히 모르지만 명확한 정보를 입수해서 사실의 의미를 연구할 수 있을 때까지 진정해 줄 것을 한국인들에게 강력히 권고하는 성명서를 즉시 발표했다.

한국의 기자들은 하지 장군이 더 이상 모른다는 것은 믿을 수 없음을 알고, 연합국의 이러한 조치를 사령관이 부인하거나, 혹은 확인하여 해명해 줄 것을 요청했다. 아놀드 장관은 신문의 발표가 각국 정부들이 인정한 것이므로 아마 사실일 터이지만, 여전히 비공식적이며, 한국의 문제에 대해 어떻게 되었는지 공식적인 얘기를 전혀 듣지 못했다고 설명했다. 그는 신문이 한국인들을 진정시키는 일을 도와 줄 것을 촉구했으며, "신탁통치"라는 용어가 지난 몇 달 동안 그들이 행한 훌륭한 일들을 파멸시키지 않도록 해 달라고 촉구했다.[47]

하지 장군은 일단 모스크바선언의 공식 전문을 접수하자, 참모들과 함께 한국인들을 진정시키려고 노력했으며 너무 서두르는 언론의 부정확성을 제거하고 회담의 결정을 해석하고자 노력했다. 그는 라디오 JODK를 통해, 모스크바 성명서는 "한국인들에게 완전한 도움과 보호를 제공하고자 고안된 것"이라고 설명했다.[48]

하지 장군은 공동 성명의 한국 부분에 관한 사본 약 500부를

46) 한국인의 반응에 관한 완전한 얘기는 *Political Trends*, No. 17, 20 Jan 46 ; *Summation* No.3, Dec 45, p. 189 ; Cho, *Korea in World Politics*, pp. 105~107 참조.

47) 1945년 12월 29일 기자 회견, *I&H Jl.*

48) *Summation* No.3, Dec 1945, p. 189. 공식 전문은 12월 29일 접수되었다.

만들어 그의 모든 관구에 배포하고, 모든 요원은 자의적인 해석을 삼가야 한다고 지시했다.[49] 그는 공식적인 자리에서 자신도 한국인들의 즉각적이고도 완전한 독립을 지지하는 입장이라고 설명했다. 한국의 즉각적이고도 완전한 독립이 그들의 역사를 200년 전으로 되물림하겠지만 그것은 그들이 가장 원하는 것처럼 보였다.

자신의 고문들은 반대했지만, 하지 장군은 한국인들을 위협(scare)해야만 할지도 모른다고 보고했다. 그는 만약 한국인들에게 독립을 주게 되면, 그들은 2년 안에 소련에게 먹히고 말 것이라고 말했다. 그는 한국인들이 이제 더 이상 자신의 말을 듣지 않을 것이라고 말했다. 그는 한국인들과 얘기하는 것이 불가능하다고 느끼고 모든 병사에게 침묵을 지키라고 충고했다.[50]

하지 장군과 그의 고문들의 항의로 가득 찬 많은 전문이 서울과 도쿄와 워싱턴 간에 오고 갔다. "신탁통치"라는 용어가 한국인들에게 좌절감을 주는 함축적 의미를 지니고 있기 때문에 그 용어를 "부드럽게 하거나"(soften), "삭제하거나"(drop), "없애버리라"(kill)는 요청이 반복되었다.[51] 마침내 하지 장군은 현지에 보내는 통신의 개선을 모색하였다.[52]

---

49) Headquarters, USAFIK, AG 092.0, 30 Dec 45, Sub : Communiqué of Moscow Conference, Sgd Charles Ennis, AG, by Command of Ltr Gen Hodge : Copy, *Hist Files*.

50) Corps Staff Conf, 31 Dec 45, *I&H Jl*.

51) 예를 들어 12월 30일의 다음과 같은 메시지가 있다. Tfgcg 206, to SCAP Marshall pass info to Wash from CG USAFIK Hodge ; TFGBI 99, from CG XXIV Corps thru CINCAFPAC Adv to War Dept. ; and Tfgui 97, Mr Arthur B. Emmons, 3d, to Sec State in whiCh. "Com Gen USAFIK Concurs" : Loose Messages, *Hist Files*. Note : SCAP Marshall은 당시 도쿄 SCAP의 임시 참모장이었던 마셜(R. J. Marshall) 소장을 지칭한 것이 분명하다. 에몬스(Arthur B. Emmons, 3d)는 한국의 정치고문실의 외무 관리였다.

하지 장군은 말하기를, "만약 내가 모스크바 결정의 결과에 대해 일찍 통고를 받았더라면, 이 전반적인 불쾌한 사건은 비켜갈 수 있었을 것"이라고 보고하면서 "나의 일을 처리하려면 모든 외교적인 진전 사항에 대해 잘 알고 있어야 한다"고 주장하고 다시 한번 국무성의 잠정적인 신문 발표를 사전에 통고해 줄 것을 촉구했다.

한편 워싱턴은 한국의 반대를 무마하고자 특별 방안을 준비하고 있었다. 워싱턴은 하지 장군에게 보내는 장문의 통신문에서 만약 모든 정보 매체를 통해 모스크바 공동 성명을 남한 지역에 신중히 설명한다면, 대다수는 신탁통치에 대해 만족하리라고 믿어진다고 충고하였다. 이 공한에서 워싱턴은 특별한 점들, 이를테면 두 지역을 통합하려고 신속한 조처들이 이뤄지고 있다는 점, 한국의 임시정부와 협의한 뒤에만 신탁통치의 조건들이 짜여질 것이라는 점, 신탁통치 기간은 길어야 5년이며 이 기간에 확실히 독립을 약속할 수 있다는 점 등을 강조하도록 권고했다.

---

52) Rad, CG USAFIK to SCAP(Hodge to Marshall), 021510/Z, 2 Jan 46 : *Hist Files*. 커뮤니케이션의 문제는 12월 CAD와 관계가 있다. 이때 한국과 일본 사이의 문제와 목적의 차이에 비추어 하지 장군에 대한 JCS의 직접적인 채널이 고려되어야 한다는 의견이 제기되었다. Brief for the Chief of Staff on Major Problem Now Under Consideration in Civil Affairs Division : Europe and the Far East, 5 Dec 1945 : *321 CAD* Sec 1. 그 문제는 1월에 재론되었는데, 이때 국무성 극동국장인 빈센트는 한국 사령부가 직접 JCS에게 보고하고, 또 직접 지침을 수령해야 한다고 제안했다. OPD도 독립된 사령부를 지지한다는 것을 알아내고는 맥아더 사령부의 의중을 알아보려고 노력했다. 이때 병참술적·기술적인 문제들이 제기되었다. 뒤에 빈센트가 그것에 관해 헐 장군에게 얘기했을 때, 헐 장군은 사령부의 독립은 실책이라는 의견을 가지고 있었는데, 왜냐하면 한국 문제를 해결할 때 맥아더 장군의 명성을 이용하는 것이 유용한 경우들이 생길 것이기 때문이었다. 헐 장군이 커뮤니케이션에 박차를 가할 것이라고 말한 뒤 빈센트는 더 이상 문제 제기를 삼가기로 결정했다. Memo, Vincent to Atcheson, 10 Jan 46 ; Memo, Vincent to Atcheson, 12 Jan 46 ; Memo Penfield(FE) to Vincent, Sub : Separation of Command in Korea, 26 Jan 46 ; Memo, Vincent to Atcheson, Sub : Korea, 28 Jan 46 ; State Department, 740.00119 Control(Korea)/2-1546.

그 공한에는 신탁통치의 원칙을 자의적으로 정당화하려고 노력하기보다는 그러한 점들을 강조하는 것이 더 나을 것이라는 워싱턴의 선전 전문가의 소신을 전언한 다음, 그러나 만약 군정이 신탁통치의 이유에 대해 질의를 받는다면, 충분하고도 완전히 대답할 준비가 되어 있어야 한다고 언급했다.

또한 그 공한은 그러한 대답을 하면서 일본 통치의 모든 잔재들을 뿌리 뽑고, 정부가 수립되는 기간에 한국인들을 보호하고 조언하고자 연합국이 한국에 있는 것이며, 그동안 한국인들은 자치를 위한 훈련이 되어야 하기 때문에, 그 기간은 자연히 연장될 것이라는 점을 지적해야 한다고 권고하였다.[53] 이에 하지 장군은 공동성명이 접수된 이후 그러한 설명을 하는 데 자신도 노력하였지만, "지금까지는 …… 별로 소용이 없었다"고 대답하면서 다음과 같이 결론을 내렸다.

> 지금 어떠한 성명서를 통해서이든 더 이상 신탁통치에 대해 설명하도록 노력하라고 제안하고 싶지는 않다. 왜냐하면 신탁통치를 어떤 식으로 언급하든, 더 큰 흥분만을 야기하기 때문이다.[54]

이러한 노력의 뒤를 이어 번즈 장관은 미국민에게 모스크바회의를 설명하는 방송에서 "한국의 임시 민주 정부와 함께 일하고 있는 미소공동회의는 아마 신탁통치를 실시하지 않을 수도 있다는 사실을 알게 될 것"이라고 언급하면서 한국의 독립을 앞당기는

53) Msg, WDGS, S&P Gp, OPD to CINCAFPAC Adv, 29 Dec 45, Sgd Gen J. E. Hull(국무성과의 협력을 준비했다) : *OPD 336 Korea*. 확실히 동일한 메시지에 관해서는 *FR, 1945,* Ⅵ, pp. 1154~1155를 참조 : C/S Eisenhower to Gen MacArthur.

54) Tel., 311235 I, December 31, to General MacArthur : *FR, 1945,* Ⅵ, p. 1155, footnote 70.

것이 미국의 목적이라고 강조했다.[55] 이 연설을 한국에 재방송하였더니 한국인들의 "체면을 세우는"(save face) 조그만 통로를 제공하는 데 도움이 되었다고 하지 장군은 보고했다. 그러나 신탁통치에 반대하는 시위가 12월 29일 시작되어 1946년 1월까지 계속되었다.[56]

대중적인 반응은 개인적인 폭력과 재산 피해, 총파업의 위협 등의 형태로 나타났다. 정치 고문인 베닝호프는 1월 6일에서 15일까지의 기간에 "비록 신문지상을 통하여 상당한 찬반 논쟁이 계속되기는 했지만, 신탁통치에 관한 전반적인 소요는 다소 진정되었다"고 보고했다.

그는 또 인민공화국파(派)와 공산주의자들은 "좀더 질서 정연한 행진과 시위"에 참여하고 있는 반면에, 민족주의자와 민주적 정당들은 "계속해서 강한 반대를 표명하긴 하지만 더 이상 군정에 비협조하는 운동을 공개적으로 지지하지는 않고 있다"고 보고했다. 구체적인 행동들에 대해 그는 다음과 같이 자세히 언급하고 있다.

> 1월 12일, 신탁통치반대 국민총동원위원회(National Mobilization Committee against Trusteeship)가 서울에서 신탁통치를 반대하는 대규모 시위를 주도하였으며, 어떤 더 이상의 외부 간섭 없이 권력을 승계할 임시정부가 즉시 수립되어야 한다고 요구했다. 공산주의자들은 반탁 운동을 비난했다. 이 기간에 민간 소요와 테러 행위들이 증가했다. 좌 · 우익 신문사 건물에 폭발사고와 폭도들의 공격이 여러 차례 있었다. 서울과 지방 도시의 경찰서들이 이러한 공격의 목표물이 되었으며, 정치적 납치도 발생했다.

55) "Report by Secretary of State on Meeting of Foreign Ministers," in Department of State *Bulletin*, 30 Dec 45, p. 1036.

56) Rad, CG USAFIK(for Emmons) to SCAP, 021710, 2 Jan 46 : *Hist Files*.

비록 정치 지도자들은 그러한 행위들을 순수한 마음으로 반대하지만, 최근 신탁통치에 대해 소동을 벌이면서 무력적인 방법에 자극을 받았기 때문에 이제는 난폭 분자들을 더 이상 통제할 수 없게 되었다고 생각된다.[57]

군정청 공보부는 그러한 반응이 "이 국가를 재건하면서 가장 쓰라린 고통"이라고 언급하고 일련의 사건들을 특별 일정표로 만들었다.

12월 28일 : (신탁통치에 대한) 오보(誤報)의 날.
12월 29일 : 해명의 날.
12월 30일 : 한국민주당 당수 송진우(宋鎭禹) 암살의 날.
12월 31일 : 우익 시위의 날.
1월 1일 : 도전과 취소의 날.
1월 2일 : 안식의 날.
1월 3일 : 좌익 시위의 날.
다음은 무엇일까?[58]

하지 장군과 군정장관 러취 장군은 그러한 활동이 한국인들의 대의를 저해할 뿐이며, 아마도 독립을 지체시킬 뿐이라고 한국인들에게 경고했다.[59] 첫 번째의 혼돈과 무질서가 지난 뒤, 하지 장군은 미국이 관할하는 지역에서 반작용이 폭넓게 퍼져 가고 있지만 오해를 피하고자 사령관이 제 때에 문제를 진실하게 설명할 수

57) Polit Adv in Korea(Benninghoff) to Sec State, Seoul, Jan 23, 1946, *FR, 1946*, Ⅷ, pp. 615~616.

58) *Political Trends*, No. 16, 15 Jan 46 : *Hist Files*. 이 사본을 국무성에 보냈는데, 여기에 CAD는 "이것은 일어나고 있는 것에 관해 하지에게 신속한 충고를 할 필요가 있음을 보여주는 것"이라고 언급한 "간이 메모"를 부착하였다.

59) *Summation* No. 4, p. 282 ; MG Press Release, 21 Jan 46 : *Hist Files*.

있었기 때문에 비교적 덜 폭력적이었다고 보고했다. 그는 한국이 완전한 언론 봉사를 받고 있으며, 한국인들이 정치적으로 매우 민감하다는 것을 자신의 상관에게 상기시킨 뒤, 워싱턴이 보다 신속한 지침을 보내 줄 것을 요청했다.

3. 신탁통치에 대한 책임 : 미국인가, 소련인가?

위와 같은 상황이 해명되자 곧이어 한국인들과의 관계에서 미국 정부의 정직성을 심각하게 시험하는 또 다른 위기가 야기되었다. 이것은 신탁통치에 관한 모스크바 결정의 책임이 누구에게 더 있느냐 하는 문제였다.

주한 미군 당국은 한국에 신탁통치를 실시하려고 고려한 사실에 대하여는 소련이 비난받아야 한다는 식으로 한국 대중들의 신념을 조장시켜 갔다.[60] 신탁통치가 소련의 책임이라는 이러한 인상은 남로당이 신탁통치를 반대하다가 완전한 지지로 신속히 전환한 사건에 따라서 입증되는 것처럼 보였다.[61]

1월 22일, 미군 사령관은 모스크바의 결정에 관한 "반동적인" 항

60) (1) 공식적인 것은 아니지만, 『성조기』지는 번즈 장관이 신탁통치에 관한 소련의 열망과는 달리 즉각적인 독립을 촉구하고자 모스크바로 갔다고 12월 27일 보도했다. 이 소식은 KPP 뉴스 서비스에 따라서 널리 보급되었다. *Political Trends*, No. 15, 29 Dec 45 ;
(2) 하지 장군은 여러 전보를 통해 이것은 한국에서의 첫 번째 "일반적인 반응"이라고 보고했다. Rad, CG USAFIK to SCAP, 292030, 29 Dec 45 ; 201610, 30 Dec 45 ; 021710, 2 Jan 46 참조. 또한 *Potitical Trend*, No. 17, 1946년 1월 20일 : *Hist Files.*

61) Rad, CG USAFIK to CINCAFPAK, 25100, 25 Jan 46 ; 4개월 뒤 1946년 1월 3일자의 문서가 발견되었는데, 여기에는 남한 공산당에게 "후견"(guardianship)으로서의 신탁통치를 하라고 지시되어 있다. *G-2 Weekly Summary*, No.32, 24 Apr 46 : *Hist Files.*

의를 조장함으로써 신탁통치를 방해하고 있다고 『타스』(TASS) 통신이 비난하자 논쟁이 야기되었다. 『타스』 통신은 "미국 정부도 바로 그 결정에 참여한 것으로 알고 있다"고 항의했다. 하지 장군은 즉시 신문 기자들을 초청하여 『타스』 통신의 비난은 "사실 근거가 없는 것"이라고 설명했다.[62]

신탁통치를 옹호하는 것은 소련뿐이라는 것을 미국이 부인하지 않자, 소련도 거부 의사를 밝히지 않을 수 없었다고 스탈린이 이미 해리만 대사에게 말한 사실을 하지 장군은 몰랐었다. 『타스』 통신이 비난하는 것은 바로 이것임이 명확했다.[63]

하지 장군의 성명서에 관한 반박으로 소련이 새로운 사실을 신문에 발표함으로써 위기가 조성되었다. 당시 서울에서 열리고 있던 미소공동회의의 소련 대표단장 슈티코프(Col. Gen. Terenti Shtikov) 상장은 모스크바 교섭의 진실을 담은 보고서를 배포했다. 『타스』 통신이 발표한 내용의 본질은 애당초 미국이 최장 10년 동안 4대 강국 신탁통치를 제의했으며, 그 기간에 한국 국민의 정부를 세우는 문제는 언급하지 않았다는 것이었다. 이것은 신탁통치 기간이 길어야 5년이어야 하며, 그 기간에 한국의 정부 수립을 도와주어야 한다는 소련의 제안과는 대조되는 것이었다.[64]

이 성명서를 근거로 소련은 한국의 독립을 쟁취해 준 것처럼 보

62) 두 성명은 *New York Times*, 23 and 26 Jan 46.

63) Memo for General Lincoln, Sub : Current US-Soviet Relations in Korea, 6 Feb 1946, sgnd C.H.B : *ABC 014 Japan*, Sec 17-B. 스탈린과의 대화 역시 1946년 1월 25일 해리만 대사가 국무성에 보내는 전신에 보고되었다. *FR, 1946,* VIII, p. 622.

64) 1946년 1월 25일 *New York Times*의 보도, "Translation of Central News Agency Release of General Shtikov's Press Conference with Korean Correspondents at 11 : 00 on 26 January, 1946"(Korean time), issued by HQ, USAFIK, Public Information Section, Seoul, Korea(typed copy, 4 pages) : *Hist Files*. 모스크바 대사는 워싱턴에 『타스』 통신의 성명 전문을 번역해서 즉시 보고했다. *FR, 1946,* VIII, pp. 617~619.

이게 되었다. 하지 장군은 이 소식이 "이미 혼돈된 대중들의 마음"에 미치는 나쁜 영향을 즉시 보고했으며, 그와 참모들은 모스크바 회의록에 관한 더 많은 정보를 요청했다.[65] 대부분의 한국인은 소련의 성명서를 신뢰하고 있으며, "그 직접적인 결과로 미국의 성실성에 관한 신뢰가 줄어들었다"고 결론 지은 군정의 여론 조사[66]를 보고 하지 장군이 두려워했던 사실이 현실화되었다.

미군 사령관은 상황의 전환으로 말미암은 자신의 어려움을 계속하여 워싱턴에 자세히 보고했다. 그는 소련의 비난에 대해 자신의 행위나 성명서에 관한 "알리바이를 갖고 있지 않다"고 언급했다. 그는 맥아더 장군에게 다음과 같이 명백히 지적했다.

> 모스크바에서의 막후 얘기들을 모르기 때문에, 나는 신탁통치를 반대하라는 지시를 받고 번즈가 모스크바로 갔다는 얘기나 …… 소련이 단일 국가의 신탁통치를 주장했다는 얘기들을 인정하거나 반대할 입장이 아닙니다. …… 실제 나는 모스크바에서 제기된 것과 한국인들이 신탁통치라고 생각하는 것이 어떤 관계가 있으며, 또 어떤 다른 이름으로 불려야 한다고 믿지는 않습니다. 소련은 이것을 "후견"(guardianship)이라고 부릅니다.

그리고 그는 자신이 정치적 희생양이 되겠다고 제안했다.

> 우리의 마지막 대화에서 내가 언급했던 것을 반복하더라도 나의 성실성을 믿어 주시기 바랍니다. 나는 소련이 한국인들에 대해 미국의 체면을 살리고자 필요하다면 여기에서의 혼란에 관한 희생양의 역할을 맡아 교체되더라도 기쁘게 받아들일 것입니다. 나는 이 방해받고 있는 나의 임무와

65) Rad, CG USAFIK to SCAP, 260926/1, 27 Jan 46 : *Hist Files.*
66) "Report of Inquiry," Ltr L. M. Bertsch, to Col Glenn Newman, Public Relations Officer, 29 Jan 46 ; *Hist Files.*

한국의 미래에 대해 깊은 관심을 가지고 있습니다.67)

모스크바에서 일어난 것에 관한 보고가 점차 워싱턴으로부터 한국에 들어오기 시작했다. 첫 번째 보도는 1946년 1월 19일 NBC 방송대학이 주관한 모스크바회담 심포지엄에서 행한 국무성의 빈센트의 성명서였다. 이것이 공식 성명서는 아니었지만, 모스크바회담 회의록에 관해서 주한 미군이 받은 것 가운데 공식적인 것으로는 처음이었다.

이것은 미국이 아닌 소련이 모스크바 결정에 관한 책임이 있는 것으로 표현한 것처럼 보였다. 그 주제에 관한 빈센트의 논평은 한국 문제에 관한 다른 측면들의 언급과 함께 군데군데 섞여 있었다. 신탁통치에 관한 정확한 언급은 다음과 같다.

> …… 협정의 기본적 초안은 소련이 제출한 것이었다. 그러나 그들의 초안이 우리의 견해와 거의 비슷하다는 것은 고무적인 일이다. 우리는 몇 가지의 수정만을 제의하였는데, 이것들은 모두 소련이나 영국 대표들이 수락 가능한 것들이었다. …… 소련이 협정의 초고를 작성하였는데, 그것의 정확한 의미는 자치정부와 독립이 목표이며, 신탁통치는 필요할 수도 있고 필요하지 않을 수도 있는 "절차"(procedure)에 불과하다는 것이다.68)

서울에 도착된 그 뒤의 정보도 역시 간접적인 것이었다. 국무

67) Rad, CG USAF to SCAP(Personal to General MacArthur), Tfgcg 262, 28 Jan 46 : Loose Message : *Hist Files*.

68) "Korea and the Far East", Radio Broadcast, NBC University of the Air, in the Department of State *Bullelin,* 27 Jan 46. 빈센트 논평의 발췌문이 도쿄를 경유하여 하지 장군에게로 발송되었다. Rad Washington to CINCAFPAC Adv, Info CG USAFIK, 270330, 294298, 27 Jan 46, 그리고 CINCAFPAC Adv to CG, XXIV Corps, 220537/Z, Same date : *Hist Files*.

성은 회담의 배경을 설명해 주려고 모스크바 주재 미국 대사관에서 온 통신문을 보내 주었다. 미국 대사관은 1945년 4월 국제연합에 관한 샌프란시스코회담 이후 소련이 신탁통치에 관한 미국과 영국의 구상에 찬성하지 않았으며 한국의 즉각적인 독립을 지지한다는 것을 분명히 했다고 보고했다.

그러므로 모스크바의 결정은 일종의 타협으로서 미국이 제시한 신탁통치의 원칙을 수용하면서 "괴뢰 정부를 통한 외국의 모든 영향력과 지배를 제거할 수 있는 한국의 민주적 정당과 단체, 그리고 임시정부의 수립"을 강조했다.[69] 이 통신문은 즉각적으로 하지 장군으로부터 비판적인 반응을 받았다.

> (당신의 메시지는) …… 정책을 기획하고, 위급 상황을 처리하는 지침으로서 몇 주 전에 본 사령부로 발송되었어야 할 정보를 함축·포함하고 있다. 이것은 그 자체로도 실제 현장에서 힘들게 얻은 한국인들의 심리에 관한 정보나 사령관과 국무성 정치 고문의 반복적이고도 절박한 건의에 대하여 국무성이 거의 신경을 쓰지 않았다는 것을 말해 주는 완벽한 증거이다.
>
> 나로서는 『타스』 통신의 주장이 [위와 같은 사실을] 완전히 입증할 수 있는 사실적인 뉴스로 보이며, 특히 10월부터 시작된 나의 급한 건의와, 최근 국무성의 태도, 그리고 신탁통치의 구상을 회피하고, 아마도 그것이

---

69) Rad, No. 90, State Department, Byrnes to SCAP Political Adviser, Info, XXIV Corps Political Adviser, 271512/Z, 27 Jan 46. 이것은 "정보를 주기 위해" 모스크바 전신을 반복했다. 대사관은 1945년 11월 12일, 이 견해의 일부를 보고했었으며, 이 전신문을 일찍이 작성했었으나 해리만 대사가 도착할 때를 기다리고 있다가, 지금 이것을 『타스』 통신 발표의 배경으로 워싱턴에 보낸다고 언급했다. *Hist Files.*

그 이전의 초안 메시지에 관한 전신 보고 전문에 관해서는 Tel., Charge in the Soviet Union(Korean) to Sec State, Moscow, 25 Jan 46 : *FR, 1946*, VⅢ, pp. 619~621 참조. 상기의 전신은 또한 "일반적으로 그쪽의 사건 경과에 대해 정부 측 출처의 정보가 우리에게는 전무하므로 한국 문제에 관한 반응을 해석하려는 우리의 노력은 방해받고 있다"고 언급했다.

필요 없을지도 모른다는 희망을 나타냈던 방송 등에 비추어 볼 때 더욱 그렇다.

……『타스』 통신의 성명의 중요성이 점차 …… 부각되면서, 한국인들은 미국이 다시 한번 자신들을 배반했으며, 이번에는 일본이 아니라 소련에게 넘겨주려 한다고 느끼고 있다. 미국이 이를 부인하지 않기 때문에 우리는 이 지역에서 새롭게 증폭되는 미국에 관한 불신의 분위기를 해소하기 위한 어떠한 말이나 행동도 할 수 없다. ……

나는 한국에 관한 전문가가 누구인지 모르고 누가 나의 건의를 무시하도록 국무성에 충고했는지도 모르지만, 그는 전쟁 이후에 한국에 와서 한국을 잘 알고 있는 사람이 아닌 것은 확실하다. …… 거듭 말하거니와 당신이 내 생각을 국무성에 전달해서 우리의 생각을 반드시 유념(留念)하여 이론이 아닌 사실에 기반을 둔 한국 분쟁의 문제점에 관해 성실하게 제출했던 몇몇 정보와 건의서들이 고려할 만한 가치가 있을 것이라는 생각을 그들이 갖도록 할 수 있는 방법이 있기를 희망한다.[70]

그럼에도 불구하고 하지 장군은 맥아더 장군으로부터 받은 지원을 감사하게 생각했고, 이러한 어려운 가운데에도 사신(私信)을 통해 자신의 느낌을 전달했는데, 그중에는 다음과 같은 것도 있다.

지난 8월 마닐라에서 우리가 대화하던 날부터 …… 나는 여기의 나의 일과 관련된 모든 것에 대해 내게 보내 주는 귀하의 과분한 후원과 성심을 마음속 깊이 느끼고 있습니다. 이러한 사실로 말미암아 나는 어떻게 해야 할지 몰라 망설였을 심각한 상황들을 극복할 수 있었습니다. 말로 표현할 수 없을 만큼 감사하게 생각합니다.[71]

70) *Hist USAFIK*, Vol. 2, Ch. Ⅲ, pp. 89~91. 완전한 통신문에 관해서는 General of the Army Douglas MacArthur to the Joint Chiefs of Staff, Tokyo, 2 Feb 46 : *FR, 1946,* Ⅷ, pp. 628~630.

71) CG, USAFIK to SCAP(Personal for General MacArthur), Tfgcg 268, 29 Jan 46 : Box 787, Korea No. 1.

뒷날 해리만 대사가 도쿄를 방문한다는 소식을 듣고 그는 "미국의 정책과 더 잘 조화를 유지하도록" 해리만 대사로부터 모스크바에서 실제로 일어난 것을 들었으면 좋겠다는 희망을 표명했다.[72)]

이튿날 그는 모스크바에서 미국이 취한 입장을 요약한 비망록을 국무성으로부터 받았다.[73)] 1주일 뒤 번즈 장관은 도쿄에 전신을 보내어 서울에 전달해 주도록 했는데, 거기에는 소련의 신문에 게재된 『타스』 통신 기사의 영문 번역문과 애치슨 차관이 1월 25일 기자 회견에서 행한 연설문이 들어 있었다.

하지 장군은 모스크바 공동 성명으로 귀결된 초안(草案)과 회의록에 관한 『타스』 통신의 기사가 "실질적으로 정확하다"는 사실을 들어 알았다. 애치슨은 기자 회견에서, 미국의 계획은 일련의 제안들로 구성된 계획이 아니라, 단순히 일반적인 문제점을 언급하고, 가능한 해결 방안에 관심을 기울였던 문서들이었을 뿐인데, 그 문서를 본 소련은 미국 정부가 즉시 수락할 수 있는 한국의 과도 정부를 제안했었다고 주장했다.

애치슨은 또 그 문서에는 신탁통치가 언급되어 있기는 하지만, 신탁통치가 필요하지 않을 수도 있다고 제안했으며, 만약 필요하다면 그 기간은 5년이 되어야 하며, 필요할 때는 5년을 연장할 수 있도록 했었다고 강조했다. 이러한 모든 것들은 구체적인 계획으로 제출된 것이 아니라, 토의를 위한 근거로 사용하고자 제안된 것이었다.[74)]

---

72)) *Hist USAFIK*, *Ibid.*, p. 91.

73) Rad, State Dept to CINCAFPAC Adv, SD 02148/2, 2 Feb 46 : *Hist Files*.

74) Washington(State Dept), 901615/Z to CINCAFPAC Adv XXIV Corps, 9 Feb 46 : *Hist Files*. 그 메시지는 Department of State *Bulletin*, 3 Feb 46, p. 155에 인쇄된 애치슨 장관 서리의 신문 성명을 인용한 것이다. 번즈 장관의 전신은 1월 26일에 발신되었다. 그러나 서울에서는 2월 9일까지도 접수하지 못했다. 또한 Tel., Sec State to the Polit Adviser in Korea(Benninghoff), 26 Jan 46 : *FR, 1946*, Ⅷ, pp. 622~623.

국무성의 입장에 관한 보고는 1월 26일, 역시 국무성 논평의 요지가 서울에 도착하기 이전에 UP통신의 발표로 한국에 도착했다. 『한국민보』(韓國民報 : *Korean Peoples Times*)는 애치슨의 성명서의 일부를 인용하여 "우리는 미국이 처음에 10년의 신탁통치가 필요하다고 주장했었기 때문에 애치슨이 그러한 변명을 한다고 생각한다"고 보도했고, 『한국자유신문』(*Korean Free Press*) 역시 군정이 기만적인 보도를 한다고 비난했다.[75)]

4. 커뮤니케이션의 향상을 위한 건의

신속한 정치적 지침을 요구하는 이제까지의 하지 장군의 건의서와 절박한 호소를 국무성이 거절한 것에 관한 하지 장군의 신랄한 편지로 말미암아 군사적 채널의 문제를 진지하게 고려하기 시작했다. 링컨(George A. Lincoln) 장군은 간결한 편지를 합참에 보냈다. 여기에서 그는 일어난 모든 사태의 개요를 적고, 하지 장군의 권고에도 "불구하고" 번즈 장관이 5년의 신탁통치를 제안했던 사실에 대해 특별히 언급함으로써 겪은 하지 장군의 곤경을 상당히 자세하게 검토했다.

이 비망록은 관련 당국의 검토를 거친 뒤 합참으로 발송되었다. 합참은 총사령관 참모장인 리하이(W. D. Leahy) 제독과 협의한 뒤 전쟁성과 해군성 장관에게 비망록을 보냈다. 이 비망록에서 합참은 하지 장군이 국무성으로부터 적절한 지지를 받고 있지 못한 입

75) *Korean People's Times*, 27 Jan 46, headlined : UNITED STATES INSISTS UPON KOREAN TRUSTEESHIP FROM FIRST, UNDER-SECRETARY ACHESON ANNOUNCES ; Korean Free Press, editorial, 28 Jan 46은 모든 상황을 검토했다. *Hist Files*.

장에 대하여 "유감"을 표시하고 이러한 상황이 재발하는 것을 방지하고 긴밀한 협조를 다지고자 장관들이, 국무장관에게 비망록 초안을 동봉한 하지 장군의 편지를 보낼 것을 주장했다.

비망록 초안은 "되돌아보면 하지 장군의 관심이 정당한 것 같다"는 점과 우리의 외교 정책을 형성하고 집행할 때, 국무성과 그 정책을 매일 매일 집행해야 하는 집행 기관들 사이의 완전한 이해와 인식이 수반된다는 데 관한 "큰 확신을 줄" 수 있는 이해가 있어야 한다고 결론을 내렸다.

또 그 비망록은 국무성이 주요 정책에 관해 어떤 외국 정부와 대화하거나 약속하기에 앞서 군사와 안보에 관련된 문제들에 관해서는 기지창부서(Service Department)나 합참과 상의를 해야 하며, 공개적인 발표를 하에 앞서 관련 야전 사령관들에게 논의의 경향을 알려주어야 한다고 제안했다.

최종적으로 발송된 비망록은 간결한 것으로서 하지 장군의 보고서와 함께 제출되었다. 그 비망록은 다음과 같이 언급하고 있다.

> 해외에 주재하고 있는 미국 대표의 건의서가 이행되지 않을 경우, 그가 자신의 행위를 적절히 관리할 수 있도록 하고자 그에 대하여 즉각적이고도 적절한 충고를 주어야 한다는 데 귀하도 동의하리라 믿습니다. 지역적인 상황에 큰 영향을 미치는 문제에서는 더욱 그렇습니다. 우리가 그러한 절차의 성공을 함께 확신할 수 있는 최상의 방법에 대해 귀하가 논평해 줄 것을 요청합니다.[76)]

76) Memo for JCS, Sub : Need for Promptness in Political Guidance for Korea, JCS 1483/27, by Lincoln, 13 Feb 46. 국무장관에게 보내는 이 편지는 3월 18일 보냈다. *ABC 014 Japan,* Sec 17-B.

국무성은 "하지 장군이 신속히 정보에 접할 수 있도록 하고자" 모든 기회를 이용하고 있다고 대답했다. 그리고 신탁통치에 관해서는 하지 장군에게 보낸 10월 13일의 3성조정위원회 비망록 176/8 (SWNCC 176/8)에서 "이 정부가 한국에 관한 신탁통치를 지지한다는 것을 분명히 밝히고 있었고", 더욱이 12월에 작성된 국무성의 신탁통치 협정 "초안"이 주한 미군에게 발송된 바 있다는 사실을 지적했다. 그리고 국무성의 방송이 "신탁통치 구상을 회피했다"는 하지의 주장에 대해, 그 메시지는 다음과 같이 기술하고 있다.

> …… 만약 관련 4국 정부들이 만족할 수 있는 다른 해결책을 발견할 수 있다면 우리는 결정적으로 신탁통치에만 의존하지는 않을 것이라는 것을 보여주고자 그러한 내용이 방송된 것이었을 뿐 모스크바에서 이루어진 우리의 합의를 수정한다는 의미는 없었다. 사실상 그것은 과도적인 신탁통치의 필요성 없이 국가를 통치할 수 있는 정부를 수립하는 것이 가능할 것이라는 희망에 근거를 두고 있었다.

국무장관은 하지 장군이 소련의 선전과 책략을 저지할 수 있는 "우리의 능력"에 대하여 의문을 가져야 하며, 소련과의 회담 시초부터 그렇게 실패를 확신하지 않았다면 그 결과에 관심을 덜 느낄 수도 있을 것이라고 언급했다. 마침내 그는 하지에게 소식을 잘 전해 주고, "서울에서 진행되고 있는 교섭의 만족스러운 진전을 확신시켜 주기 위한 좀더 효과적인 방법"에 관한 제안을 환영했다.[77] 전쟁성은 비록 하지 장군의 불평들이 사실과 통신문을 통해

77) Ltr to Sec War, Robert P. Patterson, Sgnd, James F. Byrnes, 1 Apr 46 : Copy, Box 787 Korea, I : CAD Files ; 편지 전문은 *FR, 1946*, Ⅷ, pp. 654~656 참조.

서 입증될 수 있다 하더라도, 전쟁성의 주요 목적은 달성되었으며, 더 이상의 논쟁은 도움이 되지 않는다고 결론을 내렸다.[78)]

하지도 "이제" 자신이 수령한 정치적 지침에 만족한다는 내용으로 국무장관에게 보낼 답신을 마련하였다. 그러나 전쟁성은 하지 장군의 관점을 평가하라는 촉구를 받았다. 예를 들어, 신탁통치는 한국인들로부터 배척당하기 때문에 "그것이 확고한 미국의 정책이 될 때까지는 하지 장군이 그것을 계속 반대하는 입장을 이해할 수 있는 것"으로 풀이되었다.

당시까지 실질적인 성과가 없었다는 것과 미국의 견해에 대해 소련이 공공연히 반대한다는 점에서 하지 장군의 비관적 견해는 정당화되었다. 전쟁성장관은 하지 장군에 대해 관찰해 본 결과, 그가 제출하는 어떠한 보고서도 "현실적이며 믿을 수 있는 것"이라고 강조하면서 이렇게 덧붙였다.

> 나는 하지 장군을 완전히 신임한다. …… 만약 우리가 그에게 정부의 완전히 통합된 지지를 보내 주는 노력을 계속한다면, 미국은 한국에서 일을 잘 해 나갈 것이라고 확신한다.[79)]

전쟁성 장관은 해리만 대사가 2월에 한국을 방문한 뒤 언급했던 유리한 논평들을 인용했다. 당시 해리만은 하지와 아놀드를 극도로 칭찬했다. 그는 그들의 능력과 외교에 깊은 감명을 받았고, 한국에서 우리의 목적을 달성할 가능성이 있다고 믿는다고 매우 호의적으로 말했다. 그리고 그는 미국 정부의 견해에 대해 하지 장

78) Memo, Sub : Trusteeship of Korea, Summary, 4 Apr 46, *OPD 093*.
79) *Ibid.*, Undated letter : *CAD Files*.

군에게 지침을 주는 것이 바람직하다고 믿고 있으며, 또 그가 이 지침을 가지고 지역 상황에 맞도록 적절한 성명서로 번역할 수 있게 해야 한다는 데 동의했다.

해리만은 한국에서 오는 통지문에 대하여 가능한 한 신속히 조치를 취하려면 합참과 같은 특별 기구가 한국으로부터의 모든 통지문에 관해서 가능한 한 빨리 조치해야 할 필요가 있다는 하지의 주장에 찬성했다.[80]

80) Memo for Gen Lincoln, Sub : Conference with Ambassador Harriman, 20 Feb 46, sgd TND., SWNCC 176/20을 토의하기 위한 비공식적인 특별위원회의 회의 결과를 요약했음. *ABC 014 Japan,* Sec 17-B.

제10장

모스크바의 결정에 관한 두 번의 회담

모스크바 공동 성명의 제3항은 한국에서의 양대 진영 사이의 경제적 · 행정적 문제를 항구적으로 조정하고자 1945년 12월 26일부터 2주간의 공동회담(Joint Conference)을 제의했다. 이것은 아직 조정을 거치지 않은 채 계획된 미소위원회(Soviet-American Commission)와는 다른 것이었다.

12월 28~29일에 적절한 지령을 마련하고자 전쟁성과 국무성 요원들이 만났다. 공식 지령은 3성조정위원회에서 검토되었지만 예비 지령은 태평양 사령부와 하지 장군에게 제출되었다.[1] 대체로 이 지령은 경제적 · 행정적 문제에 관한 한 11월의 해리만 대사의 지시에서 규정한 원칙과 일치했다. 그리고 미국 대표단을 위한 두 가지의 추가 "지침"이 강조되었다.

1) Memo, Under Secretary of War Robert P. Patterson for Secretariat, SWNCC, Sub : Directive to Gen MacArthur for U.S.-Soviet Conference on Korea, 2 Jan 46 : *ABC 014 Japan*, Sec 17-A.

(2) 합참의장의 추가 지시가 있기까지는 정치 문제를 거론해서는 안 되며 미국 대표단은 그들의 토의 내용을 경제적 · 행정적 내용에 국한시킨다.

(3) 귀하는 귀하가 바람직하고 유리하다고 믿는 한 연락원의 교환과 양측 지역에서 미 · 소 군사 요원들의 이동에 대해 합의할 수 있는 권한을 갖는다.

이 지령은 "공동위원회 회담의 조속한 정치적 지침"을 약속했다.[2] 최종적인 세부 지령은 회담이 시작된 이틀 뒤에 서울에 도착했다.[3] 최종적인 회담 지시는 회담의 의제가 순수하게 행정적 · 경제적인 문제에 국한되어야 한다고 조심스럽게 명시하고 있다. 하지 장군은 이미 소련 사령관이 미국 측 지역에서 어떠한 공산주의자의 활동도 금지한다고 약속해 주기를 바랐다.

워싱턴은 공산주의자의 활동이 어떻게든 거부될 것이고, 더욱 중요한 것은 어떠한 보장된 경제적 합의가 그런 행위로 발생할지 모르는 위험을 격감시킬 것이라고 믿었기 때문에, 소련으로부터 별도의 약속을 받아 낸다는 문제에 대해 반대했다.

그와는 달리 주한 미군의 직원들은 모스크바에서 생긴 일과 관련된 단편적 자료들을 종합해서 미국의 협상 대표들이 그 회담의 조건을 어느 정도까지 이행해야 하는지를 결정하려고 바쁘게 노력했다. 확실히 그들에게는 애치슨 장관이 이 회담에서 경제적 ·

2) Tel., The Joint Chiefs of Staff to the General of the Army Douglas MacArthurat at Tokyo(Washington) 5 Jan 46. 보고서는 이 사본이 1월 7일 SWNCC로 전달되었다고 언급하고 있다. *FR, 1946*, Ⅷ, pp. 607~608. SWNCC 기록에 따르면, 12월 31일 하지 장군은 약간의 예비적인 제안을 받았다고 한다. 주 1)의 Patterson Memo 참조

3) SWNCC 176/13 : Rad JCS to CINCAFPAC Adv, Info to XXIV Corps, 18 Jan 46 참조. 별다른 표시가 없는 한, 뒤에 나오는 모든 무선 전보들은 *Historical Files* : Box 16, entitled "American-Soviet Conference."에 있는 원문에서 복사한 일단의 메시지에서 인용했다.

행정적 문제와 한국 임시정부 수립의 문제를 다루기를 원하는지의 여부가 분명치 않았다. 그들은 어떤 토의에서도 이 두 가지 문제를 분리시켜 다루는 것이 최선이라고 판단했다. 오히려 그들은 남북 분단과 관련된 긴급한 문제가 임시정부와 같은 주요 고려 사항을 지연시킬 정도로 복잡하게 되지 말아야 한다는 데 관심을 쏟고 있었다.[4)]

미국의 요원들은 또한 공산당과 그 유관 단체들이 앞으로 논의하고자 하는 "민주주의적 정당·사회단체"라는 용어에 부합하는지의 여부를 결정하려고 노력했다. 그들은 공산당이 국민의 주권에 근거를 둔 대표 정부를 지지한다면 "민주적"인 것으로 간주해야 한다고 충고했다.[5)] 이러한 논란에 이어서 하지 장군은 워싱턴에 더 많은 정보를 요구했다.

(1) 이 회담에 관해서 해리만 대사에게 언급한 주제 이외에 비공식적인 견해가 있었는가?

(2) 대표단의 규모와 충원에 관련된 어떤 논의가 있었는가?

(3) 이 회담이 소련 점령지에서 개최될 것이라는 언론 보도는 사실인가?

(4) 국무성은 어떤 특정한 조직체를 "한국의 민주적 정당·사회단체"에 누락시키거나 포함할 의도가 있는가?

(5) 일반적으로 한국 문제에 관해서, 그리고 특별히 신탁통치와 관련되어 각 정부는 어떤 태도를 견지하고 있는가? 언론 보도에 따르면 미국은 신탁통치를 반대하고 소련은 찬성한다는데, 영국과 중국의 태도가 보도되지 않았다.

4) Memo, G-2 to C/S, USAFIK, G-2 File No. 20, 1 Jan 46. 회의가 개막되기 전날까지도 회의의 정확한 목적이 일부 신문에 명확히 전달되지 않았다. 예를 들어 『뉴욕 타임스』지의 존스턴(R. I. Johnston)은 경제적인 문제가 해결되고 난 뒤 협상에서 과도 정부 문제를 주제로 채택할 것이라고 보도했다. *New York Times*, 17 Jan 46.

5) Inter-Staff Memo, G-2 to C/S, USAFIK, 4 Jan 46 : *Hist Files*.

추가로 하지 장군은 협상에 실제적으로 도움이 되거나 회담에 필요한 전술 · 전략의 바탕이 되는 어떤 자료라도 보내 줄 것을 국무성에 요청했다. 소련은 지연 작전을 펴면서 방해할 것이며, 단계 마다 "우리가" 이 일을 주도하도록 할 것이라고 예측되었다.6)

같은 날 다른 통신문에서 정치 고문 베닝호프는 "민주적 한국 임시정부"와 현존하고 있는 김구의 임시정부의 모스크바 공동 성명에 관한 성명과의 혼란을 피하고자 미소공동위원회의 후원으로 설립될 정부를 말할 때에는 "과도 정부"(Interim Government)라는 용어를 사용하는 것이 최선이라고 조언했다.7)

1월 13일의 추가 통신문에서 정치 고문은 소련이 소련어판 공동성명에서 "신탁통치"(trusteeship) 대신에 "후견"(guardianship)이라는 용어를 사용함으로써, 소련의 의도가 한국인들에게 "후견"에 찬성하도록 하려는 암시가 담겨 있다고 말하고, 이 모든 문제는 있을 법한 "이상한 계획"에 대하여 현지의 한국인이 의구심을 불러일으켰음을 지적하면서 소련판 원문의 사본을 서울로 발송해 줄 것을 요청했다.8)

국무성은 1월 12일 하지 장군이 보낸 일련의 질문에 관한 답변을 보냈다. 그는 이번 회담이 모스크바의 해리만 대사가 제기한 문제만을 해결하려는 것이 목적이라는 답변을 받았다. 질의문의 2번과 3번에 관한 대답은 부정적이었다. 4번 질문은 정치적인 것이기 때문에 현 회담의 긴박한 관심사가 아니었다. 위의 질문에 관한 답변은 곧 이어질 공동위원회를 위한 지령에 포함될 수도 있었다.

6) Rad, CG USAFIK to SCAP, TFGCG 220, 7 Jan 46.
7) Tel., Pol Adv in Korea(Benninghoff) to the Sec State, 7 Jan 46 *FR*, 1946, Ⅷ, p. 608.
8) *Ibid.*, p. 611.

신탁통치에 관련된 통신문의 내용은 어느 정도 완전되었지만, 모스크바회담에서 이 결정을 공동위원회에 위임했다는 것을 암시하는 것처럼 보였다. 그리고 영국의 입장에 관한 단서는 없었고, 중국의 입장은 미국과 일치하는 것이라고 여겨졌다.[9] 국무성의 답변 기록은 부분적으로는 위의 군사 통신문과 일치하고 있지만, 그 의미는 보다 더 명백하게 제시되어 있다.

> …… 공동 성명은 만약 공동위원회와 한국인들이 제안한다면 신탁통치를 고려하겠다는 모스크바에서의 소련의 태도를 반영하고 있다. 영국은 11월 14일, [외무성 극동국장] 베네트(Sterndale Bennett)가 대사관과 나눈 전화(Embtel London 11925)의 입장을 따랐다. 모스크바회담에 불참한 중국은 미국의 입장에 동의할 것이다.[10]

중국의 입장에 관하여는 1월 4일 위도명(魏道明) 중국 대사와 애치슨 국무장관 사이의 초기 회합에서 조금 다른 입장이 제시되었다. 이 자리에서 중국 대사는 신탁통치에 관해 국무장관 및 극동국장 빈센트와 가졌던 초기 회담을 언급했다. 이때(1월 4일) 그는 "미국 정부의 태도는 신탁통치가 한국의 상황을 복잡하게 만드는 것처럼 보이기 때문에 신탁통치가 불필요하게 되기를 바란다"고 말했다.

애치슨은 자신이 입수한 모스크바 공동 성명과 1945년 12월 30일에 있었던 번즈 국무장관의 라디오 연설문에 관하여 얘기했다. 그것은 "우리는 신탁통치가 필요하지 않기를 희망한다. 소련 정부

---

9) Rad, WDGS to XXIV Corps, Polad, SD 7710, 121730/Z, 12 Jan 46.

10) Tel., Actg Sec State(Acheson) to Pol Adv in Korea(Benninghoff), 12 Jan 46 : *FR*, 1946, Ⅷ, p. 610. 영국의 입장에 관해서는 p. 281 참조.

가 이 공동 성명에 참여하고 있기 때문에 그들은 다른 의견을 가지고 있다고 생각할 이유가 없다"[11]는 것이었다.

"과도정부"(Interim Government)와 상반되는 개념으로서의 "임시정부"(Provisional Government)에 관한 문제와 관련하여 애치슨은 그 공동 성명의 "임시정부"라는 용어는 "소위 말하는 김구의 임시정부를 의미하려는 것은 아니다"라고 대답했다. 그는 김구의 정부가 현실적으로 정부가 아니라 하나의 정당이므로, 다른 대표 집단과 함께 현재 거론되고 있는 "한국 임시 민주 정부"에 함께 참여할 것이라는 성명서가 발표되어야 한다고 권고했다.[12]

"후견"과 "신탁통치"라는 용어와 관련하여서도 국무성은 "…… 내용을 비교한 결과 생략도 없었고 일관성의 부재도 없었다. 소련어로 opeka는 "후견"과 "신탁통치"로 혼용되어 사용되고 있다"[13]고 설명하면서 우려할 이유가 없다고 답변했다.

하지 장군은 또한 모스크바에서 무슨 일이 있었던가를 알아보고자 주요 협상자 가운데 한 사람이며 곧 극동으로 파견될 해리만 대사와 한국 문제를 토의할 의향이 있음을 피력한 바 있다. 그러나 이 회담을 하면서 뭔가 해로운 억측이 발생할 수 있다고 우려한 맥아더 장군은 이 방문에 당초부터 의문을 제기했다.

그러나 하지 장군의 요구에 따라 해리만 대사는 2월 2일 한국을 방문했다. 그런데 이 방문으로 말미암아 해리만 대사가 공동 신탁통치 계획을 지원하려고 왔다는 추측이 곧 발생하였다. AP통신의

11) Memorandum of Conversation, by the Under Secretary of State(Acheson), Washington, 4 Jan 46 : *FR, 1946*, Ⅷ, pp. 606~607.

12) Tel., Actg Sec State(Acheson) to Pol Adv in Korea(Benninghoff), 12 Jan 46 : *FR, 1946*, Ⅷ, p. 610.

13) *Ibid.*, p. 611. footnote 18.

머리기사는 다음과 같다.

> "미국 측을 지원하고자 해리만이 한국에 오다. 소련 사절단과 요담하는 미국 측 관리들과 합세하다."

사실상 해리만 대사는 언론의 대담에 응답하지 않았고, 미국 대표단에 합세하지도 않은 채 3일 뒤에 떠났다. 그러나 그는 하지 장군과 대담했고, 신탁통치는 루즈벨트 대통령의 "작품"(baby)이라고 언급한 『타스』 통신의 보도를 전적으로 시인했다.14)

1. 미소공동회의(1946. 1. 16.~2. 5.)

하지 장군은 1월 8일, 제25 주한 소련 야전군 사령관인 치스챠코프(Ivan M. Chistiakov) 상장(Colonel General)으로부터 소련이 합동회의에 참여할 준비가 되었고, 슈티코프(T. F. Shtikov) 상장이 소련 측 대표로 나설 것이며, "1946년 1월 15일부터 20일 사이에 서울이나 귀하가 편리한 장소에서" 만나자는 통보를 받았다.

하지 장군은 그 다음날 그 제안을 받아들여, 1월 15일에 회합 장소로는 서울이 좋고, "이후는 귀측이 준비할 수 있는 한 빨리 할 수 있다"고 말하고, 아놀드 소장이 "슈티코프 상장과 회담하는 미국 측 대표"가 될 것이라고 발표했다.15) 그 뒤 미국과 소련

14) (1) 해리만의 방문을 둘러싼 메시지 교환에 관해서는, Rads, CG USAFIK to SCAP, TFGCT 235, 17 Jan ; CINCAFPAC Adv to CG USAFIK, 180425/Z, 18 Jan, and CA 57113, 21 Jan ; CG USAFIK to SCAP, TFGCT 246, 22 Jan 46 참조.
(2) ② "Record of Observations on Korea by Ambassador Harriman on February 4, 1946,"에 관해서는 *Hist Files*. 참조.

측의 대표단 사이의 서신으로 회담 날짜를 1월 16일로 최종 확정했다.[16)]

한국에 있는 정치 고문은 남한에서 "미래의 회담에 대하여 상당한 관심"이 고조되고 있으며, 대중들은 "첫 회담에서는 행정적이고 경제적인 문제만이 거론될 것이고 정치적 문제는 현재로서는 거론되지 않을 것으로 알고 있다"고 워싱턴에 통보했다.[17)]

미소공동회의는 1월 16일 수도의 왕궁에서 개최되어 15회의 공식 회담을 가졌으며, 마지막 회담은 2월 5일에 열렸다. 미국 측 대표단은 아놀드 소장, 러치(A. L. Lerch) 소장, 스팔딩(Sidney P. Spalding) 소장, 베닝호프 씨, 부드(R. H. Booth) 대령, 브리톤(F. H. Britton) 대령, 언더우드(J. C. Underwood) 대령, 헐리히(W. J. Herlihy) 중령, 코널슨(A. J. Cornelson) 중령, 엔더스(G. B. Enders) 중령 및 전문 보조원들로 구성되었다.

소련 측 대표단은 슈티코프 상장, 짜랍킨(S. K. Tsarapkin) 특명 대사, 샤닌(G. I. Shanin) 소장, 로마넨코(A. A. Romanyenko) 소장, 발라사노프(G. M. Balasanov) 고문, 부트프소프(Engr-Colonel Butysov) 공병 대령, 마누키안(Adv. Manukian) 고문, 라프로프(Adv. Lavrov) 고문, 카쿨옌코(Lt. Colonel Kakulyenko) 중령, 마슬로프(Sect. Maslov) 서기로 구성되었다.

소련 대표단에는 미국 측보다 고위 관리의 수가 더 많았다. 이로 말미암아 하지 장군은 다음의 "정치적" 미소공동회의에는 최소한 국무성 고위 직원과 1명의 중장, 혹은 대장으로 구성된 고위 요

---

15) 서신 교환에 관해서는 *FR, 1946*, Ⅷ, pp. 608~609 참조.

16) *Ibid.*, p. 616.

17) Tel., Pol Adv in Korea(Benninghoff) to Sec State, 23 Jan 46 *Ibid.*, p. 616.

원을 대표단으로 구성해 줄 것을 맥아더 장군에게 요구했다.[18] 약 40명의 한국 기자들이 회의를 관람했으며, 개막 연설은 JODK 방송을 통해 영어 · 소련어 · 한국어로 보도되었다.

그 이후의 모든 진행은 비밀리에 추진되었고, 소식은 양측의 대표의 공동 발표문으로 제한되었다. 아놀드 장군은 통일된 한국의 행정과 경제를 복원시킬 수 있는 모든 조치를 취함으로써 38°선의 불행한 결과가 제거될 수 있으리라는 희망을 피력하면서 사업 부문의 회의를 개막했다. 이러한 목적을 위해 미국 측은 20개 항의 세부 의제를 제시했다.[19] 당시에 희망은 컸었지만, 제한적이고 매우 일반적인 5개 항의 소련 측 의제가 보도됨으로써 그 희망은 즉시 감소되고 말았다.[20] 그나마 그중의 하나는 절차상의 의제였다. 최종적인 공식 15개 항의 의제는 다음과 같다.

---

18) 워싱턴은 맥아더 장군에게 소련과의 일을 처리하면서 경험 있는 장교들이 추가로 더 필요한지를 문의했다. 그리고 "하지의 참모를 증원할 때 귀하가 필요하다고 생각하는 어떠한 원조도 제공해 주겠다"고 제안했다. 그 결과, 스팔딩(Sidney P. Spalding) 장군이 한국에 파견되었다. 일련의 메시지들을 보면, 하지 장군은 이 가능성을 통고 받았으나, 당시 활용할 수 있는 장성들이 부족했던 것으로 보인다. 이들 메시지에 관해서는 Tel., Wash. to CINCAFPAC Adv, and CG XXIV Corps, 6 Jan, 061056/Z ; Wash., to CINCAFPAC Adv 9 Jan 46(Pass to Hodge for Info), 09005/Z 참조. 하지의 마지막 메시지에 관해서는 CG USAFIK to SCAP, TFGCT 161600, 16 Jan 46 : Hist Files 참조.

19) 서울로부터의 공식 보고는 11개의 "최초 미국의 의제"를 제시했다. Report of Political Advisor, H. Merrell Benninghoff, Sub : United States-Soviet Joint Conference, Transmission of Copies of Certain Documents in Connection there with, to Sec State, 15 Feb 46 : 740. 00119 Control(Korea), 2-15446. 이 최초의 의제는 부록에 수록되어 있다. 그 의제는 여러 회담의 토론 주제였다. 소위 "공동 의제"는 1월 20일까지 채택되지 않았다. 그러나 하지 장군은 20개의 미국의 의제를 1월 23일 맥아더 장군에게 보고했다. Rad CG USAFIK to SCAP, #153, 23025, 25 Jan 46 : loose message : *Hist Files*. 최초의 11개의 의제를 제외한 간략 보고에 관해서는 *FR, 1946*, Ⅷ, pp. 633~636. 참조.

20) Rad, CG USAFIK, *Ibid.* 소련의 의제에 관해서는, App. p. 469 참조.

(1) 북한에서 남한으로의 전력 공급 조건.

(2) 남북한 사이의 쌀 · 원자재 · 연료 · 산업 장비 · 화공 약품과 같은 상품의 교역을 허용하는 문제.

(3) 두 지역에서의 철도 · 차량 운송과 남북한 항구의 연안 수송.

(4) 남북한 항구에서의 일관된 규제 설정.

(5) (a) 남북 간에 수송된 상품의 상호 대금 결제.

(b) 일원화된 재정 체제를 수립하는 문제 이에 관해서는 향후에 더 연구하기로 함.

(6) 약 10만 명의 일본인 난민을 북한에서 일본으로 송환시키는 문제.

(7) 미소 군사 지역의 경계 지역에 미소 공동 초소 설치.

(8) 한국인들을 한 지역에서 다른 지역으로 이전시키는 문제.

(9) 소포를 제외한 양측 사이의 우편물 교환.

(10) 북한 지역에서 남한 지역으로 석탄 및 농산물을 수송하는 문제(석탄과 농산물은 미국 측이 북한 지역 외곽에서 접수한다. 이 항은 공개되었다).

(11) 남북한 사이의 전화와 전보 통신의 재개(추후 연구).

(12) 무역 사무소의 장기적인 통신 개설에 관하여(추후 연구).

(13) 남북 사이의 방송을 위한 송출 주파수 결정(추후 연구).

(14) 38°선을 따라 부분적으로, 또는 현지 사정에 따라 경계선을 조정하는 문제는 소련 측 대표단이 이 문제를 고위 당국자와 협의하여 지시를 받은 연후 다시 이 문제를 의제에 삽입시키기로 함.

(15) 북한의 소련군 사령관과 남한의 미군 사령관 사이의 미래 협력을 위한 조치를 강구하는 문제.[21]

의제에 관한 합의가 있은 뒤 여러 가지 항목을 토의하고자 경제 · 행정 · 수송의 3개 소위원회로 회담을 세분했다. 회담이 진행

21) Headquarters, US-USSR Joint Conference, "Joint Agenda"(최종적으로 채택됨) 이것은 아놀드 소장과 슈티코프 상장이 대표단장으로서 각각 서명했다. Pol Adv Benninghoffs Report to the Department of State : 740. 00119 Control(Korea), 2-1546의 부록 No. 3.

되면서 미국 측 지휘관은 현 기구의 법적 권한을 판단하고자 모스크바회담에서 거론된 보다 많은 정보를 요구했다.

예를 들면, 미국 측은 경제적 통합이 협상에서 우선 과제이며, 그 뒤에 모든 문제에 관하여 광범위한 토의를 하는 것이 모스크바 결정의 뜻이라고 이해했었다. 그러나 소련 측은 아주 상반된 생각, 곧 모스크바 결정은 바터(barter)제에 따라 몇몇 특정한 안건을 지극히 제한적으로 토의하도록 되어 있다고 주장했다.[22]

결과적으로 미국 대표단은 이를 밝히고자 긴급 무전 전보를 워싱턴으로 발송하였다. 제3차 회담이 있은 뒤 하지 장군은 소련 측이 한국 전체에 신문을 배포하는 문제나 자산 이전의 금지에 관한 토론을 거부했다고 말했다. 그는 소련 측이 이를 토의할 권한을 가지고 있지 않은 것이 분명하지만 "앞으로의 연구"만을 위해 다음의 의제, 곧 석탄과 농산물을 남북한 사이에 수송하는 문제, 일원적인 재정 체제의 설정, 양측의 상업 단체 사이의 의사 교환만을 의제에 포함하는 데 동의했다고 말했다.[23]

국무성의 베닝호프 정치 고문에 따르면 자산의 이전 문제를 의제에서 제외한 것은 협상자들 간에 심각한 논쟁을 유발했다고 한다. 소련 측은 문제가 이번 회담에 거론될 문제가 아니라고 주장했고, 어떠한 경우라도 그 문제가 양측에서 금지되어 있기 때문에 토론할 필요가 없다고 주장했다.

그의 보고에 따르면, "소련은 미국이 직접적인 비난을 했는지"의 여부를 질의했지만 우리의 증거는 모두 풍문이어서 입증할 수 없

22) Rad, CG USAFIK to SCAP, 211647/L, 21 Jan 46.

23) Rad, CG USAFIK to SCAP, 181730, 18 Jan 46. 하지 장군은 회담의 진행 상황에 대해 SCAP에 매일 보고했다. 의제 토의에 관한 더 자세한 사항은 *FR, 1946*, Ⅷ, pp. 611~612 참조.

었기 때문에 아놀드 장군은 의제에서 그 문제를 제외하는 데 동의할 수밖에 없었다.[24)]

그러는 동안에 워싱턴은 하지 장군의 첫 번째 요구에 관한 답신을 보냈다. 국무성은 소련 측이 미국의 입장을 전적으로 수용하리라고 기대하지는 않았으나 하지 장군이 현재의 의제를 기반으로 회담을 계속하라고 촉구했다. 국무성은 회담을 계속하는 것이 "보다 광범위한 합의를 유도할 수 있는 추가 회담의 기회를 제공하는 데 귀중하고도 중요한 단계"라고 생각했다.

그러나 동시에 국무성은 하지 장군이 소련의 막연한 제안을 "향후의 고찰을 위한 조치"로 받아들이지 말고 "영원한 협력"을 이루기 위한 "초기의 조치"를 취하라고 지시했다. 그러나 이러한 방침을 통해서 명백히 얻을 수 있는 것이 없으면 미국과 한국은 미국의 입장을 밝히는 공개 성명서를 발표할 필요가 있었을 것이다. 국무성은 "귀하가 어려운 상황에서 사태를 아주 잘 처리하고 있다고 이곳에서는 느끼고 있다"[25)]는 찬사를 보냈다.

소련 대표들의 주요 목적이 드러나기 시작한 것은 제6차 회의에서였다. 소련은 북한을 위해 쌀의 확보를 바랐다. 단지 그에 관한 교환 조건으로 그들은 남쪽의 미군 측에 아주 필요한 전력·석탄·화학품을 보낼 의향이 있었다.[26)] 하지 장군은 일련의 성명을

24) Benninghoff Report to Sec State, 15 Feb 46 : *FR, 1946*, Ⅷ, p. 635.

25) State Telegram No. 12, signed Acheson : State to Pol Adv Korea through CINCAFPAC, 25 Jan 46, Enclosed in JCS 1483/24, 30 Jan 46, Sub : Political Guidance for Korea : *ABC 014 Japan*, Sec 17-B. 정치 고문 베닝호프가 하지 장군에게 정보를 제공해 주고자 보냈던 최초의 메시지에는 JCS가 동의하고 하지 장군과 맥아더 장군에게 그렇게 보고하도록 권유 받았다고 기록되어 있다. 이것은 2월 9일의 일이었다. 그 성명을 구체화한 국무성의 응답과 그에 관한 행정적 언급들은 다음에 포함되어 있다. Tel., Actg Sec State(Acheson) to the Pol Adv in Korea(Benninghoff), 25 Jan 46 : *FR, 1946*, Ⅷ, p. 621.

위한 보고를 통해 38°경계선의 철폐와 유사한 어떤 것도 이번 회담에서 도출해 낼 수 없다고 말했다.

하지 장군은 미국 측이 소련보다 훨씬 더 많은 것을 원하고 있기 때문에 불리한 입장에 있다고 말했다. 한국에서 소련이 관심을 가지는 것은 오직 "소련의 이익"뿐이었다.[27] 하지 장군은 소련의 수석대표에게 "제한적인" 토의에 직접 항의했고, 소련 측이 제반 문제를 토의할 수 있는 권한을 가져야 한다고 요구했다. 이것이 불가능하다면 소련은 하루 속히 그러한 결정의 권한을 확보해야 한다고 그는 요구했다.[28]

마침내 1월 25일, 소련 대표단은 만약 쌀이 지체 없이 북측에 공급되지 않을 경우, 남한으로의 전기 공급을 중단할 것이라고 위협했다. 이에 걱정된 하지 장군은 국제연합 구호복구처(UNRRA)가 북한에 곡물을 공급할 수 있는지의 여부를 연합군 최고사령부에 문의했다.[29] 전체적인 상황을 평가하면서 하지 장군은 다음과 같이 말했다.

---

26) 제12차 회의까지, 소련은 소련 지역의 일본군 철수에 소요되는 경비와 문제점들을 미국 점령 지역의 자원으로 충당하고자 노력했던 것처럼 보인다. Rad, TFGBI 179, 3120221, CG USAFIK to SCAP, 31 Jan 46 참조. 쌀 문제에 관한 무선 통신에 관해서는 Radiograms : CG USAFIK to SCAP on 25, 26, 27, and 28 Jan, 7 Feb 1946 참조. 하지 장군은 소련이 당장 필요하지 않은 전기 설비를 북한에서 모두 제거한다는 계획을 추진하였기 때문에 전기 문제를 더욱 서둘렀다고 믿었다. Rad, CG USAFIK to SCAP, TFGBI 153, 23 Jan 46 참조.

27) Rad, CG USAFIK to SCAP, TFGBI 153, 154, 23 and 24 Jan 46.

28) Msg, CG USAFIK to CG, Soviet Forces in North Korea, 23 Jan 46은 Rad TSGBI 249, CG USAFIK to SCAP, 23 Jan 46을 포함하고 있다. 메시지는 소련 영사관에 직접 전달되었다.

29) Rad, CG USAFIK, Hodge to Marshall, TFGBI 254, 26 Jan 46. UNRRA는 유럽과 극동의 해방된 민족들이 전쟁의 참화를 극복하는 데 도움을 주고자 1943년 40여 개국이 설립한 United Nations Relief and Rehabilitation Administration이다. 미국은 이 기구의 주요 재원(財源)이며 후원자였다.

소련 대표단은 남한에 잉여 쌀이 없다는 결론을 내리고 협상을 계속하지 않으려는 태도를 보이고 있다. 그들은 일본이 쌀을 몇 차례 북측으로 수송했었다는 사실을 알고는 있으나, 만주나 북한의 다소 저급한 곡물로써 이를 대신할 수 있다는 사실을 인식하지 못하고 있다. 그들은 우리가 거짓말을 한다고 믿고 있음이 분명하다. 모든 면에서 그들은 모스크바로부터 엄격한 지시를 받고 있다는 것이 가장 정확한 정보이다. 한국민 사이에 인식되고 있는 자신의 지위에 관해 우려하기 시작한 소련은 미국을 불신하게 하는 선전을 강화하고 있으며, 현재 남한에서 약화되고 있는 공산당을 보강하는 동시에 자신들의 특권을 강화하려는 조짐을 보이고 있다.[30]

1월 말경에 작전국은 이 문제에 관한 그들의 생각을 전달했다. 링컨 장군은 국무성이 하지 장군에게 보내는 「즉각적인 지침서」에서, "식량 문제는 남북한 사이의 수송에 관한 문제가 아니라 미국·소련·한국의 3개 정부로 구성된 공동 기구에 의한 조사를 필요로 하는 사안"이라고 하지 장군이 소련 측에게 말하도록 권고했다. 그는 이런 방침을 통해서 무엇인가 이루어질 것이라고 확신했고, 미국이 한국의 상황을 호전시키지 못한 이유를 언론에 설명할 때 모양이 좋을 것이라고 믿었다.[31]

그러나 1월 27일 슈티코프 장군이 공동위원회 요원의 구성에 동의하자 하지 장군은 회담에 필요한 추가 요원에 관한 결정이 포함된 지침서를 서울로 보낼 것을 급전으로 촉구했다. 그는 연합군 최고사령부가 워싱턴에 "압력"을 넣어 결정하도록 해줄 것을 촉구했다.[32]

30) Rad, Hodge to Marshall(SCAP), TFGBI 261, 27 Jan 46.

31) Memo, G. A. L. to S&P Sec, OPD, 28 Jan 46 : *ABC 014 Japan*, Sec 17-B.

32) Rad, Hodge to Marshall through SCAP, TFGBI 265, 29 Jan 46.

쌀 문제에 관해 합의를 얻지 못하게 되자 양측은 경제적 통일에 관한 어떠한 합의도 도출할 수 없었다. 이 회담은 1946년 2월 5일, 슈티코프 상장이 소련의 입장을 반복하면서 더 이상 토론할 필요가 없다는 말과 함께 제15차 회담을 끝으로 막을 내렸다.[33] 제한적인 형태로 합의가 이루어진 공동 성명서가 발표되었다.

(1) 제한적인 철도 차량 · 연안 해상 운송.

(2) 남북 양측의 한국인 왕래.(이 항목은 일반적인 여행뿐만 아니라 무역이나 상업 활동에 따른 여행, 그리고 시민들의 과거 거주지로의 귀환과 학생과 개인이 가정의 일이나 급박한 일에 따르는 여행도 포함한다. 모든 사람은 특정 허가와 세부적인 규제를 받는다.)

(3) 소포를 제외한 양측의 우편물 교환.(1종 우편으로 제한한다.)

(4) 한국 내에서의 라디오 주파수 결정.

(5) 경제 문제에 관해 양측의 지휘관이 미래의 조정을 모색한다.(이 사항은 직통 전보를 설치하여 서로의 요구에 따른 특별 회합을 마련하기 위한 규정을 포함한다.)[34]

한국인들은 깊은 관심과 우려를 하면서 이 회담을 지켜보았다. 사령부는 한국 언론의 두 가지 대표적인 논평을 기록으로 남겨 놓았다. 하나는 "우익"을 대변하는 것으로 보이는 표제로서, 「한국은 생존할 것인가 죽을 것인가?」라는 글과 「38°선이 존재하는 이유는 무엇인가? 우리는 38°도선이 일본군의 무장 해제를 위한 군사적

33) Rad, CG USAFIK to SCAP, TFGBI 187, 5 Feb 46.

34) 기자 회견 자료는 Sub : "Results of the US-USSR Conference, 16 Jan-5 Feb 1946," Mimeograph Copy, *Hist Files*. 이것은 1946년 3월 7일에 발표되었다. *Summation* No. 5, Feb 1946, p. 284에 있는 거의 동일한 발표 참조, 1946년 2월 15일 정치 고문 베닝호프가 국무장관에게 보내는 보고서는 6번째 합의, 곧 통제 초소의 설치에 관한 내용이 포함되어 있다. *FR, 1946*, Ⅷ, p. 636(Item #2).

목적으로만 설치되었기 때문에(38°선이 유지되는 이유를) 도대체 이해할 수 없다.」는 사실이었다.

다른 하나는 극좌익의 글로서 한국 통일은 조만간 이룩될 것이라는 낙관적 견해를 표명하고 있었다.[35] 실망한 한국인들을 달래려고 하지 장군은 소련 대표단이 서울을 떠나자마자 담화문을 발표했다. 그는 이번 회담이 별반 큰 성과를 기대하지 않았던 예비회담이라고 말했다. 그러나 그는 다음과 같이 다짐하였다.

> 나는 한국민이 이 모든 문제의 조속한 해결을 간절히 기대하고 있다는 것을 잘 알고 있습니다. 나 자신도 진전이 늦어지는 것을 초조하게 생각합니다. 그러나 확실한 진전이 있었다는 것은 사실입니다.[36]

하지 장군의 요청으로, 소련 측이 이 회담에 최종 동의를 할 때까지 이 회담에 관한 완전한 내용이 발표될 수 없었다. 설명할 수 있는 시기는 약 3주일 후인 1946년 3월 9일이 되어서였다. 그때, 양측의 상반된 입장으로 말미암아 이 회담에서 토의될 수 없었던 주요한 주제에 관해 장문의 성명서가 발표되었는데, 자유롭게 신문을 배포하고 방송과 통화 제도를 통일하는 문제가 그것이었다.[37]

국무장관에게 보낸 보고서에서 베닝호프 정치 고문은 근본적인

---

35) (1) *Chosun Ilbo(Korea Daily News)*, 8 Feb 46 ; (2) *Chosun Inmin Po(Korean People's Times)*, 8 Feb 46. 둘 다 번역되어 *Hist Files*에 복사되어 있다.

36) 한국인에 관한 기자 회견 자료 등사 사본, 1946년 2월 11일, *Hist Files*. 특히 1946년 2월 12일자 『뉴욕 타임스』지에 발표됨, 『뉴욕 타임스』는 또한 "회담에서 정치 문제는 토의할 계획이 없었으므로 하지 않았고, 따라서 한국인들의 마음을 사로잡고 있던 문제는 토론에서 제외되었다"는 하지 장군의 말을 인용했다.

37) *G-2 Summary* No. 6, 18 Feb 46, *Hist Files* 참조. 여기에는 미국과 소련의 입장과 결론에 관한 15개의 의제가 수록되어 있다.

관점의 차이, 곧 전력 공급·상품 교환·상호 물품 결재에 관한 이견으로 말미암아 결론을 내릴 수 없었다고 설명했다. 그 보고서는 다음과 같이 결론을 맺고 있다.

> 회담 가운데 비록 정치적인 문제에 관한 토의를 조심스럽게 피했지만 …… 소련 대표단의 어조와 태도, 그리고 여러 단원이 말한 몇 가지 무분별한 말에 따르면, 소련이 최소한 북한을 장기적으로 지배하려는 것이 분명했다. 소련은 한국에서 만족스럽게 정치적 우위를 확보하거나, 정치적 필요에 따라 자신의 태도를 바꾸지 않을 수 없을 때까지는 한국을 개방하거나, 하나의 경제적·정치적 단위로 취급하려는 미국의 모든 노력을 저지할 것이 분명했다.[38]

회담이 6주일 지난 뒤에 미국 대표단은 소련 측의 초청으로 앞으로의 공동위원회 회담의 조정을 마무리 짓고자 평양을 방문하고 소련 측과 합의를 이룬 6개 항의 합의서에 최종적으로 서명하고 돌아왔다. 서울 측 보도는 이 조정의 미진한 점을 다음과 같이 보도했다.

> …… 이 최종 합의서는 회담에서 결정된 최초의 잠정 합의에 나타난 미국의 의도에서 약간 양보한 것으로서, 특히 38°선을 왕래하는 상업 활동과 민간인 왕래 부분은 더욱 그렇다. …… 보도에 따르면 소련이 쌀과 다른 식료품을 북한에서 실어 내가고 있다고 한다. 미국 측 지역에는 한국인에게 공급하지 않은 많은 양의 쌀이 있다고 주장하는 소련 측의 선전이 계속되었다.
>
> 소련 측은 남한에 공급된 약 2억2천만 kwh의 전력을 쌀로 보상할 것을

38) Report of Pol Adv in Korea(Benninghoff) to Sec State, 15 Feb 46 : *FR, 1946*, Ⅷ, p. 636.

요구하면서 만약 지불하지 않을 경우에는 전력의 공급을 중단하겠다고 위협했다. 이에 대하여 우리는 북한이 남한에 지고 있는 빚으로 이 전력 비용을 상쇄하겠다고 답변했다. 소련 측은 만약 남한이 쌀로 지불한다는 만족스러운 근거만 마련된다면 10톤의 염소(鹽素)와 3만 톤의 비료를 매달 공급하겠다고 잠정적으로 약속했다. 이에 관한 최종합의는 소련 측 사령관의 비준에 따르게 될 것이다.[39]

2. 미소공동위원회(1946. 3. 20.~5. 8.)

한국에 관한 모스크바회의의 결정은 4대 강국의 신탁통치에 관한 합의를 이행하면서 한국의 임시정부를 참여시키고자 한국 임시정부의 구성을 지원할 수 있는 미소공동위원회의 제2차 회의를 요구했다. 하지 장군은 이 공동위원회의 구성을 위한 조기 회담을 주선하라는 지시를 받았다.[40] 그는 이 조기 회담이 "진행에 존엄성을 부여하고 우리가 한국과 극동에 부여하고 있는 비중을 소련 측에 인식시키고자" 공식 외교 사절을 통하여 이 일을 추진할 것을 워싱턴에 권고했다.

하지 장군은 또한 현재의 미소 회담이 휴회한 뒤에 이 회담이 조속히 이루어져야 "소련의 기본 태도를 보다 잘 알 수 있고, 한국인이 임시정부와 관련된 일종의 단합된 노선을 구축하게 할 수 있을 것"이라고 조언했다. 그는 자신이 정치적인 지침을 받거나 최

39) Tel., Pol Adv in Korea(Langdon) to Sec State, Seoul, 19 Mar 46, reporting "Summary of Conditions in Korea, February 15 through March. 14th" *FR, 1946*, Ⅷ, pp. 651~652.

40) *Hist USAFIK*, Ⅱ, Pt. Ⅱ, Ch. 3, p. 136. JCS는 1월 5일 맥아더 장군에게 그렇게 지시했다. Tel, JCS to General of the Army Douglas MacArthur at Tokyo, 5 Jan 46 : *FR, 1946*, Ⅷ, p. 607.

소한 그러한 지침서가 만들어졌다는 것을 알기까지는 소련 측과 접촉하지 않겠다고 말했다.[41)]

그러나 미소회담을 진행하면서 중에 소련 대표단 단장인 슈티코프 상장이 하지 장군에게 접근하여 공동위원회의 소집을 위한 절차가 국부적으로 타결되었다. 공동회담이 끝날 무렵인 2월 5일에 공동위원회의 회담 발표가 있었다. 공동위원회는 이 회담이 끝나고 한 달 이내에 활동을 시작할 것이고, 서울을 영구 회담 장소로 하며, 양측에서 각 5명씩, 10명으로 대표단을 구성한다고 말했다.[42)]

미소공동위원회는 평양을 방문하며 회담의 임무를 위해 여러 곳을 방문하기로 했다. 미국 대표단에 관한 정치적 지침이 1946년 1월 28일 승인되어 태평양사령부를 통해 하지 장군에게 발송되었다. 한국 임시정부의 수립을 촉진시하고자 자세한 지시들이 하달되었는데, 그 내용은 다음과 같다.

> 한국에 있는 미군 사령관은 한국의 여러 정치 단체로 하여금 새 정부에 적용할 수 있는 근본적인 민주개혁을 포함한 정치적 · 경제적 · 사회적 정책에 관한 기본적 합의를 도출해 낼 수 있도록 지체 없이 촉구해야 한다. …… 미국 측 요원들은 소련 대표단과의 협상에서 광범위한 행동의 폭을 지닐 수 있으나 다음과 같은 사항들이 미국 정부가 바라는 입장이라는 것을 인식해야 할 것이다.

---

41) Msg, Gen Hodge to SCAP, CM-In 4833 ; CINCAFPAC to War Dep, CA 57133, 22 Jan 46 ; *ABC 014 Japan*, Sec 17-B. Gen MacArthur's Report to the JCS에 관해서는 *FR, 1946*, Ⅷ, p. 613 참조. 잠정 보고가 하지 장군에게 발송되었는데, 여기에는 SWNCC가 이 문제를 고려하고 있으며, 각 부서가 그 건의서에 대해 비공식적으로 동의했다고 언급되어 있다. CM-Out, 94286, in SWNCC 176/16, 24 Jan 46 ; SWNCC 176/17, 25 Jan 46 : *ABC 014 Japan*, Sec 17-B.

42) "Agreement on Establishment of Joint Commission"에 관해서는, *FR, 1946*, Ⅷ, pp. 637~638 참조.

(1) 공동위원회는 한국 임시정부 설립 안을 준비하면서 공동위원회에 자문해주기 위한 일단의 대표성 있는 민주 지도자를 선발해야 한다. 가능한 한 최대로 한국민의 입장을 대변할 수 있는 이러한 대표자들은 전체 한국의 모든 민주적 정당 및 사회단체와 충분한 협의를 거친 뒤 선발되어야 한다. 이 지도자의 선발을 위해서는 선거 절차를 거치는 것이 가능하고도 바람직한 방법이라고 여겨진다. 선발된 사람은 이들을 회원으로 영입하기에 합당한 전국적 명망을 충분히 가진 모든 민주적 정당 · 사회단체의 지도자여야만 한다. 규모가 크고 강력한 정당 · 사회단체는 그들의 정치적 힘과 대중의 지원에 비례하는 숫자의 대표성을 가져야 한다. 극우나 극좌가 아닌 사람으로서 강력하고도 능력 있는 지도자들의 일정 다수를 확보하고자 특별히 노력해야 한다. 선택된 지도자는 순수한 한국인으로서 외세의 꼭두각시가 아닌 사람을 선발하도록 관심을 기울여야 한다.

(2) 만약 공동위원회가 위에 언급한 선출 방법이나 지도자 집단을 구성하는데 합의하지 못한다면 한국에 주둔하는 미군과 소련 측의 지휘관들이 각자 자기관할 지역에서 위에 언급한 선발의 일반 원칙에 따라 그 집단에 참여할 대표자들을 선발하도록 제안되어야 한다. 미 · 소가 개별적으로 선발하는 경우, 선발되는 인원의 수는 양측에서 인구 비례에 따라서 선발되거나, 아니면 최소한 양 지역에 있는 도(道)의 수와 일치하는 인원을 선발한다.

부록에는 "민주적"이라는 말과 "극단론자"라는 말이 다음과 같이 설명되어 있다.

미국 측이나 소련 측에 의하여 민주적이라고 간주되는 어떠한 한국 정당 조직이나 개인은 양측 모두에게 민주적 존재로 받아들여져야 하며, 미국 측이나 소련 측에서 "비민주적"이라고 여기는 사람은 그 이유로 참가가 제한되어야 한다. …… 공산주의자와 같은 전체주의적인 좌익이나, 자본주의자나 지주의 이익을 대변하는 우익 분자들이 지배하는 어떠한 집단도 한국 전체, 혹은 미국과 소련에 상호 수용될 수 있는 대표자가 될 수 없다.[43]

결과적으로 하지 장군은 국무성과 전쟁성과 해군성이 소련 측이나 한국 측과 신탁통치 혹은 임시정부 이외의 다른 유형의 정부에 관한 어떠한 협상도 반대한다는 통보를 받았다. 최종적으로 독립하기 이전에는 하지 장군과 미국 측이 신탁통치나 다른 유형의 임시정부의 구성을 약속할 수 없다는 것이 그 당시의 미국의 정책이라고 지침서는 말하고 있다.

임시정부에 관한 협상이 끝나자 미국 국무성은 그 이상의 지침을 하달하고자 했다. 한국의 완전한 독립을 보장하는 체제에 관한 정책은 다음의 두 가지 사실, 곧 (1) 임시정부의 능력이 효율적으로 기능을 발휘할 것인가에 관한 보고와, (2) 그 뒤를 잇는 정부에 관한 건의에 근거하고자 했다.[44]

하지 장군은 즉시 지령의 몇 가지 점에 관한 이의를 제기했다. 한국의 과도 정부를 만드는 문제는 나라를 개방하여 북측에서의 소련의 "보도 단절"을 타파하는 것보다 다급하지 않은 문제라고 그는 확신했다. 따라서 그는 미국 대표단이 과도 정부에 관한 토의가 지연되는 한이 있어도 표현·언론의 자유, 그리고 사람들의 왕래의 자유를 회담의 선결 문제로 다루어야 한다고 제의했다.

만약 소련이 이러한 제의에 응하지 않는다면 한국민에게 이 사실을 공개하여 소련 측이 이를 재고하도록 유도할 수도 있었다.

43) 이 인용문은 1946년 1월 22일자 SWNCC 176/18에서 직접 발췌한 것이다. 극단적이 아닌 지도자(non-extremist leaders)를 찾으려는 "특별한 노력"에 관한 참고 자료는 전쟁성의 요청에 따라서 작성된 것임. 처음의 용어에는 "중도좌파(left of center)"였으나, 이것은 뒤에 삭제되었다. 왜냐하면, 이 용어로 말미암아 그의 진실한 의미를 모르는 사람들에게 미국이 마치 친공산주의인 것처럼 인식될 수도 있었기 때문이다. Memorandum of Asst Sec War Howard C. Peterson, 25 Jan 46, Sub : Political Policy for Korea, in SWNCC 176/16 : *ABC 014 Japan*, Sec 17-B 참조.

44) Msg, J. E. Hull, A. C. S, OPD to CINCAFPAC, 6 Feb 46(Pass to Hodge), signed WARCOS : *ABC 014 Japan*, Sec 17-8.

"…… 우리가 국가를 개방하고 국민에게 우리의 진정한 목적이 무엇인가를 알리면 알릴수록 소련이 주도하는 공산주의적 정부가 아닌 진정한 민주 정부를 이룩할 수 있는 기회가 많아질 것"이라고 하지 장군은 생각했다.45)

워싱턴은 이러한 관점을 거부했다. 특별 연구단은 임시정부를 세우는 것이 이 위원회의 가장 주요한 임무라는 일관된 시각을 가지고 있었다. 이 문제에 관해서 그는 아주 단도직입적으로 "…… 소련이 먼저 4개 항의 자유에 동의하지 않을 것이기 때문에 임시정부의 구성을 연기하는 것은 현명하지 못할 수도 있다"고 말했다.

공동위원회가 이러한 문제를 거론하에 앞서 정부 차원에서 이를 거론한다면 아무 것도 얻는 것이 없다고 그는 생각했고, 해리만 대사도 이에 동의했다.46) 하지 장군의 제안에 관한 답변으로 특별 지침이 하달되었다. 그는 임시정부에 관한 문제가 타결되기 전까지 언론 · 출판 · 여행의 자유라는 주제에 관한 그의 입장을 유보하고 다만 위원회 대표들과 그 요원들이 한국에서 한국인 단체들과 토의하고자 여행할 수 있는 권리를 부여하는 합의를 얻어 낼 수 있도록 계속 노력하라는 명령을 받았다.

그리고 그 글에는 만약 소련 측이 방해하면 그는 미국 정부가 그의 언론 · 출판 및 여행의 자유를 촉구하는 담화문을 발표하게 할 수도 있다는 내용도 담겨 있었다. 그러한 담화문은 "국가들 사

45) From Letter of Gen Hodge, Enclosed in : SWNCC 176/20, Sub : Guidance for Initial Meetings of Joint Commission, 14 Feb 46. JSC가 그랬던 것처럼 맥아더 장군도 이에 동의했다. *CAD Files*, 하지 장군의 메시지에 관한 맥아더 장군의 보고서에 관해서는 : Tel., Gen of the Army Douglas MacArthur to the Joint Chiefs of Staff, Tokyo, 12 Feb 46 : *FR, 1946*, Ⅷ, p. 632~633 참조.

46) Brief on SWNCC 176/21(Guidance for the Commission Meeting), by Ltr Col Hendricks, 25 Jan 46 : *CAD Files*.

이의 선린 관계를 발전시키도록 국민 사이의 동등한 권리와 자주권의 원칙을 중시해야 한다"는 국제연합헌장 제1조 제2항을 참조할 수 있었다.[47] 하지 장군은 자신의 소신을 확신하고 있었다. 미국 대표단의 목적을 말하는 담화문에서 그는 다음과 같이 강조했다.

> 미군의 목표는 무엇보다도 한국에서 언론 · 집회 · 종교 및 출판의 자유를 공고히 지속하는 것이다. 이러한 자유는 대다수의 한국민이 바라고 있다고 우리는 확신하며, 공동위원회의 미국 측 대표단이 한국 전역에서 한국인이 획득할 수 있도록 도와주고 싶어 하는 것이다.[48]

이 위원회의 임무를 적절하게 준비하고자 하지 장군은 소련 · 만주 · 중국과 미국과의 관계에 관해 발행되거나 미발행된 각서들과 공표된 모든 성명서의 정보 사본을 요구했다.

하지 장군은 이 기회에 주한미군 사령부가 얻을 수 있는 것은 뒤늦게 도착하는 『육군신문』뿐이고 그것마저도 불완전하고 오전(誤傳)되기 일쑤라는 사실을 태평양 사령부에 알렸다. 이어서 하지 장군은 국무성의 『휘보(彙報 : *Bulletin*)나, 적절한 전신 통지문, 혹은 "우리가 항상 정보에 정통할 수 있을 만큼 믿을 만하고 완전한 어떤 다른 정보"도[49] 받지 못했다고 불평했다.

하지 장군은 워싱턴에서 하달한 정치 지령을 이행하고자 전체

47) SWNCC 176/21 Sub : Guidance for Initial Meetings of Joint Commission, 21 Feb 46, as revised 27 Feb : SWNCC Papers, Sub : International Agreements as to the Occupation of Korea, Vol. Ⅱ : *CAD Files*. 육군 요원 가운데 한 사람 말에 따르면, 이 문서를 작성한 사람들이 "하지 장군에게 "No"라고 대답한 것으로 보아 그는 외교관이 틀림없다."고 한다. Joint Chiefs of Staff Reply to Gen Hodge에 관해서는 *FR, 1946*, Ⅷ, p. 644 참조.

48) *Hist USAFIK*, Pt. Ⅱ, Ch. 4, p. 156.

49) *Ibid.*, p. 151.

한국 고문단의 구성을 추진했다. 그는 이 일을 사전에 공표하지도 않았고 소련 측에 알리지도 않은 채 2월 14일에 착수하였다. 맥아더 장군에게 이러한 진전 상황을 보고하면서 하지 장군은 인민당이 소위 위원회에서 탈퇴하고, 공산주의자들은 공산당 · 조선인민당, 그리고 다른 공산주의자 단체와 함께 "민주주의민족전선"을 조직하기 시작했다고 지적했다.

하지 장군은 인민당이 "조선공산당에 공공연하고도 완전하게 자신을 팔아넘겼다"(sold out completely)고 주장했다. 북한 정부를 받아들이도록 하고, 임시정부에서 공산주의자들이 통제권을 행사할 수 있도록 남한의 "많은 공산주의 대표자"를 참여시키려는 소련의 계획을 간파한 그는 자신이 "공산주의자를 배제"할 계획이라고 발표하면서 "이러한 사실로 미국의 진보적 좌파 언론이 나의 목을 조이겠지만, 다른 지엽적 조치는 오히려 치명적이라고 강조했다."[50]

고문단(民主議院)의 기본 구상은 주요 정당에 각기 3석의 자리를 주고 나머지를 사회 단체에 주기로 되어 있었다. 하지 장군은 그의 대변인인 굿펠로우(Preston Goodfellow) 대령의 교묘한 노력을 통해 공산주의자와 극단론자를 제외한 모든 단체가 협력하도록 설득했다.[51] 이들 가운데 24명의 우익과 4명의 좌익, 2명의 여성을 포함한 "중도파"로 분류된 4명이 있었다. 총 28명이 최종적으로 임명되어 일하기로 잠정적으로 동의했다.

---

50) Tel., Gen of the Army Douglas MacArthur, to Sec of State, 날짜 미상(2월 24일 수령) : *FR, 1946*, Ⅷ, pp. 640~642.

51) 굿펠로우(M. Preston Goodfellow) 대령은 Brooklyn에서 발행되는 *Eagle*지의 전임 발행자였다. 그는 제2차 세계 대전에서 가운데 유럽과 아시아의 게릴라 전투와 지하 활동에 많은 도움을 주었다. *New York Times*, 24 May 46, p. 12. 그는 이승만의 친구였으며, 하지 장군의 초대로 한국에 왔었다. *FR, 1946*, Ⅷ , p. 627, footnote 42.

원래의 생각은 공산당과 조선민주당(북한)에서 각각 4명씩 포함하게 되어 있었다. 이렇게 하면 전체 한국의 모든 주요 정당이 대표를 내세우는 것이 되었다. 그러나 공산당이 이에 참가를 거부했다. 다른 좌익 인사들도 참여 인사들이 이승만(李承晩)과 김구(金九)의 뜻에 따라서 선출되는 것이라고 믿었기 때문에 결과적으로 참가하지 않았다. 좌익 인사들이 불참하면서 25명의 민주의원은 어느 정도 우익 인사의 입장을 대변하게 되었고, 이승만이 영구(permanent) 의장이 되었으며, 김구와 김규식이 영구 부의장으로 선출되었다.[52]

이 민주의원은 2월 14일 여운형 · 이승만 · 김규식, 그리고 하지 장군이 연설하는 프로그램의 모임을 가졌다. 김규식은 "한국의 통일과 독립이라는 대의명분을 위하여 단합하였다는 것을 상징하는 뜻에서 한국 측 의원의 서명이 담긴 서약서를 붉은색과 푸른색의 비단으로 싸서" 제출했다. 그러자 여운형은 김구와 김규식이 민주의원을 직접 선정했고 임시정부의 꼭두각시(stooge)밖에 안 될 것이라는 이유로 막판에 불참했다.[53]

---

52) 이 설명은 *Hist USAFIK* Pt. Ⅱ, Ch. 2, pp. 76~81, and Ch. 4, pp. 146~147과 "Can Korea Be Free"라는 제목의 번스(Arthur C. Bunce)의 미간행 원고 : *Hist Files*에 근거함. 번스 박사는 아이오와주립대학의 농업경제학 교수로서 1946년 1월 국무성의 한국사절단을 이끌었다. 그 원고는 하지 장군의 승인을 받아, *Pacific Affairs*지에 게재될 예정이었다. 그 원고는 저자의 개인적인 견해와 관찰을 기록한 것이었다. 그러나 하지 장군이 그 원고의 "정치적 성격"과, 번스가 국무성 관리이며 공동위원회 미국 대표단의 일원이기 때문에 바람직하지 않다고 판단하여 발표가 연기되었다. 그때 번스는 그의 원고를 국무성에 제출했다. Notes on Bunce in State Department File : 740.00119 Control(Korea)/6-147-12-3146-File.

53) 이 설명은 하지 장군 보좌관인 맥로린(McLaughlin) 장군이 다음날인 1946년 2월 15일 군단참모회의에서 육군 사료가에게 들려준 것이다. *Hist Files*. 의식(儀式)에 관해서는 *I&H Jl*, "14 February Meeting of the Korean Democratic Council" and the "Program of Events" : *Hist Files* 참조.

그러나 군정청은 여운형의 준비된 연설문의 사본을 인쇄했다. 이 연설문에서 여운형은 한국인이 직면한 가장 큰 문제는 "통일"이라고 지적했다. 그는 현재의 "분열"은 부분적으로는 일본 지배자들의 탓이며 부분적으로는 "속박으로부터 해방된 사람의 정치적 상승 욕구와 더불어 개인의 권력을 위한 개인주의와 음심(陰心)"을 품은 한국인들로 말미암아 생겼다고 주장했다.

이어서 여운형은 "진정한 화합"은 한 정당이나 일단의 집단, 혹은 외세에 의한 허구가 아니어야 한다고 말했다. 그리고 그는 하지 장군과 굿펠로우 대령이 "이러한 단합"을 회복시키는 데 노력과 시간을 아끼지 않은 점에 대하여 "진정으로 고맙다"고 말했다. 그는 "너무나 큰 염원인 단합을 회복하고자 개인적인 사소한 감정과 의견의 차이를 묻어 버릴 준비"가 되었다고 공표했다. 그에게 단합이란 "조속한 독립과 외국 군대의 철수"를 의미했다.[54]

하지 장군은 민주의원의 설치를 환영했고 "한국의 정치 집단과 지도자들이 모든 정치 · 문화 · 종교 분야의 대표자를 선발했다"는 자신의 확신을 표명했다. 그는 민주의원에 몇몇 좌익 인사가 포함되었으나 조선공산당은 "공개적으로 참가 요청을 거부하는 것이 적절하다고 생각했다"고 유감을 표명하면서, 민주의원은 어떤 생각을 하고 있는지 모르지만 "문호는 여전히 개방되어 있을 것"이라고 말했다.[55]

민주의원의 대표성에 관한 하지 장군의 결론은 이의 진전 상황을 지켜본 다른 사람들의 동의를 받지 못했다. 하지 장군의 농업 ·

54) Mimeo Copy of "Speech. of Lyuh Woon Hyung to the Korean Representative Council of South Korea," 14 Feb 46 : *Hist Files.*

55) Statement by Gen Hodge at First Meeting of Korean Representative Council, 14 Feb 46 : Copy, *Hist Files.*

경제 담당 보좌관인 번스(Arthur C. Bunce) 박사는 이 문제에 관하여 미군 사령부로부터 보고를 받았는데, 제3자들의 주장에 따르면, 그 내용은 민주의원에 위촉된 사람들이 "압도적으로 보수 성향을 띠고 있으며" 노동자와 소작인 단체의 대표가 없다는 것이었다. 그는 아무도 민주의원이 정당이나 국민의 뜻을 정확히 반영하고 있다고 주장할 수 없다고 결론지었다.56)

민주의원이 결성된 직후 그러한 집단을 선발하라는 보다 세부적인 지침이 워싱턴에서 시달되었다. 이 지령은 이승만 - 김구의 우익적 집단에서 탈피하여 보다 진보적인 생각을 가진 한국인 단체로의 변화를 요구했다. 워싱턴은 "4대 자유"에 근거를 둔 계획을 실행할 수 있으며 공산주의로부터 국민을 회유할 수 있는 토지 개혁을 실행에 옮길 수 있는 지도자를 바랐다.

이승만 - 김구 집단은 "그들의 망명 경력과, 중국 국민당(KMT)의 지원을 받고 있다"는 명백한 사실, 그리고 이승만과 미 국무성과의 불만스러운 관계 등으로 말미암아 별로 호응을 얻지 못했다. 이 지침서는 이어서 원하는 집단을 구성하기 힘들 경우, 미국이 지원하지 않겠다고 위협함으로써 김구가 보다 진보적인 프로그램을 실행에 옮기게 할 수도 있다고 명시하고 있다.57)

그와는 달리 전 민정장관이었던 프레스코트 대령은 1월 워싱턴을 방문했을 때 김구 · 김규식 · 이승만보다는 여운형이 한국민의 "보다 진정한 대표자"라는 자신의 의견을 전달했다. 그는 전자의

56) Article by Arthur C. Bunce, *op. cit.*, p. 10.

57) Rad, WARCOS to CINCAFPAC, 3 Mar 46 : *Hist USAFIK*, Pt. Ⅱ. Ch. 4, pp. 147~148. 이 메시지는 "국무성에서 작성되어 맥아더 사령관에게 제출된 메시지"에 근거하고 있는 것이 명백하다. 날짜 미상. 그러나 사본은 SCAP에 제출된 메시지로서 2월 28일 전쟁성에 발송되었다. 여기에 관해서는 *FR, 1946*, Ⅷ, pp. 645~646 참조.

"늙은 망명 정치가들은 대부분 한국의 지주 계급이나 사업가들과 동일한 극단적 보수 우익의 요소를 가지고 있다"고 분류했다.[58]

국무성은 이러한 충고를 너무 늦게 받아 초창기의 의원 선출에 영향을 행사할 수 없었으나 하지 장군이 워싱턴에서 생각하는 것이 잘못되었다는 그의 생각을 수정할 있는 기회를 그에게 제공했다.

하지 장군은 당시에 구성된 민주의원이 아주 저명한 보수·온건 지도자들로 구성되었다고 맥아더 장군에게 보고하면서 한국에서 정당의 지도부는 개인 역량의 문제라는 것을 명심해야 한다고 말했다. 이런 면을 고려한다면 이승만·김구·김규식은 어떤 위원회에서도 회원으로 받아들여야만 한다고 그는 주장했다. 그의 근거는 다음과 같다.

> 이 사람들이 나이 먹고, 오만하고, 편협하다는 것은 사실이다. 그러나 그들의 편협은 원칙적으로 공산주의에 관한 것이다. 이런 점으로써 이들은 남한 국민 다수의 지지를 받고 있다. 세 지도자는 한국민에게 가장 널리 알려진 인물이고, 우리는 그들을 우리의 반대편에 서게 해서는 안 된다. 그들이 극단적 민족주의자라는 사실과, 그들의 개인적 야심에도 불구하고 그들은 여전히 전체 한국인을 위하여 일하고 있다. 나는 한국이 젊은 지도자를 뽑아야 한다는 점을 확고히 믿고 있으며, 온건한 생각을 가진 젊은이를 …… 민주의원에 활용할 수 있도록 지속적으로 육성하고자 노력해 왔으며 앞으로도 노력할 것이다.

하지 장군은 군단 참모 회의에서 우익 집단의 성격에 관한 그

58) CAD Memorandum to State Department, 5 Jan 46, Based on Col Prescott's Remarks of 4 Jan 46 : CAD RG 165, Policy and Planning Correspondence, 1943~1947, Folder-Korea No. 1, Box 787.

의 견해를 피력했다. “극우”란 미국적인 생각보다는 훨씬 급진적이며, 그들의 강령이 공산주의자와 다른 점은 외국의 영향력 아래에 있기를 싫어한다는 것뿐이다. 그는 봉건 제도를 타파하고자 한국에서 급진론이 필요하다고 생각하고, “우리”는 급진주의를 막는 것이 아니라 한국이 외세에 종속되는 것을 막는 것이라고 말했다.[59)]

소련 주재 미국 대리공사인 케난(George Kennan)도 이승만과 김구에게 유사한 생각을 피력했다. 1월 14일, 해리만 대사는 한국 문제에 관한 『타스』 통신의 발언에서 이들과 그의 추종자들에 대해 언급했다.

> 비록 이들이 비현실적이고 잘 조직되지는 않았지만, 현재 소련이 후원하고 있는 “민주적인” 정당 · 사회단체에 반대하는 친미 입장을 대변하고 있으며, 앞으로 과도 정부에서 소련이 좌지우지하는 것을 막을 수 있다.[60)]

소련은 북한에서 자신의 입지를 계속 강화해 가고 있었다. 2월 9일, 새로운 북한 임시정부가 김일성을 대통령(President, *sic*)으로 하여 조직되었다. 북한의 임시인민위원회(Provisional Peoples Committee)는 지난날에 있었던 중앙 통치 기구인 조선인민집행위원회(Executive Committee of the Korean People)의 권력을 이양받았다.

소련은 미국처럼 군사 정부를 세우지는 않았지만 그들의 한국 피보호자들을 주의 깊게 감시했다. 3월 5일, 새로운 법이 통과되어

59) Rad, CG USAFIK to CINCAFPAC, 7 Mar 46 : *Hist USAFIK*, Pt. Ⅱ, Ch. 2, p. 92.
60) *FR, 1946,* Ⅷ, pp. 619~620.

소작 제도를 폐지하고 토지의 재분배를 시작했다.[61] 이 정책은 남한에서 유사한 정책을 펴지 않고 있다는 소련의 선전을 강화하게 만들었다. 하지 장군은 일본 재산의 매각을 워싱턴에 촉구했다. 맥아더 장군에게 보내는 2월 보고서는 다음과 같이 지적했다.

> 요란하게 발표된 연안파(延安派)의 새로운 정책은 일본인과 한국인의 토지와 막대한 재산을 몰수하여 대중들에게 무상으로 분배해 주는 것이 포함되어 있다.(많은 보고에 따르면 그것이 이미 완료되었다고 한다.) 이것은 이제 막 고향에 돌아와 실업 상태에 있는 대다수의 가난한 한국 농민들의 마음을 솔깃하게 만들었다. 이런 점과 관련하여 일본인의 재산을 마음대로 처분할 수 없는 자신들의 무능력이 목소리 큰 공산주의자들의 비난의 표적이 될 뿐 아니라 커다란 약점이 되고 있다. 나는 남한에서 일본인의 재산을 최종적으로 처분하고자 미국이 적극적인 정책을 발표하도록 압력을 행사할 것을 긴급히 촉구한다.[62]

전쟁성 비망록에는 하지 장군이 "일본인이 소유했던 토지를 한국인에게 매각할 수 있는 권한을 거듭 요구했고" 2월 미소공동위원회에 앞서 토지 개혁에 관한 성명서를 발표하고자 했지만, 국무성은 법적인 이유로 3성조정위원회의 지령을 반대하고 있다고 기록되어 있다. "이러한 수정안은 원하는 결과를 완전하게 파괴하는 것처럼 보인다"고 그 비망록은 결론을 내렸다.[63]

---

61) 『서울 신문』은 이 토지 법령이 과거 일본인이나 "민족 반역자", 혹은 남한으로 도망 간 사람들이 소유하고 있던 토지를 몰수하여 북한의 농민들에게 무상으로 분배하는 것을 규정하고 있다고 보고했다. 더욱이 모든 농지 소작인들은 "무상으로" 경작할 토지를 받았다. Incoming Tel No. 7883, 19 Mar 46, Seoul via War Department to State : 740. 00119 Control(Korea) 2-1546. cf. *FR, 1946*, Ⅷ, p. 650.

62) Tel., Gen of the Army Douglas MacArthur to Sec State(작성 일자 미상, 2월 24일 수령), 하지 장군에게 메시지 동봉. *FR, 1946*, Ⅷ, pp. 641~642.

2월 23일이 되어 3성조정위원회는 일본인 재산의 매각에 관한 지시에 동의했지만, "이전"(移轉 : transfer)이란 말에 반대되는 "매각"(sale)이라는 용어를 사용하는 데 관한 국무성 법률 고문의 반대로 말미암아 저지되었다. 법률 고문의 반대와 제안된 수정안과 함께 새로운 지시의 내용이 맥아더 장군에게 제출되었다. 법률 고문은 "이전"이란 용어의 사용을 고집하면서 다음과 같이 말했다.

(2) 주한미군정은 한국인들, 특히 특정한 토지를 수령하는 사람들에 관해서는 직접 소유 대신에 소유로 말미암아 생기는 이익을 차지한다는 방침 아래 상대하는 것을 지지한다.

이러한 변화가 있게 되면, "이전 등기 서류"를 발행하거나, 임대계약을 통하여 자신의 이전 계획을 진행하되, 그 재산이나 재산의 완전한 매각에 관해서는 어느 경우에도 단언해서는 안 되며, "이전"이라는 용어의 사용 적합성에 관해 한국의 지도자들과 상의하여 따라야 한다고 하지 장군은 조언을 받았다.[64] 맥아더 장군은 "매각"이라는 말을 "이전"이란 용어로 바꾼 수정안을 수락하면서 이 지시를 즉시 발표해야 한다고 촉구했다. 전쟁성은 통신문에서 다음과 같이 조언했다.

이 통신문은 전반적인 정책 성명서로 만들어진 것이 아니라 …… 일본인이 소유했던 재산과 관련된 특정한 토지 개혁을 시행하는 데 필요한 즉각적인 권한을 부여하고자 만들어진 것이다. …… 귀하의 계획을 실행에 옮기면

---

63) Memo for Record, OPD, S&P, 27 Feb 46 : *ABC 014 Japan, Sec* 17-B.

64) Cable, OPD S&P Sec, 23 Feb 46, To CINCAFPAC, Info to CG USAFIK : *ABC 014 Japan, Sec* 17-B ; 그리고, *FR, 1946*, Ⅷ, pp. 638~639.

서 귀하의 정책이 소련 점령 지역에서 이미 실시된 정책과 모순된다면 소련 측으로부터 있게 될 가능한 공격을 감안해야 할 것이다. 소련 측에 사전 통보를 하든지 소련 측과 토의를 하는 것은 귀하의 재량에 달려 있다.[65]

전쟁성과 국무성의 회의는 미국이 행동에 옮길 수 있는 법적 권리에 관하여 국무성이 우려하고 있다는 사실을 보여주었다. 국무성은 한국에서 미국이 군사적 점령자의 권한으로서 이러한 조치를 시행할 수 없으며, 최고사령관의 권한으로 일본 점령자를 축출하도록 조치할 수 있는 권한은 전쟁성에 있다고 주장했다. 최고사령관의 권한은 계속된 일본의 지배로부터 한국민을 해방하는 책임과 더불어 경제적 필요에 따라서 행동한다는 것이 전쟁성의 입장이었다. 전쟁성은 다음과 같이 언급했다.

한국에 있는 일본인을 일본으로 송환하려는 계획은 한국에서 심각한 농업 문제와 사소한 사업적인 문제를 야기했다. 군정은 대중의 안전을 위협하는 심각한 식량 부족을 막고자 한국에서 식량 생산을 극대화할 필요를 느끼고 있다. 더욱이 문제가 된 토지의 사용과 문제점이 있는 소유에 관한 불확실성이 여론에 불안한 영향을 미치고 있다. 결국 한국에서의 항복을 성공적으로 처리하여면 단호한 조치가 필요하다.[66]

"이전이나 판매로 말미암아 생긴 수익금은 그 뒤의 적합한 당국이 처분하도록 해주도록 미군정이 보관해야 한다"는 것을 하지 장군에게 보낼 지시문에 구체적으로 명기해야 한다는 데 그들은 합의했다.

65) OPD, S&P Sec, sgd, J. E. Hull, A/C/S, OPD, 23 Feb 46 ; *ABC 014 Japan, Sec* 17-B.
66) Memorandum of Conversation, by Mr Albert H. Garretson, Assistant to the Legal Adviser(Hackworth), Washington, 26 Feb 46 : *FR, 1946*, Ⅷ, pp. 642~643.

“일본인의 재산 처분”(Disposal of Japanese Property)이라는 제목으로 수정된 “3성조정위원회 각서 제265호”(SWNCC 265)는 1946년 2월 27일, 3성조정위원회를 통과하여 같은 날 합참이 동의한 뒤, 태평양 사령부에 발송되었다.[67] 국무성은 “3성조정위원회 각서 제265호”의 사본을 3월 6일, 서울로 발송했다.[68] 3월 7일, 군정은 지난날에 일본인이 소유하고 있던 농장, 도시 주거지 및 작은 기업체의 재산을 한국인에게 매각한다는 결정을 발표했다.[69]

이 계획에 이어 두 가지 법령이 발표되었는데, 이것이 한국민의 반발을 불러일으켰다. 하나는 군정법령 제52호로서 일본인의 재산을 다룰 한국인 회사를 설립하는 것이다. 이 법령은 일종의 경제적 수탈이라는 한국민의 비난을 받았다. 다른 하나는 군정법령 제55호로서 모든 정당은 등록을 마쳐야 한다는 것이다. 이 법령도 일본의 정치적 통제와 유사하다는 비난을 받았다. 따라서 이 두 가지 법령으로 북한의 경제 정책의 선전 효과를 상쇄하려던 미국의 노력은 기대한 효과를 얻을 수 없었다.

군정을 고민케 하는 경제 문제가 또 있었는데, 미소공동위원회의 이전에 그에 관한 적절한 충고가 필요했다. 2월에 하지 장군은 미국이 새로이 조직된 한국 정부에 지원하고자 하는 경제 지원 액수와 관련된 결정을 내려야 한다고 조언했다. 하지 장군은 다음과 같이 말했다.

---

67) Memo for Record, OPD, 27 Feb 46, *ABC 014 Japan*, Sec 17-B.

68) *FR, 1946*, Ⅷ, footnote 55, p. 639.

69) According to Seoul, noted in Tel., Pol Adv in Korea(Langdon) to Sec State, 19 Mar 46, forwarding “Summary of Conditions in Korea, February 15th through Mar 14th” : *FR, 1946,* Ⅷ, p. 650.

모스크바의 결정에 따라 …… 민주적인 한국 임시정부가 조직된다면 미국 정부가 한국의 임시정부에 차관의 확대를 고려할 준비가 되어 있다고 언론에 발표한다는 것은 …… 한국과 우리의 관계, 그리고 소련과의 협상에서 엄청난 가치를 지니게 될 것이다. 내가 생각하기에, 그것은 비록 5천만 달러 정도이겠지만, 원칙에 관한 설명은 특정한 액수를 명기하는 것보다 훨씬 중요하다.

그는 다음과 같이 덧붙여 말했다.

한국민은 미국이 허풍을 떨면서도 행동으로는 거의 옮기지 않고 약속을 준수할 준비가 되어 있지 않다는 결론에 이르면 소련 측의 고도로 조직된 파상적 선전에 호의를 가지게 될 것이다. …… 해리만 씨도 이 문제에 관한 논의에서 동의했다.70)

하지 장군은 또한 한국민에게 임시정부에 관한 미국의 생각을 주지시키는 노력을 계속했다.

어떤 특정한 집단이나 단체의 정부를 만드는 것이 미국 측 대표단의 목적은 아니며, 다수의 생각과 일치하는 정부가 설립되는 것을 지켜보는 것이 미국 측의 목적이다. 동시에 정부의 정치적 활동이 얼마나 훌륭하고 잘 조직되고 활동적이든, 소수가 한국을 지배하는 것을 막는 것이 미국 대표단의 진정한 의도이다.71)

이 기간에 『한국의 상황』(*Conditions in Korea*)이라는 군정의 요

70) Tel., Pol Adv in Korea(Benninghoff) to Sec State, Seoul, 날짜 미상, 1946년 2월 19일 수령 : *FR, 1946*, Ⅷ, pp. 630~632.

71) *Hist USAFIK*, Pt. Ⅱ, Ch. 4, p. 157.

약문은 회담 이전의 한국민의 의견을 다음과 같이 평가하고 있다.

> 한국의 38°선 분단이 영구히 고착되고 한국이 제2의 폴란드가 될 것이라는 우려가 점차 자리를 잡는 듯이 보인다. 앞으로 있을 미소공동위원회에서 남북한의 경제적 · 정치적 통일을 이루려는 노력이 무위로 끝날 것이라는 상당한 비관론이 언론에 보도되고 있다. 이러한 감정이 초기의 미소위원회가 성공적으로 끝나기 힘들다는 추정과 현재 소련과 우리와의 관계에 관한 일반적인 분위기의 근간을 이루고 있다.[72]

미국 대표단은 한국에서 미국과 소련의 장기적이며 기본적인 이해 관계에 대하여 어느 고문으로부터 간단한 설명을 들었다. 긴 안목으로 볼 때 이 설명회는 최소한 몇몇 대표단의 생각을 지배했다는 점에서 관심을 끌 만했다. 그 문서는 다음과 같이 말했다.

> 소련 정부의 장기 전략은 한국을 완전하게 지배하는 것이다. …… 그러므로 지금부터는 우선 소련을 추종하는 인사들이 지배하는 정부를 설치하여 …… 미군과 미국의 관심이 극동에서 약화될 때 무력 간섭을 하기 위한 명분을 만들거나, 아니면 소련이 조종하는 소수가 궁극적으로 권력을 획득할 목적으로 양군이 조기에 철수한다는 조건으로 그들은 미국이 만족할 만한 민주 정부를 세우려고 노력할 것으로 추정된다. …… 뒤의 전술이 가장 그럴듯하다.

이어서 이 문서는 미국이 정책적으로 어떻게 대응해야 하는지에 관한 내용으로 이어진다.

---

72) Tel., Pol Adv in Korea(Langdon) to Sec State, Seoul, 19 Mar 46 : *FR, 1946*, Ⅷ, pp. 649~650.

…… 미국의 근본 목적이 한국에서 소련의 지배를 막는 것이고 한국의 독립은 부차적인 목적이기 때문에 앞으로 몇 년 안에 완전한 독립을 갖게 될 한국 정부를 구성하는 것이 미국의 관심사라고 믿어지지는 않는다. 국제연합기구(UNO)가 침략을 막을 수 있는 능력을 제공할 때까지 필요하다면 미국은 소련과 함께 어떤 유형으로든 한국의 영토를 보장해야 하고, 한국의 대외 관계에서 본질적인 특권을 행사해야 한다.

한국에서 미국을 축출하려는 소련이 이러한 관점을 강력하게 반대할 것이라는 점을 우리는 예상할 수 있다. 그러므로 한국의 임시정부를 구성하려는 방법은 어떤 형태로든지 몇 년 동안은 미국의 최소한 고위층에서만이라도 어떤 위장된 통제의 형식을 취해야 한다는 조건에 기초를 두어야 한다.[73]

3. 회담의 전개

공동위원회의 예비회담이 1946년 3월 20일 덕수궁에서 미국 측 대표단장인 아놀드(Archibald V. Arnold) 소장과 소련 측 대표단장인 슈티코프(Terenti F. Shtikov) 상장을 공동 의장으로 하여 개최되었다. 다른 미국 대표단은 랭던(William R. Rangdon) 고문과, 소련 문제에 관하여 구체적으로 지침을 받은 전 모스크바 대사관 서기관이자 국무성 대표인 타이어(Charles W. Thayer), 한국 군정의 전임 집행 보좌관이었던 부드(Robert H. Booth) 대령, 그리고 연합국 총사령부에서 파견된 브리튼(Frank H. Britton) 대령이었다.

소련 대표단은 102명으로 구성되어 있었다. 슈티코프 상장 이외에 짜랍킨(Semeon K. Tsarapkin) 특명전권, 레베데프(Nicholai G.

73) U. S. Doc No. 3, Joint Commission Files, Sub : "Observations on Methods of Negotiating Formation of a Korean Government," undated and unsigned : *Hist Files*.

Lebedeff) 소장, 발라사노프(Gerasim M. Balasanov) 정치 고문, 그리고 코르쿨렌코(Tikhon I. Korkulenko) 대령이 있었다.

슈티코프 상장은 첫 발언을 통하여 회담에서 소련의 협력을 얻는 데 필요한 두 가지 구체적인 요구 조건을 제시함으로써 회담을 도전적인 방향으로 몰아갔다. 신탁통치를 실시하면서 모스크바의 결정을 실행에 옮기라는 요구와 함께 그는 다음과 같이 말했다.

> 미소공동위원회의 임무는 …… 한국민이 정치적 · 경제적 · 사회적으로 진보하면서 신탁통치와 관련된 지원의 방법을 마련하고, 자치 정부의 발전을 도모하고, 독립된 주권 국가를 수립하는 것이다.

그는 "한국이 소련에 우호적인 민주적이고 독립적인 국가가 되어 앞으로 소련을 공격하는 기지로 사용되지 않을 수 있는 국가가 되는 것에 대해 소련은 강렬한 관심을 지니고 있다"고 말하면서 한국에 "우호적"인 정부 수립의 필요성을 강조했다.[74] 회담의 분위기와 소련과의 협상에 관한 문제점은 하지 장군의 보좌관이 기록한 간단한 기록에 잘 나타나 있다.

> 소련은 매우 불손했다. 슈티코프는 빈번히 연필을 책상에 집어 던졌고, 미국이 일본인에 관해서 아무것도 모른다든가, 소련은 60만 명의 일본인들을 간단히 처리했다든가, 만약 미국이 바란다면 그들의 처리 방법을 알려 주겠다든가, 하는 모욕적인 말들을 했다.
>
> 그러자 아놀드 장군은 안경을 벗고 일어나 자기 의자 뒤를 꼿꼿이 거닐면서 슈티코프 상장에게 미국 군대를 모독하는 발언을 취소하라고 천천히,

74) 전사가(戰史家)에 따르면 최초의 소련 측 원문에는 "friendly"라는 말 대신에 "loyal"이라는 단어를 사용했다고 한다. 한편 그 언어의 사전적 의미는 "faithful"이다. *Hist USAFIK*, Pt. I, Ch. 4, p. 166, cf. Speech. Reported in *FR, 1946,* Ⅷ, pp. 652~653.

그러나 위엄 있게 강조했다. 슈티코프는 당황하여 연필을 책상에 던지면서 불평하는 투로 자신의 말을 철회했다.

아놀드의 차분함과 위엄이 슈티코프를 안절부절못하게 만들었다. …… 아놀드는 가끔 슈티코프를 꼼짝 못 하게 만들었다. 슈티코프는 39세였다. 아놀드는 짐짓 겸손한 태도로 여러 번 "나의 33년 동안의 군대 경력에서 ……"라고 하면서 말을 시작하자 슈티코프는 기가 죽어 보였다.75)

북한 공산당은 일본에 관한 소련의 용감함과 같은 이야기와 서방 측이 소련의 업적에 대하여 빚을 지고 있다는 등의 이야기를 유포시켰다. 이런 인쇄물 가운데 소련 측의 역사 해석이 다음과 같이 나타나 있다.

여러분은 누가 제국주의 일본군을 쳐부쉈는지 아는가? 여러분은 태평양 전쟁과 원자폭탄만을 염두에 두고 있는 것처럼 생각된다. 조금 더 넓게 생각해 보고 서부 전선을 생각해 보라. 만약 독일이 패퇴하지 않았더라면 미국과 영국은 태평양으로 항진할 수 없었을 것이다. 원폭이 큐슈(九州)와 다른 지역에 투하되었지만 일본은 여전히 한국·만주·중국에서 싸움을 계속할 수 있었다. 그럼에도 불구하고 일본은 항복했다. 그 이유는 무엇일까? 소련이 독일을 패퇴시키고 한국과 중국에서의 약소 국민을 구제하고자 동부 전선으로 진군하여 일본을 정복했기 때문이다.76)

회담이 진행되는 동안, 신탁통치를 반대하는 한국인의 감정은 확고부동하다고 하지 장군은 보고했다. 어떤 임시정부가 생기든, 한국에서의 모든 주둔군이 철수해야 한다는 요구가 계속 증대되

75) "Background at Commission Conference," Notes : *Hist Files.*

76) Leaflet of the Propaganda Bureau, the North Hangyong(*sic*) Province Committee, the Korean Communist Party, entitled "To Our Dear Students" : *G-2 Report*, No. 401, 5 Apr 46 : *Hist Files.*

고 있었다. 이로 말미암아 만약 이 위원회가 한 달 안에 진전을 보이지 못하면 이 문제가 유엔에 회부되거나, 아니면 4대 강국이 "소급해서" 논의할 것이라고 그는 조언했다.[77]

이 회담은 곧 임시정부를 구성하면서 어떤 사람, 어떤 정당·사회단체와 의논해야 하는지에 관한 문제로 말미암아 난관에 부딪쳤다. 소련 측은 반탁 운동을 하는 모든 사람이 배제되어야 한다고 주장했다. 이렇게 되면 공산주의자와 그 협력 단체를 제외한 모든 단체가 배제되기 때문에 미국은 반대했다.

결국 4월 18일 회담의 공동 성명 제5호에서 타협이 이루어질 것으로 생각되었다. 이 타협은 모든 정당의 자격 요건으로 신탁통치에 관한 모스크바의 결정을 지지하는 서약을 규정했다.[78] 국무성은 이 합의에 만족을 표명했다. 국무성은 신탁통치라는 말을 없애라고 촉구하는 것이 권고할 만한 일인지를 의심했다.

국무성은 정당·사회단체와의 논의에 관한 어려움만 해결하면 신탁통치에 관련된 문제가 진정될 수 있다고 확신했다. 공동위원회가 채택한 제안에 따라 신탁통치에 관한 최종 결정을 4개국 정부가 내릴 수 있었다. "비협조적인 급진론자"(uncooperative extremists)는 과도 정부 요원으로 선발하지 말아야 한다는 점을 공동위원회는 거듭 강조했다.[79]

그러나 소련은 그들의 입장을 번복하여 원래의 요구로 되돌아갔다. 그리고 그들은 "자문의 문제"가 해결될 때까지 다른 문제의

---

77) Rad, CG USAFIK to CINCAFPAC, 022313, 2 Apr 46.

78) *Summation* No. 7, Apr 46 : 4월 14일 정치 고문 랭던이 국무장관에게 제출한 공식 문서는 *FR, 1946*, Ⅷ, p. 660 참조.

79) Rad, State Dep to CINCAFPAC, 170337/Z, 17 Apr 46 : 한국의 정치 고문에게 보내는 완전한 전신문에 관해서는 *FR, 1946*, Ⅷ, pp. 660~661 참조.

토의를 거부했다. 결과적으로 6주 동안이나 교착 상태가 지속되었다. 슈티코프 상장은 자신이 북한으로 귀환하라는 명령을 받았다고 발표하면서 회담이 정점에 이르렀다. 그는 소련에 "충성"하는 한국 정부를 세울 것을 거듭 요구했고, 모스크바 결정을 반대하는 지도자들은 소련에 반대하여 "적대적인 행동을 조직화하는 수단이 될 수도 있다"는 의견을 피력했다.

그리고 이리저리 둘러대면서 미국에 반대하는 사람을 정부에서 배제할 것을 미국이 주장한다면, 소련은 미국의 입장을 수용할 수 있다고 그는 말했다. 그는 특히 노동자 · 농민 · 청소년 집단이 "한국 인구의 최대 다수를 대변하는 집단"이기에 이 집단들을 미국이 준비한 목록에서 배제하는 것을 반대했다. 결국 신탁통치에 관해서는 한국 정부가 구성된 뒤에 한국 정부와 논의할 문제라고 그는 말했다.[80)]

이러한 언급이 있었던 무렵 공동위원회는 1946년 5월 8일로 연기되었다. 24회의 회기가 있었음에도 불구하고 과도 정부에 관한 문제가 해결되지 않은 상태였고, 한국의 통일 문제는 훨씬 더 요원한 문제가 되었다. 하지 장군은 공동위원회의 연기에 관한 성명서를 발표하고 회의의 결렬이 전적으로 소련의 책임이라고 주장했다.[81)]

한국민이 이 협상의 결렬에 관하여 매우 실망할 것이며, 아마도 폭력 사태가 발생할 수도 있다고 예측되었다. 하지 장군은 "한국을 새롭게 수립하려면 냉정하고 차분하게 생각하고 행동하기를" 한국민에게 촉구했다. 실제로 시민들의 소요는 거의 없었고, 사소

80) *Hist USAFIK,* Pt. Ⅱ, Ch. 4, pp. 212~213.

81) Copy of the Press Release in Tel., Ltr Gen John R. Hodge to Sec State, Seoul(날짜 미상, 5월 9일 워싱턴에서 수령) : *FR, 1946,* Ⅷ, pp. 665~667 참조.

한 것들뿐이었다. 보도에 따르면 하지 장군의 기분은 차라리 "운명에 관한 냉소적인 체념"이었다고 한다.[82)]

UP통신의 헨리(Henley) 기자가 회담의 결렬에 관해 하지 장군을 비난한 "공식 보도"를 한국 언론에 실음으로써 미군 사령부를 당황하게 했다. 헨리 기자는 신탁통치를 실시하지 않을 수도 있다는 가능성을 비친 번즈 장관의 발언을 인용하면서, 그가 "미국이 모스크바의 결정을 수정하려 한다고 소련이 의심하게" 만들었다고 주장했다. 하지 장군은 그날로 즉시 워싱턴의 해명을 촉구했고, 신문에 공식 보도를 부인하도록 허락해 줄 것을 요구했다.[83)]

보도의 부인을 허락하는 공문이 5월 21일 발송되어 5월 25일 접수되었고, 현지에서 부인하는 기사가 워싱턴에 전달되었다. 하지의 정치 고문도 국무성에 발송되는 두 개의 다른 통신문을 통해 이 기사를 긍정하는지 부정하는지를 발표하라고 요구함으로써 하지 장군의 입장을 지지했고, 헨리의 기사가 "미국 측의 의견 불일치가 궁극적으로 소련에게 성공을 안겨 준다고 확신하는 사람들을 고무시켰다"고 보고했다.[84)]

82) *Hist USAFIK*, Pt. Ⅱ, Ch. 4, p. 218.

83) Rad, CG USAFIK to SCAP, 180900/Z, 18 May 46.

84) 정치 고문 랭던의 메시지에 관해서는 Tel., Pol Adv in Korea(Langdon) to Sec State, Seoul, 24 May 46 : *FR, 1946*, Ⅷ, p. 688 ; and Rad, CG USAFIK to SCAP(Hodge for Langdon), 250514/Z, 25 May : *Hist Files*. 거부할 권한이 부여된 것은 : Tel., W88624 of 21 May : Papers on Joint Commission, Department of State임.

제11장

미 · 소회담 후의 진전

1946년 5월부터 9월까지의 기간은 소련 측과 아무 소득이 없는 협상으로 소모되었다. 한국의 국내 정치는 우익으로 기울었고, 남한에 관한 미국의 정책은 수정되었다. 이러한 변화는 각기 공동위원회가 있기에 앞서 또는 회기 안에 태동했지만, 회담이 끝난 뒤 확연히 드러났다.

1. 소련과의 관계

공동위원회의 회기 안에 소련 당국이 두 가지의 또 다른 문제를 거론함으로써 회의는 역시 비슷한 난항에 빠졌다. 두 가지의 문제라 함은 북한에서 소련 측이 산업 장비를 이전하고 있는 것을 조사하는 것과 한국에서 영사 문제를 해결하는 것이었다. 북한에서 소련 당국이 산업 장비를 분해하여 몰수한다는 소문이 북한 난민으로부터 나오자, 1945년 11월부터 1946년 3월까지 군정은 이를 우려하여 조사에 착수했다.[1] 남한에서 소요되는 전기의 30%를 공급하는 압록강 발전소에서 전기 장비가 분해되었다는 조짐이 있었다.

1945년 12월, 하지 장군은 소련의 "태도"가 이런 장비들을 합법적인 전리품으로 인식하고 있는 것 같다는 말과 함께 북한에서 분해되었다고 추정되는 장비의 목록을 제시했다.[2] 이러한 제시가 소련에 통보되었으나 아무런 성과가 없었다. 연합군 배상위원회(Allied Reparations Commission)의 미국 대표인 폴리(Edward W. Pauley) 대사는 1946년 봄에 극동에 있었는데, 이러한 소문의 진위를 조사하고자 북한과 만주를 방문하기로 했다.[3]

하지 장군은 1946년 4월 28일에 폴리 대사가 5월 중순 무렵 서울에 도착할 것이라는 통보를 받았고, 그가 북한에서 임무를 수행할 수 있도록 소련 측과 조정하라는 지령을 받았다.[4] 폴리 일행의 통과에 관한 요구서가 소련 측 사령부에 발송되었다. 보도에 따르면 국무성이 3~5일간 방문을 요청한 것이 처음부터 실수였다고 한다. 폴리 대사는 그렇게 짧은 기간에 무엇을 할 수 있을지 즉시 의문을 제기했다.

그러자 국무성은 그 기간을 15~20일로 늘려 줄 것을 요청했지만 이미 소련은 5일간의 체류를 결정했고 추가적 연장을 거부했다. 폴리 일행이 5월 16일 서울에 도착했으나 5월 27일자로 그들의 북한 입국이 허용된 것은 평양에 있는 미군 연락 장교단이 소련 대표에게서 확인한 때로부터 단 2시간의 여유가 있었을 뿐이었다.

---

1) 이 문제에 관한 하지 장군의 보고서는, *FR, 1945*, Ⅵ, pp. 1112~1113, 1118, 1125, 1149~1150 ; and *FR, 1946*, Ⅷ, p. 651 참조.

2) Tel., Actg Sec St to Amb in Sov Union(Harriman), 26 Dec 45 : 이 보고서는 *FR, 1945*, Ⅵ, pp. 1149~1150에 있음.

3) 맥퀸(McCune)에 따르면 그 임무는 이러한 명백한 목적을 위해 "트루먼 대통령의 명령에 따른 것"이라고 한다.(*Korea Today, op. cit.*, p. 214)

4) 이 설명은 *Hist USAFIK*에 근거하고 있다. Pt. Ⅱ, Ch. 4, pp. 274~291.

폴리 일행은 규모에서도 제한되었고, 현지 관리들의 심한 규제 속에서만 여행이 허용되었다. 이들의 여행은 반드시 안내를 받아야 했으며 사전 조정된 곳에만 갈 수 있었다. 5개의 산업 지역 가운데 2개 지역이 조사에서 제외되었다. 이 두 지역은 북한에서 가장 중요한 지역으로 인식되는 흥남(興南)과 청진(淸津) 지역인데, 이 지역에서 소련군이 대규모로 동원 해제 중에 있다는 구실로 치스챠코프 상장이 출입 중지를 직접 지시하였다.

공중 시찰이 금지되었고, 일행이 보다 효율적이고 빠른 조사를 하고자 소규모로 나누어 행동하는 것도 금지되었을 뿐 아니라, 공식적인 사진 촬영도 허용되지 않았다. 폴리 대사는 그의 여행에 관해 다음과 같이 공식적으로 보고했다.

> 우리는 다음과 같은 지역과 도시를 방문했다.
> 평양 지역 : 평양 · 금미포 · 진남포 · 선천
> 관서 지역 : 신의주 · 용암포
> 원산 지역 : 원산
>
> …… 우리는 이 지역의 모든 산업 시설을 사실상 조사했다. …… 우리는 로마넨코 장군의 안내를 받았고, 소련 당국자들은 우리의 여행을 사전에 잘 계획하고 준비하였다. …… 나는 치스챠코프 상장에게 시설의 이전이 있었는지의 여부와 만약 있었다면 그것이 무엇인가를 직접 질문했다.
>
> 그는 어떤 유형의 산업 장비도 소련으로 수송된 적이 없다고 말했다. 그는 시설을 이전해서는 안 된다는 것이 소련 고위층의 정책이었고 자기는 그러한 지침을 받았다고 부언했다. …… 단 두세 번의 경우에 우리는 시설이 제거된 흔적이 있는 것을 보았지만 아주 작은 규모였다. …… 대체로 소련 측은 북한에서 산업을 재건하려고 애쓰고 있었지만 숙련된 기술의 부족으로 불리한 입장에 있었다.[5)]

이 방문이 있은 뒤 『뉴욕 타임스』는 폴리 일행이 보고자 했던 26개 "목표" 가운데 9개를 조사해 본 결과 한국에서 소련이 대규모 자본재를 이전하지 않았다는 결론을 내렸다고 보도하면서 "대체로 우리는 중공업의 분야에서 60% 정도 살펴보았다"는 그의 말을 인용하였다. 그 신문 기사는 다음과 같이 보도했다.

> 비공식적으로 북한의 산업 상황은 특히 기계의 이전 면에 비추어 볼 때, 소련이 기계를 이전시킨 동독과 같은 소련 점령 지역과는 현격하게 다르다는 것이 폴리 일행이 받은 인상이다.[6]

1주일 뒤에 존스턴(Richard I. Johnston) 기자는 폴리 일행이 발견한 것에 대하여 미군 사령부가 숨기기 어려운 의혹을 표명했다고 보도했다.[7] 이러한 의심에 직면한 폴리 대사는 자신의 보고서가 조사된 지역에만 근거를 둔 것이며, "우리가 명령을 받은" 5개 지역 가운데 3개 지역을 자신의 일행들이 비교적 완벽하게 조사했다는 확신을 표명했다. 그는 미국의 군사 정보와 상충되는 것은 아무 것도 보지 못했다고 대답했다. 그러나 그가 가보지 못한 두 지역에서 시설 이전이 있었다는 보도가 있었다고 그는 말했다.

한편 그는 북한에서 탈출한 한국인들이 그 문제에 관하여 심문을 받을 때 그 자리에 입회했는데, 그들 모두가 보지도 못하고 들은 것을 이야기했음을 실토했다고 주장했다. 소련의 제한 조치로 말미암아 북한의 산업 시설을 이전했는지의 여부를 입증하는 것은 불가능

---

5) *Summation* No. 9, Jun 1946, pp. 17~18에서 보고된 바와 같음. 또한 Edwin W. Pauley, "Report on Japanese Assets in Soviet-Occupied Korea to the President of the United States"(Washington, 1946), Department of State *Bulletin*, 4 Aug 46, p. 233.

6) Report of Correspondent Richard I. Johnston from Seoul, *New York Times*, 4 Jun 46.

7) *New York Times*, 11 Jun 46.

한 일이었다. 5월 30일과 6월 8일에 폴리 대사는 치스챠코프 상장에게 출입 제한 조치가 있었던 지역의 산업 설비 현황에 관한 구체적 정보를 요구했다.

6월 17일, 폴리 일행은 한국을 떠났다. 정보를 얻으려는 추가 노력이 없이 문제는 일단락 지어졌다. 맥퀸(G. McCune)과 그레이(A. L. Grey)는 그들의 저서인 『한국의 오늘』(*Korea Today*)에서 미확인된 증빙 자료를 제시하면서 "소련 사령부의 모든 노력이 한국의 경제를 손상하기 보다는 회복하도록 하는 것처럼 보였기 때문에 어떤 철거의 목적도 한국의 산업을 파탄케 하지는 않을 것"이라고 결론을 맺었다.[8] 군정이 회의적인 태도를 보이는 가운데 하지 장군은 다음과 같이 맥아더 장군에게 보고했다.

> 폴리의 보고와 수행원의 실제 정보는 북한 산업을 대규모로 해체하는 데 관련된 정보와 다르지 않다. 목격자들은 폴리 일행이 방문하지 못한 지역에서, 특히 한국의 북동 지역의 공장에서 해체 이전이 이루어졌다고 설명했다. 해체 이전이 만주에서처럼 완전한 것은 아니지만 선별적인 해체라고 단정할 수 있다. 떼어 간 부분은 소련 경제에 필수적인 것처럼 보이며, 통신 장비 · 변전기 · 발전기 · 전기 모터 · 공구 등과 같이 이전이 손쉬운 것들인 것 같다.[9]

두 번째 문제인 영사 문제는 미소공동위원회의 작업을 용이하게 하도록 뒷전으로 밀려났다. 그러나 이 기간에 그 문제는 24군단의 정치고문이 영사로 임명되고 일반적인 업무를 수행하는 자격을 지니게 되자 민감한 문제가 되었다. 그래서 미국 측은 영국

---

8) McCune, *Korea Today, op. cit.*, p. 216.

9) Rad TFGCG 418, CG USAFIK to CINCAFPAC, 19 Jun 46 : *Hist USAFIK*, Pt Ⅱ, Ch. 4, p. 285.

을 부정하는 곤란한 입장에 놓이게 되었다.10) 그러나 소련과 관련된 문제는 4월 말경에 조치할 수 있었다.

소련 영사는 하지 장군의 사무실에 초치되어 구두로 최후 통첩을 받았다.11) 그는 자신들이 미군 사령부의 관용으로 서울에 주재한다는 말을 들었고, 심지어 미국 측도 서울에 영사관을 두지 않은 지금의 상황에서는 하지 장군의 권한이 허용하는 한도 내에서 그가 단지 예의상 모든 특권을 받게 되었다는 말을 들었다.

따라서 영화를 상영한다든가 문 앞에 영사 문장(紋章)을 걸며, 한국의 정당들과 공식 관계를 유지해야 한다는 것과 같은 주장은 "변칙적일 뿐만 아니라 …… 다른 연합국과 차별된 것이었다." 결국 소련 영사는 더 이상 영사관 사무실이 필요 없으며, "그의 관할권" 내에서 영사대표부와 그 기능을 허용할 권한이 없다는 말을 하지 장군이 들었다. 그래서 영사는 소련 정부에게 영사 시설은 상호 호혜 원칙에 근거를 두어야 한다고 보고할 것을 요청받았다.

이렇게 되면 미국은 자동적으로 평양에 미국 대표를 파견하고, 거기에서 미국인들은 중요한 광산 채굴 · 제조 · 주거 · 문화와 선교 활동에 관한 권리를 갖게 된다. 이로 말미암아 5월 6일 상호 호혜에 관한 문제는 "외교 경로"를 통해서 해결되어야 하며, 미국 측 사령부에 의한 일방적인 조치는 소련 대표에 대한 "비우호적인 행동"으로 여겨질 것이라고 주장하는 소련의 공식적인 대답이 있었다.12) 미국 대사는 전체 상황을 소련에 통보한 지 3일 뒤 평양에 영사 대표부의 설치를 요구했으며, 서울에서 (소련이) 영사 업무

10) According to Summary of SWNCC 381, 15 Jul 46, Sub : Consular Establishments in U.S. Zone in Korea.

11) Rad, CG USAFIK to SCAP, 27 Apr 46 : *Hist USAFIK*, Pt. Ⅱ, Ch. 4, pp. 303~305.

12) *Hist USAFIK* Pt. Ⅱ, Ch. 4, brief summary of exchanges in *FR, 1946*, Ⅷ, pp. 676~677.

를 계속하는 문제가 "현재로서는 적극적으로 고려되고 있다"는 통지를 보냈다.

5월 21일, 소련은 "서울의 소련 총영사관의 앞으로 기능에 관한 문제와 평양에 미국의 새로운 영사관을 설립하는 것을 연계시키는 것"은 근거가 없다는 대답을 보냈다. 그들은 서울의 소련 영사관이 1885년부터 거론되었고 1925년부터 소련 영사관이 있었던 것과는 달리 평양의 미국 영사관은 "곧 수립될 한국 정부와 상호 합의에 의하여 해결될 새로운 문제"라고 주장했다.

스미드(W. B. Smith) 대사는 가까운 미래의 특정한 날짜에 소련의 총영사관이 기능을 수행할 수 없을 것이라고 소련 정부에 통보하는 권한을 위임받아야만 하는데, 이제까지 미국 대사는 "외교 업무를 사사롭게 판단하고, 보복의 차원에서 그 문제를 다루곤 했다"[13]고 주장했다. 미국은 "소련의 총영사관이 업무를 중지하고 2주일 이내에 서울에서 요원들을 철수하기 바란다고 소련 측에 통보해야 할 것"이라고 말함으로써 스미드 대사가 요구한 권한을 부여하였다.

국무성은 한국에서 "임시정부를 수립하는 것이 영사관 설립의 선결 문제"라는 것을 인정하지 않았다. 국무성은 평양에 영사관을 개설하는 문제를 추진하라고 대사에게 촉구하면서, "미국의 입장을 지지하는 하이드(Hyde)의 『국제법』(*International Law*) 701항과 가너(James W. Garner)의 『국제법과 세계 전쟁』(*International Law and World War*)의 제2권 59~61면을 참조하라"고 말했다.[14]

그 결과 5월 29일 총영사 폴리안스키(A. Polianski)는 소련의 공급선이 미국의 그것보다 가깝기 때문에 6월 1일부로 우편 교환 ·

13) Tel., Amb in Sov Union(Smith) to Sec State, 22 May 46 : *FR, 1946*, Ⅷ, pp. 682~683.
14) Tel., Sec State, to Amb in Sov Union(Smith), 24 May 46 : *FR, 1946*, Ⅷ, p. 685.

배급 · 병참의 특권을 더 이상 제공하지 않겠다는 통보를 받았다.[15] 6월 4일, 소련 정부는 "서울의 영사관이 더 이상 정상적인 기능을 발휘할 수 없다고 판단되어 서울 주재 총영사관을 폐쇄하기로 결정했다"고 스미드 대사에게 통보했다.

스미드 대사는 소련의 주장이 "근거 없다"고 논박하는 권한을 부여받았다. 동시에 스미드 대사는 소련 정부에게 영사관의 설립이 상호 호혜원칙에 따른 것이 아니라 필요에 따라서 영사관을 세워야 한다는 생각을 소련 정부가 이미 지니고 있었음을 환기하면서 평양의 영사관 문제에 관한 답변을 요구했다.[16] 소련 총영사 폴리안스키는 6월 13일 "가까운 미래에" 총영사관을 철수하라는 명령을 받았다고 공식적으로 발표했다. 소련 총영사와 직원들은 1946년 7월 2일, 서울에서 철수했다.[17]

바로 그런 직후에 워싱턴은 한국 주재 영사 대표부의 일반적인 문제에 관하여 공식적인 조치를 취했다. 3성조정위원회의 극동소위원회는 자신들이 주도하여 이 문서를 작성하였고, 7월 19일 3성조정위원회가 이를 승인하였다.[18] 이 점에 대하여 국무성은 영사

---

15) *Hist USAFIK*, Pt. Ⅱ, Ch. 4, pp. 307~308.

16) Tel., Amb in Sov Union(Smith) to Sec State, 5 Jun 46 : *FR, 1946*, Ⅷ, pp. 691~692.

17) Tel., Lieut Gen John R. Hodge to Sec State, 13 Jun 46, and footnote 22(p. 704) : *FR, 1946*, Ⅶ, pp. 703~704.

18) SWNCC 318, 15 Jul 46, Sub : Consular Establishments in the U. S. Zone of Korea(Ref 180/1, SFE), 주제에 관한 SFE 보고서 동봉, Sub : Decision on SWNCC 318. 이 각서가 CINCAFPAC에 제출되어야 한다는 건의서와 함께, 1946년 7월 19일 비공식적 행위에 따라 이의 승인을 함께 보고했다. 이 문서는 JCS 1695 to CINCAFPAC 1 Aug 46 in WAR 96201 : *ABC 014 Japan*, Sec 17-C로서 보냈다. 국무성에 따르면, "JCS는 SWNCC 318의 부록을 맥아더 장군에게 보내는 메시지로서 보내 줄 것을 요청받았으며 국무성도 적절할 때 문서를 이행하도록 요청 받았다. 따라서 SWNCC 318은 7월 23일 지령 23과 함께 서울로 보내졌다. 각서는 9월 5일, 영국 · 중국 · 프랑스 대사관에 보내졌다. *FR, 1946*, Ⅷ, footnote 30, p. 718.

관의 관리란 외교 대표부가 아니며, 특히 한국과 같은 점령지에서는 국제법에 따라 점령 지휘관이 영사관 직원의 활동에 대하여 완전한 권한을 지닌다고 지적했다.

반면에 연락관의 행위가 영사 행위의 권한을 갖는다고 주장하는 것은 미국법이나 국제법상 전례가 없기 때문에 연락관의 행위는 시비의 여지가 있었다. 3성조정위원회는 한국에 외교 대표부를 설립하는 것이 시기상조이며, 소규모의 영사관을 설치하도록 허용하는 것이 바람직하다고 합의하였다. 이렇게 하는 데는 상당한 근거가 있었다.

곧 이렇게 하는 것이 한국의 국제 관계의 정상적 행위에 더 접근하게 되는 것이고, 한국을 해방 지역으로 본다고 공표한 의지에 신뢰를 부여하고, 미국의 정책에 관한 한국인의 지지를 강화할 수 있는 것이었다.

하지 장군은 자신의 권한으로써 연합군 최고사령부의 승인을 받아 "적절한 경우에"(in appropriate instances) 한국에 외국의 영사관을 설치할 수 있다는 통고를 받았다. 국무성은 맥아더 장군의 동의를 얻어, 중국 정부가 1명의 영사와 2명의 보조원을 한국에 파견토록 하고 영국이 외교 관계를 영사급으로 변화시키도록 하라고 통보할 예정이었다. 그 밖의 다른 경우에는 개별적 사정에 따라 고려될 수 있었다.[19)]

맥아더 장군은 2주일 뒤에 답변했다. 그는 중국을 불러들이는 것은 중국에 있는 한국인의 권리와 지위를 명시하는 것과 연계시켜야 한다고 권고했다. 소련의 경우, 소련이 평양에서 우리에게

19) Msg to CINCAFPAC of 1 Aug 46 as enclosed in JCS 1695 : *ABC 014 Japan*, Sec 17-C. CF, "Draft message" in *FR, 1946*, Ⅷ, pp. 717~718.

어떤 조치를 하는가에 달려 있음을 우리가 이미 밝힌 바 있으므로 소련과 관련된 영사 문제를 더 이상 고려할 필요가 없다고 그는 느꼈다.

그러나 만약 그들이 영사관의 설치를 허용해 줄 것을 요구하지만 우리가 평양에 더 이상 관심이 없다면, 과도정부가 수립될 때까지 이를 지연하고, 미국 영사관이 현재 대련(大連)에서 직면한 전보 통신에 관한 어려움과 모든 문제를 이와 연계시켜야 한다고 제안했다.[20]

2. 한국의 발전

워싱턴의 지시에 따라 아놀드 장군이 조직한 민주의원(民主議院)이라고 알려진 한국의 자문단은 바람직한 정당 연합을 만들어 내는 데 실패했다. 4월이 되자 그 집단은 쓸모가 없는 것처럼 보였다. 민주의원은 3월 1일을 국경일로 정하고 차량의 우측통행 제도로의 환원과 같은 몇몇 작은 문제들에 관한 일치된 의견을 표명하는 데 그쳤다. 이들이 실패한 데는 다음과 같은 이유가 있는 듯하다.

(1) 이들은 소련 측의 마음에 들지 않는 단체인 탓에 소련이 승인하는 과도 정부의 중심 세력으로서의 기능을 수행할 수 없었다.

(2) 이들은 너무 우익적인 성향을 띠고 있었던 탓에 정당 통합의 상징이 될 수 없었다.

---

20) Rad, CINCAFPAC to War Dept for WDSCA and JCS, 64271, 19 Aug : *ABC 014 Japan*, Sec 17-C. 중국은 9월 6일 한국의 서울에 영사관 관리를 임명하도록 통고 받았다. Ltr, Actg Sec State to the Chinese Ambassador(Koo), 6 Sep 46 : *FR, 1946*, Ⅷ, p. 735.

(3) 군정은 이승만과 김구가 과연 토착 한국 정부의 지도자가 될 만큼 민주적인지에 대해 의심하기 시작했다.

하지 장군은 공동위원회의 회기 중에 연합국 최고사령부에 또 다른 『한국의 상황』(*Conditions in Korea*)이란 분석 서류를 발송하면서, 민주의원에 관한 이러한 의혹을 표명했다. 이 조사에서 그는 "모든 면에서 군정과는 달리 자신들의 방식대로 하려는 한국 사람들에 대해 군정은 지도력을 상실했다"고 결론을 맺었다. 그는 한국인을 비난하면서 다음과 같이 그의 결론을 뒷받침했다.

한국인은 내가 만난 사람들 가운데 가장 어려운 사람들이다. 그들은 독립이라고 하는 한 가지 공통된 생각만을 가지고 있다. 독립이 의미하는 바는 어떤 유형의 일과 행위와 말에서 모든 규제로부터 자유로워지는 것이다. 예외 없이 그들은 서로 논쟁적이고, 서로 자신들의 방식대로 할 수 있는 한도 내에서 협력하며, 국가적 차원의 애국심은 거의 없고, 아주 변덕스러워서 예측할 수 없고, 쉽게 매수되며, 개인적 성실도가 낮고, 시민 의식이 결여되었으며, 자신만을 생각하고 다른 것은 거의 모든 것을 반대한다.

비록 우리가 도우려 한다는 것을 그들이 알고 있지만 모든 통제를 의심하고, 그들이 겪는 국가적 수난은 한국인이 아닌 주변의 다른 사람들 탓이라고 불평한다. 본인은 한국을 재건하는 어느 단계에서 처절한 피의 숙청이 일어나리라는 것을 확신한다. 그들이 느끼는 독립이라는 개념의 강한 요소는 싫어하는 사람들을 제거하는 개인적인 문제로부터 자신들에게 반대하는 정치 단체나 권력자 모두의 집단적 제거까지를 포함하기 때문이다.[21]

3주일 뒤, 미국과 소련 점령군의 공동 철수를 주장하는 다른 청원서에서 하지 장군은 한국인을 제멋대로 내버려 두어야 한다고

21) CG, XXIV Corps to SCAP, Conditions in Korea, 2 Apr 46 : *Hist Files*.

촉구했다. 그는 “한국인들이 우리의 정신적 기준으로 판단하는 좋은 정부를 이룩할 수 있는지는 의문의 여지가 있다”라고 말하면서, 그러나 한국인이 이념과 목표가 아주 다른 두 국가에게 이중의 지배를 받게 하기 보다는 고문의 도움을 받으며 “제멋대로 하도록 내버려 두는 편이 보다 빨리, 그리고 다소 훌륭한 정부를 건설할 수 있을 것”이라고 확신했다.[22)]

그럼에도 불고하고 군정은 계속해서 다양한 정치 집단을 결속할 수 있는 다른 수단을 모색했다. 단 한 가지 유일한 전망은 당시 인민당의 지도자였던 여운형(呂運亨)을 통해 이룰 수 있을 것처럼 보였다. 여운형은 11월 12일, 인민공화국을 탈퇴해 보다 온건하고 중도적으로 보이는 조선인민당(人民黨)을 결성했다. 그러나 2주일 뒤에 하지 장군은 이 정당이 “소련의 정치와 모종의 관계를 가진 …… 한국에서 가장 강력한 공산주의자들의 후원을 받는 집단”이라고 단정했다.[23)]

그리고 1월에 “인민당이 진보주의자들을 대변하고 있다고 국무성은 확신하고 있지만, 우리는 아마도 소련의 지원을 받은 공산주의자들이 진보주의적인 것으로 추정되는 인민당을 정치적 테러를 포함한 그들의 활동에 이용하고 있다”고 느낀다고 하지 장군은 언급했다.[24)] 그러나 다음날 하지 장군의 정치 고문은 여러 정치 집단의 통일을 이루려는 노력이 실패한 것은 “특히 우익 집단의 비타협적인 태도” 때문이라는 의견을 밝혔다.[25)]

---

22) *Ibid.*, 27 Apr 46 : *Hist Files.*

23) Ltr, Gen John R. Hodge to Gen of the Army, Douglas MacArthur at Tokyo, 25 Nov 45 : *FR, 1945*, Ⅵ, pp. 1133~1134.

24) Polad Benninghoff to Sec State, 22 Jan 46 : *FR, 1946*, Ⅷ, p. 614.

25) *Ibid.*, 23 Jan 46, p. 616.

2월에 하지 장군은 여러 가지 동향과 활동으로 보건대, 소련이 주도하는 공산주의자들에게 향후의 한국 정부에서 중책을 맡기겠다는 제안에 따라 공산주의 방식으로 운영되고 주도되는 "인민당"이 완전히 매수당했다는 결정적 증거가 있다고 보고했다. 그는 여운형이 2월 1일, 공산주의 모임에서 "자신을 진정한 공산주의자로 선언했으며" …… 이러한 행동이 "처음으로 여운형을 완전한 공산주의자로 낙인찍히게 만들었다"고 말했다.[26]

좌익의 지도 체제는 인민당과 1946년 2월 15일 공식적으로 출범한 새로운 좌익 "수용소"(Catch-all)인 민주주의인민전선(*sic*)으로 잠정적으로 옮겨갔다.[27] 후자는 어느 정도 노동조합, 농민 집단, 여성 및 청소년 조직, 정당, 그리고 다른 다양한 집단과 같은 모든 좌익 집단의 종합 선전 체제로서 운영되었다.[28] 3월에 들어 우익과 좌익의 골이 점차 깊어지는 듯이 보였다.

양측은 자신의 세력을 강화하려고 그들의 활동을 여러 도의 도시에까지 확산시켰다. 4월 중에 여운형은 인민당 내부의 공산주의적 파벌과 헤어지고 자신의 집단을 보다 온건한 좌익 집단으로 이끌려고 했다.[29] 이에 따라 여운형과 김규식이 온건 연합을 구성하려는 움직임이 있었다. 이는 여운형의 도움을 얻어 공산주의자들로 이루어진 인민당을 제거하려는 책략이었다.

지도자로서의 여운형의 역할은 곤란한 문제를 야기했다. 왜냐하면 인민당에서 그의 역할이 공산주의자들의 영향력에 묻혀 버

---

26) *Ibid.*, 24 Feb, p. 641.

27) *Ibid.*, p. 640.

28) 이것 역시 "History of Left-Wing Korean Political Parties," *loc. cit.*에 요약되어 있다.

29) 이 보고된 진전 상황에 관해서는 *FR, 1946*, Ⅷ, pp. 648, 658~659, 663, 678~679의 보고서 참조.

린다고는 하지만 그렇다고 해서 그를 당으로부터 제거한다는 것은 그의 지도자적 역량을 상실할 것이기 때문이었다.

하지 장군의 개인 보좌관인 버취(Leonard Bertsch) 중위와 굿펠로우(Preston Goodfellow) 대령은 먼저 공산당과 어떠한 관계도 단절하라고 여운형을 설득하고, 다음으로 친구들을 시켜 그가 인민당을 떠나도록 압력을 넣게 함으로써 그를 움직이려고 했다. 이 작전이 실패하자 버취와 굿펠로우는 많은 지도자에게 인민당을 떠나 새로운 정당을 결성하라고 권고했다.

결과적으로 여운형의 동생 여운홍(呂運弘)의 주도로 8월 3일 소위 "애국적 좌익"인 사회민주당(社會民主黨)이 새로운 정당으로 구성되었다. 군정은 이 새로운 정당이 공산주의자가 주도하는 인민당으로부터 토착적인 좌익 인사를 끌어내기를 바랐다. 그러나 사회민주당은 이 기간에 정당으로서의 명성을 확보하지 못했지만, 군정은 공산주의 지도자들과 여운형과의 영원한 불신을 야기했고 인민당을 공산주의자의 지배로부터 분리시켰다고 확신했다.

여운형은 8월 14일, 인민당에서 잠정적으로 사임했고 한 달 뒤에 그가 복귀하자마자 공산주의자들은 손을 떼라고 그에게 경고했다. 새로운 정당이 실패한 원인은 강력한 지도자가 없었고 재정 지원이 부족했기 때문이었다.[30] 군정이 원하는 온건 연합은 끝내 나타나지 않았다.

공동위원회가 연기되고 난 다음 이승만의 조직체인 대한독립촉성회(NSRRKI)는 새로운 활력을 지니고 전국의 도에서 성공적으로 활동을 전개한 우익의 선두가 되었다. 이에 관하여 군정은 다음과 같이 언급했다.

---

30) *Hist USAFIK*, Pt. Ⅱ, Ch. 2, pp. 103~104.

이승만 박사는 좌익의 영향을 받고 있던 지역에서 추종 세력을 강화할 목적으로 4월 15일부터 남한의 모든 지역에서 유세를 시작했다. 4월 17일, 대전에서 며칠 뒤에 예정된 연설석상에서 이승만을 암살하려 했다는 혐의로 7명이 체포되었다.[31]

이러한 모든 일은 한국 경찰의 공모와 협조를 받아 이루어졌다. 고위 경찰 간부가 이승만과 김구에게 협력하여 한국 전역에서 좌익 인사들을 괴롭혔다는 증거는 상당히 많다. 분명히 미국의 치안 담당관이 모르게 좌익 지도자를 체포하라는 명령이 내려졌고, 이러한 사태는 미군사령부가 경찰이 어디에 충성하고 있는지에 관해 우려하게 했다.[32]

6월 회의에서 이승만은 교묘히 대한독립촉성회의 의장에 당선되었고, 그 뒤 그의 조직은 마치 우익 연합의 최적의 공약수를 제공하는 것처럼 보였다. 7월 3일, 랭던 정치 고문은 이승만 박사가 "극우 세력의 압력을 받아" 전국 사령부를 구성하고, 자신을 수반으로, 김구를 "제2인자"로 발표했다고 보고했다.

이승만이 자신의 의도를 미군 사령부에 알렸던 것은 자신이 "이러한 식으로 통합 움직임의 주도권과 신임을 얻으려 한다"는 인상을 주지 않으려고 노력했음을 보여준다. "이러한 노력은 성공하지 못했다."[33] 7월경, 대한독립촉성회는 조직과 권력, 그리고 명성의 면에서 (김구의) 임시정부를 분명히 능가한다고 군정은 판단했다.[34]

---

31) Tel., Polad in Korea(Langdon) to Sec State, 14 May 46 : *FR, 1946*, Ⅷ, p. 678. NSRRKI의 조직에 관해서는, 위의 책 p. 251 참조

32) 경찰 문제에 관해서는 *Hist USAMGIK*, Pt. Ⅲ, Ch. 4 참고.

33) Tel., Polad in Korea(Langdon) to Sec State, 3 Jul 46 : *FR, 1946*, Ⅷ, p. 710.

34) *Hist USAFIK*, Pt. Ⅱ, Ch. 2, p. 68.

3. 한국을 위한 새로운 정책

미소공동위원회에서 한국 임시정부의 수립에 관한 합의를 얻어내는 데 실패함으로써 미국은 결국 자신의 정책을 재검토하기에 이르렀다. 국무성은 3성조정위원회 비망록 176/18(SWNCC 176/18)의 기본 정책 지령에서 "가장 가능하고 바람직한" 한국 정부의 수립을 위해 가능한 변화를 모색하라고 공동위원회의 대표들에게 촉구했다.[35)]

대표단은 회합이 끝난 5월 8일, 하지 장군의 "일반적인 합의"를 지닌 긴 비망록으로써 이에 답변했다. 이것은 신탁통치, 외교 대표부, 정권의 이양, 한국 통치의 연차적인 이전 계획, 군대의 철수 등과 같은 주제를 담고 있었다. 주요한 안건은 다음과 같이 요약할 수 있다.[36)]

(1) "전체 혹은 얼마간의 보호 관찰 기간(probationary period)에 신탁통치를 보류한다." 이와 같은 보류의 중요한 이유는 미국인이 신탁통치의 "주요 발의자"였고 소련은 이것을 "절대적이고 거의 신성에 가까운 것"이라고 여겼으므로 소련의 협력을 보장하고 임시정부를 구성하는 데 소련이 방해하지 못하도록 하려면 4대 강국에 책임을 부여하는 것이 바람직하기 때문이다. 한국인은 "신탁통치에 마지못해 따를 것"으로 여겨졌다.

(2) 신탁통치 요원들은 비율에 따라서 4대 강국에서 차출된 자격 있는 고문단 · 지도원 · 전문가들의 단체로 구성된다. 이 단체를 한국인의 감정

35) Tel., Actg Sec State(Acheson) to Polit Adv in Korea(Langdon), 29 Mar 46 : *FR, 1946*, Ⅷ, p. 654.

36) Report of pol Adv Langdon to Sec State, 8 May 46(received 17 May), enclosing a Memorandum by Gen Lerch(Military Governor) : *FR, 1946*, Ⅷ, pp. 667~675.

을 상하게 하는 위임 통치의 개념과는 다른 것으로 하고자 국제연합과는 관계없는 "한국연합위원회"(Allied Commission of Korea)와 같은 것으로 명명하는 것이 바람직하다.

(3) 남한의 행정 체제는 새로이 구성될 정부의 기초로 이용되어야 한다. 두 지역의 정부를 통합하려는 소련의 제안은 미국의 계획과 "크게 다르지 않다."

(4) 한국에 정부를 이양하는 계획은 1946년 7월까지 과도 정부의 공직자를 선출하고 1946년 8월에서 11월 사이에 과도 정부를 세우고 1946년 12월부터 1947년 1월까지의 기간에 신탁통치를 실시한다. 군대 철수는 1946년 8월 1일부터 시작하여 1947년 2월에 끝낸다.

러취 장군은 이 보고서가 "미래에 대하여 낙관적인 예측이긴 하지만 합리적으로 정확하다"고 간주했다. 그는 한국이 신탁통치에 응하리라는 점을 의심했고, 이 일에 관한 "한국인의 마음을 안정시키려면" "신탁통치"라는 용어를 피하고 "현재"(now)와 "고위층에서"(from on high)란 용어를 사용할 것을 조언했다.

하지 장군은 이미 4월에 "최소한 1947년 1월 1일 이전에" 미 · 소 군대의 공동 철수를 주장했다. 그는 소련군이 주둔하고 있는 한 한국인에게는 자유가 없을 것이며, 미국 지역에 있는 공산 조직은 미국의 노력을 저해할 것이라고 주장했다. 그의 주장은 그의 고문단의 지지를 받았다.[37)]

워싱턴의 생각은 달랐다. 하지 장군은 국무성 · 전쟁성 · 해군성이 모두 "가능한 한 빠른 시일에" 군대의 "동시 철수"를 바라고 있지만, 지금은 "우리가 그런 조치를 염두에 두고 있다"는 안건을 "제

37) Msg, CG XXIV Corps to SCAP, TFGCG 352, 27 Apr 46 : *Hist Files*, 고문의 보고에 관해서는 Tel., Langdon and Thayer, 8 May 46 : *FR, 1946,* Ⅷ, p. 664 참조.

시"하거나 암시할 때가 아니라는 통보를 받았다.[38] 이러한 의사 표시를 당분간 보류하는 이유는, 첫째 그러한 행동은 한국인이나 소련에게 미국이 한국에서 맡은 책임을 회피하려 하는 것으로 이해될 수 있으며, 둘째로는 한국인이 소련과 동조하여 자신들의 안전 보장을 추구할 가능성이 있기 때문이었다.

그 대신에 미국은 "한국에서 우리의 목적을 달성할 때까지 필요하다면 계속 군대를 주둔시킬 태세가 되어 있다는 원칙을 확실히 준수할 것"이라고 워싱턴은 주장했다. 이 통지문은 한국에서 변화된 상황을 감안하여 워싱턴은 현재의 지령을 개정할 것을 고려하고 있다는 말로 끝을 맺었다.

한국의 상황에 관한 재검토를 약 1주일 뒤에 국무성·전쟁성·해군성 대표들이 착수하였는데, 이 자리에서는 미군 주둔 지역에서 선거를 실시해야 한다는 느낌이 제기되었다.[39] 동시에 국무성 극동국의 관리는 "김구는 한국에서 대중의 지지가 약하기 때문에 미국은 자신에게 도움이 되지 못할 그를 지원하는 어리석음을 범했다"는 사실을 인정해야 할 때라고 말했다.

국무성의 점령 지역 차관보인 힐드링(John H. Hilldring) 소장은 남쪽에서는 모든 일이 군정에 의하여 이루어지는 것과는 달리 북쪽에서는 소련이 한국인을 공직에 앉힘으로써 "정치적 수도(首都)"가 되게 했는데 "우리는 이런 얼룩(spot)을 제거해야 한다"고 언급했고, 번즈 장관도 이에 동의했다. 그는 독일에서처럼 미국 군정이 선거를 실시해야 한다는 조언을 받았다. 하지 장군의 정치 고문은 소련의 행동의 전반적 평가서를 준비하고 새로운 한국 정책에

---

38) WARCOS to CINCAFPAC(Pass to Hodge), WAR 87750, 11 May 46 : *Hist Files*.

39) Memorandum on Meeting of Secretaries of State, War and Navy, 2 May 46, 10 : 30 A. M. [Extract] : *FR, 1946*, Ⅷ, pp. 681~682.

관한 건의서를 만들었는데 그 내용은 다음과 같다.

> 우리는 ;
>
> (a) 한국이 소련의 지배를 받아서는 안 된다는 확고한 결의와 소련의 지배로부터 한국을 보호하는 데 필요하다면 이 결의를 고수할 것이라는 점을 소련에 보여주어야만 하고,
>
> (b) 온건파 애국지사들 사이에서 공산주의자들이 인기가 없음을 이용하여 남한에서 중도 우파의 입장을 강화하여 북측에 대항하도록 고무해야 한다. …… 적당한 계기가 있을 때마다 우리의 입장을 반복하는 것 이외에는 당분간 소련 측과의 고위 회담을 이끌어내려고 노력하지 말아야 한다. 마찬가지로 우리는 초조한 기색을 보여서는 안 된다. …… 하지 장군의 지휘를 받아 통일된 과도 정부를 수립하기에 앞서 법과 조례를 제정할 한국의 비행정적인 내각과 입법체를 구성한다. ……

그 고문은 이승만과 김구에 관한 워싱턴의 계속된 비난을 다음과 같은 반박문으로 답변했다.

> 우리는 정치적 무능력의 결과로 말미암아 정치 무대에서 거의 제외된 김구(金九)를 대체로 무시해 왔다. 그 반면에, 이승만은 통일을 위한 모든 여론을 수렴하는 데 협조적이었고, 그의 추종자들이 지나친 반연합군 시위를 하지 못하도록 하는 데 도움이 되었다.
>
> 동시에 그는 소련 측에 유화적인 몸짓을 해 왔으며, 그의 많은 추종자에게 같은 행동을 취하라고 촉구했다. 하지 장군은 이승만이 반드시 미래의 과도 정부에 필수적이거나 심지어 바람직하다고 느끼지는 않지만, 그가 민주 인사들 가운데에서는 전국적으로 잘 알려진 몇 안 되는 한 지도자이기 때문에 그의 협력이 필요하다.[40]

40) Tel , Pol Adv in Korea(From Langdon and Thayer) to Sec State, 24 May 46 : *FR, 1946*, Ⅷ, pp. 685~689.

국무장관은 5월 29일 이러한 견해가 "귀하의 생각과 유사한 현재의 우리의 생각에 도움이 된다"고 답변하면서 추가 설명을 요구했고, 3성조정위원회에서 고려한 뒤 진전 상황에 대하여 조언하겠다고 말했다.[41] 1주일 뒤에 한국의 정치 고문은 궁극적으로 선출될 정부를 위한 지침과 경험, 그리고 위신을 제공하는 수단으로 "앞으로 몇 달 이내에" 선거를 실시하라고 촉구했다.[42]

그는 시 · 군 · 도 단위의 간접 선거를 제안했고, 그러한 선거 체제는 2개월 이내에 조직될 수 있을 것이라고 예측했다. 6월까지 워싱턴 당국은 미국의 지원을 통해 남한을 강력하고 민주적인 국가로 만듦으로써 미국은 자신의 목적이 달성될 때까지 한국에 주둔할 것이라는 의도를 소련이 깨닫도록 하는 전략을 세웠다.[43] 이러한 태도가 소련이 협상을 재개하고 모스크바의 결정을 실행에 옮기는 데 협조할 수 있게 되기를 기대했다. 그러나 새로운 정책으로 생산적인 결과가 발생할 때까지 미국은 협상의 재개를 위한 조치를 하려 하지 않았다.

6월 7일, 한국에 관한 새로운 지령의 결론이 맥아더 장군에게 발송되었다. 미국의 목적이 지금까지보다 활력 있고 긍정적인 어조로 다시 언급되었고, "전체 한국"에 관한 책임은 다음과 같이 발표되었다.

> (1) 외국의 통제를 받지 않고 국제연합 회원국이 될 수 있는 자치 한국을 수립한다.

---

41) *FR, 1946*, Ⅷ, footnote 6, p. 685.

42) Tel., Pol Adv in Korea(Langdon) to Sec State, 3 Jun 46 : *FR, 1946*, Ⅷ, p. 690.

43) Memo, Asst Sec State for Occupied Areas for OPD, War Dep, 6 Jun 46, Appendix B : *FR, 1946*, Ⅷ, p. 698.

(2) 그렇게 세워진 정부는 한국 국민의 의지를 자유롭게 완전히 반영할 민주정부가 되도록 보장한다.

(3) 한국인이 독립된 민주 국가를 수립하는 데 필요한 건전한 경제와 적당한 교육 체제를 수립할 수 있도록 지원한다.

통일된 한국의 임시정부를 세우는 데 관한 소련의 동의를 기다리는 동안에 모종의 조치가 취해졌다.[44] 현지의 미군 사령부는 다음과 같은 사항을 포함한 새로운 계획에 착수하기로 했다.

(1) 남한의 기존 정부와 행정부를 한국화한다. 지방과 전국적으로 한국인 관리를 임명·선출하고, 대중 선거를 통해 정치적·사회적·경제적 개혁을 할 수 있는 기초로서 법률 초안을 발의할 수 있는 입법자문의회(Advisory Legislature)를 선출함으로써 이러한 목적을 이룩할 수 있다.

(2) "한국에서 강력하고 지속적인 민주 체제를 수립하는 데 도움이 되는 상황"을 조성하고자 군정은 건설적인 경제적·교육적 개혁에 착수한다.

(3) 이러한 모든 일은 모든 정당들이 전체 집단의 "완전한 표현의 자유"를 가지고 참여하는 가운데 이룩될 수 있다. 그러나 정치적 망명객들보다는 "일본의 지배하에 한국에 있었던" 토착 지도자들이 참여하도록 고무해야 한다. 망명 지도자들이 "자발적으로 정계에서 은퇴"하는 데 반대해서는 안 된다.

(4) 한국인이 미국의 정책을 인지하고 완전히 지지하도록 하고자 는 강력한 대중 홍보 계획에 착수해야 한다.

이러한 정책의 새로운 노선은 폴리(Edwin W. Pauley) 대사가 트

44) 이하의 것은 저자의 말에서 요약한 주요 규정의 개요이다. 예를 들면, "Koreanization"이라는 말이 지령에서는 사용되지 않았었다. 그러나 뒤에 USAFIK가 한국인들을 정부의 책임 있는 직위에 앉히려는 정책을 분류하고자 사용한 것이다.

루먼 대통령에게 보낸 편지보다 먼저 만들어진 것이기는 하지만 그의 건의서와 대체로 일치했다. 5월~6월에 걸쳐 한국을 여행한 뒤 폴리 대사는 한국의 상황에 대해 깊은 우려를 표명하면서 대통령에게 보내는 다음과 같은 건의 목록을 만들었다.

(1) 다음과 같은 여러 가지 방식의 행위를 채택함으로써 소련이 한국에 관한 모스크바선언에 동의하도록 만든다.

(a) 국제연합 및 4대 강국과 이 문제를 제기하고,

(b) 양보했을지도 모르는 양보를 보류하고,

(c) 통일된 한국에 유리할 수 있도록 소련의 방해 전술을 한국과 세계에 확실하게 알릴 수 있는 선전 활동을 강력하게 추진한다.

(2) 미국이 "한국 내에서 민주주의와 4대 자유를 보급(sell)하고자 한국 내에서 선전 및 교육 활동을 수행하게 한다."

(3) "배상금의 일부로써 일본으로부터 특별히 필요한 산업 장비"를 구입하여 한국에 제공한다.

(4) "한국의 산업 경제를 재건하면서 더 많은 기술 지원을 한국에" 제공한다.[45)]

트루먼 대통령은 폴리 대사의 편지에 관한 답신에서 이러한 새로운 조치를 다음과 같이 언급했다.

민주주의에 관한 우리의 개념과 한국에서 우리의 활동 계획에 관한 한국의 지지를 얻는 정책을 추구한다면, 소련과의 합의를 추구하는 데 효율적일 수 있다. 대부분의 한국인이 바라는 토지 재분배와 특정 산업을 국유화하는 등과 같은 진보적인 개혁을 입안하고 실행함으로써, 이

---

45) Ltr, Ambassador Pauley to President Truman, Jun 22, 46 : *FR, 1946,* Ⅷ, pp. 706~709. 한국에 관한 폴리 대사의 전반적 관찰의 요약은 *Memoirs by Harry S. Truman*, Vol. Ⅱ : *Years of Trial and Hope, 1946~1953*, pp. 320~322에 수록되어 있다.

정책이 소련 측의 이해를 얻을 수 있는 기반을 확대하는 데 도움이 될 것이다.[46)]

트루먼 대통령은 계속해서 다음과 같이 언급했다.

> 독립된 한국을 수립하려는 우리의 노력은 이 작업이 끝날 때까지 한국에 주둔하면서 이 일이 잘되게 하기 위한 적합한 요원과 충분한 자금을 마련할 필요가 있다. 따라서 본인은 하지 장군이 우리의 목적을 수행하는 데 필요한 사람과 자금을 갖추고 있다는 것을 확신시켜 줄 수단을 모색할 수 있는 기구를 요청한다.

트루먼 대통령은 전쟁성 장관에게 편지를 보내어 이를 지지했는데, 이 편지에서 그는 미국이 "상당한 기간에"(a considerable length of time) 한국에 주둔할 필요가 있을지도 모른다는 뜻을 보여주었으며, "우리의 임무를 완수하려면" 추가 기금과 요원을 지원해야 한다는 자신의 입장을 전쟁성에게 확신시켰다.[47)] 대통령의 의지를 명료하게 인식하지 못한 하지 장군은 그 뒤 그러한 공개 성명서를 발표하라고 정부에 촉구했다.[48)]

소련 주재 미국 대사관은 "우리의 원칙을 희생하지 않고서는" 소련과 합의를 얻을 수 있는 가능성이 없다는 사실을 알았다. 대사관은 "현시점에서 한국의 경제력을 강화하는 정책"은 동구권에

46) Ltr, President Truman to Ambassador Edwin W. Pauley, at Paris, 16 Jul 46 : *FR, 1946*, Ⅷ, pp. 713~714 참조.

47) Letter contained in Memorandum by Maj Gen C. p. Echols, Chief, CAD, entitled "Problem in Korea," 22 Aug 46 : CAD Korea No. 1. "Draft" of Letter, *FR, 1946*, Ⅷ, pp. 721~722 참조.

48) Tel., CG USAFIK to CINCAFPAC, 08732/2, 8 Aug 46 : *Hist Files*.

있는 소련의 위성국에게 힘을 주는 것과 같은 것이라고 여기하면서, 그것이 과연 지혜로운 일인지에 관해 공공연히 의문을 제기했다.[49)]

하지 장군과 그의 보좌관들은 특히 "순수한" 연합 정부의 구성을 시도하면서 이승만과 다른 "망명 정치인들"의 도움을 받지 않으려는 제안에 대하여 강력하게 이의를 제기했다. 그는 다음과 같이 주장했다.

> 이승만은 한국에서 가장 걸출한(prominent) 인물이고 애국 세력에 아주 필요한 지도력을 제공했다. 소련과 공산주의에 관한 그의 적개심과 정치적 반대파에 대하여 관용이 없다는 점이 문제인데, 이것이 아마도 그가 미래의 임시정부에 기여하는 것을 부적합하게 만들었을는지도 모르나, 입법의원이 대중으로부터 위신을 충분히 얻어 그를 대체할 수 있을 정도의 민중적 지지 기반을 마련할 때까지는 그를 제외할(dispense) 수가 없다. …… 그동안 그의 위신을 강화해주지 않으면서 달래다가 연합 정부가 충분히 강해지면 그가 "정치에서 자발적으로 은퇴하게 하는 데" 반대할 이유가 없다.[50)]

그러나 워싱턴은 특히 이승만과 김구를 장악하는 것이 소련과의 합의를 이루기 어렵게 할 뿐 아니라, 더 나아가서는 한국에서 미국의 목적을 달성하는 데 장애가 된다는 입장을 고수했다.[51)] 반

49) Tel., 9907 Moscow to State Department "from Smith"(American Ambassador), Jun 28, 1946 : Department of State, 740, 0019 Control(Korea) 2-1546.

50) Rad, CG XXIV Corps to SCAP TFURC 53(K 47), 19 Jun 46(하지는 이에 동의하여 랭던과 Thayer를 보냈다), Pass to WARCOS and State : MacArthur Files, XXIV Corps, Outgoing Messages : *Hist Files*. 그 뒤의 비슷한 견해는 7월에 있었다. *FR, 1946*, Ⅷ, pp. 710, 715~716 참조.

51) Directive of 10 Jul 46 : *Hist USAFIK*, Pt. II, Ch. 2, pp. 94~95.

면에 워싱턴에 체류하고 있던 미소공동위원회의 미국 측 대표인 타이어(Charles W. Thayer) 씨는 남한에서 주요 정당의 연합을 형성하는 데 군정이 쏟은 노력을 구두로 보고했다.

그는 아마도 김규식을 "가능한 중심 인물"로 하여, "이승만을 추종하는 우익 분자나 소련의 지령을 받는 공산주의자와 같은 두 극단주의자"들을 제거하기 바란다고 말했다. 그는 이승만의 귀국이 어느 정도의 정치 연합에 "중요하게"(significantly) 기여했다고 판단하지만, "한국인들 사이에서 그의 명성이 군정의 지지 덕분인지 아니면 망명 애국자로서의 명성 탓인지는 판단할 수 없다"고 말했다. 그러나 그는 "이승만이 유용한 시기는 지났으며, 한국의 정치 무대에서 모양 좋게(gently) 사라져야 한다"고 확신했다.

입법 기구를 구성하려는 계획은 하지 장군이 "강력한 좌익"을 선호하는 가운데, 선출된 의원의 수와 동수를 임명하는 것이었다. 선거는 한국의 전통적인 20가구 단위의 씨족 공동체에 기반을 두는데, 이는 6촌 이내에서는 비밀이 없는 선거였다. "이러한 생각을 한국민에게 설명하면서 군정 당국은 영화 필름이나 교육 매체가 매우 결여되어 방해를 받고 있다"고 타이어는 언급했다.[52)]

하지 장군은 소련과 더 이상의 현지 협상의 기회가 없다는 것을 알았기 때문에 협상은 정부 차원에서 착수되어야 한다고 요구했다. 그러나 그러한 조치는 "미국이 초조해져 있다는 분명한 조짐이고, 한국에서 미국의 입장이 근본적으로 약하다고 소련이 판단할 것"이라는 이유로 국무성은 이에 동의하지 않았다. 미국은 "한국을 위한 새로운 정책을 활발하게 추진함으로써 더 확보할 것이

52) Memorandum of Conversation Held in the Division of Japanese Affairs, 16 Jul 45 : *FR, 1946*, Ⅷ, pp. 715~716.

있다는 것이 국무성의 의견이었다.[53]

그와는 달리 전쟁성은 소련과의 협상에서 소위 말하는 "기다려 보자는 정책"(wait and see policy)에 반대를 제기했다. 이들의 관점에서 볼 때 이러한 정책은 한국에서 일본보다 더 오랜 주둔이 필요하게 만들 것이며, 이를 위해서는 "양면적"인 해결 방법이 선호되었다.

곧 미국은 한국을 강화하는 새로운 정책을 추구함과 동시에 협상을 재개해야 하는 것이 그것이었다. 한국 문제는 아주 심각하여 더 이상 해결책을 미룰 수가 없었다.[54] 3성조정위원회(SWNCC) 와 합참(JCS)은 전쟁성의 이와 같은 주장이 현재로서 소련에 접근하는 것은 미국이 초조하고 약하다는 인상을 줄 것이라고 판단하여 이를 부결했다.[55]

군정은 일련의 긴 통지문으로 워싱턴이 제안한 "새로운" 정책을 계속 공박했다. 8월에 맥아더 장군에게 보내는 다음과 같은 통지문에서 하지 장군은 서울과 워싱턴 사이의 의견 차이를 처음으로 노출시켰다.

> 미국 · 소련 · 한국의 문제를 해결하려는 어떠한 움직임도 고위 수준에서 이루어지고 있지 않은 것이 분명해지고 있으며, 이것이 결국 어떤 상황을 유발하리라는 데 관한 이해도 거의 없다. 최근의 정책 지침과 라디오 및

---

53) Memorandum by the State Department Member(Hilldring) of the State-War-Navy Coordinating Committee to the Secretary of the Committee(Moseley), 25 Jul 46, Sub : "Proposed Negotiations with the USSR over Korea on a Governmental Level" : *FR, 1946*, Ⅷ, pp. 718~719.

54) Memo for Asst Sec War, 30 Jul 46, GAL, Sub : Proposed Negotiations to the USSR over Korea on a Governmental Level(SWNCC176/22) : *ABC 014 Japan*, Sec 17-C.

55) SWNCC는 7월 31일 회합에서 이런 취지의 메시지를 승인했다. 그리고 이것은 1946년 8월 3일 CINCAFPAC에 제출되었다. *Ibid.*

동향을 통해서 볼 수 있는 모든 것을 감안할 때, 우리는 무위(無爲)한 것을 약속하면서 무식하고, 배고프고, 실업 상태에서 헐벗은 사람들을 유혹할 수 있도록 아름답게 장식된 유리창에 미국 민주주의의 풍요를 보여주어야 한다.

그럼으로써 소련 공산주의보다는 미국이 더 아름답다는 것을 한국인들에게 보여주도록 미국의 민주주의의 고도의 상술(商術)을 발휘하여 결국에는 미국이 이곳에 더 머무르고, 떠나야 할 소련이 "더 머무르게" 하려고 한다. 솔직히 말해서 한국인은 그들의 안전에 기여하고 먹고 입는 것과 같은 물질적 혜택을 수반하지 않는 것이라면, 통일국가로서의 조기 자치권을 주지 않는 미국의 민주주의나 그 밖의 어떤 유형에도 관심이 없다.[56)]

2주일 뒤에 하지 장군은 모든 우익이 한국에 분리 정부의 수립을 요구하고 있는 것과는 달리, 공산주의가 주도하는 집단은 모든 통치권을 인민위원회에 넘겨야 한다고 주장하고 있음을 워싱턴에 보고했다. "우리는 입법에 관한 구상을 선전하고자 모든 노력을 다했고" 몇 주일 이내에 "성공하여 여러 궤도에 오르기"를 희망하고 있지만, 입법의회는 "군정의 부속 기관"이기 때문에 조기 설립은 또 다른 정치적 실수가 될 수 있다고 그는 말했다.[57)]

하지 장군은 이제까지 그가 반복했던 평가가 당시의 정치 발전에 영향을 미쳤던 것과 같이 이제 그는 한국민의 한계에 관한 또 다른 평가를 반복했다.

1880년대에 "은자의 나라"를 개방하면서부터 한국과 외국과의 관계가

56) Rad TFGCG 454, CG XXIV Corps(Hodge to Gen MacArthur), 8 Aug 46 : AG *File 1946*, Outgoing Messages : *XXIV Corps Papers*.

57) Rad CG USAFIK, Korea from Hodge thru CINCAFPAC for WARCOS, TFGCG 466, 19 Aug 46, Sub : Current Trends in Korea : *WDSCA 014 Korea*, Sec Ⅲ.

그리 행복한 것은 아니었다. 비록 한국인들은 몇몇 외국인 개인에게는 높은 신뢰도를 가지고 있지만 강대국에 따라서 지켜지지 못한 약속의 기억이 항상 되살아나 우리의 목적과 진심을 의심한다.

한국인이 표현 · 언론 · 집회의 자유를 가지고 정치를 경험한 것은 1년도 채 안 되며, 정치 노선에 관한 생각은 여전히 유치하다. 지난 몇 년 동안의 자치와 외국의 지배를 받으며 겪은 한국인들의 경험은 어떠한 통제의 기미가 보이는 모든 것에 반대하게 만들었다. 이러한 현상은 심지어 자신들의 이익을 위해 협력하는 기능마저도 막는 작용을 한다.[58]

결국 하지 장군의 정치 고문은 전체 정책에 관한 세부적인 반박문을 발송하면서 새로운 제안을 했다.[59] 그는 광범위한 개혁이 충분히 바람직함에도 불구하고, 군정이 그 개혁을 성공적으로 주도할 수 있다는 생각을 부인했다. 그는 한국의 인구에서 적지만 확실한 숫자가 미국이 한국에서 부여된 임무를 완수한 것으로 믿는다고 설명했다.

그 무렵에 군정이 제안한 혁신을 "좌익 인사들은 냉담하게 받아들였다." 더욱이 "북한에서 소련의 정책을 선호하거나, 공산주의적 경향을 보이거나, 아니면 공산주의 선전에 민감한 노동자 · 농민연합 · 청소년 집단으로 조직 · 구성된 그 사회의 강력한 소수는 사회 개혁을 통해 자신들이 기만당했다"고 느끼고 있다고 그는 분석했다. 그들은 일본이 지탱해 온 과거의 사회질서를 군정이 계속 수행하는 것으로 간주하는 경향을 보였다.

비록 군정이 "좌익 인사들에게 정부의 중요한 몫을 주고 그들이

58) *Ibid.*

59) Msg, CG USAFIK, from Hodge for Langdon thru SCAP to War Department(pass to State), TFPOL 23, Polad 86, 23 Aug 46 : Pertinent Papers. Also, in Tel(Rangdon) to Sec State, 23 Aug 46 : *FR, 1946,* Ⅷ, pp. 726~729.

군정에 완전히 참여하여 책임지도록 관심을 보이려고 노력하지만, 그들은 전혀 협조하지 않으려는 듯했다." 군정은 "즉각적이며 광범위하고, 근본적이며 장기적인 개혁이 필요함"을 느꼈다. 그러나 많은 한국인은 공동위원회의 소련 대표들처럼 그러한 개혁은 과도 정부가 수행해야 하며, 미국 군정이수행해서는 안 된다고 느꼈다.

"당시에 한국인을 지원하고 개조하려는 우리 측의 이러한 설익은 정력은 간혹 한국인들에게 냉소를 야기했다"고 랭던은 주장했다. 국무성은 한국인이 "그들 자신의 제도에 관한 자부심과 둔감한 과대평가, 그리고 한국 문제에 자신의 자연스러운 관할권을 행사하려는 강한 감정을 가졌다"는 사실을 간과하고 있다는 것이 그의 판단이었다.

더욱이 그는 남한에서 "미국의 어떠한 훌륭한 계획"도 북한에서의 소련의 입지를 잠식하리라고 생각하는 것은 오판이라고 확신했다. 남한의 공산당은 북한의 많은 사람이 소련의 "새로운 조치"를 좋아한다고 선전했다. 따라서 이에 관한 유일한 대안은 공동위원회를 재개하여 한국의 과도 정부가 자신들의 문제를 관장할 수 있도록 하는 것이라고 그는 주장했다.

미국이 정부 차원에서 (소련에) 접근하는 것은 당시로서는 "나쁜 전략"일 수 있다는 점을 알고 있던 랭던은 "관계 당사국"(interested parties)으로서의 영국이나 중국이 해결 방법을 제시할 수 있다고 제안했다. 그들도 미국과 소련처럼 초조한 것은 당연한데, 우리는 우리의 목적에 맞게 "그러한 진심, 혹은 가장된 초조함"을 이용할 수 있다.

그래서 랭던은 미국과 소련의 "두 정부가 한국의 임시정부를 창조하기 위한 그들의 책임을 지체 없이 이행토록 하도록 현재의 소련과 미국에 준하는 강력한 대표단을 구성하도록 신중히 고무해야 한다"고 제안했다. 국무성은 이 문제를 검토했으나 기왕에 채택된 행동 노선을 따라야 한다고 주장했다. 이 통신문은 새로운 정책을 아주 명백하게 이론적으로 설명하고 현지에서 특별히 제기된 반대 의견에 대하여 답변했기 때문에 여기에 소상하게 인용한다.

> 우리는 귀하가 직면한 어려움을 충분히 알고 있을 뿐만 아니라, 귀하가 한국인에게, 그리고 그 문제에 관한 한 귀하와 우리에게 만족스러운 행동 노선을 추진하는 데 방해가 되는 것이 무엇인가를 충분히 알고 있다. 그러나 우리는 우리 정책의 장기적인 목적이 건전하며, 그 목적에 큰 변화가 없음을 알고 있으며, 이 점에서는 귀하도 마찬가지일 것으로 확신한다.
>
> …… 우리는 [입법의원을 선출하고 의회를 개최하는 점에 대하여] 극단주의자들의 합의를 얻어 낼 수 없다고 해서 귀하의 계획을 추진하면서 가능하고도 적합하다고 여겨지는 조치를 취할 수 없다고 느끼지는 않는다.
>
> 국무성도 공동위원회가 가능한 한 빨리 재개되기를 바란다. 그러나 우리는 현재나 가까운 미래를 정부 수준에서 소련에 접근할 있는 기회로 여기지는 않는다. 따라서 영국과 중국의 접근 방법에 관한 제안이 건전함을 충분히 인식하지만, 공동위원회의 재개를 위해 소련의 합의를 얻어 내는 데 "우리의 노선을 포기할"(go down the line) 준비가 될 때까지는 그러한 조치를 취해서는 안 된다고 우리는 느낀다. ……
>
> 지금 우리가 한국인에게 보다 좋은 호응을 얻을 수 있는 노선을 선택할 수 없는 것은 불행한 일이다. 그러나 시간이 지나면 북한에서 소련이 추진하고 있는 정책에도 불구하고 우리의 현재의 정책 노선을 추진하는 것이 대중의 지지를 얻을 수 있을 것이라고 우리는 확신한다. 한국에서 우리가 추진하는 정책보다 소련의 정책이 순간적으로는 보다 큰 호응을 얻을 것으로 기대할 수도 있다. 따라서 우리는 우리 정책의 궁극적인 건전함과 대중의 호응을 얻을 것을 확신해야 한다.

한국인은 "미국이 한국에서 해야 할 일을 다 했다"고 느낀다 하더라도, 지난날의 모든 증거를 통해서 볼 때 우리는 한국인이 자치 정부를 인수할 만큼 심리적으로나 기술적으로 준비가 되어 있는 것으로 보지는 않는다. 따라서 공동위원회에서 더 고려하다 보면 결국에는 임시정부를 수립하는 방향으로 공식적인 결론에 이르게 되겠지만, 그러한 즉각적이고 실질적인 업적은 38°선을 무너뜨리고 미 · 소의 공동 지배(Joint Soviet-American Administration)를 초래할 수도 있다. 왜냐하면 임시정부는 당분간 기껏해야 공동위원회의 지극히 세심한 관리와 통제하에 기능을 수행해야 할 것이기 때문이다.

이러한 맥락에서 볼 때 우리가 모스크바협정의 신탁통치 목적을 강요하지 말아야 한다는 점을 알고 있지만, 한국인에게 신탁통치 안을 취소할지도 모른다는 생각을 주어서는 안 된다고 우리는 느낀다. 한국인의 행위 자체가 이러한 요소를 결정하는 최상의 기준이 될 것이다.[60]

우리는 다시금 우리의 지지와 확신을 귀하에게 확인시키고자 한다. 새로운 정책의 시험 결과는 새로운 입법부가 선출되고 미군 지배의 제2차 년도를 맞이하고 나서야 알 수 있을 것이다.

그러나 그동안 하지 장군은 자신의 능력이 허용하는 한 최대한으로 지침을 수행했다. 8월 24일, 과도입법회의를 위한 조직, 기능 및 선거 절차에 관한 세부 사항이 공표되었다. 10~11월에 의회의 간접 선거를 실시하고 11월 4일에 첫 회기를 개최하기로 결정되었다.[61]

---

60) Cable 122 to CG XXIV Corps, for Polad from Clayton, State Department, 14 Sep 46, Sub : U.S. Policy for Korea : *WDSCA 014 Korea,* Case No. 64, Sec IV ; also in *FR, 1946,* Ⅷ, pp. 735~737.

61) USAMGIK, OMG, Ordinance 118, 24 Aug 46 : *Summation* No. 13, October 1946, pp. 13~14. 그리고, McCune, *Korea Today*, pp. 75~76도 참조.

제12장

관찰과 결론

한국에 관한 미국 점령의 역사는 두 단계로 구분된다. 첫째는 대략 1941년부터 1945년까지의 점령 이전 시기이고, 둘째는 1945년 9월부터 1946년 9월까지의 군사 점령과 군정 첫해의 경험이다. 이 장(章)의 관찰과 결론은 이 두 시기에의 미국의 정책과 경험을 다룬 것이다.

1. 점령 이전의 시기

한국에 군정을 실시한다는 최종 계획의 수립이 모호해지고 지체되었다는 점은 1945년 일본이 항복하기에 앞서 한국의 장래에 영향을 미치는 중요한 결정들이 있었으리라는 사실을 불명확하게 만들었다. 예를 들어, 한국을 점령하기 2년 전인 1943년, 한국에 관한 계획은 미국의 일차적 책임이 될 것이며, 민정은 군사적 지배를 받게 될 것이라고 결정되었다.

전쟁성의 특별 부서인 민정국(CAD)이 1943년에 조직되어 이 해당 지역에서의 전쟁성의 정책이 어떠한 의미를 갖는지를 조사하기 시작했다. 한국의 점령에 관한 기본적인 정책 조사가 1944년 2월 민정국에서 실시되었다. 이러한 문제들로 말미암아 1944년 5월까지 점령의 유형을 규정한 정책문서가 국무성에서 작성되었다. 한국의 정치 발전이 미국에 절대적인 관심사인 북태평양의 안보에 영향을 미치기 때문에, 군정은 그 기간이 연장되어 미국이 무한정한 기간에 책임을 지게 될지도 모른다는 사실을 확인한 것은 국무성이었다.

한편, 비록 태평양의 전후(戰後) 안보 문제와 관련하여 전쟁성과 국무성이 한국에 관한 전략적 가치를 평가하는 경향이 있었지만, 이러한 관점은 결코 동일한 것이 아니었으며, 전쟁이 막바지에 접어들면서 동요하기 시작했다. 한국에서의 군정의 이행과 미국 점령군의 활동을 책임진 민정기획자들은 한국이 소련에게 가치가 있는 것만큼 미국에게도 전략적 가치가 있는지에 회의를 표명하기 시작했다.

이들은 미군이 최대한 빨리 한국에서 철수해야 한다고 주장했으며, 심지어는 자유·독립된 한국을 만들 것을 결의한 카이로선언을 이행하려고 미군을 활용하는 것을 반대하기조차 했다. 더욱이 군부의 지도자들과 기획자들은 한국에서의 군통수권의 책임을 명확하게 해줄 수 있는 행정부로부터의 특별한 지침을 확보할 수 없었기 때문에 어떤 한계와 좌절을 느꼈다. 정치적인 책임은 고려되지 않았으며, 책임 있는 군장교들도 책임의 확대를 바라지 않았음이 확실하다.

그러나 한국 문제의 처리에 관한 계획과 경향에서의 이러한 진전에도 불구하고, 38°선에 관해 도출된 결론을 볼 때, 한국은 전쟁이 종결되던 그달에도 미국의 정책에서 낮은 우선 순위를 차지했음을 알 수 있다. 여기에서 중요한 것은 38°선을 결정했다는 사실이 아니라, 한국 전체가 미국에게 아주 중요하기 때문에 카이로협정의 이행을 촉진하는 수단으로서 미국이 한국의 점령과 지배를 확실히 하고자 모든 가능한 방법들이 강구되어야만 한다는 공식 결정이 없었다는 사실이다.

이러한 결정이 없었던 중요한 원인은 소련이 신탁통치의 국제적인 성격 때문에 자유 독립된 한국의 출현을 확실히 해 줄 수 있는 국제 신탁통치를 실시하기로 얄타에서 합의하고 포츠담에서 다짐한 구두 합의를 이행할 것이라고 국무성이 확신했기 때문일 것이다. 38°선은 그 자신의 논리를 가지고 있으며, 군사 작전의 견지에서도 좋은 의미를 가지고 있다. 그러므로 38°선은 한국에 주둔하고 있던 일본군의 항복을 촉진시켰다.

제2차 대전 기간에 작성된 다른 군사적 결정들과 마찬가지로 한국도 역시 정치적 의미를 지니고 있었지만, 당시에는 그 중요성이 상대적으로 작았었으나, 일단 전쟁이 끝나고 정치적 우선권을 받게 되자 점차 아주 중요하게 되었다는 데에 어려움이 있었다. 그때가 되어서는 재고하기에는 너무 늦어 있었다.

2. 군정(軍政)의 시기

한국에서 미국의 군정이 실패했느냐, 아니면 성공했느냐에 관한 평가는 그 목적과 가정, 그리고 그 활동을 둘러싼 조건들을 고려해야만 한다. 이러한 요인들은 사건의 과정을 결정하면서 기획자나 활동자들이 인식하는 것보다 더 많은 영향력을 미쳤다. 미국이 한국을 점령한 주요 목적 가운데 하나는 한국인들이 자신의 문제를 자유롭게 통치할 수 있는 책임 있는 정부를 발전시켜, 한국이 국제연합헌장의 원칙에 따라 독립국이 되고, 궁극적으로는 그 회원국이 될 수 있도록 도와주는 것이었다. 이것은 한국의 지도자들과 정당, 관리, 그리고 유권자들이 점차 자신의 문제를 처리할 수 있는 환경과 정치적 과정을 진척시킬 수 있도록 미군정이 이끌어 주는 책임과 의무를 갖는다는 것을 의미했다.

당시에 기저를 이루는 하나의 가정(假定)은 한국인들이 자신의 정부가 없으며, 앞으로 임무에 관한 적절한 정치적 경험도 없기 때문에 한국인들은 후견이 필요하다는 것이었다. 이러한 가정은 미군이 한국에 상륙하자마자 즉시 도전을 받았다. 또 하나의 가정은 한국인들이 새로운 제도와 정책을 육성하고자 미국식 개념의 민주적 절차를 이해하고 활용할 것이라는 점이었다.

군사 지휘관과 그 요원들은 이러한 과업들을 수행하도록 되어 있었는데, 이들은 그 임무를 전혀 준비하지도 않았으며, 그러한 가정들이 그 임무에 적합한지를 고려하지도 않았다. 상황을 더욱 어렵고 복잡하게 만든 것은 즉각적인 독립에 관한 한국인들의 열망은 열화와도 같은데, 소련은 한국 전체를 위해 그러한 독립 국가가 초기에 수립되도록 하지 않으려 한다는 사실이었다.

이러한 임무에 관한 군정의 반응은 그들이 활동해야 할 무대인 외교 정책적 환경에 따라 형성되었다. 한국은 미국에 어떻게 보였는가? 1945년의 한국은 혁명적인 사회였다. 불안과 소요로 소용돌이쳤고, 정치적인 속박에 대해 분개했다. 이러한 상황은 주로 망명 애국자들이 주도했는데, 이들의 엄청난 힘과 기술은 민족주의를 선전하고 억압에 대한 반항을 주도하는 데에 이용되었다. 가장 영향력이 있는 정치 단체들은 지하활동가와 민족주의자와 공산주의자 등이었다.

이들은 선전과 체제 전복, 그리고 테러 등의 기술을 고도로 훈련받았으며, 때로는 동양적인 전통에서 일반적인 현상인 뇌물로 부패되어 있었다. 대중들은 정치적 책임이라는 견지에서 냉담하고 무관심하면서도 모든 정치적 권위를 미워하고 두려워하고 불신하게 되었다.

선천적으로 지극히 다혈질인 한국인들은 매우 시위 지향적이었으며, 일단 일어서면 엄청난 폭력과 무질서가 야기될 수 있었다. 군정이 직면한 큰 시련은 한국인들이 책임 있고 대표성 있는 민주적인 한국 정부를 만들 준비를 하게 하면서, 그 사회 내부에 잠재해 있는 장점을 활용하고 약점을 억누를 수 있느냐 하는 점이었다.

한국에서의 경험 가운데 가장 돋보이는 것 하나는 미국 점령의 명시적 · 묵시적 목적을 수행하고자 주한미군사령관인 하지 장군이 보여준 헌신적이고 성실한 노력이었다. 독자적인 판단으로 그는 점령 초기에 중요한 결정들을 내렸는데, 이러한 그의 지혜는 그 뒤에 일어난 사건들로 확인되었다.

군사적인 관계를 통해서는 어떤 형태로든 남 · 북한 간의 경제적 통합을 이룰 수가 없다는 것을 하지 장군은 초기에 이미 간파했었다. 고위층 사이의 합의가 필요했고, 그 위에 그 합의 사항의 집행을 위한 국제적 감독 기구가 필요했던 것이다. 그가 보기에는 한국인들이 어떠한 형태이든 정치적 감독의 연장을 완강히 거부하며, 무엇보다도 독립을 열망한다는 사실이 더욱 명확해졌다. 그러므로 그는 소련과 함께이든 아니면 미국 단독으로든 가능한 한 빨리 한국인들이 선출해서 운영하는 한국과도 정부를 수립하고자 노력해야 한다고 결론을 내렸다.

하지 장군은 한국인들이 서구식 기준의 자치 정부를 운영할 준비가 되어 있지 않다는 사실을 인식했다. 그러나 그들은 현재의 정치 환경을 무한정 연장하는 데는 더욱 준비되지 않다고 그는 결론을 내렸다. 이러한 판단은 한국인들에 관한 그의 솔직하고 빈번하며 신랄한 평가 등에 기초한 것이었다.

하지 장군은 일찍이 군정 그 자체에 명백히 정치적 한계가 있으며, 한국의 정치적 장래에 지도력을 마련하서 1946년 봄이 되면 그 유효성이 상한(上限)에 이를 것이라는 확신을 갖게 되었다. 미국인이 아닌 한국인들이 할 일이 있었다. 그는 소위 망명 지도자들, 특히 이승만과 김구는 한국의 통일과 국가 유지에 불가결한 존재들이라고 생각했다.

하지 장군이 처음 한국의 정치와 경제에 관한 이승만의 "안정화" 역할을 고려해서 그를 한국으로 보내야 한다고 요청했던 때로부터, 1946년 8월 한국에 관한 새로운 "임시" 정책을 반대할 때까지 그는 일관되게 이 노련한 정치 지도자들이 한국의 정치 현실에 중요한 역할을 담당하고 있으며, 그들을 무시하고 반대하기에는 그들이 너무 강력하고 능력이 있으며, 또한 점차 자신들을 대신할 수 있도록 사람들을 훈련시키는 동안 그들을 효과적으로 활용할 수 있을 것이라는 생각을 계속 고수했었다.

하지 장군은 무엇보다도 이 사람들이 민족주의적이며, 애국적이며, 반공산주의적이며, 한국에 헌신적인 사람들이라고 인식했다. 한국의 공산화를 막는 것이 무엇보다도 중요했다. 그리고 하지 장군의 마음속에 이것은 피할 수 없는 선택인 것으로 인식되었다.

하지 장군의 군사적 판단은 한국 내부가 취약하고, 북한이 재무장하였으며, 소련이 점차 비타협적이라는 점에서 한국의 군사적 안보를 대비해야 한다는 쪽으로 향하고 있었다. 단순히 경찰력을 "재건하는" 것 이상의 어떤 것이 필요했다. 그러므로 정책상으로는 한국이 "비전략적" 지역으로 고려되어야 한다고 명시되어 있음에도 불구하고, 하지 장군은 처음부터 남한의 자위(自衛)를 위한 토대를 세울 방법과 수단을 추구했다.

미국이 점령한 첫해 동안에 이루어진 통치상의 발전에는 두 가지 큰 특징이 있는데, 이것들은 미국의 점령 정책을 비판하는 사람들 사이에 상당한 논란을 야기했다. 그 두 가지란, 첫째로 통치 구조는 국가의 모든 주요 활동에 대해 중앙에서 막대한 통제권을 갖는 거대하고 복잡한 관료 제도로 발전하였다는 점이다.

둘째로는 소위 "한국화"에 따라서 국가적 차원이든 지방적 차원이든 정부 전체에서 미국인은 신속히 한국인으로 대체되었다는 점이다. 이러한 두 가지 측면의 미국 정책의 지혜와 실현성에 대해 항상 의견의 차이가 있을 수 있다. 그러나 어떠한 견해를 취하든, 그러한 발전을 정당화하지는 않더라도 그것을 설명하는 데 도움이 되는 요인들을 고려해야 한다.

첫째, 통치 기구의 규모와 복잡성을 알아보면, 1946년 9월 30일까지 군정은 군정장관 서리(軍政長官署理) 휘하에 13개 부(部)와 4개 처(處), 그리고 7개의 특별국(special agency) 혹은 부서가 있었고, 총 116개의 분과(分課)가 있었다. 그 구조는 상황이나 한국인들의 요청에 따른 변화와 필요를 반영한 것이었다.

예를 들면, 이 분과를 가운데 많은 부분은 과거 일본인의 사유재산이나 국유 재산을 인수하여 경제적 · 재정적으로 미군정의 관리 밑에 두고자 설치된 것들이었다.

또한 어떤 경제적 문제들은 특별한 관심과 주의가 필요했는데, 이를테면 한국의 경제를 일본의 지배로부터 독립시키는 문제, "한국의" 경제를 발전시키는 문제, 전쟁과 식민주의의 피해, 그리고 이로 말미암은 비상사태의 복구 등이었다.

마침내 처음으로 막대한 규모로 한국인들에게 새로운 혜택과 지원이 제공되었다. 이러한 혜택은 후생 복지·교육·노동·사법·공무원·외무 등 모든 분야에서 나타났으며, 안보 부문에서는 해안경비대와 국립 경찰에 관한 지원이 있었다.

둘째, 지방과 지방 정부에게 중앙 정부의 통치권을 확대한 사실은, 논쟁적인 문제이기는 하지만, 한국의 지도자들도 바라는 것으로 보였다. 소위 우익은 이것이 국가를 완전히 지배할 있는 기회라고 보았을지도 모른다. 소위 좌익도 지배를 바랐음이 틀림없다. 그리고 북한 체제가 그 모델이었고, 그들의 경제적·사회적 계획이 성취되어야만 하는 것이었다면 중앙 집권 체제와 비슷한 국가 구조를 형성하는 것이 거의 불가피하게 보였을 것이다.

표면상으로는 분권화의 인상을 지지함으로써 이론상으로는 분권화되었음이 확실하지만, 공산 국가들이 원래 그렇듯이 중앙정부보다는 오히려 중앙당을 통하여 권력이 행사됨으로써 결국에는 중앙집권화가 이루어졌다.

한국인들이 바라는 것과 그 바람에 관한 군정의 해석은 1946년 1월, 서울에서 지방 장관들에게 들려준 러취 군정장관의 연설 첫머리 부분을 요약한 것에 잘 나타나 있다. 기록은 다음과 같이 언급하고 있다.

> …… 전국적 수준의 권력 집중의 필요를 강조하면서, 그는 중앙 집권화를 지지하는 한국인들에게 정부를 이양한다는 목표를 군정 지사(知事) 들이 항상 기억해야 할 것이라고 언급했다. 또 만약 그것이 우리 자신의 문제였다면 분권화가 우리의 정책으로 되었을지도 모른다. 그러나 많은 기능이 분권화될 수 있고 분권화되어야 한다고 하더라도, 권한은 국가적 차원에 계속 남아 있어야만 한다. 경찰과 교육은 분권화가 거의 되지 않을 부서들이라고 그는 언급했다.[1)]

셋째, 정부의 한국화는 한국인들의 꾸준한 요구에 따른 것인 동시에 워싱턴의 정책과 한국의 여론이라는 견지에서 군정이 자신들의 활동을 평가한 데 따른 것이다. 예를 들면, 정당을 논의할 때 지적하였듯이, 군정에 의한 한국인들의 지도와 감독은 돌이킬 수 없는 지경에까지 급속히 이르고 있었다.

날이 갈수록 어떠한 개혁 정책도 착수하기 어려워졌는데, 그것은 한국인들이 자신들의 정부에서 스스로 그러한 정책을 착수하고 싶어 했기 때문이었다. 또 소련과의 교섭에서도 어려움에 직면하게 되자, 한국 문제의 해결책은 국제적인 교섭을 통해서라기보다는 주로 한국인들로부터 나와야 한다는 사실이 점차 명백해졌다.

바꿔 말해서 한국의 독립은 자치 정부를 수립할 수 있는 그들 자신의 능력에 달려 있다는 것이다. 결국 미국의 여론에 따라 군대의 동원 해제를 급속히 단행함으로써 군정이 한국 문제에 대해 중요한 역할을 담당하는 데 필요한 방식과 정도에 따라 통치 기능을 수행하기에 적절한 미국 요원들의 자질이 저하하거나 감소했다.

아마도 한국에서 미국이 경험한 것 가운데 가장 중요한 것은, 특히 전반적인 군사 점령의 문제와 관련하여 볼 때, 현지 사령관에게 적절한 정책 설명을 제공해야 한다는 문제였다. 이 문제는 지속적이고도 무척 성가신 것이었다.

하지 장군은 자신의 입장에서는 한국에 있는 그의 고문들의 입장에서든 자신이 수행해야 할 복잡한 임무에 관한 지속적이고도

1) Minute of a Meeting of Provincial Military Governors, National Capital Building, Seoul, Korea, 23-25 Jan HQ, USAMGIK, Office of the Deputy Military Governor, Seoul, Korea : *Hist Files*.

적절한 정보나 지시를 받지 못했다. 하지 장군은 소련인들이 어디에 있는지에 관한 정확한 지식이나, 필요하고도 효과적인 연계(連繫)를 수립할 방안도 없이 한국에 부임했다.

그는 전쟁 막바지에 남한에서 발생했던 내부적인 정치 변동에 관해서는 전혀 준비하지 못했었다. 민정 업무와 신탁통치에 대해 그가 받은 최초의 지령은 상륙한 지 약 6주 뒤에 받은 "정보와 지침"뿐이었다. 이 지령은 그와 전쟁성이 요청했던 정치적·사회적·경제적 문제와 소련과의 관계에 관한 지침을 마련해 주지 않았다.

하지 장군은 도착 직후에 직면했던 두 개의 중요한 문제에 대해 취한 행동으로 말미암아 심한 비판을 받았었다. 그 문제란 점령 수립된 국가에서 소위 인민공화국이라는 것이 점령군에 우선하여 활동하고 있다는 점이었고, 또 하나는 법과 질서를 유지하고 정부 기능을 수행하는 데 적합한 훈련된 군정 요원과 한국인의 숫자가 부족하여 일본 경찰과 행정 요원들을 활용한 문제였다.

결국 인민공화국을 남한의 정부로 인정해서 이를 활용하는 것이 더 나을 것인지에 대하여는 여론이 나뉘었다. 그가 취한 행동은 그에게 하달된 일반적인 명령과 수집된 기본 정보에 따른 것으로서 먼저 시행하고 공식 지령에 따라 사후 승인을 받았다. 돌이켜 보면, 다른 사람들이 무엇을 바랐든지 간에 주한미군은 태평양 사령부를 통하여 남한에 과도 정부를 수립할 수 있는 권한과 책임을 부여받았다.

실질적인 인민공화국은 한국의 지도자들로 불과 3일 동안 서울을 지배했었다. 이것은 임시정부와 다른 정치 단체로부터 공식적 지지를 받지 못했다. 인민공화국은 남한 주민 대다수의 유효하고도 자유스러운 선거의 결과로 구성된 것은 아니었다. 지방의 인민위원회는 직접 행동을 통해 지배력을 발휘했고, 정치적 반대를 용납하지 않았다.

하지 장군으로서는 그가 취한 행동 이외에는 어떤 다른 행동도 취할 수가 없었을 것이다. 그는 이러한 행동으로써 인민공화국의 대표들이 앞으로 정부를 궁극적으로 지배하고 대표성을 확보하고자 다른 단체들과 경쟁하도록 하는 것을 가능케 했다.

만약 한국의 지도자들이 이러한 틀 안에서 책임 있게 행동하도록 선출되었다면, 그들이 바라는 목표는 좀더 일찍, 그리고 좀더 효과적으로 성취되었을 것이며, 항구적인 성공의 기회도 좀더 많았을 것이다. 한국의 독립을 좌절시키고 지체시킨 정치적 분파주의에 관한 책임이 한국의 지도자들과 정당들에게 있는 것이 아니라 하지 장군에게 있다고 주장하는 것은 잘못된 것으로 보인다.

아마도 남한에 대한 초기의 통치 과정에서 일본인 관리들, 특히 일제강점기의 경찰을 그대로 보유하기로 했던 결정은 군정의 결정 가운데에서 한국인과 미국인들에게 가장 큰 격정을 불러일으켰을 것이다. 그 발표는 그 시기와 형식에서 한국인들의 희망과 필요, 곧 그들 정복자와 압제자로부터 즉각적이고도 완전한 해방을 바라는 한국인들의 열망에 무감각했음을 의미한다는 점에서는 의심할 여지가 없다.

그러나 그 결정에 관한 책임이 주로 군정과 하지 장군에게 있다고 단정하에 앞서 그 배경을 조사해 볼 필요가 있다. 그 결정은 주로 군사적 · 행정적인 것이었으며, 기존의 정부 구조와 요원들을 활용하라고 그들에게 하달된 지침을 전적으로 따른 것이었다.

하지 장군은 법과 질서를 유지하고, 정부의 기능을 계속 수행하고 혼란스러운 상황의 와중에서도 "작전의 안전"(safety of operations)을 마련하라는 지시를 받았다. 일본과 관련하여 계획된 지령이 한국에는 적용될 수 없으며, 정부와 경찰을 운영하고자 충분히 훈련된 요원들이 일본에만 공급되었고 한국에는 그렇지 못했다는 사실을 간단히 무시해 버린 워싱턴과 연합군 최고사령부에 주로 그 책임이 있다.

아마도 하지 장군은 처음 도쿄에서 받은 자유 재량에 따라 "상식"보다는 "상황"에 더 이끌렸을 것이다. 그러나 그는 곧 자신의 잘못을 깨닫고, 맥아더 장군이나 워싱턴으로부터 직접적인 명령을 받기에 앞서 잘못을 바로잡기 시작했다.

적어도 워싱턴에 있는 하지 장군의 상급자들은 그가 겪고 있는 문제와 그에게 하달했던 지령의 모호성에 관한 자신들의 책임을 인식했다. 민정에 관계된 적절한 해결책을 명시한 지령들은 이러한 상황의 해결에 도움이 되기에는 너무 늦게 도착하였다.

의견 교환의 문제는 신탁통치 문제에서 가장 잘 나타났다. 전체적인 정책 원칙에서 볼 때 국무성의 견해와 주한 미군정청의 견해는 조화되지 않는 것처럼 보였다. 서로가 상대방의 입장을 충분히 인식할 수 있었을까에 관해서는 의심의 여지가 있다. 국무성은 소련과 협조하여 신탁통치를 실시하는 것에 최우선 순위를 두었고, 이 목적에 따라 미 · 소의 교섭을 방해할지도 모를 어떠한 행동이나 정책 제시를 회피하기로 결정했었다.

정부의 외교 정책 부서로서의 국무성은 한국을 광범위한 세계적 목적에 따라 검토했다. 군정, 특히 하지 장군은 처음부터 계속된 한국 주재 소련 대표를 다루던 경험을 통해서 소련은 그 목적이 미국과 다르고, 미국의 목적을 타도하는 것이기 때문에 의도적으로 비협조적이라는 것을 확신했다.

따라서 미군정청은 그러한 협조를 통해 미국의 목적을 달성하리라고 기대하는 것은 매우 비현실적인 일이라는 것을 인식했다. 더욱이 그의 위치와 현재의 경험, 그리고 책임감 때문에 하지 장군의 견해는 한국의 맥락 속에서 편협해질 수밖에 없었다. 이러한 입장에 있던 하지 장군은 한국 문제의 해결은 어떠한 형태의 외국 지배도 완강히 거부하며 독립을 요구하는 한국인들의 필요와 열망에 최우선 순위를 둘 필요가 있음을 확신하기 시작했다.

불행히도 워싱턴과 현지와의 의견 교환의 통로와 완전하고 솔직한 의견 교환의 기회가 적절치 못해 이러한 견해 차이를 극복할 수 없었다. 하지 장군의 입장은 자신과 자신의 정치 고문이 제기하여 신탁통치의 대안들에 관한 논쟁의 기회를 제공했던 지속적이며, 빈번하고, 상세한 보고서를 통해 분명히 나타났다. 이에 관한 답신에서 그는 신탁통치 정책을 한국인들에게 설명하는 것이 허락되지 않았으며, 모스크바에서 발표되고 난 후까지도 한국인들이 그에 대해 점차적으로 준비하도록 하는 것도 허용되지 않았다.

처음에 그는 공식적인 경로보다는 신문 기사를 통해 많은 정보를 얻었다. 그는 모스크바회담 전날 밤 모호한 의미의 설명을 들었으며, 모스크바회담에서 신탁통치 제안을 주도한 책임이 미국인지, 혹은 소련인지에 대해 한국인들과 심각한 논쟁을 벌여야 하는 일정에 있었다.

하지 장군은 합참으로부터 지지를 받고 있었다. 합참은 그의 딜레마를 인식하고는 그의 문제를 행정의 최고위층에 건의했었다. 일본과 마찬가지로 한국의 상황도 지역 수준에서의 사려 깊은 정책 표출이 필요했다. 왜냐하면 즉각적이고도 시기적절한 지침이 지역 수준에서 긴요했기 때문이었다.

맥아더 장군은 자신이 직접 정책을 수립하는 사람(his own policy expressor)인 데 견주어 하지 장군은 그의 상관의 시기적절하고도 책임 있는 해명에 따라서 주로 크게 좌우되는 폭넓고 모호한 책임을 갖고 있다는 점에서 일본과 한국의 경우도 달랐다. 하지 장군은 한국에서 자신의 임무를 이행하면서 적절치 못한 의사 전달의 문제 때문에 그 영향력이 좌절을 겪었다.

부록

[부록 1] 점령 당국의 법적 지위
[부록 2] "블랙리스트"의 한국 관계 조항
[부록 3] 민정의 초기 기본 지침의 요약
[부록 4] 군정청 인사 기록
[부록 5] 군정청 지방 조직의 인사 기록
[부록 6] 모스크바 외상회의에 참석한 미국 대표의 비망록
[부록 7] 모스크바 외상회의에 참석한 소련 대표의 비망록
[부록 8] 모스크바 외상회의에 참석한 미국 대표의 비망록
[부록 9] 미소공동위원회의 의제 - 주한미군사령부

[부록 1]

점령 당국의 법적 지위*

미국이 군정을 수립하고 운영하는 동안 한국에 군정권을 행사함으로써 노정된 특별한 법적 문제에 관해서는 단편적인 것을 제외하고는 언급된 바가 거의 없다. 군정의 과업은 이와 같은 노선에 따른 간단한 사전 교육을 통해서 알려졌으며, 수행해야 할 주요 과업을 대변하는 정책과 행정의 측면도 그런 방식으로 소개되었다.1)

한국이라는 "국가"의 법적 지위와 1945년 당시의 통치의 성격은 당시의 법으로써는 감당할 수 없는 복잡성을 띠고 있는 것이기 때문에 군정청으로서는 비정상적인 상황에서 권력을 행사하고 기능을 수행할 수밖에 없었다.

첫째로, 한국이라는 "국가"가 존재하지 않았다. 국제법의 견지에서 볼 때 한국은 "국민이 없는 땅"(no-man's land)이었다. 일본은 포

* 이 글은 2권에 실린 후랭켈(Ernst Fraenkel) 박사의 제8장 "주한 미군정(USAMGIK)의 구조"의 요약본인데 아마도 초고인 듯하며, 내용도 다소 다르기에 여기에 나누어 싣는다.(옮긴이 주)

1) 이와 같은 분석의 본질은 국제연합 한국임시위원회(United Nations Temporary Commission on Korea : UNTCOK)의 요청을 받아 후랭켈(Ernest Fraenkel) 박사가 작성한 24페이지짜리의 『미군정의 구조』(Structure of United States Military Government)에서 발췌한 것이다. 후랭켈 박사는 독일과 미국의 헌법을 다룬 경험이 있는 전문가로서 당시 미군정청의 고문이었다. 국제연합 한국임시위원회는 한국의 과도 정부 수립을 위한 입법의원을 선출하고, 그들의 자문에 대응하고자 1947년에 창설된 기구이다. 이 문헌에 포함된 자료는 당시로서 적실성이 결여되어 있기 때문에 임시위원회에 제출되지 않고 결국 1947년 5월 22일에 주한미군정청에 제출되었다. 이 보고서는 당시 미군정의 경험에 비추어 이루어진 권위 있는 법률 분석을 보여주고 있다. *Hist Files.*

츠담선언의 조항을 수락함으로써 한국에 대한 주권을 잃었고, 따라서 한국은 일본으로부터 "사실상 분리"(*de facto* separation)되어 있었다. 그러나 종전(終戰)이 되었다고 해서 한국이 합병(合併) 이전으로 돌아간 것도 아니고 새로운 국가가 탄생된 것도 아니었다. 따라서 한국이 국제 사회에서 독립 국가로 승인받기 이전까지는 "국가"로서의 한국의 주권은 존재하지 않았다.

둘째로, 한국에는 "정부"가 없었다. 한국이 일본으로부터 사실상 분리됨에 따라서 한국에는 통치권의 진공 상태가 나타났다. 만약 지난날 한국이 주권 정부를 가졌었더라면 다른 나라의 지배를 받은 군정 기간이라고 할지라도 한국은 국제법에 따라 그 정부에 주권이 남아 있을 수도 있었다.

그러나 한국에는 주권적 정부가 없었다고 생각되었기 때문에 해방 당시로서의 주권은 법률적 주권이 아니라 사실적 주권이어야만 했다. 따라서 정부의 주권 행사의 기초는 군정 책임의 수행을 허용하면서도 국제법과 국내법의 일반적인 원칙과 규율에 가능한 한 근접시키는 방법에 따라 즉석에서 정해질 수밖에 없었다.

이러한 상황에서의 해결 방법은 주한미군 사령관에게 군사 점령권을 제공하여 그가 주권 정부의 권한을 "대리(代理)로"(vicariously) 행사하도록 하는 것이었다. 하지 장군은 24군단사령관의 자격으로서 군정장관에게 통치권의 행사를 위임했고, 군정장관은 주한미군정청(USAMGIK)의 수장(首長)이 되어 남한의 내정(內政)을 책임지게 되었다.

이와 같이 미군정청이 군사 점령의 전통적 기능을 수행하는 범위 안에서 군정장관은 1907년의 헤이그협약(The Hague Convention, 1907)을 포함하여 군사 점령에 관한 국제법을 준용하게 되었다. 바꿔 말해서 한국의 미군정청이 내정의 정상적 기능을 수행하는 범위 안에서 군정장관은 한국에서 시행되고 있는 법의 준거(準據)에 따라 남한을 통치하는 데 필요한 모든 조치를 자유롭게 취할 수 있게 되었다. 따라서 "법치주의"(rule of law)의 범위 내에서 군정을 운영하고자 미군정청은 통치권을 행사하면서 국제법과 국내법을 준수했다.

한국을 통치하면서 필요한 권한 행사를 위한 법조항은 점령 초기에 태평양 사령부와 미군정청이 조심스럽게 마련하였다. 군정의 각종 수단과 주요한 조항은 다음에 열거한 바와 같다. 이들은 군정이 그 활동을 수행할 때 그 권한을 어떻게 행사했는가를 가장 완벽하게 보여주고 있다.[2)]

◇ 주한미군 사령관의 포고령 제1호(1945년 9월 8일)

제1조 : 북위 38°선 이남의 한국 영토와 이곳에 거주하는 인민에 관한 모든 통치권은 앞으로 본관의 직권 하에 행사된다.

◇ 점령 직전에 한국인에게 배포된 작은 책자들

제1호 : 미국군은 항복 조건을 이행하고 이 나라의 질서 있는 통치와 복구를 책임진다.

제2호 : 우리는 또한 질서를 유지하고 귀국이 좀더 민주적인 체제 아래에서 국정을 운영할 수 있도록 도와주고자 이 나라에 진주한다. …… 연합군 최고사령관의 포고령과

2) 이 부속 조항들은 필자가 뽑은 것이다. 이들의 참고 문헌은 이 원고의 뒷부분에 제시되어 있다.

명령은 현재의 한국 정부를 통하여 귀국민에게 전달될 것이다. [여기에서 "한국정부"(Korean Government)라는 귀절에 주목할 것]

◇ 일본이 항복한 직후 주한미군 사령관 하지 장군이 한국민에게 방송한 연설문(1945년 9월 8일)

[주한미군 사령관은] 국제법에 따라 점령군에게 부과된 의무를 수행하고자 한국에 진주했다. 귀국민은 연합군 최고사령관의 지시와 그의 지시에 따라서 본관이 발표하는 법령과 명령을 어김없이 준수해야 한다.

◇ 군정장관 아놀드(Archibald V. Arnold) 장군이 주간 기자 회견에서 발표한 내용(1945년 10월 10일)

38°선 이남의 한국에는 단 하나의 정부만이 있을 뿐이다. 이 정부는 맥아더 장군의 포고령(Proclamations), 하지 중장의 일반 명령(General Orders), 그리고 민정장관의 민정 명령(Civil Administration Orders)에 따라서 수립된 것이다.

◇ 하지 장군이 발표한 군정의 정의(1945년 10월 15일)

한국의 과도 정부는 연합군최고사령부의 지시에 따라 미국 육군이 수립한 것이다. 이로써 연합군최고사령부는 일본 지배의 상태로부터 인민을 위한, 인민에 의한, 인민의 민주적 정부로 넘어가는 과도 기간에 38°선 이남의 한국을 통치(govern) · 계도(guide) · 통제(control)할 것이다.

◇ 군정명령 제21호(1945년 11월 2일)

앞으로 또 다른 명령이 있을 때까지, 이미 철폐되지 않은 한, 이제까지 효력을 가지고 있는 모든 법률(laws) · 규정(regulations) · 명령(orders) · 고지(告知 : notices) 및 지난날의 정부(일본)가 공표하고 1945년 9월 9일 현재까지 한국에서 효력을 가지고 있는 모든 문건(documents)은 군정청의 명백한 명령에 따라 폐기될 때까지 전면적으로 효력을 가지고 집행된다. 모든 지방 법규와 관습은 책임 있는 당국에서 폐기할 때까지 계속 효력을 가진다. 군정장관은 고위 당국자의 지시에 따라 이제까지 조선 총독이 행사하던 어떠한 모든 권한을 행사할 수 있다.

[이상의 명령에서 한국의 모든 법정(法廷)은 군법회의로 바뀌어 구성되었으며, "모든 한국의 법률과 군정장관의 명령 · 규칙을 인정하고 이들을 행하라"는 명령을 받았다][3)]

조선 총독이 물러난 뒤 군사 점령법의 고유 권한인 입법권은 남한 정부의 최고 집행 기관에 부여된 입법권으로 보완(補完)되었다. 일제 시대에는 총독의 입법권이 사실상 무제한적인 것이었다. 이와 같은 권한을 부여받은 군정장관은 주한미군사령관의 대리자로서 모든 입법 분야에 걸쳐 자유롭게 명령을 발휘할 수 있었다. 따라서 1946년 12월에 남조선 과도 정부 입법의원(立法議院)이 수

3) 대부분의 위의 자료들은 이 보고서의 본문에 이미 수록되어 있거나 앞으로 추록될 것이다. 이것들은 *Historical Files*(National Archives)에서 뽑은 것이다. 사법권에 관한 군정명령 제21호는 *Summation* No. 2, Nov 1945, p. 184에 수록되어 있다.

립될 때까지 군정장관은 잠재적으로 무제한한 입법권을 행사하고 있었다.

군정장관은 이와 같은 입법권 이외에 한국의 경제권도 장악했다. 1945년까지 일본인들은 한국의 경제를 완전히 장악하고 있었다. 일본인 재산의 불법적인 취득으로 말미암아 야기될 수도 있는 경제적 · 법적 진공 상태를 피하고자 군정청은 일본인 재산의 법적 권한을 장악하여 관재국(管財局)에 그 운영을 위임했다. 일본인 재산의 권리 장악은 1945년 12월 6일자의 군정명령 제33호에 따른 것이다.

한국에 있는 일본인의 모든 재산권을 장악함에 따라서 미군정청은 군사 점령의 전통적 기능이나 한국의 법률적 통치에도 포함되지 않는 책임을 맡게 되었다. 일본인 재산을 장악 · 관리하게 되었다는 사실은 곧 한국의 경제를 동시에 장악했음을 의미하는 것으로서 미국의 승전으로 말미암아 야기된 한국의 실질적 독립의 필연적인 귀결이었다.

한국으로부터 일본의 경제적 영향력이 사라짐으로써 궁극적으로 한국인은 유일한 수혜자(受惠者)가 될 수밖에 없다는 판단이 서게 되자 군정청은 아직 존재하지도 않는 한 국가를 통치한다는 이익을 얻고자 대부분의 한국의 재산을 관리한다는 전례 없는 입장에 놓이게 되었다.

군정청은 수탁자(受託者)의 권한으로서, 취득된 재산의 유지와 적절한 관리를 해야 한다는 책임을 맡게 되었다. 이 책임은 성격상 수탁(受託 : fiduciary)의 의미가 있는 것이었기 때문에 신뢰를 파기하지 않고서는 미국이 아닌 기구에게 양도될 수가 없다.

이러한 성격으로 말미암아 주한미군정청의 수탁 기능은 "한국화"(韓國化)라고 하는 일반적인 원칙으로부터 예외가 되었다. 이와 같은 기능을 책임진 한 미국인 관리가 일본인 재산과 관련된 모든 문제의 정책을 결정했다. 따라서 주한미군정청을 포함한 주한미군 사령부는 다음과 같은 4가지의 각기 다른 기능을 수행했다.

(1) 주한미군사령부는 주권의 보유자로서 남한의 배타적인 정부가 되었다.

(2) 주한미군사령부는 미국 정부의 한 기관으로서 군사 점령의 권한을 행사했다.

(3) 주한미군사령부는 남한의 사실상 정부로서 지방 정부의 법적 기능을 수행했다.

(4) 주한미군사령부는 위임된 재산의 소유자이자 관리자로서 미래의 한국 정부의 수탁자(受託者)로 활약했다.

남한의 배타적 권한을 가지는 정부로 군정청을 수립한 것과 모든 통치 차원에서 법을 집행하는 행정 기구를 조직한 것은 각기 별개의 문제였다. 이 문제는 실무 차원에서 모든 일본인을 제거하는 데 필요한 탈일본화 정책(脫日本化政策)으로 말미암아 복잡미묘하게 되었다. 이러한 정책의 실시로 말미암아 행정의 진공 상태가 일어났다.

공안(公安)과 질서를 유지해야 한다는 국제법상의 의무로 말미암아 군정청은 행정 공백을 메꿔야 한다는 문제에 직면하게 되었다. 미군 당국이 실무 차원에서 예외 없이 모든 일본인을 제거할 수 없다는 것은 이미 예견된 결론이었다. 그들의 자리를 메꿀 수 있는 훈련된 한국인 예비 인력도 없었고, 당장의 공백을 메꿀 수 있는 미군 인력도 충분하지 않았다.

따라서 행정 편의와 정책을 함께 고려하다 보니 실무 차원에서 최소한으로 미국 관리의 활동을 제한하고 일본 관리의 기능을 인계할 수 있는 유능한 한국인 관리진을 지체 없이 구성하는 일이 불가피하게 되었다. 따라서 정부 각 부서의 점진적인 "한국화"가 절실했다.

군정 초기에는 미국인 관리들이 각 국(局)의 장(長)으로 임명되었다. 예컨대 미국인 관리가 각 지방장관(知事)으로 임명되어 정부의 부가적인 관리 기능을 수행했다. 이와 같은 과도기적 결정은 일본군의 무장 해제와 일본인의 귀환 작업을 수행하고, 무정부 상태와 굶주림을 피하고, 훈련된 한국 인력을 충원하고, 미국인의 통치 기능을 한국인에게 이전하는 기틀을 마련하고자 우선적으로 구상된 것이었다. 한국의 행정은 새로이 임명된 한국 정부의 고용원들에게로 이전되었다.

군정청은 남한에 주권적 정부를 구성할 권한도 없었고, 귀속 재산을 처분할 권한도 없었다. 그러나 그들은 행정 기구를 수립함으로써 한국의 정부 수립을 위한 기틀을 준비하고 있었다. 그렇게 함으로써 한국의 지방정부는 미국인 관리가 운영하는 군정 기구로부터 한국인 관리가 운용하는 자치 기구로 바뀔 수 있었고, 다만 군정장관과 그의 참모들이 본질적인 문제만을 감독하였다.

군정청의 지침은 1947년 3월 25일자 『정책 설명서』에서 잘 나타나 있다. 이 문헌은 그들의 활약을 다음과 같이 공식적으로 전망하고 있다.

> 일본에서는 미군 사령관이 거부권을 자유롭게 행사하고 강력한 지침을 시달하는 가운데 일본인들이 애당초부터 전적으로 정부를 다루어 왔다. 우리의 당초 목표는 통치권을 행사하면서 불상사를 저지르지 않도록 사안(事案)에 따라 제한적으로 통제하고 상대적으로 중요하지 않은 문제는 미국의 이상이나 방법을 적용하지 않는 가운데 한국인들이 일본에서의 방법과 꼭 같은 방법으로 정부를 수립할 수 있도록 만드는 것이었다.

위의 법률 분석가는 일본과 한국의 조건을 비교하면서, 왜 "정복된" 일본에서는 애당초부터 가능했던 일이 "해방된" 한국에서는 1년 반이 걸렸는가?라는 질문을 자문(自問)했다. 그에 관한 대답은 미국의 입장을 흥미 있게 합리화시켜 주고 있다.

> 일본의 상황은 한국의 상황과 비교될 수 없다는 사실을 지나쳐서는 안 된다. 일본의 군정 당국은 …… 기본적으로 원형(原型)대로 남아 있는 행정 제도를 이용할 수 있었다. 그러나 한국에서의 일본 항복 직전의 행정 체제는 과격한 탈일본화 정책으로 말미암아 미군 점령 초기에 이미 완전히 붕괴되어 있었다. "한국은 그들의 정복자인 일본으로부터 해방되었기" 때문에 그 중간 기간으로 일본 점령보다 더 광범한 점령 체제를 겪어야 할 필요가 있다고 말하는 것은 결코 역설적이 아니다.

[부록 2]

"블랙리스트"의 한국 관계 조항

1) 방향

이 계획은 1945년 6월 14일자의 무전 통신문 WX-17-64/14에 포함된 합참의 지시 공문과 1945년 6월 22일자의 미국 태평양사령관의 구두 지시에 따라 작성된 것이다. 본 계획은 일본 본토와 한국을 점령하고, 그곳의 군대와 민간인을 장악하고, 군사 활동에 필요한 기존의 항복 조건을 이 지역에 실시하려는 미군과 태평양 사령부 예하 부대의 작전을 담고 있다.

2) 부과된 책임

태평양 사령부는 연합국이 참여할 수 있는 한국 점령 계획을 마련할 책임을 지고 있다.

3) 가설(假說)

(1) 적군 : 무장 해제해야 할 한국에 주둔하고 있는 일본의 육·해·공군의 총수는 약 27만 명에 이르며 민간인 자원 방위대는 3만 5천 명이며, 한국에 있는 민간인들이 어느 정도 협력하리라고 예상된다.[1)]

(2) 아군 : 한국의 점령에 연합군이 참여하는 문제는 합참의 후속 지시에 포함될 것이다.[2]

(3) 태평양 사령부는 일본 본토 이외의 지역을 점령하도록 구성되어 있는 각 사령부에 부과된 요구를 일본 정부와 일본제국 대본영에게 요구·조정할 수 있다.

(4) 한국의 점령은 일본 정부나 군대 조직 및 인구가 조밀한 지역의 통신을 장악하는 데 필요한 주요 지점에 국한될 수 있다.

4) 작전

작전의 개념 : 이 계획은 오직 "점령 기간"에만 적용된다. 이 기간에 일본의 무장을 해제하고, 일본 본토와 한국에 세워진 별개의 "전후"(戰後) 정부와 점령군에게 조기에 정권을 이양할 수 있는 준비가 이루어질 때까지 일본 본토와 한국의 장악은 점차적인 점령으로 이루어진다. 하달된 작전은 두 나라의 정치적·경제적·군사적 생활의 통제를 허락한다. 한국의 지역은 인구의 39%, 산업 시설의 18%, 식량 생산의 44%를 포함하고 있다.

1) *MR*, I, Chart p. 459 : 24군단의 "G-2 Estimate of Enemy Ground Forces for Korea"의 추정에 따르면 1945년 현재 한국에 주둔하고 있는 일본군은 육군 27만4천 명, 해군 2만9,531명을 포함하여 합계 36만5천 명이며, 여기에 민간인 71만2,583명을 포함하여 한국에 있는 일본인의 총수는 101만7,274명이다. 일본군의 통계는 군에 소속된 민간인을 포함하고 있다. 이 통계는 "G-2, GHQ, SWPA Monthly Summary of Enemy Dispositions, 31 Jul 45, Plate I"에 근거한다.

2) BLACKLIST, 83을 위해 배속된 총 64만4천 명 가운데 한국 점령에 참여하도록 되어 있는 병력은 8만3,500명이었다. *MR* : I, Sup. p. 6.

5) 초기의 목적 : 일반 과업과 특수 과업

(1) 일반 과업

(a) 할당된 지역의 군대와 민간인을 통제하고 즉각적인 군사 활동에 필요한 기왕의 항복 조건을 이곳에 부과한다.

(b) 앞으로 지시되는 바에 따라서 일본과 한국 본토에 별개의 전후(戰後) 정부와 점령군의 수립을 위해 준비한다.

(2) 특수 과업

목록에 작성된 12개 항목 중에서 다음의 항목을 한국에 적용한다.

(a) 적대 요소를 파괴한다.

(b) 일본군을 무장 해제하여 해체한다.

(c) 주요 지휘 노선을 장악한다.

(d) 군정을 수립하고 민간인 사회에 법과 질서의 유지를 보장한다. 평화로운 상업 행위를 원활히 하며, 특히 주민의 생계 · 의복 · 주거에 필요한 상업 행위를 원활히 한다.

(e) 연합군의 포로와 군속 · 민간인을 지체 없이 회복 · 구호하여 귀환시킨다.

(f) 전후 점령군과 정부의 정책을 원활히 하도록 필요할 경우에는 일본인에 관한 통제의 확대를 준비한다.

(g) 전후 정부와 점령군이 수립되면 이들 기관에 책임을 이전하도록 준비한다.

6) 점령의 단계

점령의 3단계를 수행하기 위한 작전은 "B" 또는 "Baker Series"로 구성되어 있다. 개별 작전은 관계가 있는 각 군(Army)에 배속된 20명 단위의 조원(組員)으로 구상되며, 사령관은 작전의 주도를 위해 "B"-Day를 지정한다.[3)]

제40조(組)와 제60조는 10군(軍)에 배속된다. 한국은 Baker-40조에 배당된다.

제1단계 : 서울 지역은 Baker-40조에 배당되며 목표 일자는 "E"-Day이다. B+27.

제2단계 : 부산 지역은 Baker-41조에 배당되며 목표 일자는 10군 사령관이 구상한 대로 "R"-Day이다.

제3단계 : 군산 · 전주 지역은 Baker-42조에 배당되며 목표 일자는 10군 사령관이 구상한 대로 "P"-Day이다.

7) 가상된 항복 조건의 음미

1945년 2월 15일자로 3성조정위원회가 합참에 발송한 초안에 따라서 항복 조건은 아직 잠정적인 상태에 있다. 그러나 한국 주둔 사령관은 그의 초기 성명에서 다음과 같은 점들은 포함하라는 지시를 받았다.

(1) 사령관은 한국 안에 최고의 입법 · 행정 · 사법권과 그 기구를 장악한다.

---

3) 위의 설명을 *MR*, I, Sup. p. 7을 가장 유용하게 축어적으로 요약하여 옮긴 것이다. 본문의 혼동을 피하고자 따옴표(" ")는 생략하였다.

(2) 모든 민간인과 군인은 별도의 지시가 있을 때까지 그들의 위치에 머물면서 그의 직권 하에 정상적인 공무를 계속 수행한다.

(3) 모든 민간 경찰은 계속하여 그들의 공무를 수행하며 각자의 관할 지역에서의 법과 질서의 유지에 대하여 스스로 책임을 진다. …… 공공시설에 근무하는 모든 고용인은 태평양사령관의 별도 지시가 있을 때까지 각자의 위치에 머물면서 그들의 직무를 계속 수행한다.

앞으로 계획의 지원 : 군정 기구를 위한 기본 계획[4)]

4) 이 계획서는 계획을 집행할 수 있는 때에 맞추어 오키나와에 도착하지 않았다. *MR*, I. Sup. pp. 7~8.

[부록 3]

민정의 초기 기본 지침의 요약*

제1부 : 개설(槪說)과 정치 문제

1. 군정의 기초와 범위

귀 태평양사령관은 카이로선언에 따라 한국을 하나의 해방된 국가로 상대해야 한다는 원칙에 민정 행정의 기초를 두어야 한다. 군정 요원의 효용을 극대화하도록 귀하는 가능한 한 정부 기관에 한국인을 활용하여도 좋다. 귀하는 또한 "F"항에 따라 일본인들을 활용할 수도 있다.

"F" 항의 내용은 다음과 같다.

> 귀하가 예외적인 상황이라고 단정할 때, 일본인들은 공기업이나 중요한 사기업의 책임 있고 영향력 있는 직책을 맡을 수 있다. 그러나 일본 군국주의의 침략 도구가 되었거나, 아래에 열거한 일본인 사회나 조직의 영향력 있는 회원이었거나, 군사 점령의 목적에 대해 적대적인 의견을 표시했던 한국인들은 위에서 열거한 직책에 부임할 수 없다.
>
> 안전의 문제가 허락되고, 자격 있는 한국인이나 기타 적절한 인물을 구할 수 없는 범위에 한하여, 귀하는 기술적인 자격으로 말미암아 고용이 불

* SWNCC 176/8, Sub : Basic Initial Directive for Civil Affairs in Korea 13 Oct 45, Copy 18, pp. 42~68(Restricted) ; Historical Record Index Card, GHQ, SWPA, No. 21, same Sub.

가피하다고 여겨지는 일본인이나 친일 부역자(親日附逆者)를 잠정적으로 이용할 수 있다.

2. 군사 점령의 기본 목적

태평양 미군 사령관(CINCAFPAC)으로서의 귀하는 일본의 항복 조건을 과감하게 한국에 적용할 것을 보장하고, 미국의 목적을 달성하기에 적절히 조치할 책임을 지고 있다. 귀하의 민간 행정은 일차적으로 다음과 같은 점을 의도하고 있다는 사실을 한국민에게 분명히 해 두어야 한다.

1) 일본의 항복 조건에 관한 동의를 받아낸다.
2) 일본으로부터 한국의 완전한 정치적·행정적 분리를 구현함으로써 일본의 사회적·경제적·재정적 속박으로부터 한국을 해방한다.
3) 평화를 추구하는 건전한 한국 경제를 활성화한다.
4) 국제연합헌장에 명시된 원칙에 부합하는 자치 정부의 수립을 고무한다.

3. 한국의 민정 수립

점령과 동시에 귀하는 법과 질서의 회복과 유지를 보장할 수 있도록 즉각적으로 조치해야 한다. 귀하는 일본의 항복 조건을 수행하는 모든 명령에 즉각적인 동의를 확보해야 한다. 점령군과 일치되지 않는 행위와 그에 관한 책임을 지고 있는 사람들을 제거하고 일본 관리를 제거한 뒤 "F"항에 허용된 예외 조항에 따라 시·군·도 및 전국 규모의 행정 부서를 완전히 활용해야 한다.

현재까지 남아 있는 기구와 그 인력들은 통치 행위에 대하여 최대한 책임을 져야 하며, 귀하의 정책과 지침을 수행할 책임을 지게 될 것이다. 그러나 어떠한 시간이나 상황을 막론하고 귀하의 목적을 수행하는 데 필요할 때, 귀하는 스스로 즉각적으로 조치할 권한을 가지고 있다. 귀하는 소련인들과 연락 관계를 수립하고, 그와 같은 연락을 통해서 한국을 통치하면서 이와 같은 지침의 목적과 일치되는 절차와 정책을 최대한 합치시켜야 할 것이다.

4. 정치 활동

귀하는 모든 정당 · 사회단체를 즉시 장악해야 한다. 군사 점령의 필요성이나 그 목적에 부합되는 행위를 하는 사람을 고무하고 이에 부합되지 않는 행위를 하는 사람을 제거해야 한다. 점령군의 안전을 유지한다는 필요성을 전제로 하여 언론 · 집회의 자유를 갖는 민주적 정당의 구성과 활동을 고무해야 한다.

귀하는 [위의 단락에 명시된 내용을 전제로 하여] 비록 한국인들의 자칭 과도정부나 그와 유사한 정치 단체의 존립 · 구성 · 활동을 허락할 수는 있으나 그러한 단체를 공식적으로 승인하거나 정치적 목적을 위해 그들을 이용해서는 안 된다. 귀하는 그러한 조직에게 어떠한 언질을 주지 않으면서도 바람직하다고 생각될 때는 그러한 조직의 봉사나 회원을 개인적으로 활용해도 좋다.

제2부 : 경제 문제와 민생 물자의 공급

1. 통제의 목표와 방법

(a) 점령군의 필요를 충당하고, 한국 경제에 중요한 식품과 물자의 모든 정상적인 잉여 항목의 생산을 최대화하고, 한국의 경제생활에 끼치고 있는 일본의 압제적 잔재를 제거하고, 일본에 관한 경제적 예속으로부터 한국을 독립시킬 수 있는 조건을 고양(高揚)한다.

(b) 미국과 소련이 점령하고 있는 한국 지역 사이의 운송과 통신을 원활히 운용하고 정상적인 물자 교류를 최대한 유지하고자 소련군 사령관과 우선적으로 연락 관계를 수립한다.

제3부 : 재정

일본 통치의 요소를 제거하고, 통화 제도를 수립하고, 군정의 회계국을 설치하여 그 정책을 수립하고, 군인 연금 제도를 발전시키고, 한국의 회계 제도를 수립하여 한국 안에 있는 일본의 채무를 결정한다.

부록 A : 1. 일본의 항복 방법
2. 일본 천황의 항복 성명
3. 카이로선언문
4. 포츠담선언문

[부록 4]

군정청 인사 기록*

(1) 군정장관(Military Governor)

초대 : 해리스(Charles S. Harris) 준장(1945. 8. 29.~9. 12.) - 1945년 8월 29일자 주한미군정청 일반명령 제1호에 의거하여 임명됨.

2대 : 아놀드(Archibald V. Arnold) 소장(1945. 9. 12.~1946. 1. 3.)

3대 : 러취(Archer L. Lerch) 소장(1946. 1. 4.~) - 1946년 1월 4일자 주한미군 일반명령 제1호에 의거하여 임명됨.

(2) 부군정장관(副軍政長官 : Deputy Military Governor)

초대 : 해리스(Charles S. Harris) 준장(1945. 9. 14.~9. 28. 겸직) - 1945년 9월 28일자 주한미군 일반명령 제2호에 의거하여 임명됨.

2대 : 쉬츠(Josef R. Sheetz) 준장(1945. 9. 28~1946. 5. 15.) - 1945년 9월 28일자 주한미군 일반명령 제11호에 의거하여 1945년 9월 29일자 발령 명령 제3호로 임명됨.

* 원서의 목차에는 "1946년도의 군정 기구표"(Chart of USAMGIK in 1946)라는 항목이 제4장으로 되어 있으나 어떤 이유에서인지 본문에는 이 기구표가 수록되어 있지 않다. 번역자가 복사를 하는 과정에서 빠뜨린 것 같지는 않으며, p. 502 뒤에 p. 502a라는 삽입면으로 되어 있는 것으로 미루어 볼 때 당초에는 추가로 작성이 되어 있었으나 어떤 이유에서 뺀 것으로 보인다.(옮긴이 주)

3대 : 챔페니(Arthur S. Champeny) 대령(1946. 5. 15.~) - 1946년 6월 8일자 발령명령 제98호로 임명됨(이 발령은 1946년 5월 15일부터 유효함).

(3) 민정장관실(民政長官室 : Office of Civil Administration)

○ 민정장관(民政長官)

初대 : 프레스코트(Brainard E. Prescott) 대령(1945. 9. 29~12. 2.) - 1945년 9월 29일자 발령명령 제3호에 의거하여 임명됨.

2대 : 쉬츠(Josef R. Sheetz) 준장(1946. 12. 3.~1946. 1. 3.) - 1945년 12월 10일자 발령명령 제47호에 의거하여 임명됨(1945년 12월 3일부터 유효함).

3대 : 메이(Metticus W. May, Jr.) 대령(1946. 3. 1.~1946. 3. 8.) - 1946년 1월 3일자 발령명령 제65호에 의거하여 임명됨(1946년 1월 3일부터 유효함).

4대 : 자노우스키(Raymond A. Janowski) 중령(1946. 3. 1~1946. 3. 8.) - 1946년 3월 19일자 발령명령 제78호에 의거하여 임명됨.

5대 : 글라스(William A. Glass, Jr.) 중령(1946. 3. 9.~1946. 4. 7.) - 1946년 3월 30일자 발령명령 제81호에 의거하여 임명됨(1946년 3월 9일부터 유효함).

6대 : 챔페니(Arthur S. Champeny) 대령(1946. 4. 7.~1946. 5. 15.) - 1946년 4월 24일자 발령명령 제88호에 의거하여 임명됨(1946년 4월 8일부터 유효함).

7대 : 위아드(Seth Wiard) 중령(1946. 5. 15.~) - 1946년 6월 8일자 발령명령 제98호에 의거하여 임명됨(1946년 5월 15일부터 유효함).

(4) 부서장(部署長 : Section Chiefs)

○ 계획국(Planning : 1946년 5월 27일에 폐지됨)

초대 : 메이(Metticus W. May, Jr.) 대령 - 1945년 9월 20일자 일반명령 제7호에 의거하여 임명되어 1945년 9월 29일자 발령명령 제4호에 의거하여 추인됨.

2대 : 켈러(George E. Kehler) 중령 - 1946년 1월 3일자 발령명령 제65호에 의거하여 임명됨.

3대 : 위아드(Seth Wiard) 중령 - 1946년 4월 24일자 발령명령 제88호에 의거하여 임명됨(1946년 4월 8일부터 유효함). 1946년 6월 8일자 전보명령 제88호에 의거하여 전보됨(1946년 5월 27일부터 유효함).

○ 총무국(General Affairs : 1946년 4월 2일자로 사법국에 통합됨)

초대 : 우달(Emery J. Woodall) 중령(발령 당시는 소령) - 1945년 9월 20일자 군정청 일반명령 제7호에 의거하여 임명됨. 1945년 9월 29일자 발령명령 제4호에 의거하여 추인됨.

○ 인사국(Personnel)

초대 : 블레조(Hugh H. Bledsoe) 중령 - 1945년 9월 20일자 군정청 일반명령 제7호에 의거하여 임명됨. 1945년 9월 29일자 발령명령 제4호에 의거하여 추인됨.

○ 외사국(Foreign Affairs)

초대 : 엔더스(Gordon B. Enders) 중령(발령 당시는 소령임) - 1945년 9월 20일자 군정청 일반명령 제7호에 의거하여 임명됨. 1945년 9월 29일자 발령명령 제4호에 의거하여 추인됨.

2대 : 워드(Thomas H. Ward) 중령 - 1946년 6월 1일자 발령명령 제194호에 의거하여 임명됨(1946년 5월 9일부터 유효함).

○ 행정국(Administration : 지난날의 회계국)

초대 : 로드(Arthur Roth) 대령 - 1945년 9월 20일자 군정청 일반명령 제7호에 의거하여 임명됨.

2대 : 에반스(Almus P. Evans) 중령 - 1945년 9월 29일자 발령명령 제4호에 의거하여 임명됨.

3대 : 멜쿠어(Archibald W. Melchoir) 중령 - 1946년 6월 25일자 발령명령 제102호에 의거하여 임명됨(1946년 3월 7일부터 유효함).

○ 도정국(道政局 : Provincial Affairs ; 1946년 4월 27일자로 폐지됨)

초대 : 레이디(R. R. Reidy) 중령 - 1945년 12월 24일자 발령명령 제56호에 의거하여 임명됨.

○ 지방국(Local Administration : 폐지됨)

초대 : 뉴만(Glenn Newman) 대령 - 1945년 9월 20일자 군정청 일반명령 제7호에 의거하여 임명됨.

○ 정보국[Intelligence and Information : 그 뒤 처(Bureau)가 됨]

초대 : 뉴만(Glenn Newman) 대령 - 1945년 9월 20일자 군정청 일반명령 제7호에 의거하여 서리(署理)로 임명됨. 1945년 9월 29일자 발령명령 제4호에 의거하여 추인됨. 1945년 12월 10일자 발령명령 제47호에 의거하여 서리를 면함.

○ 관재국(Property Custodian)

초대 : 랩슬리(John B. Lapsley) 중령 - 1945년 11월 24일자 발령명령 제38호에 의거하여 임명됨(1945년 11월 13일 자정부터 유효함).

2대 : 멩거(Cornelius Menger) 중령 - 1946년 3월 30일자 발령명령 제81호에 의거하여 임명됨(1946년 3월 2일부터 유효함).

○ 참모장(Chief of Staff)

초대 : 팜리(Loren F. Parmley) 대령 - 1946년 1월 10일자 미군정청 일반명령 제2호에 의거하여 임명됨.

○ 군정국(Army Administration)

초대 : 로드(Arthur Roth) - 미육군 제10방공대(10th Army AAA) 지휘관의 자격으로 이에 보임(補任)됨.

2대 : 미셸레트(Howard E. Michelet) 중령(CAC) - 1945년 2월 11일자 군정청 일반명령 제6호에 의거하여 임명됨.

3대 : 베네트(Eugene G. Bennett) 중령 - 1946년 2월 13일자 군정청 일반명령 제7호에 의거하여 임명됨(서리).

○ 국방국(National Defense)

초대 : 쉬크(Lawrence E. Schick) 준장 - 1945년 11월 13일자 발령명령 제31호에 의거하여 임명됨.
2대 : 챔페니(Arthur S. Champeny) 대령 - 1945년 12월 27일자 발령명령 제89호에 의거하여 임명됨.
3대 : 버나드(Lyle W. Bernard) 중령 - 1946년 5월 18일자 발령명령 제89호에 의거하여 임명됨(1946년 5월 18일부터 유효함).
4대 : 톰슨(Loren B. Thompson) 중령 - 1946년 6월 8일자 발령명령 제99호에 의거하여 임명됨. 1946년 6월 8일자 전보명령 제88호에 의거하여 전보됨(1946년 6월 1일부터 유효함).

(5) 처(處) 및 과(課)

○ 공중보건(Public Health)

초대 : 맥도날드(Glenn W. McDonald) 중령 - 1945년 9월 24일자 발령명령 제1호에 의거하여 임명됨.
2대 : 윌라드(William R. Willard) 소령(서리) - 1945년 12월 15일자 발령명령 제51호에 의거하여 임명됨(1945년 12월 12일부터 유효함).
3대 : 컬렌(John K. Cullen) 대령 - 1946년 5월 18일자 발령명령 제89호에 의거하여 임명됨(1946년 3월 31일부터 유효함).

○ 광산공업[Mining and Industry : 뒤에 상무과(Commerce)로 바뀜]

초대 : 언더우드(John C. Underwood) 대령 - 1945년 9월 29일자 발령명령 제3호에 의거하여 임명됨.

2대 : 토마스(Joe Thomas) 중령(서리) - 1946년 4월 18일자 발령명령 제84호에 의거하여 임명됨(1946년 3월 9일부터 유효함).

○ 재무(Finance)

초대 : 고든(Charles J. Gordon) 중령 - 1945년 9월 29일자 발령명령 제3호에 의거하여 임명됨.

○ 농상(農商 : Agriculture and Commerce : 뒤에 농무과로 바뀜)

초대 : 마틴(James Martin) 중령 - 1945년 9월 29일자 발령명령 제3호에 의거하여 임명됨.

○ 공보(公報 : Communication)

초대 : 헐리히(William J. Herlihy) 중령 - 1945년 9월 29일자 발령명령 제3호에 의거하여 임명됨.

2대 : 파슨스(Lloyd C. Parsons) 대령 - 1946년 1월 4일자 발령명령 제63호에 의거하여 임명됨.

○ 사법(司法 : Justice)

초대 : 우달(Emery J. Woodall) 소령 - 1945년 9월 29일자 발령명령 제3호에 의거하여 임명됨.

2대 : 테일러(Matt Taylor) 소령 - 1945년 11월 20일자 발령명령 제37호에 의거하여 임명됨(1945년 11월 20일부터 유효함).

3대 : 우달(Emery J. Woodall) 중령 - 1946년 4월 2일자 발령명령 제83호에 의거하여 임명됨(1946년 5월 23일부터 유효함), 1946년 6월 8일자 전보명령 제88호에 의거하여 전보됨.

4대 : 코낼리(John W. Connally, Jr.) 중령 - 1946년 6월 8일자 발령명령 제99호에 의거하여 임명됨(1946년 5월 23일부터 유효함).

○ 교육(敎育 : Education)

초대 : 록카드(Earl N. Lockard) 대위(후에 소령으로 진급) - 1945년 9월 29일자 발령명령 제3호에 의거하여 임명됨.

2대 : 피텡거(Aubrey O. Pittenger) 중령 - 1946년 3월 30일자 발령명령 제82호에 의거하여 임명됨(1946년 3월 18일부터 유효함).

○ 경찰(警察 : Police)

초대 : 챔페니(Arthur S. Champeny) 대령 - 1945년 11월 14일자 발령명령 제31호에 의거하여 임명됨.

2대 : 매글린(William H. Maglin) 대령 - 1945년 12월 27일자 발령명령 제57호에 의거하여 임명됨(1945년 12월 20일부터 유효함).

(6) 독립 부서

○ 국가경제처(National Economic Board)

초대 : 존스(Owen T. Jones) 대위(US Naval Reserve : USNR 지휘관) - 1946년 3월경부터 5월 28일까지 재직함.

2대 : 던닝(Herbert P. Dunning) 중위(jg) - 1946년 5월 8일, 1946년 6월 21일자 발령명령 참조.

○ 물가통제처(Material Control Corporation)

초대 : 맥콜리(Harry A. McColley) 중령 - 1945년 11월 6일자 발령명령 제28호에 의거하여 임명됨.

○ 식량담당관(Food Administrator)

초대 : 코낼리(James N. Connally) 소령 - 1946년 3월 8일자 발령명령 제76호에 의거하며 임명됨(1945년 12월 7일부터 유효함).

○ 한국경제자문단(Korean Economic Advisory Board)

초대 : 이훈구(李勳求 : 議長) - 1946년 3월 8일자 발령명령 제76호에 의거하여 임명됨(1946년 3월 2일부터 유효함).

○ 전국물가담당관(National Price Administrator)

초대 : 로버츠(Theron E. Roberts) 대령 - 1946년 5월 18일자 발령명령 제92호에 의거하여 임명됨(1946년 4월 30일부터 유효함).

○ 신한공사(新韓公社 : New Korea Company)

초대 : 에스테즈(Wayne J. Estes) 소령 - 1945. 10. 11.~12. 4.

2대 : 글래스(W. A. Glass, Jr.) 중령 - 1945. 12. 4.~

[부록 5]

군정청 지방 조직의 인사 기록(1945. 9.~10.)*

경기도 : 서울[1](1945. 10. 20.)

군정지사(軍政知事)		일자[2]
마이어즈(William B. Meyers) 소령[3]		1945. 10. 2.
루트워크(Maurice Lutwack) 중령		1945. 11. 23.
앤더슨(Charles A. Anderson) 중령		1946. 4. 25.
제1팀[4]	전도(全道)[5]	1945. 9. 11.[6]
제2팀	인천	1945. 9. 11.
제3팀	서울[7]	1945. 9. 11.
47대대*[8]	서울	1945. 10. 24.
54대대	개성	1945. 10. 28.
60대대	수원	1945. 10. 28.
68대대	의정부(11월 6일부터 서울)	1945. 10. 28.
97전술단	서울	1945. 11. 2.
39대대	인천	1945. 11. 15.
40대대	서울	1945. 11. 19.

* 여기에 수록된 일자는 다음의 자료를 참고했음 : *Hist USAMGIK* Pt. Ⅲ, Ch. 3 ; Chart : Arrival of MG Units, Provincial Administration Files : *Hist Files* ; Appointment of Provincial Governors, Chart : *Hist Files* ; Map, MG Unit Locations as of 20 Nov 45 : *Hist Files* ; Summary, Military Government Teams and Groups, Mimeo Ms dtd 14 Dec 45 ; *Hist Files*.

1) 여기에서의 서울은 경기도 도청 소재지를 의미한다. 이하의 표에서도 도(道) 다음에 나오는 지명은 도청 소재지를 의미한다. 일자는 전략 통제권이 군정청으로 이관된 시기를 의미한다. 군정 단위는 흔히 이 날짜에 앞서서 나타나고 있지만, 각 사단은 이때까지 도의 군정 기능을 위한 일차적 책임으로부터 공식적으로 면제되어 있지는 않았다.

강원도 : 춘천(1945. 10. 26.)

군정지사(軍政知事)		일자
멀리넥스(M. L. Mullinex) 중령(서리)		1945. 10. 9.
쯔워만(Carl H. Zwermann) 중령		1945. 11. 26.
레이디(Richard F. Reidy) 중령		1946. 5. 29.
46대대	춘천	1945. 10. 28.
52대대	원주	1945. 10. 28.
100전술단	춘천	1945. 10. 28.
66대대	삼척	1945. 10. 29.
38대대	강릉	1945. 11. 18.
40대대	서울	1945. 11. 19.

충청북도 : 청주(1945. 10. 18.)

군정지사(軍政知事)		일자
세니트(Ray C. Senate) 중령		1945. 11. 8.
머피(Roland E. Murphy) 중령[9)]		1946. 4. 2.
49대대	영동	1945. 10. 28.
67대대	충주	1945. 10. 28.
35대대*	청주	1945. 11. 1.

2) 일자는 군정지사의 부임 일자임.

3) 마이어즈(W. B. Meyers) 소령은 본시 군정 제1팀의 지휘관이었음.

4) 이 지역의 제1·2·3팀은 12월 21일자로 115·116·117대대로 교체되었음.

5) 이 날짜의 부임 지역임. 이 제1팀은 단지 통상적인 업무만을 부과받았을 뿐이며 특정 지역을 위해 배치된 것은 아님.

6) 이하의 일자는 작전 개시 일자임.

7) *Hist Files,* Map에 따르면, 11월 20일자로 또 다른 군정 대대인 42·43·72·73대대가 서울 분견대에 증파됨.

8) *표가 있는 부대는 군정청의 지휘 체계에서 배제되어 FO2에 배속된 전술 부대로서 1946년 8월 1일부터 실시되었다. *Hist Files.* 이하의 *표도 같음.(옮긴이 주)

9) 군정 부대가 도착하기 이전에 이 지역은 이미 청주에 있던 제17보병연대장 패츨러(Robert E. Pachler) 대령의 지휘를 받았다. 머피(R. E. Murphy) 중령은 세니트(Ray C. Senate) 중령의 후임으로 1946년 4월 어느 날 지사 서리로 임명되었다.

충청남도 : 대전(1945. 10. 18.)

군정지사(軍政知事)		일자
카프(William A. Karp) 중령		1945. 10. 9.
27대대	대전	1945. 10. 21.
102전술단	대전	1945. 10. 28.
65대대	홍성 · 공주	1945. 10. 28.
	공주	1945. 11. 17.
41대대	홍성	1945. 11. 17.

경상남도 : 부산(1945. 10. 18.)

군정지사(軍政知事)		일자
해리스(Charles S. Harris) 준장[10]		1945. 9. 28.
질레트(Francis E. Gillette) 대령		1946. 1. 25.
26대대	부산	1945. 10. 24.
98전술단	부산	1945. 10. 30.[11]
50, 57, 58*, 70대대	부산	1945. 11. 1.

경상북도 : 대구(1945. 10. 25.)

군정지사(軍政知事)		일자
헨(Edwin A. Henn) 대령[12]		1945. 11. 3.
자노우스키(Raymond A. Janowski) 중령		1945. 11. 26.
네일(Samuel S. Neil) 중령		1946. 3. 1.
비숍(Harry D. Bishop) 중령		1946. 5. 29.
63대대	안동	1945. 10. 26.
34대대	대구	1945. 10. 29.
51, 71대대	대구	1945. 10. 29.
99전술단	대구	1945. 10. 29.

10) 해리스(Charles S. Harris) 준장은 9월 16일에 정찰대를 이끌고 이 지역으로 들어갔다. 그가 부산에 도착한 것은 9월 20일이었다.

11) *Provisional Administration Files*에는 작전 일자가 10월 24일로 되어 있으나 *Hist USAMGIK*에는 10월 30일로 기록되어 있는데, 이는 아마도 정정된 날짜에 근거를 두고 있는 것 같다. *Hist USAMGIK, op. cit.*, p. 63.

전라북도 : 전주[13](1945. 10. 18.)

군정지사(軍政知事)		일자
갤러기(Ralph F. Galloghy) 중령		1945. 11. 20.
쇼우(Lyman A. Shaw) 중령		1946. 5. 15.
28대대*	전주	1945. 10. 21.
50대대	군산	1945. 10. 23.
64대대	남원	1945. 10. 24.
48대대	전주	1945. 10. 25.
44대대	정읍	1945. 11. 14.
96전술단	전주	1945. 11. 17.

전라남도 : 광주[14](1945. 10. 26.)

군정지사(軍政知事)		일자
린트너(Julius H. Lintner) 중령(VOCG)		1945. 10. 23.
브럭키(John M. Brocki) 중령		1945. 11. 16.
프라이스(Terrill E. Price) 대령(서리 - VOCG)		1946. 3. 14.
피크(Raymond G. Peek) 대령		1946. 6. 1.
33대대	광주	1945. 10. 22.
69대대	광주	1945. 10. 23.
	순천	1945. 10. 29.
61대대	광주	1945. 10. 23.
	장흥	1945. 10. 28.
101전술단	광주	1945. 10. 23.
59대대	제주도	1945. 11. 9.
45대대*	해남	1945. 11. 22.
53대대	광주	1945. 11. 23.
55대대	목포	1945. 11. 27.

12) 헨(Edwin A. Henn) 대령은 군정단이 대구에 도착할 때까지 군정 기간요원으로 활약했으며, 1945년 10월 14일자로 군정지사에 임명되었다.

13) 전주와 광주는 6사단이 이곳을 관할할 때까지 군정지사 없이 단순히 7사단과 40사단의 연락 장교단의 감독을 받았다. 그들의 초기 군정에 관해서는 자료가 거의 없다.

◇ 도군정청(道軍政廳)의 요약

I. 일정표

일자	팀	전술단	대대	합계
1945. 10. 말	3	5	24	32
1945. 11. 22.	3	7	46	56
1945. 12. 31.	-	7	49	59
1946. 8. 1.	-	8	32	40

II. 추기(追記)

(1) 주한미군사령부 산하의 군정청(서울)은 1945년 10월 26일까지 전술 단위 부대로부터 모든 지방 군정의 통제권을 이양받았다.

(2) 56개의 단위 부대 가운데 24개 부대가 도청 소재지 이외의 지역에서 활약했다.

(3) 서울의 3개 팀을 대신하여 작전에 참가한 3개 대대는 특수한 기능을 수행했다. 그들 가운데 2개 대대는 전국적인 기능을 부여받았고, 1개 대대는 시와 도를 책임 맡았다.

(4) 1945년 11월 20일자로 서울에 추가로 배속된 4개 대대 중에서 2개 대대는 물자통제공사로 배속되었고, 2개 대대는 군정청 본부로 배속되었다. 그들의 특수 업무와 작전 일자는 알 수 없다.

(5) 1945년 11월 31일 현재 지방 군정청에 배속된 총인원은 다음 표와 같다.

14) 브럭키(John M. Brocki) 대령은 린트너(Julius H. Lintner) 중령이 6사단 사령부로 전속된 11월 7일이 되어서야 임명장을 받고 지사의 직책을 맡았다.

구분	장교	사병	총계
정원	638	2,882	3,520
배치	541	1,918	2,459
부족	98	964	1,061

(6) 미군정청 전술 기구인 FO2에 보내진 "부속 문서 1"(Annex 1)에 따르면 1946년 8월 1일 현재 지난 겨울 이래로 다음과 같은 변화들이 일어났다.

(a) 28 · 35 · 45 · 58 · 61대대 등 5개 군정 대대가 군정 기구로부터 이동해 나갔으며, 새롭게 104 전술단이 충원되었다. 충청북도는 그곳에 주둔한 2개 군정 대대를 관장하고 있기 때문에 그 이전에는 군정 전술단을 가지고 있지 않았음이 분명하다.

(b) 원래 서울에 주둔해 있던 3개 팀을 대신하여 들어간 3개 군정 대대에 관해서는 아무런 기록이 없다. 따라서 이들도 또한 다른 곳으로 이동 배속되었음이 분명하다.

(c) 서울에 있던 47대대는 97전술단으로 흡수되었다.

[부록 6]

모스크바 외상회의에 참석한 미국 대표의 비망록*
(1945. 12. 17.)

◇ 한국의 통일 정부

우리는 카이로선언과 포츠담의정서에 따라서 독립된 한국을 수립한다는 언질을 주었다. 한국은 가장 빠른 시기에 독립을 달성하고, 한국인들이 독립을 이룩할 수 있도록 도와주고자 모든 노력을 기울여야 한다는 데 우리 모두가 의견을 함께하고 있다고 나는 믿는다.

우리 정부 대표단 사이의 대화에서 한국에 신탁통치를 실시한다는 구상이 동정적으로 고려된 바 있다. 신탁통치를 실시하는 당국은 소련·중국·영국·미국의 대표로 구성되며, 신탁통치의 기간은 한국인들이 자주적이며, 대표권을 갖는 효과적 정부를 구성하도록 하는 데에 필요한 기간을 넘지 않는다는 데 대하여 일반적인 이해가 있었다.

현재 한국은 두 개의 지역으로 나뉘어 군사 지배를 받고 있다. 38°선 이북은 소련 지역이며, 38°선 이남은 미국 지역이다. 종전(終戰) 이전에 군사 작전과 항복 조건의 수행을 원활히 하고자 이루어진 이 분할은 한국을 위한 통일된 정부를 수립하면서 장애가 되

* *FR, 1945,* Ⅱ : General : Political and Economic Matters, USGPO, 1967, pp. 641~643.

고 있음이 명백한 일이다. 이 두 군사 정부 사이에는 현재 아무런 효과적인 연계나 협조가 없다.

미국 정부는 한국의 분할로 말미암아 야기되는 몇 가지 절박한 문제점을 소련 정부에 알리면서 다음과 같은 다섯 가지 사항을 제안한 바 있다.

(1) 남쪽 지역에서 사용할 수 있도록 북쪽으로부터 전기와 석탄을 보내는 것을 포함하여 두 지역 사이에 물자 교환을 재개할 것.

(2) 두 지역 사이의 철도 및 그 밖의 교통을 재개할 것.

(3) 연안 항해를 재개할 것.

(4) 전체 한국의 단일 회계 제도를 수립할 것.

(5) 일본인의 본국 송환을 포함하여 헤어진 사람들의 문제를 질서 있는 방법으로 해결할 것.

미국은 이와 같은 문제의 해결을 모색하면서 미군 사령관과 협상할 수 있도록 주한 소련군 사령관에게 권한을 부여할 수는 없는가, 소련은 이러한 문제들이 양국 정부 사이에 논의되기를 원하는가를 소련 정부에 탐색해 왔다.

미국 정부는 양국의 사령관이 한국의 국가적 이익에 관한 모든 문제를 함께 처리함으로써 통일된 정부를 수립하는 것이 한국에 있어서의 절박한 목표라고 믿는다. 이를테면 통화(通貨) · 무역과 운송 · 전신 · 송전(送電) · 연안 항해 · 이산가족 등에 관한 문제가 바로 그것이다. 한국인들은 가능하다면 통일된 정부에서 군사령관에 관한 상담역이나 행정가로 활용될 수도 있다고 생각한다.

우리는 독립된 한국 정부의 수립을 모색함으로써 광범위한 기초를 가지는 비군사적 행정부의 수립을 위한 과도기적이고도 본질적인 단계로서 위에서 설명한 통일 정부를 제안하고 있다. 우리는 4대 강국 신탁통치야말로 독립된 한국을 출현시키는 가장 가능한 방법을 마련해 줄 수 있으리라고 믿고 있다. 그러므로 우리는 신탁통치의 협약을 맺어 한국의 통일 정부를 수립하고자 4대 강국 간에 가능한 한 조속히 논의가 이루어지기를 제안한다.

신탁통치 협약의 조문에 관한 우리의 생각은 어떤 확정된 형식을 취하는 것은 아니지만, 무엇보다도 국제연합과 한국 국민을 위해 통치 당국(소 · 중 · 영 · 미)의 합의가 이루어져야 하며, 자유롭고 독립된 한국 정부가 수립될 때까지 행정 당국이 한국의 효과적인 통치를 위하여 필요한 바에 따라 행정 · 입법 · 사법에 관한 권한을 행사할 수 있어야 하며, 행정 당국은 국제연합헌장 제76조에 명시된 기본 목적에 따라 행동해야 하며, 행정 당국은 각 행정 당국을 포함한 각국의 대표 1명씩으로 구성된 행정위원회와 고등판무관을 통하여 그 권한과 기능을 수행해야 한다.

고등판무관과 행정위원회는 가능한 한 조속히 한국 국민의 진보적인 정치적 · 경제적 · 사회적 발전을 진척시켜 5년 이내에 독립된 한국 정부의 출현을 위해 대중적으로 선출된 입법부와 적절한 사법 제도를 수립하되 만약 필요하다면 행정 당국에 대표권을 가지고 있는 4대 강국간의 합의에 따라 5년을 넘지 않는 범위 내에서 그 기간을 연장할 수 있도록 하자고 제안하고 있다.

[부록 7]

모스크바 외상회의에 참석한 소련 대표의 비망록*
(1945. 12. 20.)

◇ 한국에 관하여

[1] 한국을 독립 국가로 회복시키고, 민주주의적 기반 위에 이 나라를 발전시킬 수 있는 조건을 마련하고, 한국에 관한 일본의 오랜 지배의 유산을 조속히 청산하려면 과도적인 민주 정부를 수립하여 한국의 산업 · 운송 · 농업의 발전과 한국민의 민족 문화의 발전을 위한 필요한 조치를 해야 할 것이다.

[2] 한국 임시정부를 구성하는 데 도움을 주고 이에 필요한 적절한 수단을 미리 준비하려면 남한에 주둔하고 있는 미군과 북한에 주둔하고 있는 소련군의 대표로써 공동위원회를 구성해야 한다. 이 제안을 추진하면서 공동위원회는 한국의 민주적인 정당 · 사회단체와 협의(協議)해야 한다. 공동위원회에서 마련한 권고는 양국 정부가 고려할 수 있도록 제출되어야 한다.

[3] 한국의 민주 임시정부와 민주적 정당 · 사회단체가 참여한 공동위원회는 또한 한국민의 정치적 · 경제적 · 사회적 발전과 민주적 자치 정부의 수립, 그리고 한국의 독립을 도와 줄 수 있는 수단[신탁통치]을 강구하도록 위임받는다.

---

* *FR, 1945,* Ⅱ : General : Political and Economic Matters, USGPO, 1967, pp. 699~700.

[4] 남한과 북한에 함께 관련된 긴급한 문제를 숙의하고, 행정적·경제적 차원에서 남한의 미군과 북한의 소련군 사이의 영구적인 협조를 이룩할 수 있는 수단을 강구하고자 한국에 주둔한 미군과 소련군의 대표들이 2주간에 걸친 공동위원회를 열어야 한다.

[부록 8]

모스크바 외상회의에 참석한 미국 대표의 비망록*
(1945. 12. 21.)

◇ 1945년 12월 20일자 한국 관계 소련 제의에 관한 수정안

소련 측 비망록 제2항의 마지막 문장과 관련하여, "미소공동위원회가 작성한 권고안은 이해 관계가 있는 4대 강국 정부가 고려할 수 있도록 제출되어야 한다"고 문장을 수정할 것을 제의한다. 물론 최종 결정은 미소공동위원회를 대표하고 있는 두 정부에 달려 있는 것이지만 독립된 한국의 발전에 매우 커다란 관심을 가지고 있는 영국과 중국 두 나라에게도 통일 정부의 수립을 위한 제안을 검토할 수 있는 기회를 부여하는 것이 바람직하다고 믿는다. 따라서 그 문장은 다음과 같이 바꾸는 것이 좋다.

> 공동위원회에서 작성한 권고안은 공동위원회에 대표권을 가지고 있는 양국 정부가 최종적인 결정을 내리기에 앞서 소련·중국·영국·미국 정부가 고려할 수 있도록 제출되어야 한다.

제3항의 2절도 제3항의 1절도 다음과 같이 바꿀 것을 제안한다.

---

* *FR, 1945*, Ⅱ : General : Political and Economic Matters, USGPO, 1967, p. 721.

미소공동위원회의 제안은, 한국 임시정부와의 협의를 거쳐, 5년에 걸친 4대강국 신탁통치에 관한 합의를 도출하고자 미국 · 소련 · 영국 · 중국이 공동으로 숙고할 수 있도록 제출되어야 한다.

[부록 9]

미소공동위원회의 의제 - 주한미군사령부*

◇ 미국 측 의제의 원안

제1절

본 회의는 모스크바 외상회담의 공동 성명 가운데 한국에 관계된 다음의 제3절 제4항을 실천하고자 모임을 가진다.

> 남한과 북한에 영향을 미치고 있는 절박한 문제들을 숙의하고 남한에 주둔하고 있는 미군과 북한에 주둔하고 있는 소련군 사이의 행정적 · 경제적 문제들에 관하여 항구적 협조를 이룩할 수 있는 방안을 검토하고자 2주일 이내에 한국에 주둔하고 있는 미군 사령부와 소련군 사령부의 대표들의 모임을 갖는다.

한국을 근본적으로 통일시킨다는 원칙을 목적으로 삼고 있는 본 회의는 행정적 · 경제적 측면에서의 모든 조치를 취할 것이다. 이와 같은 조치는 모스크바 공동 성명에 담겨 있는 한국 관계의 광범한 계획과 반드시 일치해야 한다.

---

* Report of POLAD H. Merell Benninghoff, Feb 15, 1946, Sub : United States-Soviet Joint Conference, Transmission of copies of certain documerts in connection therewith-To Secretary of State : 740. 00119 Control(Korea)/2-1546.

제2절

행정적 · 경제적 단위로서의 북한과 남한을 통합하려면 다음과 같은 사항들이 "우선적으로" 이루어져야 한다.

(1) 남북한의 철도를 서울에 위치한 중앙 기구의 완전한 통제 아래 단일 운영 체제로 다시 복구한다.

(2) 서울에 위치한 송전소의 통제 아래 필요한 전력(電力)을 한국의 전역에 지속적으로 보낼 것을 보장한다.

(3) 전화와 전신을 서울에 위치한 중앙 기구의 완전한 통제 아래 단일운영 체제로 다시 복구한다.

(4) 만주로부터 남한으로 역청탄과 농산물을 수송하는 것을 허락한다.

(5) 다음과 같은 방법에 따라서 미국과 소련의 군사 분계선을 다시 조정한다.

(a) 38°선 이남에 위치한 황해도 지역을 소련군 사령관에게 이양한다.

(b) 38°선 이북에 위치한 경기도 지역을 미군 사령관에게 이양한다.

(c) 강원도 지역은 행정 군계(行政郡界)에 따라서 다시 조정한다.

(6) 38°선을 따라서 설치된 모든 군사적 요새를 철거한다.

(7) 미국과 소련의 군사 책임 분계선을 따라서 관제 초소를 설치한다.

(8) 통제허용제도(System of Controlled Permits)에 따라서 다음과 같은 사람이나 물건이 미국과 소련의 군사 책임 분계선을 통과하도록 허용한다.

(a) 다음과 같은 사람들

① 영주(永住)를 위하여 귀향하는 사람.

② 상업에 종사하는 사람.

③ 공무(公務)를 수행중인 사람.

④ 특별한 사명을 띤 사람.

⑤ 특별히 합의된 사람.

(b) 생산재와 소비재

(c) 모든 종류의 운송 수단

(9) 외환(外換)의 통제와 외환율(外換率), 국내 저축의 이월, 신용 거래 · 교환 · 생필품 교역 등 회계 처리 방법에 관한 단일 회계 정책을 채택하고, 조선은행권을 전국의 표준 통화로 사용하되 그 밖의 모든 통화를 폐지한다.

(10) 남한과 북한 사이의 해상 · 수상 교역에 관한 단일 법규를 만든다.

(11) 상업과 산업을 촉진시키고자 생산재와 소비재의 정상적인 왕래를 재개한다.

[문제점]

◇ 소련 측 의제의 원안

한국에 주둔하고 있는 소련군과 미군의 대표회의 동안에 다음의 사항을 토의한다.

(1) 회의의 순서.

(2) 북한으로부터 남한에 송전(送電) 하는 조건.

(3) 남한으로부터 북한으로 식료품을 전달하는 문제(쌀 · 경공업 원료 · 섬유와 가죽 제품 · 경공업 설비를 위한 여분의 부품 등).

(4) 남북한의 철도 연결 문제.

(5) 북한에 있는 일본 난민의 송환 문제.

참고문헌

이 책은 주로 육군성이 발행한 두 개의 문서군(群)에 근거를 둔 것이며, 지금은 이것들이 국립문서보관소(National Archives)에 소장되어 있다. 이것들은 1941년부터 1945년까지 한국에 관한 계획의 배경에 관계된 문서들로 구성되었는데, 여기에는 아래에서 언급한 작전국(OPD)이나 민정국(CAD) 문서철, 주한미군(USAFIK) 문서, 24군단 문서, 군정청(USAMGIK) 문서와 같은 것들이 있다.

이 밖에 하지 장군의 몇몇 개인적인 문서들과 아놀드 장관과의 인터뷰, 그리고 하지 장군의 정치 고문인 버취(Leonard M. Bertsch)와의 면담도 참고하였으며, 그 기간에 『외교 관계 총서』(*Diplomatic and Foreign Relations of the United States, FR*)에 포함된 국무성 간행 문서 관련 비망록 · 전기(傳記) · 한국에 관한 특별 연구 등도 참고하였다.

1. 1차 자료

[I] 가장 풍부한 자료로는 주한미군(USAFIK)과 군정청(USAMGIK),

24군단의 잡다한 문서집을 들 수 있다. 이것들은 처음에는 한국에서 포장된 22개의 서류철 서랍에 있다가 지금은 메릴랜드주의 수틀랜드(Suitland)에 있는 워싱턴국립문서보관소(Washington National Records Center)에 번호가 매겨져 있는 상자로 분류되어 있다. 편의상 이것들을 다음과 같은 5개의 범주로 나눌 수 있다.

1) 군정청의 행정과 활동 자료들 : 일반 명령 · 법령 · 공식 잡지 · 조직과 활동에 관한 소책자, 주간 보고서, 선언문 발송 공문 등이 있다. 이 문서군은 광범위하지만 불완전하다.
2) 군정청의 여러 부서들의 간단하고 미완성된 사료초(史料抄)들(manuscript histories)과 약간의 보충 서류들.
3) 아래에서 언급한, 타자로 친 3권으로 된 『주한미군사』(*History of the United Army Forces in Korea*)의 각 장에 관한 증거 문서 꾸러미들과 접힌 자료들(Folders).
4) 『역사 저널』(*Historical Journal, Information and Historical Section of USAFIK*). 이것은 루스리프식(loose-leaf : 페이지를 마음대로 뺐다 끼웠다 할 수 있는 편철)으로 된 13개의 공책으로 구성되었는데, 1945년부터 1948년까지의 회담, 정책 결정, 당시의 사건, 언론 자료, 즉석 면담과 분석에 관한 매일의 기록을 타자로 친 것이다.
5) 한국의 인물들에 관한 다양한 자료와 남한과 북한 신문의 번역문, 그리고 6사단, 7사단, 40사단이 주한미군사령부에 보낸 약간의 보고서 등이다.

잠재적으로 주요한 자료인 하지 장군의 사령관 서류철은 소이어(Robert K. Sawyer) 소령의 *Military Advisors in Korea : KMAG in*

Peace and War, p. 190에 언급되었는데, 아직 독립된 파일로 되어 있지 않다. 그러나 그 기록들은 수신과 발신된 무선 전보와 타자로 친 공문의 형태로 여러 파일에 산재되어 있다. 캔사스시 기록센터(Kansas City Records Center)가 편집한 한 중요한 군(群 : Collection)에는 다음과 같은 군정청 문서들이 AG 파일에 수록되어 있다.

Outgoing Radios on the Korean Situation, Nov-Dec 1945, Jan~Oct 1946.

Outgoing Radios on the Joint Commission of the US and the USSR, Apr~Aug 1946.

Miscellaneous Radios, 1 Jan~31 Dec 1946.

Operations Summaries Radios, Jan~Dec 1946.

워싱턴에 있는 연합군 최고사령관(SCAP)의 파일과 버지니아주의 노포크(Norfolk)에 있는 맥아더기념박물관에는 다른 육군 파일에서는 발견되지 않은, 한국에 관한 주요한 가치가 있는 몇 개의 기록들이 있다.

[Ⅱ] 다음의 문서군들은 한국 점령과 군정에 관한 정책 수행과 전개에 관한 자료들로 구성되었다.

○ 색인 : 전쟁성은 한국에 관한 일련의 색인을 만들었다. 이것은 1943년 12월부터 1948년 12월까지 망라된 5개의 다른 시리즈로 되어 있는데, 총 81면이다. 그런데 이것은 작전국(OPD) 파일군에서 한국 항목을 찾는 데 필수이다.

○ *ABC Files* : American-British Conversations의 약자인 이 말은 작전국(Operation Division)의 전략 · 정책단(Strategy and Policy Group)을 의미한다. 자세한 설명은 Ray S. Cline, *Washington Command Post : The Operations Division, United States Army in World War* Ⅱ(Washington, 1951), p. 383 참조. 이 문서의 한국과 일본 부분은 한국에 관한 전략적 기획과 정책을 다루고 있고, 다음과 같은 것을 포함하고 있다. 작전국, 합참(合參), 그리고 그 예하 기관, 전쟁성 안의 민정국과 장교들의 메모와 기록 요약들, 3성조정위원회(SWNCC)의 회의록과 문서. 잡다한 JCS, JIS, JCAC, JWPC, JPS 문서들.

○ CAD : 전쟁성의 민정국이 수집한 문서들. 이 문서들 가운데 주요 부분은 1943년 12월 21일부터 1945년 4~5월까지의 날짜가 기록된 8개 부분으로 수집되었다. 특별 부분은 1945년 7월 15일부터 1946년 4월 14일까지 기록된 것이다. 문서의 여러 부분이 "Korea"로 분류되었다. 이것은 군정의 계획 · 발전과 활동에 관해 가장 완전하게 수집된 문서이다. 중요한 SWNCC 문서도 여기에 포함되어 있는데 색인, 조치와 결정의 요약, 극동소위원회(SFE) 회의록과 번호가 매겨진 일련의 특별 문서와 회의록 등이 그것이다.

○ OPD Files : 이것은 전신, 성(省) 사이에 교환된 비망록(備忘錄), 그리고 작전국이 취한 조치와 문서 기록으로 구성되어 있다. 이 가운데 한 부분은 상자 수에 따라 연대기적으로 배열하여 한국에 관한 특별 항목을 분류한 5개의 작은 부분을 포함한다. 이 문서들에 관한 상세한 참고 문헌을 보려면 Cline, *op. cit.* 참조.

2. 2차 자료

1) 육군사 초고(陸軍史草稿 : *Army Historical Manuscripts*)

육군 전사가들이 작성한 가장 포괄적인 사료이며, 지금까지 이용한 것 가운데 가장 완전한 자료 수집과 분석을 한 것은 전사편찬실(戰史編纂室 : Office of the Chief of Military History : OCMH)에 있는 것으로서 다음이 있다.

1) *History of the United States Army Military Government in Korea, September 1945~30 June 1946,* 3 Volumes, typescript, 1947.
2) *History of the United States Armed Forces in Korea, 1945~1947,* 3 Volumes, typescript(미완성), 1947.

여기에는 다음과 같은 4개의 전공 연구 논문들이 추가된다.

1) Lt. Paul A. McGrath, *US Army in the Korean Conflict*, Vol. I, Part I.
2) James F. Schnabel, *US Army in the Korean War : Policy and Direction : The First War*(June 1950~July 1951).
3) Brigadier General E. H. F. Svensson, USA(ret.), *The Military Occupation of Japan : The First Year Planning, Policy Formulation and Reforms*, April 1966.
4) Henry N. Williams, *History of the Civil Affairs/Military Government Activities of the War Department in World War II*(to March. 1946).

2) 학술 원고

한국이나 군정 활동에 관한 미국 정책의 다양한 측면은 학문적 주제가 되어 왔고, 주로 간행물의 이용과 분석에서 중요하게 기여했으며, 정책과 작전에 대해 자극적인 질문을 제기하는데, 그 가운데에는 다음과 같은 것들이 언급될 수 있다.

Kwang S. Kim, *The Failure of US Policy toward Korea, 1940~1950*, M. A. Thesis, Columbia University, 1964.

S. Kaufman, *Public Relations as a Factor in Military Government Operations in Korea, 1945~1948*, M. A. Thesis at Trinity College, Hartford, Connecticut, 1948.

Harold S. Peterson, *The US Occupation of South Korea, 1945~1948*, M. A. Thesis, Columbia University, 1952.

3) 육군성 간행물

한국에 관한 자료는 주요한 두 개의 출처가 있다.

1) 『일본과 한국에서의 비군사적 활동의 요약』(*Summation of Non-Military Activities in Japan and Korea*)이라는 제목의 연합군 최고사령부의 공식 정보 발표인데, 이는 여섯 권째부터 한국에 관한 보고서이다. 애당초 이 책은 일본에 관한 보고서에 첨부되어 있다가 태평양 미육군사령관이 발행한 『한국에서의 미육군 군정 활동 요약』(*Summation of U. S. Army Military Government Activities in Korea*)이라는 제목으로 분리된 것 같다. No. 6(1946년 3월)부터 No. 22(1947년 7월)까지가 그것이다. 이 문서들은 비록 선별적이

며, 대중 정보 용으로 준비되었고, 공식 자료를 통한 보완과 정확성이 요구된다고 하더라도, 간행된 형태로는 가장 완전하고도 유일한 군정 활동 자료이다.

2) 『맥아더 보고서』, 곧 SCAP, *Report of General MacArthur : The Campaigns of MacArthur in the Pacific*, Vol. I로서 1966년 1월에 워싱턴의 그의 일반 참모가 준비한 것이다. 이 연구는 "블랙리스트"(BLACKLIST)의 공격 · 점령 계획과 실제 한국에 적용한 것에 관한 정확한 자료라는 점에서 매우 가치 있는 것들이다.

4) 국무성 간행물

국제 회담과 외교 교섭에 관한 주요한 공식 문서들은 이제까지 출간되어 다음에 예시되어 있는 『외교 관계 : 외교 문서 시리즈』(*Foreign Relations : Diplomatic Papers Series*)에 포함되어 있다.

1941 : *The Far East*, Vol. Ⅳ, Washington, 1956.

1942 : *General, The British Commonwealth, Eastern Europe, The Far East*, Vol. I, Washington, 1960.

1943 : *The British Commonwealth, Eastern Europe, The Far East*, Vol. Ⅲ, Washington, 1963.

1944 : *The Near East, South Asia, Africa, the Far East*, Vol. V, Washington, 1965.

1945 : *General : Political and Economic Matters*, Vol. Ⅱ, Washington 1967.

The British Commonwealth [and] *The Far East*, Vol. Ⅵ, Washington, 1969.

1946 : *The Far East*, Vol. Ⅷ, Washington, 1971.

어떤 문서들은 이미 간행된 문서들에 관한 자료로서 이용되는 국무성 파일에서 입수한 것이다. 그러나 누락된 부분인 740. 00119 Control(한국)을 제외하고는 위의 간행 문서에 포함되어 있지 않다. 공동위원회(미소공동위원회)에 관한 문서로는 다음과 같은 것들이 있다.

The Conference at Cairo and Teheran : 1943, Washington, 1961.

The Conference of Berlin(The Potsdam Conference) : 1945, 2 Vols, Washington, 1960.

The Conference at Malta and Yalta : 1945, Washington, 1955.

3. 기타 중요한 간행 자료들

1) 군정

한국의 군정에 관한 단 하나의 매우 중요한 비판서는, E. Grant Meade, *American Military Government in Korea*(New York : King Crown's Press, 1951)이 있다. 저자는 전라남도 지역의 민정 관리였는데, 그는 점령 첫해 동안(1945년 10월~1946년 10월)의 군정 활동을 실험하는 무대로 지역적 · 현대적인 자료들과 함께 자신의 경험을 활용했다. 이 책은 군정청 민정과(民政課)의 활동에 관한 직접적인 관찰과, 서울의 중앙 정부와 이들 사이의 관계에 관한 직접적인 관찰을 제공해 준다는 점에서 가치가 있다.

한국에 관한 역사적 자료와 제2차 세계 대전 시기의 군사 통치에 관한 미국의 경험에 관한 폭넓은 효시적인 연구로는 다음의 두 책이 있다.

Hajo Holborn, *American Military Government, Its Organization and Policies*(Washington : Infantry Journal Press, 1947).

Carl J. Friedrich, Jr., and Associates, *American Experience in Military Government in World War II*(New York : Rinehart Co., 1948).

2) 역사와 국제 문제에서의 한국

한국인과 미국인이 영어로 쓴 학술적 출판 분야에서 한국에 관한 문헌은 나날이 증가하고 있다. 그런데 가치 있는 여러 가지 문헌들 가운데 단지 몇 개만이 이 연구와 관련하여 특별한 주목을 받을 가치가 있다. 현대의 한국을 이해하는 데 비판적 배경을 제공해 주는 주요 자료들은 다음과 같다.

(1) 전기

한국의 지도적인 망명 애국자이자 한국 제1공화국의 대통령에 관한 아주 최근의 해박한 전기로는 두 개가 있다. 하나는 지난날의 그의 조언자이며 변호사였던 Robert T. Oliver, *Syngman Rhee : The Man Behind the Myth*(New York : Dodd, Mead and Co., 1954)이며, 또 하나는 아주 최근에 쓰인 것으로서 학문적이긴 하지만 매우 읽을 만한 것인데, Richard C. Allen, *Korea's Syngman Rhee : An Unauthorized Portrait*(Tokyo : Charles E. Tuttle Co., 1960)이다.

(2) 일반 연구

한국의 역사와 현대에 관한 기본적이면서 전반적인 연구서로는 아직도 George M. McCune and Arthur L. Grey, Jr., *Korea Today* (Cambridge : Harvard University Press, 1950)가 저명하다. 이 책은 1945년 이후부터 1947년까지 남한과 북한에서의 미국과 소련의 경험을 다루었다.

이외에 한국과 미국의 외교 관계를 다룬 아주 최근에 간행된 2권의 책이 있다.

Carl Berger, *The Korean Knot : A Military and Political History* (Philadelphia : University of Pennsylvania Press, 1964, rev. ed.) : 이 책은 한국전쟁 이후로부터 1961년까지를 다루었다.

Soon Sung Cho, *Korea in World Politics, 1941~50 : An Evaluation of American Responsibility*(Berkely and Los Angeles : University of California Press, 1967)이다. 이 책은 가장 중요했던 10년 동안 한국에서의 미국 정책의 실패를 추적하고자 영어 자료는 물론이고 폭넓은 한국 · 일본 자료를 활용하였다.

영어 · 한국어 · 일본어 자료를 활용하여 특별히 적실성(適實性)이 있는 한국에 관한 세 개(*sic*)의 특별 연구는 ;

Lee, Chong-sik, *The Politics of Korean Nationalism*(Berkley and Los Angeles : University of California Press, 1967)

Grajdanzev, Andrew J., *Modern Korea*(New York : John Day Co., 1944)

○ 미국의 기록과 특별 연구

전임 주한 외교관이 쓴 최근의 한 책자는 한국을 대화의 비교정치적 관점에서 연구하였으며, 하지 체제의 지난 정보와 역사 전문가의 미간행원고를 활용했다. 이 책자는 특히 한국 정당과 공산주의에 관하여 유용한 장(章)을 수록하고 있다.

Gregory Henderson, *Korea : The Politics of the Vortetx*(Cambridge : Harvard University Press, 1968).

(3) 회고록

이 기간에 정치와 외교에 관여했던 주요 인사들은 다음과 같은 저술들에서 잘 묘사되고 있다.

Byrnes, James F., *Speaking Frankly*(New York and London : Harper and Brothers, 1947).

Grew, Joseph, *Turbulent Era : A Diplomatic Record of Forty Years, 1904~45*, 2 Vols(Goston : Houghton Miflin Co., 1952)(이 책은 Nancy C. Hooker의 도움을 받아 Walter Johnson이 편집했음).

Hull, Cordell, *The Memoirs of Cordell Hull*, 2 Vols(New York : The MacMillan Co., 1948).

King, Ernest J., *Fleet Admiral King : A Naval Record*(New York : W. W. Norton, 1952).

Leahy, William D., *I Was There*(New York : McGraw-Hill Book Co., 1950).

MacArthur, Douglas, *Reminiscences*(New York : McGraw-Hill Book Co., 1964).

Millis, Walter S.(ed.), *The Forrestal Diaries*(New York : The Viking Press, 1951).

Sherwood, Robert E., *Roosevelt and Hopkins : An Intimate History*(New York : Harper and Brothers, 1948).

Stimson, Henry L. and McGeorge Bundy, *On Active Service in Peace and War*(New York : Harper and Brothers, 1948).

Truman, Harry S., *Year of Decisions*(New York : Doubleday and Co., 1955).

Truman, Harry S., *Years of Trial and Hope*(New York : Doubleday and Co., 1956).

(4) 특별 연구

제2차 세계 대전의 종전 회담에 관한 훼이스(Herbert Feis)의 저술들도 이 시기에는 절대 필요하다.

Between War and Peace : The Potsdam Conference(Princeton University Press, 1960).

The China Tangle : The American Effort in China from Pearl Habor to the Marshall Mission(Princeton, 1953).

Churchill-Roosevelt-Stalin : The War They Waged and the Peace They Sought(Princeton, 1957).

Japan Subdued(Princeton, 1961).

(5) 신문

New York Times : 1945~1946.

Christian Science Monitor

찾아보기

ㄱ

ㄴ

ㄷ

ㄹ

ㅁ

ㅂ

ㅅ

ㅇ

ㅈ

ㅊ

ㅋ

ㅌ

ㅍ

ㅎ

신복룡 申福龍, 1942년생

건국대학교 정치외교학과 · 동 대학원 수료(정치학박사, 1977)
건국대학교 교수/석좌교수(1979~2012)
Georgetown University 방문 교수(1985~86)
한국정치외교사학회 회장(1999~2000)
건국대학교 중앙도서관장(1988~91) · 대학원장 역임(2000~01)
한국정치학회 학술상 수상(2001)
한국 · 동양정치사상사학회 회장(2007)
한국정치학회 인재(仁齋)저술상 수상(2011)
국가보훈처 독립유공자심사위원(장)(2009~2022)

〈저서〉

『한국분단사연구 : 1943~1953』(한울, 2001)
『大同團實記』(선인, 2003)
『동학사상과 갑오농민혁명』(선인, 2006)
『서재 채워드릴까요?』(철학과 현실사, 2006)
The Politics of Separation of the Korean Peninsula(Edison, NJ : Jimoondang International & Seoul : Jimmoondang, 2008)
『한국정치사상사』(지식산업사, 2011)
『해방정국의 풍경』(지식산업사, 2017)
『전봉준 평전』(들녘, 2019)
『한국사에서의 전쟁과 평화』(선인, 2021)
『잘못 배운 한국사』(집문당, 2022)
『이방인이 본 조선의 풍경』(집문당, 2022)

〈번역서〉

『외교론』(*Diplomacy*, 평민사, 1998)
『군주론』(*The Prince*, 을유문화사, 2006)
『칼 마르크스』(*Karl Marx*, 평민사, 1982)
『현대정치사상』(*Political Ideologies*, 평민사, 1984 : 공역)
『모택동 자전』(*Red Star over China*, 평민사, 2001 : 부분)
『묵시록의 4기사』(*Four Horsemen*, 평민사, 1988)
『林董秘密回顧錄』(건국대학교출판부, 2007 : 공역)
『정치권력론』(*Political Power*, 선인, 2006)
『入唐求法巡禮行記』(선인, 2007)
『갑신정변 회고록』(건대출판부, 2006, 공역)
『한말 외국인 기록』(집문당, 2021, 11책/23권, 일부 공역)
『삼국지』(집문당, 2021, 전5권)
『플루타르코스 영웅전』(을유문화사, 2021, 전5권)

김원덕 金沅德, 1959년생

건국대학교 정치외교학과 · 동 대학원 수료(정치학박사, 1996)
자유민주연합 전문위원, 정책국장, 국회정책연구위원(2001)
한국건설관리공사 사장(2014~17)
건국대학교 겸임교수(2016~17)
한라대학교 전문초빙교수(2017~20)
강릉고등학교 총동문회장(2021)

〈저서〉

『여운형의 민족통일전선 운동 연구』(박사학위 논문, 1996)
『마음 경영 연금술』(서울 : 사색의 나무, 2021)